从东方到西方

锺叔河集

The collected works of Zhong Shuhe

2

从东方到西方

岳麓書社 · 长沙

我的杯很小，但我用我的杯喝水。

——缪塞

著者说明

《从东方到西方》，上海人民出版社一九八九年初版，岳麓书社二〇〇二年再版，有副题“走向世界丛书叙论集”，计二十五篇。今大加调整，只留下写张德彝、祁兆熙、李鸿章和戴鸿慈等人的六篇，和另外刊行的中西交通史论文汇合，共得三十九篇，删去副题，保留《从东方到西方》书名，分四辑。

第一辑“中国本身拥有力量”，单行本由香港中华书局一九八九年初版，江苏教育出版社二〇〇五年再版，原收论文五篇，今调整为六篇。

第二辑“千秋鉴借吾妻镜”，单行本由湖南人民出版社一九八六年初版，海豚出版社二〇一五年再版，原收文十八篇，今调整为十二篇。

第三辑“张德彝的八次述奇”，收文八篇。

第四辑“走向世界以后”，一九九〇年至一九九一年刊《文汇报》，二〇〇九年曾收入《笼中鸟集》，共十三篇。

各辑均依写作年月编次，各书（辑）序记全部移入《书前书后》，只保留李一氓所作序言。

二〇二一年三月　锺叔河

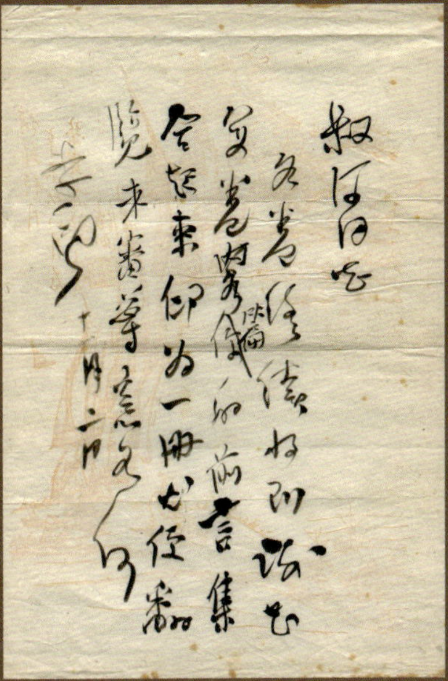

（左）“你的前言集合起来，印为一册，尤便翻览，未审尊意如何？”

（一九八五年十一月二日）

［图一］李一氓来信和序文

1986年4月14日 星期一 第五版

《〈走向世界丛书〉叙论集》序言

李一氓

中国自成为一个国家以来，就朝代而论，只有汉唐两代最为开放、最具有世界性，对自己国家、民族的力量，充满自信，不搞锁国主义。所以“汉”作为我们民族的族称，而“唐”亦为汉族之异名，直到现在。其他的朝代，如宋、明、清则自己把自己封闭起来，出息不大。明代初年，“三宝太监下西洋”，不论其动机如何，总还算是从海洋走出了中国的大门，显示了当时造船航海技术上的成就。可是在炫耀了一阵“威风”之后，就偃旗息鼓了。至于其他朝代，三国、晋、南北朝、元，则另是一种情况，为自身的纷乱所困扰，就说不上什么开放或封闭了。史书著录了汉代张骞、班超等人远至异域的见闻；唐玄奘游学印度等地之后写了《大唐西域记》；明代随郑和下西洋的马欢写了《瀛涯胜览》；费信写了《星槎胜览》；巩珍写了《西洋番国志》。他们的记载，使中国人大开眼界，知道除了长安、洛阳、北京以外，还有一个广阔的世界。

可惜这些前人的少数著作和活动，没有能够激发起后代中国人追求这个事业的勇气和胆量。同时，一些眼光短浅的封建统治者也把出海出边视为妄行邪举，发布禁令，设置种种障碍，以致象徐霞客这类伟大的旅行家，也只能在云南境内艰难地转来转去。这种情形，在清代更甚。特别是鸦片战争后，那些“暎夷”、“红毛”、“罗刹”，

（上）序文原刊一九八六年四月十四日《人民日报》，又刊国务院古籍整理出版规划小组编《古籍整理出版情况简报》第一六〇期

[图二] 沪湘两版《从东方到西方》

（上）上海人民出版社・一九八九

（下）岳麓书社・二〇〇二

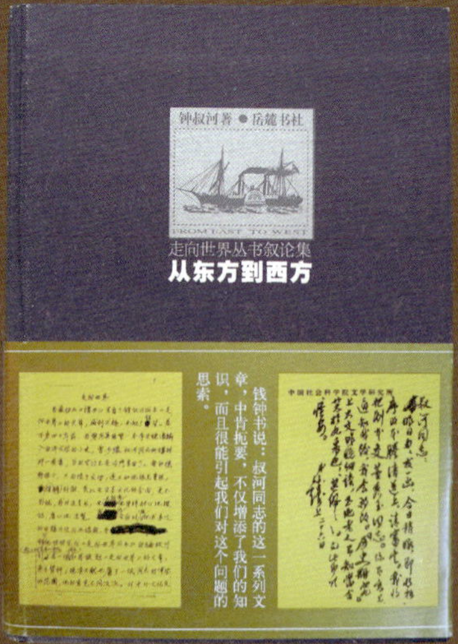

［图三］收入本卷的另两种书

（上）香港中华书局·一九八九

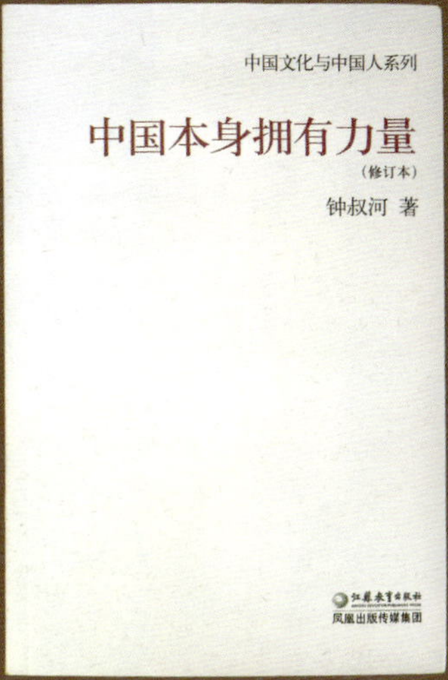

（上）江苏教育出版社·二〇〇五

（下）湖南人民出版社·一九八六

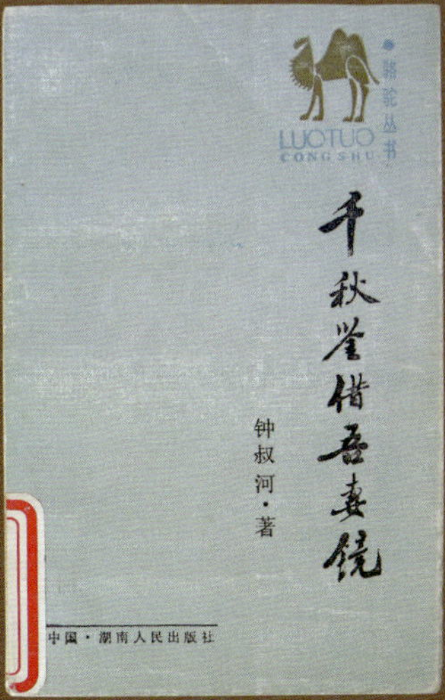

（下）海豚出版社·二〇一五

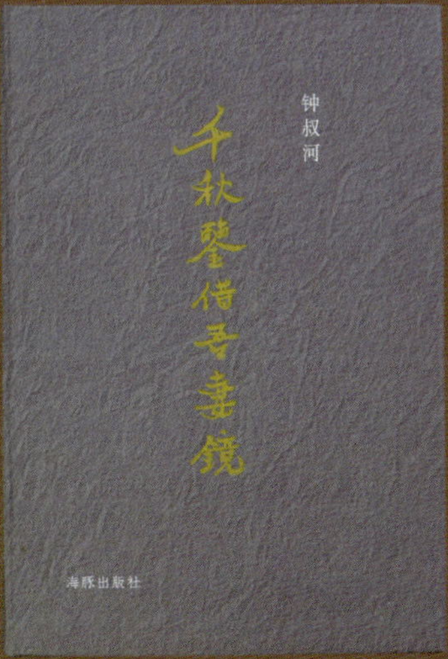

[图四] 一八七四年的留美幼童

（上）初到美国 Springfield 时的中国幼童

（下）在 Springfield 两年后的中国幼童

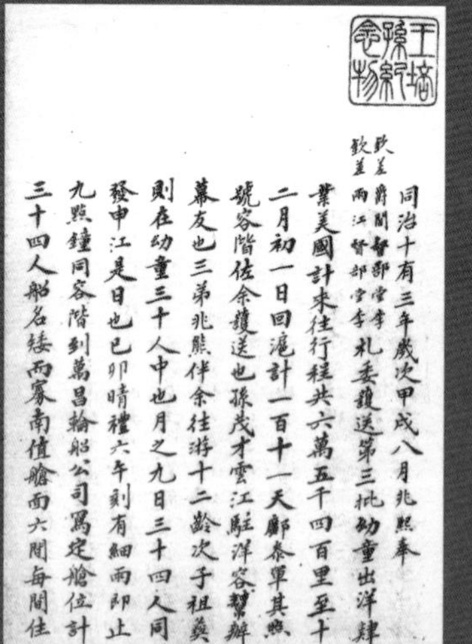

王培孫紀念物

同治十有三年歲次甲戌八月兆熙奉
欽差爵閣督部堂李
欽差兩江督部堂李札委護送第三批幼童出洋肄
業美國計來往行程共六萬五千四百里至十
二月初一日回滬計一百十一天鄺泰卓其照
號容階佐余護送也孫茂才雲江駐洋容贊辦
幕友也三弟兆熊伴余往游十二齡次子祖蕤
則在幼童三十人中也月之九日三十四人同
發申江是日也巳卯晴禮六午刻有細雨即止
九點鐘同容階到萬昌輪船公司寫定艙位計
三十四人船名矮而寡南值艙面六間每間住

（左）祁兆熙《游美洲日记》稿本首页

[图五] 李鸿章历聘欧美

（上）俄国报纸刊登的李鸿章像

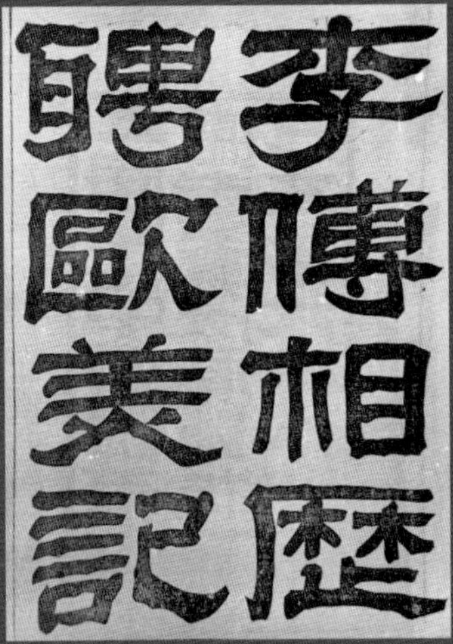

李傅相歷聘歐美記

（上）《李傅相历聘欧美记》扉页

（左）英国媒体报道维多利亚女王接见李

（下）德国画报载俾斯麦送李出门

〔图六〕戴鸿慈等五大臣出洋

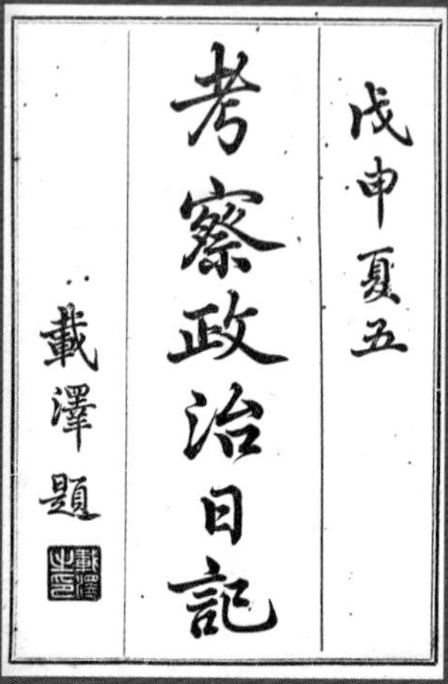

（上）载泽《考察政治日记》

（上）戴鸿慈《出使九国日记》

（上）戴鸿慈和端方（中立着袍服者）光绪三十一年率团出国时的摄影

［图七］张德彝八次“述奇”

（上）英国明信片上的张德彝，有说明云：他被召回北京担任天子（the Son of Heaven）的英文导师

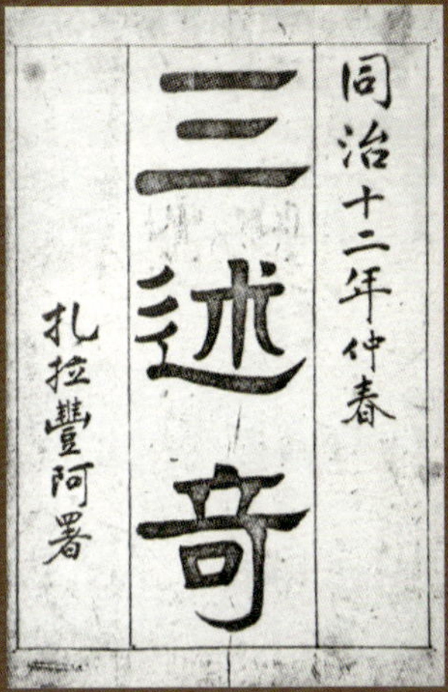

同治十二年仲春

三述奇

扎拉豐阿署

（上）《三述奇》稿本

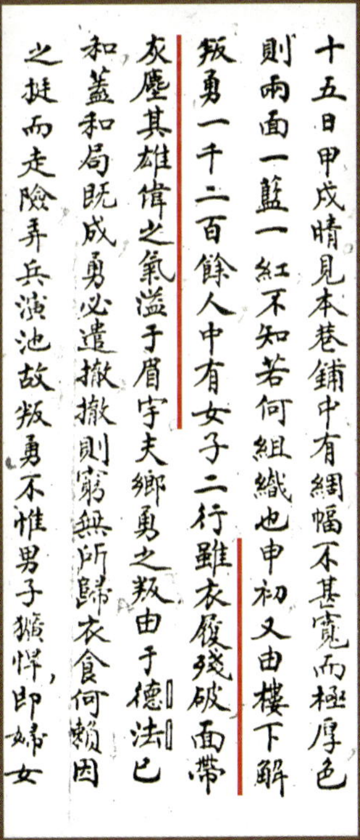

十五日甲戌晴見本巷鋪中有綢幅不甚寬而極厚色則兩面一藍一紅不知若何組織也申初又由樓下解叛勇一千二百餘人中有女子二行雖衣履殘破面帶灰塵其雄偉之氣溢于眉宇夫鄉勇之叛由于德法已和蓋和局既成勇必遣撤撤則窮無所歸衣食何賴因之挺而走險弄兵潢池故叛勇不惟男子獷悍即婦女

（右）（四月）十五日记被俘巴黎公社女战士“虽衣履残破，面带灰尘，其雄伟之气溢于眉宇”

［图八］走向世界以后的记述

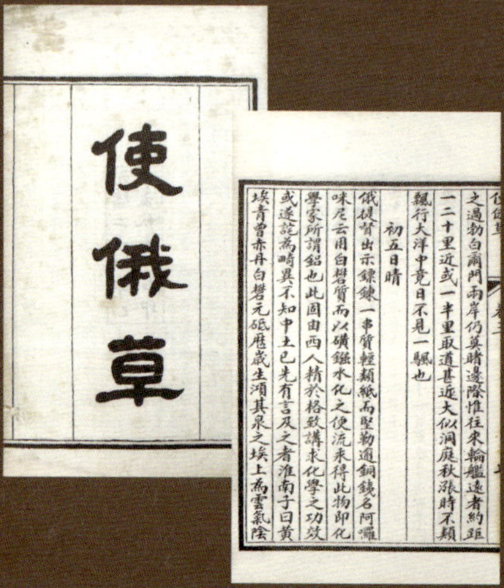

（上）王之春《使俄草》

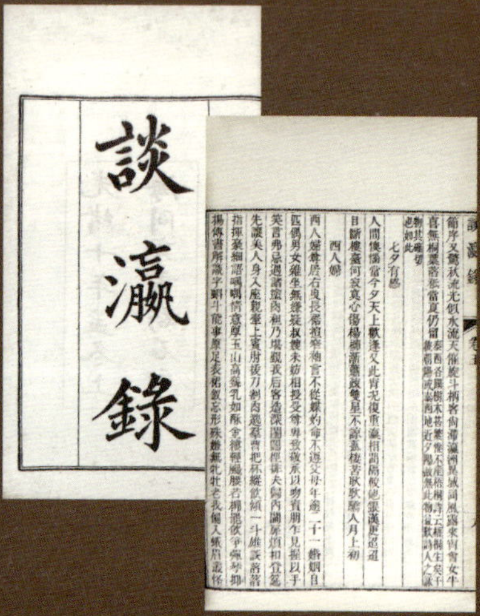

（上）袁祖志《谈瀛录》

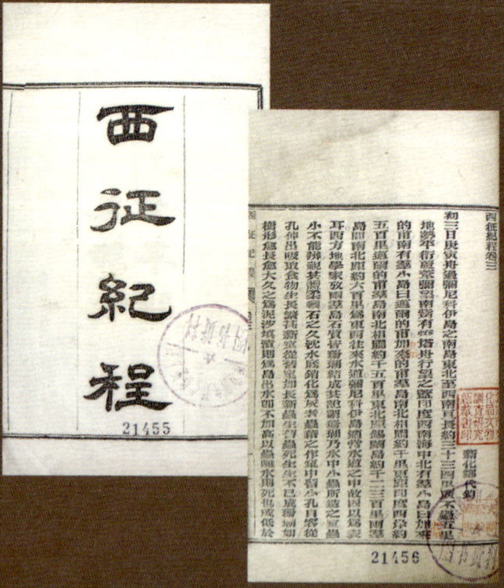

（上）邹代钧《西征纪程》

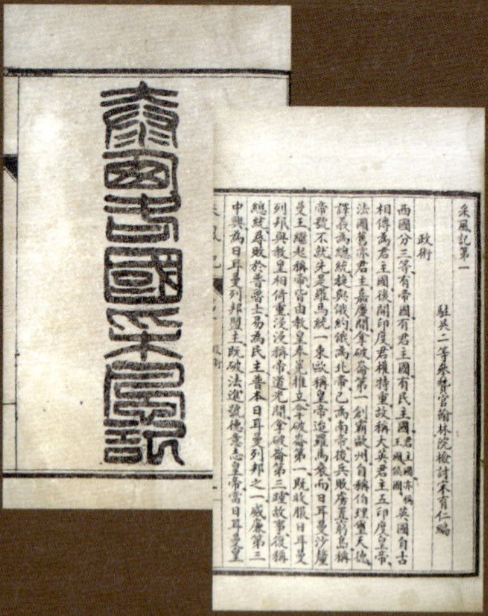

（上）宋育仁《泰西各国采风记》

目　录

·张德彝的八次述奇·

·走向世界以后·

·图版目录·

李一氓序 *

中国自成为一个国家以来，就朝代而论，只有汉唐两代最为开放，最具有世界性，对自己国家、民族的力量充满自信，不搞锁国主义。所以“汉”成为我们民族的族称，而“唐”亦作为汉族之异名，直到现在。其他的朝代，如宋、明、清朝，则自己把自己封闭起来，出息不大。明代初年，“三宝太监下西洋”，不论其动机如何，总还算是从海上走出了中国的大门，显示了当时在造船航海技术上的成就，可是在炫耀了一阵“威风”之后，就偃旗息鼓了。至于其他朝代，三国、晋、南北朝、元，则另是一种情况，为自身的纷乱所困扰，就说不上什么开放或封闭了。史书著录了汉代张骞、班超这些人远至异域的亲身见闻；唐玄奘游学印度后写了《大唐西域记》；明代随郑和下西洋的马欢写了《瀛涯胜览》，费信写了《星槎胜览》，巩珍写了《西洋番国志》。他们的活动记载，使中国人大开眼界，知道除了长安、洛阳、北京以外，还有一个如此广阔的世界。

* 原题《〈走向世界丛书〉叙论集序言》，刊登《人民日报》和国务院古籍整理出版规划小组编《古籍整理出版情况简报》时均用此题。

可惜这些前人的著作和活动，没有能够激发起后代中国人走向外部世界的勇气和胆量。同时，一些眼光短浅的封建统治者，也把出海出边视为邪行妄举，发布禁令，并设置种种障碍，以致徐霞客这样伟大的旅行家，也只能在云南境内艰难地转来转去。这种情形，到清代更甚。特别是鸦片战争后，那些“哄夷”“红毛”“罗刹”，已经以产业革命后资本主义列强的面貌出现在我国的周围，对我实行炮舰政策，而我却仍然自居为天朝上国，把他们视同匈奴、吐蕃、契丹、鲜卑……一样。所以到十九世纪中叶以后，只好被动挨打，落得个赔款割地的下场。闭关锁国之祸，至此而极。

清代后期，不得不打开大门，接触西方世界。一批政府派出的外交使节，如志刚、郭嵩焘、黎庶昌、曾纪泽、薛福成等；一批考察外国政治、法律的专使，如戴鸿慈、载泽等；一批政治流亡人士和旅行家，如王韬、康有为、梁启超等，都先后到了西欧各国和美洲各国，也包括日本。他们在接触到轮船、火车、机械之外，还看见了巴力门（国会）、鲁哇（卢浮宫）、单纯（跳舞）……虽然这批人多数是洋务派——从办“夷务”到办“洋务”也是一个困难的过程——少数是改良主义者，但都多多少少意识到这个中国之所以积弱之故。西欧不仅有奇器淫巧，而且还别有立国之道。解放了的巴黎巴士底狱和放在纽约港前的自由神，不能不在他们的思想上引起震动。可是“天朝上国”的阴魂不散，承认西学为用的同时，还一定要配上一个以孔老二为招牌的中学为体。即西学为用也没有完全接受，以郭嵩焘之高明，还反对“以工匠把持工价”，以康有为之迂顽，自然就更反对法国式的革命了。

这些人都在东西洋游历、考察、从事外交活动之后，留下各种著作，记述翔实，态度认真，这在当时有极大的现实意义，现在看来，也具有极大的历史价值。因为从另一方面看，这正是自十九世纪下半叶起，中国的社会变革不得不缓慢而痛苦地前进的记录。

锺叔河同志以远大的眼光，孜孜不倦，搜集一八四〇到一九一九的八十年间的这类著述约百种，编为《走向世界丛书》，现已出齐第一辑，计三十六种，十大巨册，这是近年出版界一巨大业绩。叔河同志在主编此丛书时，费力既勤且精；凡重要段落都在书页旁加注要点，每种书后又增附“人名索引”和“译名简释”，对原书人名、地名的异译都加注原文和今译。这都是麻烦费力的笨工夫，实堪佩服。特别是他在每种书前，各精心撰写了一篇对作者及其著作的详尽的叙论，文笔流畅，论断精当。这确实是我近年来所见到的整理古文献中最富有思想性、科学性和创造性的一套丛书。在这方面，推而广之，可称为整理古籍的模范。

不知对不对，我总觉得，搞改革的，搞近代史的，搞古籍整理的，对这套丛书，都注意得很不够。因此我更希望叔河同志猛志勇进，不半途而废，把其他六十几种，分为第二、第三辑，继续整理出来，继续印行，不胜企盼之至！

出版社辑《走向世界丛书》各书前叔河同志所撰之叙论为一集，裁篇别行，以便读者，征序于余，故乐为之略加论列如此。

一九八六年元宵

中国本身拥有力量

晚清旅西记述的价值和意义* （1980.5）

一

中国知识分子亲历西方留下记述并产生影响，是鸦片战争以后的近代的事情。十三世纪出生于北京的中国畏吾儿（维吾尔）人巴琐玛(Bar Sauma)任蒙古伊儿汗的使节到罗马教廷和巴黎，其游记英美早已从叙利亚文译出，但中国至今尚未有过译本，当然更谈不到有什么影响。十八世纪初樊守义随艾约瑟(Jos. Ant. Provana)经巴西往欧洲，所写《身见录》藏罗马国立图书馆，只有阎家临、方豪等少数人见过原文。鸦片战争前二十年成书的《海录》，记录了广东嘉应州人谢清高一七八二年遇海难被“番舶”救起，因而“遍历海中诸国”后口述的见闻，其中谈到了“暎咭利”“咩哩干”等欧美国家，但语焉不详，而且颇为肤浅。直到一八四七年容闳留学美国后来写成

* 英译题 *Introducing the Series “Chinese Travellers Abroad”*，曾刊一九八二年二月 *Chinese Literature*。

《西学东渐记》，一八六六年斌椿、张德彝等奉派游历欧洲作《乘槎笔记》和《航海述奇》，一八六七年王韬私人去巴黎伦敦后著《漫游随录》，一八六八年志刚巡回各国递交国书作《初使泰西记》，一八七六年郭嵩焘出使英法的《伦敦与巴黎日记》，同年李圭赴美国参加费城万国博览会写的《环游地球新录》，一八七八年徐建寅去德国考察造舰、兵工写的《欧游杂录》，这些才能算作是近代中国知识分子亲往西方进行接触和交流留下的记录。这些记述都属于晚清文献，都是研究近代中西文化交流最重要的资料。

讨论十九世纪西方文明对传统中国知识分子的影响，其意义早已超出了旧的所谓中西交通史的范围，因为中国的近代——现代化，实在是“西学东渐”的结果。我们当然不能把近代中国的进步完全归因于接受了西方的文明，但是也不应该把近代西方与中国的关系仅仅看作侵略与受害的关系。历史本来是一种复杂的现象。早期到西方去的中国知识分子，他们的文化素质和政治社会地位各不相同，在中西交往中所持的观点和所起的作用也大有区别。他们观察的记录，从很多个局部和侧面，生动具体地反映了传统观念在“西潮”冲击下的反应和变化，内容是十分复杂而丰富的。

从十九世纪四十年代以迄世纪末，“出洋”士大夫留下的这类记述数量颇多，作者所见过的即达二百馀种，但过去并未得到充分利用，因为，一、它们大都流传不广。例如郭嵩焘其人，《清史稿》本传称之为中国遣使西洋之第一人，近世史家誉其“留心外事，足称虚心求知，实事求是，清末诚不多得之英士”（陈恭禄《中国近代史》），其出使英法日记，除赴欧途中极小一部分外，亦从未公开发表。二、偶被摭引，辄多讹误。如中国史学会主编的《中国近代史资料丛刊·洋务运动》书中，曾选刊《初使泰西记》若干则，却把作者名字误为宜垕，这其实是避热主人编次本《初使泰西记》作序者的儿子的名字。三、少数记述虽曾刊行，但因不被重视，亦难称善本。如《西学东渐记》原来只有徐凤石、恽铁樵译本，其中将曾寄圃误译为“曾继甫”，张斯桂误译为“张世贵”，羊楼洞误译为“杨柳洞”，常山误译为“萧山”，诸如此类，不胜枚举。又如康有为的《欧洲十一国游记(一)》，是经过“弟子梁启超初校原稿”和“后学”“再传弟子”们四次校过的，也还存在着把意大利一八六〇年岁入三千八百万镑误为“三千八百镑”，把南齐祖冲之误为“北齐祖暅之”诸如此类的问题。

二

本文作者从一九五六年起，即开始注意近代中国人旅行西方的记述，现拟择其尤要者数十种，整理汇编为《走向世界丛书》（英译 *From East To West, Chinese Travellers Before 1911*），陆续刊行。

这些记述生动地反映了中国人对西方国家由知之甚少到逐步有所了解的实际过程。十七世纪以前，中国人所知的外部世界，基本上没有超出亚洲的西界。十七世纪中叶著名的旅行家和地理学家徐霞客曾说：“昔人志星官舆地，多承袭附会……

自纪载来，多囿于中国一隅。”利玛窦一六〇一年入京师，自称来自大西洋，“礼部言，《会典》止有西洋琐里国，无大西洋，其真伪不可知”。艾儒略(Julio Aleni)来华后，一六二三年撰《职方外纪》，简述世界地理，清乾隆朝被收入《四库全书》。以博学著名的纪晓岚为此书撰“提要”时却说，书中所叙五大洲四大海(洋)“为自古舆图所不载……多奇异，不可究诘”。可见明代来华的西洋教士所写的书，并没有在中国起到传播世界知识的作用。直到十九世纪前期，中国人对欧洲仍然所知甚少。

鸦片战争前后，林则徐、魏源等人开始注意西方国家的情况，请人译述香港、澳门的西文书籍，加上中国史籍中的材料，编成《四洲志》《海国图志》等书。范文澜称林则徐为“开眼看世界之第一人”。其实，他们虽然开眼看了世界，却没有开步走向世界，他们对西方的认识仍然是隔膜的。林则徐在奏议中断定开战英人必败，因为：

> 夷人除枪炮外，击刺步伐俱非所娴；而其腿足缠束紧密，屈伸皆所不便，若至岸上，更无能为。

魏源转述西洋天主教，也相信教中有换心、剜目之事：

> 先令吞丸一枚，归则毁祖先神主，一心奉教，至死不移。有泄其术者，服下药，见厕中有物蠕动，洗视之，则女形寸许，眉目如生。诘之本师，曰：此乃天主圣母也。

入教久，则手抱人心，终身信向，不改教矣。

中国人真正走出“闭关锁国”的国门，亲自去接触和了解西方的社会和文化，只能从斌椿、李圭、王韬、郭嵩焘等人算起。

斌椿于同治五年由海道去欧洲游历，过锡兰岛时记云：“过此以往，则自古未通中国，载籍不能考证，惟据各国所译地图，参酌考订。”这实际上是对未知世界开始做破天荒的考察。大部分早期出国的人，都详记道路里程，山海形势，疆域沿革，都市人文。黎庶昌还专门编写《欧洲地形考略》，系统介绍欧洲的自然地理和政治地理常识。李圭由日本东航美国，横过北美大陆，经欧洲，由地中海、印度洋归国。他在《环游地球新录》中写道：

> 地形如球……我中华明此理者固不乏其人，而不信是说者十常八九，圭初亦颇疑之。今奉差出洋，得环球而游焉，乃信。……使地形或方，日动而地不动，安能自上海东行，行尽而仍回上海，水陆共八万二千三百五十一里，不向西行半步欤？

他和张德彝都绘出“地球图”，标出自己旅行的路线，列于日记卷首。这些图和他们关于外国概况的记载，今天看来虽然不免粗疏，对于当时国内的人们却有振聋发聩的作用。斌椿于八月二十二日回到广州，当天两广总督瑞麟就向他“细询各国情形”，二十五日他就开始整理《乘槎笔记》给别人阅看。张德彝从海外归来，家中“晨夕聚谈，月馀犹未罄其闻见之奇”，所写的《航海述奇》，“索观甚众”，以致“字句之间，不遑修饰”。李鸿章亲自为《环游地球新录》作序，称赞本书：

> 于(美国)物产之盛衰，道里之险易，政教之得失，以及机器制造之精巧，人心风俗之异同，一一具载。……果能殚心考究，略其短而师其长，则为益于国家者，甚远且大。

康有为也是在二十二岁时读了《环游地球新录》等书，看到了西方资本主义制度对于宗法专制制度的优越性，才开始走上了“向西方寻找真理”的道路。

关于对西方国家的认识之逐渐符合实际，可以举最早通中国的荷兰为例，《明史·和兰传》：

> 和兰，又名红毛番，地近佛郎机(按：此指葡萄牙)。永乐、宣德时，郑和七下西洋，历诸番数十国，无所谓和兰者。其人深目长鼻，发眉须皆赤，足长尺二寸……其所役使名乌鬼，入水不沉，走海面若平地。

谢清高《海录》：

> 荷兰国在佛郎机西北。疆域、人物、衣服，俱与西

洋(按：此指葡萄牙)同。唯富家将死，所有家产欲给谁何，必先呈明官长……土产：金、银、铜、铁、玻璃、哆啰绒、羽纱、哔叽、番碱、酒、钟表。羽纱、玻璃，甲于诸国。

斌椿《乘槎笔记》：

荷兰纵六百五十里，横三百五十里。西北滨大西洋海，夷坦无山，港道纷歧。民受水害，因习水利。善筑堤，又善操舟行远。南洋各岛国，自爪哇起，皆建立埠头……六朝时，自立为侯国。

黎庶昌《西洋杂志》：

入荷兰港口……河道深通，两岸平平，芦苇成丛，绝似苏州一带风景。旁多风磨，系为抽水之用，盖荷兰水高地低，故于口门置闸以蓄之，又多为风磨以提之耳。其都名阿母斯达木(阿姆斯特丹)……中间河道宽阔，肆市轩敞，河岸两边皆种树，气象丰腴。……至拉骇耶(海牙)，系荷王所居新都，街市不及旧都繁盛，而亦自修洁。王宫卑小，与民居无异。

实地观察与“承袭附会”之不同，将上面这几条材料加以比较，就十分清楚了。我们固然不能说近代关于西方的知识全系出国人员采访得来，但直接接触毕竟是真切了解的主要途径。薛福成有段话很能说明问题：

昔郭筠仙侍郎，每叹美西洋国政民风之美，至为清议之士所抵排，余亦稍讶其言之过当。……此次来游欧洲，由巴黎至伦敦，始信侍郎之说，当于议院、学堂、监狱、医院、街道征之。

由此可见，直接接触和间接了解，在认识的广度和深度上，都有很大的不同。

三

当然，十九世纪的中国读书人，从原来闭关锁国的状态下开始走向世界、走向西方，并不是为了考察地理，而是受到西方现代文明的吸引，为了去寻求富国强民之道。从他们的记叙中，可以充分感觉到西方现代化的技术、科学、制度和意识形态对当时中国人的直接影响。这些影响，毫无疑问不可能不传导及于中国的社会和政治，并且发生相应的作用。在这方面，本文准备选出几个例子，稍为具体地来说一说。

火车、轮船、军械和机器，是最早引起中国人注意的西方技术。张德彝同治五年（一八六六）对欧洲轮船、火车的描写，算是最早和最详细的。他用五千馀字写轮船，近两千字写铁路、火车：

(轮船)以火蒸水，水滚则上下铁轮自转，轮转则船自行矣……但见两岸驰驱飞去，不觉轮船半步移动。

(火车头)内藏水火轮机，外树烟筒……以此一车而带数十辎重，行疾如飞，其力可知矣。

其时国内顽固守旧者反对铁路、轮船，“曾劼刚以家讳乘坐南京小轮船至长沙，官绅起而大哗，数年不息”(郭嵩焘致李鸿章书)。英商所筑上海吴淞铁路，工竣营业，乘客很多，也被清政府以款二十八万两赎回拆毁。而张德彝由于亲眼看到了铁路对交通运输的巨大作用，态度鲜明地宣称：“此举(指修造铁路)洵乃一劳永逸，不但无害于商农，且裨益于国家。西国之富强日盛，良有以也。”李圭于光绪二年由新建铁路自西徂东横贯北美大陆，自述其所见云：

此河(指密西西比河)迤西直至三藩城海口，约七千里。从前白人罕至其地，皆土番所居。赤土黄沙，密箐奥草，野牛、熊、鹿，逐队成群。自创车路以来，始有白人往居，渐成村落。如三藩城，今为海西重镇，恶敦、阿马哈等处，亦成市肆，三十年前皆荒地也。可见国家之有铁路轮车，获益非小。

《欧游杂录》的作者徐建寅，是中国近世第一代科学技术人员。他于光绪五年到欧洲去考察兵工技术，订造铁甲兵船，参观了克虏伯、伏耳铿、西门子、克路苏等大制造厂，详细记载了六十馀项制造工艺和设备，如复合钣轧制、仿形切削、挤压成型、软轴传动和百吨汽锤、大型水压机、马丁炼钢炉等，都是当时世界上最先进的技术。特别值得注意的是，给徐建寅留下深刻印象的，除了这些设备和工艺外，还有西方的工业管理制度和人才培养制度。他除了记录技术资料(有时并绘有草图)外，还详记各厂的管理经验。光绪六年七月二十九日在德国罗物机器厂询其一切：

> 据称厂内共工匠约九百人，匠目三十馀人，分管各匠，给发工食。其工食俱按所做成物件计算，不依做工之时日而论。……另有总监工(总工程师)一人，为之副者十馀人。……如欲造新式机器，则集总、副及内外监工考订利弊，各抒所见。……内监工绘图，外监工监造，同心一意，一气呵成，而事无不举。……监工之俸以年计，每年约七千马克，另分贸易之馀利。

光绪五年六月二十日参观哈次矿区熔炼厂，记载各级管理人员的学历：

> 总办由大学堂出身。凡学生在大学堂考取(按：即通过毕业考试)，即作候补矿师……由积资可升至总办。其司事由寻常学堂出身，但明写算，不明矿学。头目……由次等学堂出身，但知粗浅矿学，监同各匠工作。

他深知技术管理对于现代工业的重要，说：

历观德国造（火）药各厂之器具，皆不及中国津、宁、济、沪各局之精备。而所成之药反良者，何也？则因试验涨力、速率、重率各法，尽心竭力，有弊即改，随时消息于无形，无他秘法也。余前创济局，此次复经考订，益觉融会贯通矣！

回国以后，徐建寅对新政所发表的主张，正是这番“融会贯通”的结果。

曾纪泽《使西日记》引了马建忠在法国留学时所写的一封信，中云：

初到之时，以为欧洲各国富强，专在制造之精、兵纪之严。及披其律例，考其文事，而知其讲富者以保护商会为本，求强者以得民心为要。

郭嵩焘出使日记亦持相同观点，其开头部分曾以《使西纪程》书名刊行，当时即曾引起强烈的异议，同时代许多名人都有关于此事的记载，如曾纪泽日记即云：“郭筠仙所说，无一字不符者。”李慈铭《越缦堂日记》却说他“极意夸饰……凡有血气者，无不切齿……嵩焘之为此言，诚不知是何肺肝，而为之刻者又何心也！”王闿运《湘绮楼日记》记：“何金寿本名何铸，昨疏劾郭筠仙'有二心于英国，欲中国臣事之'，有诏申斥郭嵩焘，毁其《使西记》板。"可算是光绪初年的禁书案。此后不到一年，郭嵩焘即从公使任上被撤回国，从此未再起用。光绪十七年(一八九一)他病卒，疆吏援例奏上学行政绩，请予立传赐谥，奉上谕"郭嵩焘出使外洋，所著书籍，颇滋物议，所请着不准行"。又过了十七年，庚子年间慈禧太后利用义和团掀起排外高潮，又有京官封奏："请戮郭嵩焘、丁日昌之尸，以谢天下。"这个例子，既能说明传统观念对于新思想的敌视，更能说明亲历西洋这件事情对于培养造就新思想所起的关键作用。

四

晚清一八四〇至一九一一年间亲历西方的记述，内容非常广泛，涉及中西交往的各方面，记述者在历史上所处的地位又多半相当重要，所以对于研究中国近(现)代化的历史，确实具有非常重要的价值。例如关于蒲安臣(Anson Burlingame)出使一事，过去中国的学者多做否定的评价，有的甚至认为清政府任命一个外国人为自己的外交使节是"引狼入室"。而志刚在《初使泰西记》中，却全录了蒲安臣在条约草案后"写呈总理衙门"的八条注释。如条约第二条规定中国与美国商民贸易，"皆由中国作主自定章程"。注释云：

系指贩盐、开矿、内地行轮船、增口岸等事可以缓办，中国亦有转身地步。要在两国贸易兴旺，方开利益之路。若于外国贸易兴旺，与中国贸易伤碍，则不能另开利益之路也。

订约后不久：

总署咨询，山东平度州有洋人欲行开矿，嘱为在外料理。适有洋人来议其事，使者(按：即蒲安臣)告以中国现非不需钱财之时，必欲禁而不开者，岂中国之愚于计而不屑其利乎？诚以无业游民易聚难散……聚而为乱，必致大动干戈，兵联祸结，而无所底止。……中国断不能希小利而开大乱之端也。

对修筑铁路，如前所述，志刚本人是认为“公私皆便，而利无穷”的事情。但当西人问他“何以中国不急办”，他却只能以中国人“不可滥毁其祖、父之坟茔”为理由推托。这些都反映了清朝政治社会对于发展新式生产的消极态度。蒲安臣使团是忠实执行清政府意图的，后来蒲安臣在赴俄途中病死伦敦，据志刚记载，蒲安臣对于执行使命尚称尽力，“既恐办法稍差失颜于中国，措语未当又将贻笑于俄人，乃日夜焦急，致病势有加无已”。在病重时，犹“日阅新闻纸，以俄国之事为忧”。这些情况，也可供研究此次出使事件者参考。

曾纪泽在《使西日记》中，记述了他和反对洋务的守旧派的辩论。当他被派出使物色随行人员时，发现“平日深相倚信而又通洋务者，实无其选”。出京到天津，天津县令王炳燮和他“意见不合，辩难断断”。到上海后，又有杨商农来信劝阻。“商农与余至好，但不甚以洋务为然，尝规余与松生不应讲求西学。……来函谆谆恳恳，以清议为言。”曾答之云：

今世所谓清议之流……除高头讲章外，不知人世更有何书，井田学校必欲遵行，秦汉以来遂无政事。……中西通商互市，交际旁午，开千年未曾有之局，盖天运使然。中国不能闭门而不纳，束手而不问，亦已明矣。穷乡僻左，蒸汽之轮楫不经于见闻，抵掌拊髀、放言高论，人人能之，登庙廊之上，膺事会之乘，盖有不能以空谈了事者。

这和李鸿章所谓“五千年未有之变局”“谈洋务乃圣之时”等说法是吻合的，可以说是洋务派的一个基本观点。日记中不少记载，足以使人增进对洋务派的了解。比如光绪五年中国向外国借款一事，曾氏三月二十四日云：

此事有可为长太息者……夫洋商岂真运海外之财，以济吾华之窘哉，仍购募股份，取诸华民耳。一转移间，而使中国之巨款，公私皆不获其利，顾以子母之息归诸居间之洋商，谓之得计，可乎？

四月初十日记：

中国借洋款，子息一分，银行经手者得用费二厘，债主得八厘，盖子息之最重者……借得之财以供军饷，而不甚讲求矿务铁路兴利之政，西人以为有出无入，故不敢放手借出，非贪重息者不放债也。

十二月初二日记：

胡雪岩之代借洋款，洋人得息八厘，而胡道报一分五厘。奸商牟利，病民蠹国，虽籍没其资财，科以汉奸之罪，殆不为枉，而复委任之，良可慨已！

在这里，决定借债、经手借债牟利和反对借债的，都算是洋务派人物。有的史学工作者在论及洋务派时，却不太注意在洋务派中再做具体分析，来个“一刀切”，把复杂的历史看得太简单了。

容闳的《西学东渐记》(原名 *My Life in China and America*)虽然早已闻名，却似乎亦未引起研究近代史者的足够重视。比如：一、书中自述在美国大学修业期内，

中国之腐败情形，时触予怀，迨末年而尤甚。盖既受教育，则予心中之理想既高，而道德之范围亦广，遂觉此身之负荷极重……念中国国民，身受无限痛苦，无限压制……以西方之学术灌输于中国，使中国日趋于文明富强之境。

生动地显示了一个由“纯粹之旧世界”（容氏语）出来的学童经过西方教育后所确立的新的价值标准，此亦即容氏尔后积极投入改良运动的思想基础。

二、关于容氏与太平天国的关系，多谓容虽曾到南京，却拒绝留太平军工作。其实容氏自目睹一八五五年清政府在广州的大屠杀后，已“深恶满人之无状，而许太平天国之举动为正当”，当时即“几欲起而为之响应”。一八六〇年入南京向洪仁玕提出七条建议，全是关于建设新型国家的根本大计，并一再表示“愿效奔走”，“愿为马前走卒”。《西学东渐记》第十二章云：“南京之行，本希望遂予夙志，素所主张之教育计划，与夫改良政治之赞助，二者有所借手，可以为中国福也。”而结果却完全失望。盖容氏经过考察，“太平军之行为，殆无有造新中国之能力”。正如“埃及石人首有二面，太平军中亦含有两种性质，如石人之有二面”。一面是革命性，“恶根实种于满洲政府之政治”，故“当时即无洪秀全，中国亦必不能免革命”；一面是落后性，“良由其所招抚，皆无业游民……即使齐之以刑，不足禁其抢掠杀人之过恶。……迨占据扬州、苏州、杭州等城，财产富而多美色，而太平军之道德乃每下而愈况”。这种分析确实远远超过了同时代其他观察者的水平，也超过了太平军能够接受的水平。所以，不是容闳拒绝了太平军，而是太平军拒绝了容闳，拒绝了真正推翻旧统治建设新国家的可能的机会。

三、容氏之转而经商，协助曾国藩建设新式工业，以及尔后参加维新运动，用他自己的话来说，都不过是为了“遂予夙志”的一种“变计”。容闳的情况虽不能完全代表其他洋务派、改良派人物，但通过他来研究中国现代化过程各个阶段的连续性，却是颇有意义的。

薛福成的《出使英法义比四国日记》(简称《出使四国日记》)，广泛描写了十九世纪八十年代西方的工业文明，并进而推求其原因。光绪十六年八月初九日记云：“欧洲立国，以商务为本。富国强兵，全借于商。”这里所谓“商”，就是十九世纪的欧洲资本主义。中国古时一直号称“以农立国”，实行“崇本(地主经济)抑末(工商业)”的政策。薛氏在引证新加坡、香港开辟商埠后经济繁荣的事实后，发表了一段十分精彩的议论：

> 夫商为中国四民之殿，而西人则恃商为创国造家、开物成务之命脉，迭著神奇之效者，何也？盖有商则士可行其学，而学益精；农可通其植，而植益盛；工可售其所作，而作益勤。是握四民之纲者，商也，此其理为从前四海之内所未知，六经之内所未讲。而外洋创此规模，实有可操之券，不能执中国崇本抑末之旧说以难之。……盖在太古，民物未繁，原可闭关独治，老死不相往来；若居今日地球万国相通之世，虽圣人复生，岂能不以讲求商务为汲汲哉！

薛福成在这里为资本主义在中国鸣锣开道，要求让商人从

“四民之殿”的地位上升到“握四民之纲”的地位，这确实是“从前四海之内所未知，六经之内所未讲”的新道理。《出使四国日记》不仅有不少主张在中国发展自由资本主义的言论，而且用许多事实为自己的论点作了注脚。他还详细记载了英国“巴力门”的活动，如“议院人无早暮，皆得见君主。……议院座次，宰相及与宰相同心之官皆居院长之右，其不同心者居左”。从而论及“地球万国内治之法不外三端，有君主之国，有民主之国，有君民共主之国”，而“立国规模，以议院为最良”。日记还介绍了工厂、学校、公司、市政各方面的情况，赞扬了资产阶级民主。光绪十六年十月二十五日记云：

> “众智所为，则无不成也。千人之群无绝梁，万人之聚无废功。”西国各学各事之所以能胜人者，率用此术，即其用人行政之有议院，工商之务有公司，亦合众智以为智，众能以为能，所以鲜有败事也。

这些见闻感想，直接为要求在中国开议院、行宪政的人提供了论据。

由于时代的局限，在早期亲历西方的中国人的记述中，难免有一些歪曲和误解；然而新世界的感染力是如此的强大，它终于使大多数由传统方式教养而成的读书人，承认了重新学习的必要。但是，在他们中，主张“全盘西化”的人并不多，赞成“效法西人”，也还是为了改造和建设中国。作者愿再引薛福成《出使四国日记》中的一段话，作为本文的结束：

“今之议者，或惊骇他人之强盛，而推之过当；或以堂堂中国何至效法西人，意在摈绝，而贬之过严：余以为皆所见之不广也。”他说：西方的科学、文化、技术和经验，是人类文明的积累，“乃天地间公共之道，非西人所得而私也”。既然欧洲在历史上接受过东方文明的影响，“中国又何尝不可因之”？讳疾忌医和因噎废食都是不对的。他说：只要中国人善于学习、敢于竞争，“吾又安知数千年后，华人不因西人之学，再辟造化之灵机，俾西人色然而惊、睾然而企也!”

以管窥豹，仅见一斑。但即就所见一斑而言，亦足以说明，早期国人亲历西方的记述，既有重要的历史价值，也有深刻的现实意义。

中国本身拥有力量*

（1981. 10）

从一八四〇年鸦片战争起，一百四十年来，无数爱国的知识分子，一直努力想要解决一个问题：怎样使中国早日实现现代化，赶上先进的国家？也就是如何从故步自封的局面中解放出来，迅速地、大踏步地走向世界？

闭关自守是专制宗法社会的特征。陈旧落后的生产方式，把人们束缚在狭小的地面上。由科举和理学作育而成的观念，禁锢着人的头脑，压抑着人的精神，使人们缺乏力量去想象和追求一个广大的、多样化的世界。当西欧经过文艺复兴、地理大发现，逐步发展起城市经济、航海通商和近代文明时，中国仍然是一个封闭落后的专制国家。直到英国兵舰驶进广州内河，道光皇帝还不知道英吉利在什么地方，与中国有无旱路相通。连头脑清醒如林则徐、魏源等人，开始也曾以为英国兵的腿足不能屈伸，上了岸就不能打仗；中国人入洋教受了洗，便有个寸许长的“小圣母”进胸腔抱住他的心，使他“信奉终身

* 首刊一九八一年十二月《读书》。

不改”。这就像一个蒙上眼睛的人，遇到野心勃勃的对手，挨打吃亏自然是不可避免的了。

林则徐、魏源的可贵之处，就在于他们能够从吃亏中吸取教训，最早提出应当了解外国(“欲制外夷者必先悉夷情”)和学习外国(“师夷长技以制夷”)。他们所谓的“悉夷情”和“师夷长技”，都是为了“制夷”——遏制外国的侵略。他们不仅是近代中国开眼看世界的先驱，也是为了祖国富强而探索走向世界的道路的先驱。中国近一百四十年的历史，确实应该从他们写起。

由于历史条件的限制，从林则徐、魏源、洪仁玕到康有为、严复、孙中山，这一百四十年的前七十年中，并没有能够解决中国走向世界这个问题。十月革命一声炮响，给中国送来了马克思主义，中国人开始有了新的世界观。但是，一方面由于积重难返，另一方面由于出现了曲折和徘徊，后七十年也没有彻底解决这个问题。只有在近几年纠正极“左”那一套之后，国家才有可能实行对外开放政策。

当然，国家利己主义是客观的存在，发达国家势必要占不发达国家的便宜。中国进入近代社会以后，也确有少数人屈从于列强，让他们牵着鼻子走。但这种人绝对不可能会是林则徐和魏源，而是那些本来最顽固、最守旧、最保守的统治者。他们和人民尖锐对立，对自己没有信心，只能靠闭关自守保住江山。一旦“关”闭不住了，又是他们最怕老百姓乘机造反，最容易屈膝投降，崇洋媚外，在“保护伞”下去做儿皇帝和奴才总管。至于一百四十年来先进的中国人，他们赞成开放，反对封闭，是为了赶上先进国家，使中国自立于世界。他们是真正的爱国主义者，绝不会拜倒在洋人脚下，成为洋人洋货的奴隶。

若对我们民族从封闭社会走向现代世界的历史，做一番纵横观察，即可发现，这是一段非常重要的历史。它既是中外交往史，又是文化思想史；既是政治史，又是生活史；既是“西学东渐”史，又是反帝斗争史。在今天中国现代化的艰难进程中，重温一下这些历史，我认为是十分有益和有用的。

前面说过，一八四〇年英国打到广州来时，中国人对于欧洲还一无所知。关于“泰西”，通行的还是“洋鬼子挖眼睛合药”一类荒诞无稽的传说。怎样由无知变为有知呢？只能靠直接去接触和了解。一八七六年到费城参加纪念美国建国一百周年举办的世界博览会的李圭，在其著述《环游地球新录》中说：

> 地形如球……我中华明此理者固不乏其人，而不信是说者十常八九，圭初亦颇疑之。今奉差出洋，得环球而游焉，乃信。……使地形或方，日动而地不动，安能自上海东行，行尽而仍回上海，水陆共八万二千三百五十一里，不向西行半步欤？

这完全是实话。地球是圆的，今天连小学生都懂得；但在当时，却振聋发聩，起了很大的启蒙作用。戊戌领袖康有为，就是在他二十二岁读了《环游地球新录》等书后，才立志“向西方寻找真理”的。

再以对荷兰的了解为例，《明史·和兰传》云：

郑和七下西洋，历诸番数十国，无所谓和兰者。其人深目长鼻，发眉须皆赤，足长尺二寸……其所役使名乌鬼，入水不沉，走海面若平地。

这明显是荒诞的“天方夜谭”。但斌椿于一八六六年访问荷兰后所写的《乘槎笔记》，对那里的描述便和《明史》就完全不同，可以说是“纪实”了：

荷兰纵六百五十里，横三百五十里，西北滨大西洋海，夷坦无山，港道纷歧。民受水害，因习水利，善筑堤，又善操舟行远。南洋各岛国……皆建立埔头。

由是观之，所谓“百闻不如一见”，确实是不错的。当越来越多的人，通过直接的接触和了解，对外部世界由无知变为有知，封闭社会也就自然会变为开放了。

当然，做到这一点是不容易的。十九世纪的中国人走向世界，不仅仅是为了扩大眼界，增进知识，而是为了学习先进，救国救民。在这方面，人们往往需要克服比远海高山更难超越的障碍。当第一位常驻欧洲的使臣郭嵩焘接受任命时，北京有人用“集句”形式作了一副嘲骂他的对联：

出乎其类，拔乎其萃，不见容尧舜之世；
未能事人，焉能事鬼，何必去父母之邦？

作者把外国人一概骂为“鬼”，把正常的外事活动斥为“事鬼”，倒可说为一百年后戚本禹之流指使红卫兵烧外国使馆的“不怕鬼”行动开了先河。其实，这不过反映了破落户对新世界和新事物的盲目恐惧和极端仇视，和人民群众对列强侵略的抵抗和愤怒，性质是完全不同的。

研究人类文化史的人都知道，一种文化绝不能靠排斥其他文化而得到真正的发展。有没有容纳外来成分的气魄，有没有吸收和消化新的分子的能力，正是衡量一种文化生命力强弱的标志。到清朝末年，统治者的思想已经完全僵化，陷入了无法摆脱的危机；但是植根人民、源远流长的中国文化，却没有和专制统治一样完全老化和衰朽，仍然保持着它的活力。

曾纪泽出使英法时，也遇到了和郭嵩焘同样的情形。不少人反对他讲西学、谈洋务，说什么凡是先圣昔贤没有记述过的道理，凡是六经典籍没有记载过的东西，学者都“不得过而问焉”。曾纪泽在一篇文章中驳斥他们道：

> 夫先圣昔贤之论述，六经典籍之纪载，足以穷尽宇宙万物之理若道，而不必赅备古今万物之器与名。学者于口耳之所未经，遂概然操泛泛悠悠茫无实际之庄论以唐塞之，不亦泥乎？
>
> 上古之世不可知，盖泰西之轮楫，旁午于中华，五千年未有之创局也。……尧舜禹汤文武周孔之所不及见闻，当时存而不论，后世无述焉，则不得不就吾之所已通者，

扩而充之，以通吾之所未通。……不得以其异而诿之，不得以其难而畏之也。

曾纪泽并没有否定“先圣昔贤之论述”“六经典籍之纪载”，但他强调指出，不能靠“泛泛悠悠茫无实际之庄论”来适应“五千年未有之创局”。他说“尧舜禹汤文武周孔”已经不在人间，他们并不了解当今的世界。对于外国的政治、经济、文化，应该由我们自己通过直接接触去考求，这样才能扩充我们的知识，应付当前的局势。对于这件事情，是既不应简单拒绝，也不必畏缩害怕的。

“就吾之所已通者扩而充之，以通吾之所未通。”这是一种何等博大宽容的态度啊，它充分表现了中国文化“苟日新，日日新，又日新”这一部分的积极的传统，说明古老的中国文明还是可以“与时俱进”的。当然，这也得首先使自己能够有曾纪泽这样“不得以其异而诿之，不得以其难而畏之”的态度。应该说，在早期走向世界的知识分子中，持这种态度的人相当多；忘记祖宗、盲目崇外的人当然不会没有，但这种人在历史上是毫无地位的。

欧洲(后来还包括美国和日本)用几个世纪时间，在吸取东方、南方和新大陆的物质和精神财富的基础上建立起来的现代文明，是全人类都有权继承的公共遗产。连曾经公开宣布“一边倒”的毛泽东也不得不承认，十九世纪“那时的外国只有西方资本主义国家是进步的，它们成功地建设了资产阶级的现代国家”。十九世纪向西方学习的中国人，所想要“扩而充之，以通吾之所未通”的，首先是坚船利炮，接着是化电声光，最后终于接触到了政治制度和社会制度的问题。在这方面，直接的接触和观察，对于人们认识的提高和深化，起着最重要的作用。薛福成在《出使英法义比四国日记》中说：

> 昔郭筠仙侍郎，每叹羡西洋国政民风之美，至为清议之士所抵排。余亦稍讶其言之过当。……此次来游欧洲，由巴黎至伦敦，始信侍郎之说，当于议院、学堂、监狱、医院、街道征之。

到他之后的康有为、黄遵宪等人，就更上一层楼，正式提出了要在中国建立西方的立宪政体，发展资本主义经济。虽然他们的理想落了空，但他们在历史上的进步作用是永远也无法否认的。

对于西方文化中那些不合中国国情的东西，对于某些西人对华人的歧视和排斥，大部分出去的人也并非不能够及时识别并进行反击。张德彝和同文馆同学到欧洲游历时，年纪只有十八岁。据《航海述奇》记载，有次他们在英国参观博物院，见到那里将从圆明园抢去的文物作为战利品展出，便立即中止参观，表示抗议。后来在俄国公园里遇到一群妓女，有个外国人故意跟他们开下流玩笑，问他们想不想“及时行乐”，张德彝又正言斥责，直到外国人表示道歉。这当然不是什么大事情，但从细小的地方，也可以看出当时中国青年在外国人面前的精神状态。

由五千年历史冶铸而成的民族观念和爱国精神，渗透在中华儿女的血液里，绝不是几番欧风美雨冲刷得掉的。《西学东渐记》作者容闳的父母，送他到外国人那里读书，本来只是“冀儿子能出人头地，得一翻译或洋务委员之优缺”。可是当美国教会提议资助他进大学，条件是“须先具志愿书，毕业后愿充教士以传道”时，年轻的容闳立即断然拒绝。他说：“予虽贫，自由所固有。他日竟学，无论何业，将择其最有益于中国者为之。”一八五四年他以优异成绩毕业于耶鲁大学，成为第一个毕业于美国著名大学的中国留学生时，有不少人劝他留在美国工作。但他的考虑是：

> 中国之腐败情形，时触予怀，迨末年而尤甚。……更念中国国民，身受无限痛苦，无限压制。……予意以为予之一身，既受此文明之教育，则当使后予之人，亦享此同等之利益。以西方之学术，灌输于中国，使中国日趋于文明富强之境。

为了“使中国日趋于文明富强之境”，宁可牺牲个人的机会，回国来为自己的同胞服务，这样的爱国精神，在容闳以后第二代、第三代……中国留学生中，不是一直屡见不鲜吗？我在《容闳和西学东渐》一文中，援引过英国 H. N. Shore 一八八一年评论容闳的一段话：

> 一个能够产生这样人物的国家，就能够成就伟大的事

业。这个国家的前途不会是卑贱的……可以看到，中国本身拥有力量，可以在真正完全摆脱迷信的重担和对过去的崇拜时，迅速给自己以新生，把自己建设成为一个真正伟大的国家。

唯愿诸位读者，能够和我一样赞赏和理解这一段话。那么我就心满意足了。

一八七四年的留美幼童*

（1985.3）

说到中国人留学西洋，人们都把容闳尊为先驱。虽然早在一八四七年容闳抵达美国之前，即已有过中国学生在欧美学习的记录，但是中国开始用官费派遣学生出洋，则是开始于一八七二年间的事情。

一八七二至一八七五四年中，每年都有三十名幼童远涉重洋，到美国新英格兰地区留学。这是中国在现代化道路上向前跨出的重要的一步。虽然跨出的这一步很快又缩了回来，出洋肄业幼童的百分之九十以上，都未能按预定计划在美国修完学业，而于一八八一年被撤退回国，但这件事情仍然在许多方面留下了它的影响。例如说，第一位得到国际承认和高度评价的中国工程师詹天佑，便是一八七二年留美的幼童之一。

遗憾的是，迄今为止，国内发现的幼童留美的中文史料一直非常之少。学者所能看到的当时的记述，除了数量有限的官方档案外，只有下列几种英文著作：

---

* 《走向世界丛书》叙论之七《祁兆熙游美洲日记》。

"*My Life in China and America*"，容闳一九〇九年写成的回忆录（中译本名《西学东渐记》，有部分内容述及幼童留美事）。

"*The Memory of a Boy's Studying in America*"，一八七三年赴美幼童之一温秉忠六十一岁时（一九二三年）的演讲词。

"*The Senior Returned Students*"，美国 Arthur G. Robinson 氏一九三二年发表。

"*The Chinese Educational Mission and Its Influence*"，一八七二年赴美幼童之一容尚谦七十六岁时（一九三九年）发表。

"*China's First Hundred*"，美国 Thomas La Fargue 氏一九四二年发表。

难道就没有一份当时的中文记载流传下来吗?

一九八三年，任光亮君从王培孙捐赠给上海图书馆的原南洋中学藏书中，发现了一册稿本《游美洲日记》（以下简称《日记》）。写《日记》的人叫祁兆熙，是一八七四年护送第三批幼童出洋的职员。他们一行三十四人（幼童三十人，护送人员及随行者四人），于同治甲戌八月初九日（一八七四年九月十九日）乘轮离沪，九月十三日（十月二十二日）航抵美国金山，二十七日（十一月五日）到达四泼林飞而（Springfield，即春田，今译斯普林菲尔德）。祁兆熙将学生安顿好后，十月间复至金山上船，十二月初一日（一八七五年一月八日）回到上海。《日记》逐日记载往返经过情形，十分详细具体，正好补上了文献不足的这一"缺环"。

幼童留美的由来

正如"幼童"容尚谦后来所说的那样，"在未与西方接触以前，中国是闭关自守的，而且又是'自我满足的'"（一九三六年在上海交通大学"容闳堂"纪念铜牌揭幕仪式上的讲话）。那时候的中国，完全没有国际交流的观念，当然更不会想到要向外国派出留学生。直到一八四〇至一八六〇年间，在不断挨打吃亏之后，才有少数先觉的知识分子，逐步感觉到有向外国学习的必要。

魏源于一八四二年刊行《海国图志》，其《筹海篇》议"攻夷之策二，曰调夷之仇国以攻夷，师夷之长技以制夷"，并引俄皇彼得留学他国借图自强为例，云：

> 俄罗斯之比达王聪明奇杰，因国中技艺不如西洋，微行游于他国船厂、火器局，学习工艺，反国传授，所造器械反甲西洋。由是其兴勃然，遂为欧罗巴洲最雄大国。

然而魏氏接着提出来的办法，却只限于在广东设厂，招致法美二国匠师，仿造坚船利炮，认为只须二百五十万金，便可"尽得西洋之长技为中国之长技"，把问题看得太简单了。

一八四三年，任台湾兵备道的姚莹有机会亲赴英船，直接和来华英人接触。数年之后，他在《康輶纪行》一书中写道：

余尝至英夷舟中，见其酋室内，列架书籍殆数百册……而尤详于记载及各国山川风土，每册必有图。其酋虽武人，而犹以书行。且白夷泛海习天文算法者甚众，似童而习之者。……吾儒读书自负，问以中国记载，或且茫然；至于天文算数，几成绝学。对彼夷人，能无泚然愧乎？

这里指出夷人于天文算数亦有其所长，泛海读书者甚众，联系到学习上面来了。

一八五九年，郭嵩焘到天津办理夷务，疏请广求谙通夷语人才。云：

通市二百馀年，交兵议款又二十年，始终无一人通知夷情，熟悉其语言文字者。窃以为今日御夷之窾要，莫切于是。

而真正要“通知夷情，熟悉其语言文字”，便非遣人向夷人学习不可。到一八六一年，冯桂芬刊行有名的《校邠庐抗议》，正式提倡“鉴诸国”——向世界诸国学习。他写道：

夫学问者，经济所从出也。太史公论治，曰“法后王（本《荀子》），为其近己而俗变相类，议卑而易行也。”愚以为在今日，又宜曰：“鉴诸国。”诸国同时并域，独能自致富强，岂非相类而易行之尤大彰明较著者？如以中国之伦常名教为原本，辅以诸国富强之术，不更善之善者哉？且也通市二十年来，彼酋之习我语言文字者甚多，其尤者能读我经史，于我朝章、吏治、舆地、民情类能言之，而我都护以下之于彼国，则懵然无所知。相形之下，能无愧乎？

就在这一年(一八六一)，清政府设立“总理各国事务衙门”，“夷务”从此改称“洋务”。第二年，又在北京办“同文馆”，培养“通洋文、习洋务”的人才。

正是在这样的历史背景上，洋务运动的领袖人物曾国藩、李鸿章、丁日昌等，得到了“熟习泰西各国语言文字，往来花旗最久，颇有胆识”（曾国藩《出洋委员容闳请奖片》)的容闳的帮助，于六十年代末开始酝酿派遣学生出洋留学。

容闳一八五四年毕业于耶鲁大学时，即已立志回国努力，使更多的中国青年能和自己一样“远涉重洋，身受文明之教育……以西方之学术，灌输于中国，使中国日趋于文明富强之境”（《西学东渐记》第五章)。回国以后，容闳于一八六三年投入曾国藩幕中，首先接受了到美国购办机器建设上海机器局的任务。一八六七年，曾氏到沪视察上海机器局时，容闳“乘此机会，复劝其于厂旁立一兵工学校，招中国学生肄业其中，授以机器工程上之理论与实验”（《西学东渐记》第十五章)。同治七年(一八六八)九月，曾国藩向朝廷报告制造局及学馆筹办情形，说：“中国自强之道，或基于此。”

兵工学校的成功，容闳“向所怀教育计划，可谓小试其锋。既略著成效，前者视为奢愿难偿者，遂跃跃欲试”（《西学东渐记》第十六章)。于是，他首先向江苏巡抚丁日昌，随后又通过丁向两江总督曾国藩提出了自己“由政府选派颖秀青年，送之出洋留学”的计划。曾国藩同治九年(一八七〇)九月在《调陈兰彬江南差遣片》中，向朝廷报告说：

> 外国技术之精，为中国所未逮，如舆图、算法、步天测海、制造机器等事，无一不与造船练习相表里。其制则广立书院，分科肄业，凡民无不有学，其学皆专门名家……其国家于军政、船政，皆视为身心性命之学。
>
> 如俄罗斯初无轮船。国主易服微行，亲入邻国船厂，学得其法。乾隆间其世子又至英国书院肄业数年。今则俄人巨炮大船，不亚于英法各国，此其明效。江苏抚臣丁日昌屡与臣言：宜博选聪颖子弟，赴泰西各国书院及军政、船政等院，分门学习，优给资斧，宽假岁时，为三年蓄艾之计。行之既久，或有异材出乎其间。精通其法，仿效其意，使西人擅长之事，中国皆能究知，然后可以徐图自强。且谓：携带子弟前赴外国者，如该员陈兰彬及江苏同知容闳辈，皆可胜任。

正式建议选派子弟赴泰西各国留学。

其时，新任直隶总督李鸿章，对于留学计划亦极为热心。他同年闰十月廿一日写信给曾国藩，请曾坚定信心，不可因朝廷不置可否而放弃努力。信中说：

陈荔秋与容闳建议选派聪颖子弟赴西国学习，尊疏前已略陈，内无可否，其懵然不知，非不为也。此事先须议订条款，预筹经费。南中熟悉外情者尚多，乞令集议通筹，若有眉目，请尊处挈敝衔会奏，断不可望事由中发。

同治十年(一八七一)七月十九日，终于由大学士曾国藩领衔、李鸿章等会衔奏请国家资遣子弟出洋肄业。奏折一开头就指出：派遣留学，是继斌春(椿)、志刚、孙家谷之后，中国走向世界的又一次尝试。蒲安臣所订中美新约，业已允许中国人"入美国大小官学习学各等文艺"，美、英驻华公使，又表示深愿接受中国学生前往留学，这样做的外部条件已经成熟。奏折驳斥了所谓京师已设"同文馆"，上海已开"广方言馆"，欲习西学已"无须远涉重洋"的议论，说：

一旦遽图尽购其器，不惟力有不逮，且此中奥窍，苟非遍览久习，则本原无由洞彻，而曲折无以自明。古人谓"学齐语者须置之庄岳之间"，又曰"百闻不如一见"，比物比志也。况诚得其法而归，触类引伸，视今日所为孜孜以求者，不更充于无穷耶？

最后并"酌议章程，恭呈御览"，主要内容为在上海设局，于沪、甬、闽、粤等处挑选幼童，至局考试，齐集出洋；每年以三十名为率，四年计一百二十名；十五年后，每年回华三十名，分别派事；此系官生，不准在外洋入籍、逗留，及私自先回，遽谋别业。

奏上，不久即获得清廷批准。于是成立“总理幼童出洋肄业沪局”，派刘翰清负责。同时在美国成立“选带幼童出洋肄业局”(《西学东渐记》译为“经理留学事务所”)，派陈兰彬和容闳共同负责，地点原设麻省春田(Springfield，祁兆熙称为四泼林飞而,《西学东渐记》称为斯丕林费尔)，后来迁至康省哈特福德（祁兆熙称为哈富)。两地均位于新英格兰中心地带，而新英格兰正是美国开发最早、教育发达的地区，同时也是容闳“身受文明之教育”的故地。日记九月二十六日云：“四泼林飞而即诸生馆地，与哈富公馆远百里地，一点钟可到。”二十七日又记护送第三批幼童到达四泼林飞而的情形云：

> 五点起，同人俱起整衣服，捡物件。六点半，到四泼林飞而火轮车棚下矣。风大而冷。晤曾兰生(按即出洋肄业局翻译曾恒忠)、容渭泉。于是搬下物件，孙云江与三弟(按即随同赴美之二人)守望，余与兰生叙谈。未几，衣箱等亦至棚下，较对铜牌记号，兰、渭两兄经管。
>
> 诸同人乘马车进寓，寓视金山略小。在寓会见容副办纯甫(按即容闳),暨容元甫(按即容增祥)、叶树东(按即出洋肄业局教习叶源浚)两先生。
>
> 诸生既谒见，即派衣箱等各归卧房。物件未大破烂。既至大餐房，畅啖外菜。外国亦有剃工，人辫则自梳。一日间，前二批诸生，接踵相见。虽连日劳劳，而精神尚健。晚间与叶树东、容元甫畅谈一是。

祁兆熙护送出洋

祁兆熙(一八九一年去世)是上海人，早岁于“法兵驻沪之时，初习洋务”，开始学法语；“未及一年，与兵头往还，事能顺手”。一八六五年，入江海北关办公，再学英文“三年之久，能将关单自译，无用通事”。一八七四年第三批幼童出洋，即由他护送，幼童中并有他自己十二岁的儿子祁祖彝。

据《徐愚斋自叙年谱》所附出洋幼童名单统计，第一、二、三批幼童之中，至少有三十一名的父兄是洋务人员。盖当时风气未开，传统士大夫家庭多不愿子弟出此一途，只有像祁兆熙这样的人，才会比较相信西方教育的优越性。日记九月十六日云：

> 中土庠序之设，惜少真实工夫。西法：子弟六七岁入小学，犹中土读四书也；十岁后开经书，换一大学堂；至舞象之年，譬之中土开笔之时，即问本人愿习何事。于是，读书、兵法、机器、贸易等，各分门类，各立大书院，送进再学几年，自然成就，法至善矣。

幼童家长送幼童出洋，都必须亲笔具结。下面便是詹天佑的父亲詹作屏送子入学时所具切结：

> 兹有子天佑，情愿送赴宪局(按指幼童出洋肄业局)带

往花旗国肄业学习技艺，回来之日，听从差遣，不得在国外逗留生理。倘有疾病生死，各安天命。……童男詹天佑，年十二岁，身中，面圆白，徽州府婺源县人氏。

接着还要开列祖宗三代本名，俨然是一纸卖身契。

尽管如此，这些家长因为相信出洋是一条捷径，“他日学成而归，宾王利用，其荣名所被，固有更胜于一衿一第者”(徐润《送扆臣、笏臣、赞臣诸弟赴美国肄业未园饮饯图记》)，他们还是照办了。

幼童们首先在“沪局”集中，接受初步的训练。关于那里的情形，幼童之一的温秉忠后来回忆说：

当时他们没有网球、足球及篮球，也没有这么多假日。……在学校读书时间多，而游戏时间少。

学校监督是一位“暴君”，他力主体罚，而且严格执行。但多少年后，幼童们仍然怀念他。他们恐惧他手上的竹板。但是他强迫大家读写中文，在幼童回国后，都能致用不误。

今日中国学校制度已大为改进。在他们那时，课程不多，但每科必需精念细读，强迫背诵古书。他们没有科学课程，故拉着嗓门，高声朗诵是被认为是最佳的学习方法。因此在教室中，噪音震耳欲聋，但相信对学生的肺活量必有裨益。

幼童出洋均由公款备装。日记八月十八日记："出新小缎帽于大箱，分派诸生……"九月初七日记："午后启箧，检出蓝绉夹衫、酱色绉长褂、缎靴等，为到金山上岸光辉，预派诸生自掌之，幼者归其衣于我房。"当年这一队穿着蓝色长袍、酱色马褂，头戴缎帽，脚登缎靴的中国幼童在金山登岸，乘火车横过美洲大陆来到新英格兰，一路上"观者如云……中外之人，咸属耳目"（九月十三日记）。

孩子们毕竟是天真的。在上海登上"矮尔寡南"号的第一天晚上，轮船还没有启碇，见到"船尾洋泾浜一带，自来火灯簇簇匀排，荡漾波心，诸生俱乐"。但是，轮船出口以后，天气变坏，风浪一起，舱间便"多啼哭声，不得安睡"了。

祁兆熙对幼童的照拂十分周到。风浪起时，"遍视诸生，各加慰藉，几疲于奔命"。到横滨换船，"嘱水手人牵抱诸生，(使)幼者先上梯，鱼贯入"。横过美国时，铁道列车上还没有餐车，"每日早六点、午十二点、晚六点停车饭所，仅停廿五个'米粒'(分钟)"，"人至食店，食已陈，不及辨而食"。祁兆熙"保护诸生下车"，"点诸生上车"，自己则"坚不下车，冷硬馒头，以苹果润喉"，甚至饥不得食，渴不得饮，吃了不少苦头。

可是孩子们的适应性和模仿性也真强。出海之初，一有风浪，他们便"呕吐大作，俱睡而不能起"。经过十来天锻炼以后，轮船在太平洋中心区遇到了"两年来所未见"的大风暴，"箱笼被浪簸掷，旋整旋翻"，"在船行走，两脚如醉人，东摇西掷，身不由主"；幼童们却"嬉戏自得，毫无恐怖"。入夜风浪少平，祁兆熙“浑身酸痛，思欲早睡”；而“诸生在大菜间游行，莫之监必哗，仍迟至十一点钟皆睡乃睡”。翌日天晴，“西人男女在舱面上，以囊沙如枕七八，互相抛掷，作消闲舒筋胃，诸生亦效之”，又学西人“甩绳圈，以西字划界，约距丈馀，甩中者为佳”，现出了活泼泼的生气。

生活习惯方面，起初幼童只能吃中国饭菜，祁兆熙自备治喉痛用的咸西瓜皮，也被大家分食过半。但是，航程还没有结束，过半数的幼童便喜欢吃牛乳、面包了。随祁兆熙往游美国的他的三弟兆熊，原来宁愿用开水淘米饭果腹，后来也居然能大吃其生鸡蛋，自诧云：“前所不能食者，今亦能之矣，不亦怪乎?”祁兆熙自己和洋人同处一室，朝夕相见，“臭味几合同而化”，结论是：“海外男女皆兄弟。”他的观念肯定影响到了幼童们，不过，幼童们很可能也影响了他。

在护送途中，祁兆熙还很注意幼童的学习。日记八月十三日记：“诸生学习家信，指示一二。”二十六日记：“将《三训合刊》三十本，书诸生名，教之读。”二十七日记：“九点后，在大菜间教读《感应篇》二页。……晚饭后，温理诸生外国书。有差误者，责手心三下。诸生无事，或寻口舌。余行理书之政，午后读熟，晚饭后背，遂安静。”二十八日记：“早餐后宣讲《三训合刊》，晚课西书。”熟读背诵，差误责打，很可以看出“沪局”教学方法的痕迹，而最有趣的则是将《三训合刊》《感应篇》和“西书”结合起来教授。《三训合刊》是一本什么样的书，日记并未说明，大概总有一“训”是《圣谕广训》吧。一面不得不开始教“外国书”，一面仍念念不忘宣讲圣谕，这样的“中西结合”，当然不免使现代人感到滑稽。

对于幼童们的言行举止，祁兆熙也管得十分严。行为失检，和背书不出一样要打手心。九月十一日记：“有二生骂人，责以警后。”十二日又记：

诸生或拾西人所遗地景图，见而责之，使归故所。遂遍戒诸生：苟取一物于船，知必责，匿必阅。并告之曰：“凡物既用，当复其所，勿忘；精细易损者，勿损；人则谓尔敏，不尔厌，小子识之。”

体罚的办法虽不可取，要求幼童行为检点注意影响则是对的。

将幼童护送到春田的第三天，“外国先生接踵到寓，来受诸生”。祁兆熙“奔走其间，训勉之馀，不觉有黯然之情”。如果说，告诫诸生，看出他的方正，那么在这里又看到了他的温情。

完成护送任务后，祁兆熙只在春田、哈城一带停留几天，便动身回国了，没有随邝其照（容阶）绕道欧洲。曾恒忠（兰生）邀他到纽约“盘桓二日，以畅游兴”，他因怕耗费，也固辞了。祁氏自称：

去国二万三千里，涉履艰难，波涛危险，旷古所未闻，况瘁渴饥，乃其常事……所冀者偕偕士子，自天佑之，他时濯足扶桑，不失为国储才之意耳。

表现了一定的责任心和爱国心。

祁兆熙回国，没有再和教育发生关系，而到广东做官。民国七年刻《上海县续志》卷十八本传谓其：

官粤十七年，历办督署洋务，辑《通商约章》《洋务成案》，与香港英官妥定中国电局事宜，中外翕然。其他筹赈、禁赌，查洋面缉私船之扰，解廉州常洋关之事……皆尽心力。光绪辛卯，积劳卒粤寓。

幼童在美国

由中国遣送学生到美国留学的总的历史背景已如上述，但当时各方面办这件事情所抱的具体目的，则又颇不相同。容闳的目的是：

使予之教育计划果得实行，借西方文明之学术以改良东方之文化，必可使此老大帝国，一变而为少年新中国。（《西学东渐记》第十六章）

奕䜣、曾国藩、李鸿章、丁日昌等人的目的是：

拟选聪颖幼童，送赴泰西各国书院学习军政、船政、步算、制造诸书……使西人擅长之技中国皆能谙悉，然后可以渐图自强。（《同治十年七月十九日奏》）

而一般官僚(包括部分洋务官僚)的目的，则只是为了培养一些翻译人才，以便和洋人打交道。正如温秉忠所说的：

> 一八七〇年天津教案发生，许多外国教士被杀。中国官员在处理这项教案时，最大的困难就是难觅训练有素的翻译为政府服务，因此有时不得不依靠洋员，而在与外国领事谈判的过程中，徒增许多困难。
>
> （一九二三年十二月二十三日的演讲）

这便成了这些人(以及受这些人影响的朝廷)赞同派遣留学的直接原因。

容闳从充分接受西方文化的目的出发，力主选送幼年学生出国。曾、李诸人，于此本有怀疑。李鸿章同治十年四月初一日(一八七一年五月十九日)写信给曾国藩，主张派“二十岁内外，通习中国文义者”出洋，认为派出十五岁以下幼童“多费而少益”，请曾考虑“可否再令妥商更订”。由于容闳坚持，加上多数人认为学习外国语言应从幼年开始，结果定出来的办法是，挑选十二岁至十六岁(系按中国习惯算法，实际上是十一岁至十五岁)的幼童出洋，但幼童在出洋前，须经沪局“查考中学、西学，分别教导”；出洋后又须“兼讲中学，课以《孝经》、小学、五经及国朝律例等书”，“每遇房、虚、昴、星等日，正副二委员传集各童，宣讲《圣谕广训》，示以尊君亲上之义，庶不致囿于异学”。

好一个“囿于异学”！在某些人看来，几万万中国人囿于五经四书、“国朝律例”是理所当然的，并没有什么不好；而一百二十名远适异国的幼童，如果丢开了《孝经》和“国朝律例”（即使是暂时的），那就会“囿于异学”，就有亡种亡国亡头的危险。

因为只有容闳熟悉美国的环境和教育情形，政府不能不委派他为“选带幼童出洋肄业局”（以下简称“出洋局”）的副委员，但同时又派陈兰彬为正委员，位在容闳之上。“出洋局”自一八七二年九月成立，至一八八一年九月结束，九年之中，先后派充正委员的共四人，即陈兰彬（荔秋）、区谔良（海峰）、容增祥（元甫）、吴嘉善（子登），容闳始终只是一个“副委员”。陈、区、吴都是“翰林”出身，为传统文化之代表。一八七五年清政府发表陈兰彬、容闳为驻美正、副公使，不仅陈氏之位仍居容氏之上，而且正好借口容氏“常驻美京”，遂得“令其不必多管”出洋局的事情了。

幼童抵美后的安排，开始完全由容闳主持。他接受耶鲁大学教授 Hadley 及康省教育司 Nothrop 的意见，先“将学生分处于新英国省之各人家，每家二三人”，使其熟习英语与西方生活方式。关于这方面的情形，日记颇多有价值之记载，如九月三十日（礼拜日）记：

> 早膳后，外国先生接踵到寓，来受诸生。容帮办、兰生接待之。先生男女皆有。……朱锡绶与曹茂祥同馆。彼师亦女子也，见二生，喜。其亲爱之情，旁观者亦鉴貌得之。

十月初二日，详记三十名幼童分住各处情形，如朱锡绶、曹茂祥住信司白尔野书馆，从阿尔福学习；祁祖彝、朱宝奎住叟亥得聂夫阿尔司书馆，从慕阿学习；梁如浩、唐绍仪住四北岭非尔书馆，从格阿登学习；薛有福、徐之煊住四北岭非尔书馆，从弥那学生；等等。十月初四日记：

八点钟同兰生乘马车，换火车至祖彝塾师家，路十五麦(里)。祖彝与朱宝奎有喜色。师家有苹果树，连日畅吃苹果。其家在山上，屋上下八间。家凡四人，女师姊妹二人，老母年近六旬左右。无邻房，后即园林也，依山傍水，大有秀气。

祖彝与宝奎谓我曰："自到馆，目见不满二十人。"余曰："读书之处，得此清静琅嬛也。"

方到之日，女师为理衣箱，派书几，有大抽屉。二人同一大榻，被褥全备。夜俟其睡，熄灯。

余见其师将二人所用洋布手巾缝边，嘱二人取苹果馈余与兰生。取携能应对。现即将日用起居，随时随地教一句，写一句。其读书之时，亦九点起，四点止。

十月初八日记：

初，有四生，第一批二人，第二批二人，龌龊而顽，拟撤去，从余回。后容君面试之，西话甚熟。并念其有兴而来，当使得一技之长，以尽栽培之愿。现拟派学习机器等事。前二日，见退生师来送别，赠银一圆，为之下泪。赠银下泪，师弟之情亦厚矣！

应该说，大多数中国幼童和他们的美国老师及其家庭成员之间，确实是建立了深厚的感情。幼童们迅速地学会了英语英文，同时也开始习惯了西方的生活方式。温秉忠回忆第一批幼童抵达春田后的情形，和《日记》所记的也差不多：

第二天，容闳先生分配他们给来自各地的美国老师。老师带他们回去。在以后留美的岁月中，这些美国老师负起教养监护的责任。每一个美国老师家庭负责两个或四个幼童。英文合格的幼童直接送入美国学校，不合格的在老师家接受个别补习，做入学的准备。

最初，幼童均穿长袍马褂，并且结着辫子，使美国人当他们是女孩。……为了减少困扰，数月以后，幼童向"出洋肄业局"委员呈准改穿美式服装。当时幼童平均不及十五岁，对新生活适应很快，迅速接受了美国的观念及理想(American Idea & Ideals)。

…………

中国幼童们与一同食宿的美国家庭及中学、大学同学们，均建立了深厚之友谊。……美国老师及监护人那种家长式的爱护（Parental Treatment），使幼童们久久铭感不忘。

一八七六年八月二十二日，李圭在美国费城万国博览会上，见到中国幼童一百多名到会参观，《环游地球新录》记云：

诸童多在会院游览，于千万人中言动自如，无畏怯态。装束若西人，而外罩短褂，仍近华式。见圭等甚亲近。吐属有外洋风派。幼小者与女师偕行，师指物与观，颇能对答。亲爱之情，几同母子。

李圭《环游地球新录》还介绍了博览会上展出的中国幼童学业成绩："绘画、地图、算法、人物、花木，皆有规格"；"洋文数页，西人阅之，皆啧啧称赞"；随行翻译云，"幼童在哈佛攻书二年，足抵其当日在香港学习五年，诚可见用心专而教法备焉"。

"出洋局"办事处原设春田，旋迁至哈城森孟纳街（Sumner Street）。祁兆熙护送第三批幼童即到此处，日记称之为"哈富公馆"：

洋房上下廿馀间，租金岁一千七百两。楼下客位一间，书室一间。书满六架，凡学堂书尽备……并有《汉书》几种及唐诗，官板《三国志》《胡文忠公集》。对面两间，诸生读书之处。顶上一层，孔子神位。幕友与局主，房于第二层。

幼童平时分住美国老师家中，“以三个月一次来局习华文，每次十二人，十四日为满。逾期则此十二人复归，再换十二人来。以次轮流，周而复始”。这样做是为了执行政府的指示，“庶不致囿于异学”。殊不知“异学”对幼童的吸引力是如此之强，三个月一次课以《孝经》和宣讲圣谕的办法，终于难以抗拒“美国的观念及理想”。尽管容闳请求政府出资在克林街(Collins Street)建造了一所规模更大的楼房，作为“出洋局”的永久住址，他的理想仍然落了空，撤消的阴影仍然落到了这栋三层楼房上，中国的留学计划终于功败垂成。

但是，在美国的学习和生活，对幼童们的影响毕竟是巨大的。在美国曾经发现中国幼童薛友福(一八七五年十一岁时赴美，一八八一年撤回，一八八四年十九岁时在中法之战中殉国)归国前后写给美国女同学凯蒂(Kathline)的两封信。一八八一年九月一日写于旧金山的信中说：

> 在这遥远的天边，多么希望听到你的信息，以便得悉朋友们在世界那端的情形。

一八八二年一月十日写于厦门的信中说：

> 九月六日下午，我们乘“北京城”号启碇回中国。……同船旅客很多，也有很多传教士。他们都去过中国，故我很乐于与他们交谈。
>
> …………

我常常独自看海。那海鸥或前或后，争啄船上抛下的残食。我常想：它们长飞竟日不息，入夜必然栖息在海上了。

…………

此间天气不冷，正如美国八九月季节。现在你那里一定冰雪交加，而此处正是春暖花开时候。我真希望你能来此，共赏快乐的季节。……我也盼望我能再溜冰，即使几小时也满足了。

请读者们想想，这位十六岁少年对世界、对朋友、对自己、对生活的观念，岂是光绪七年国内一般少年所能企及的吗？那时候，宣统皇帝的本生父醇亲王载沣（一八八三至一九五一）还没有出世，中国的“小小蒙童”还在背诵八股文章、《太上感应篇》和“男女七岁不同席”的教条。

“出洋局”的结局

幼童们在美国的学习和生活，在容闳看来一切都很正常；但在另外的委员们看来，却越来越带有离经叛道的色彩。于是他们设法进行干预，试图扭转事情的进程，“出洋局”内部的争执激烈起来了。

“出洋局”创办之初，曾国藩奏派容闳（纯甫）、陈兰彬（荔秋）同为委员，“盖以纯甫熟谙西事，才干较优；荔秋老成端谨，中学较深，欲使相济为公也”（李鸿章光绪七年二月三十日致译署函)。

殊不知"西学"和"中学"在这里很难相济,容、陈二人一开始就互相抵牾。容闳在《西学东渐记》第十九章中历述陈兰彬对学生的种种限制,"例如学生在校中或假期中之正杂各费,又如学生寄居美人寓中随美人而同为祈祷之事,或星期日至教堂瞻礼,以及平日之游戏、运动、改装等问题",陈皆表示反对,靳而不允。容闳云:

> 每值解决此等问题时,陈与学生常生冲突,予恒居间为调停人。但遇学生为正当之请求,而陈故靳不允,则予每代学生略为辩护。以是陈疑予为偏袒学生,不无怏怏。……而此多数青年之学生,既至新英国省,日受新英国教育之陶熔,且习与美人交际,故学识乃随年龄而俱长。其一切言行举止,受美人之同化而渐改其故态,固有不期然而然者,此不足为学生责也。……但在陈兰彬辈眼光观之,则又目为不正当矣。

一八七九年(光绪五年),"出洋局"委员容增祥(元圃)丁忧回国,即向李鸿章禀告容闳"偏重西学,致幼童中学荒疏",云:"纯甫(容闳字)意见偏执,不欲生徒多习中学。即夏令学馆放假后,正可温习,纯甫独不谓然。"(见《李文忠公全书》卷十九《复陈荔秋星使》)而李鸿章也就据此"寓书诫勉"容闳,"不啻至再至三"。

一百二十名幼童出洋,除原拨经费银一百二十万两外,后来又陆续添拨二十八万馀两。已经很穷的中国政府，拨出这么多经费，难道就是为了让一百多名幼童漂洋过海，到美国东海岸去“温习中学”吗？对于这一百多名学生来说，如果不是要他们“偏重西学”，又何必送他们出洋？容闳乃复书李鸿章，力驳他人谬论。而继容增祥为委员之吴嘉善，仍然坚持“偏重西学，利少弊多”的观点，不断向北京报告：

> 学生在美国，专好学美国人为运动游戏之事，读书时少而游戏时多。或且效尤美人，入各种秘密社会，此种社会有为宗教者，有为政治者，要皆有不正当之行为；坐是之故，学生绝无敬师之礼，对于新监督之训言，若东风之过耳；又因习耶教科学，或入星期学校，故学生已多半入耶稣教；此等学生，若更令其久居美国，必至全失其爱国之心，他日纵能学成回国，非特无益于国家，亦且有害于社会……　　　　　　　　　　（《西学东渐记》）

起初，李鸿章还“随时函告荔秋、纯甫、子登，劝令销融意见，尽心公务，以收实效”。甚至嘱令容闳“不必多管”学生的事，由吴嘉善“设法整顿，以一事权”。但吴、陈之于学生，怨毒已深，必欲使留学事业毁于一旦。光绪七年二月六日（一八八一年三月五日），陈兰彬用“出使美日秘国大臣”的名义奏称：

> 上年十一月，吴嘉善特来华盛顿，面称：“外洋风俗，

流弊多端；各学生腹少儒书，德行未坚，尚未究彼技能，实易沾其恶习。即使竭力整饬，亦觉防范难周，极应将局裁撤。惟裁撤人多，又虑有不愿回华者，中途脱逃，别生枝节”等语。……诚恐将来利少弊多，则照其所言，将各学生撤回内地，严加甄别……至所虑中途脱逃一节，即责成该总办督同教习各员，亲行管带回华交代，自免意外之虞。

奏上，下总理各国事务衙门议复。恭亲王奕䜣这时已经失势，凡事只敢看慈禧太后脸色行事，遂奏称：

查该学生以童稚之年，远适异国，路歧丝染，未免见异思迁……如陈兰彬所称，是外洋之长技尚未周知，彼族之浇风早经习染，已大失该局之初心。四月二十六日，准李鸿章来咨，现调出洋学生二十名赴沪听候分派，是亦不撤而撤之意。臣等以为与其逐渐撤还，莫若概行停止，较为直截。

全体幼童即日撤局回华的命令下达，用温秉忠的话来说，“对幼童言乃一忧伤之日，大多数再过一两年即可毕业，中途荒废学业，令人悲愤异常”。事实上，全体幼童中，只有詹天佑、欧阳赓两人大学毕业；另有约六十人在大学肄业，其馀的还是中学生。总计四批学生一百二十人中，有三人在美去世，数人因故先行撤回，数人抗拒回国命令，其馀遂于一八八一年九月六日离美返华。

留美学生回国后的境遇和心情如何，黄开甲(一八七二年首批赴美幼童)一八八二年一月二十八日从上海写给他在美国的居停主人和老师的妻子 Fannie Bertlett 夫人的信很能说明问题。信中说：学生们在归国时，“曾幻想有祖国伸出温暖的手臂来拥抱我们”，结果“却不见一个亲友，也没有微笑来迎接我们这失望的一群”。“为防我们脱逃，一队中国水兵，押送我们去上海道台衙门后面的‘求知书院’”。这所书院关闭已经十年，“当你跨进门槛，立刻霉气扑鼻”。夜间，“潮气由地上砖缝中冉冉升起，使我们衣衫尽湿”。“这种侮辱刺痛着每一个人的心”。而尤其使人伤心的是，政府强行分派归国学生到各地去工作或重新学习，“完全不按个人志趣及在美所学”。“我们的饥寒与否，政府是漠不关心的”；“对于我们家人是否冻饿，政府更不予理会了”。

黄开甲愤怒地质问道：“这就是东西双方影响下，中国政府的‘进步政策’吗?”他说，像这样的政府是不值得同情的，只有一个经过“彻底清除再改革的政府，才适合治理它的万千子民”。

请看，“历史”这位严厉而高明的老师就是这样在给人们上课的。愚蠢的开倒车的行为，结果总是适得其反。清朝政府撤回留美幼童，是因为怕幼童接受 American Idea & Ideals，成为“不复卑恭之大清顺民”；结果它得到的仍然不是卑恭的顺民，而是强烈要求“彻底清除”旧政府和进行改革的愤怒的一代。

“幼童出洋”的理想和试验就这样烟消云散了，愤怒的情绪却深埋在人们的心间。

黄开甲的信中即已报告：“在我们留美返华的幼童中，已有少数被旧习腐化；有人已散漫不堪、生活颓废；但大多数对恶势力、对官僚习气的抗拒仍坚定不移。”

随着时间的推移，幼童们由青年而渐入中年、老年。但“幼童”（Boy）始终是他们引以为荣的称号。一八九四年三月二十四日，美国 Bartlett 女士写信给吴仰曾道：“即使有朝一日你满头白发，我们仍然叫你‘幼童’。”容尚谦一九三二年十月二十二日写信给美国 G.Robinson 时也说：“我们多年来都自称‘我们幼童’（Our Boys），虽然到今天我们都已超过七十岁，而且只剩下二十九人了。”

“幼童”中活得最久的是周寿臣（原名长龄，一八六一至一九五九）。他在回忆他在新英格兰的学生生活时说：

> 那里的岁月，对我是充满欢乐和鼓舞的回忆。在那里，我第一次有机会接触到西方的文化及文明，亲身目睹美国人民共同生活中的民主方式及无数其他有意义的活动。

在“幼童”中，后来出现了詹天佑（第一位在国际上得到承认和高度评价的中国工程师）、吴仰曾（第一位中国著名矿冶工程师，为建设开滦煤矿做出了卓越贡献）、蔡绍基（北洋大学校长）、张广仁（第一位获准在美开业的华裔律师）、梁敦彦（清末曾任外务部尚书）、唐绍仪（民初国务总理）等许多人物。前面提到过的那位写信给美国女同学的薛友福，于一八八四年中法战争中英勇殉国。另一位“幼童”梁应科，也在一八九四年中日战争中表现勇敢，得到了“巴图鲁”的称号。他们都在历史上留下了自己的名字。而只要顺民不要人才的清朝政府，却确实被自己的“万千子民”所“彻底清除”了。

在一八七二至一八八一中国幼童留美这件事情中，祁兆熙不过是一位不太重要的当事人。他的日记的发现和刊行，给研究这段史事的人增添了一份有价值的资料。至于从这件事情中引出什么样的历史教训，那就不属本文讨论的范围了。

李鸿章与中俄密约*

（1985. 11）

光绪二十二年即一八九六年，李鸿章作为祝贺尼古拉二世加冕的特使，赴俄签订“中俄密约”，临行时在上海对黄遵宪说：“联络西洋（俄），牵制东洋（日），是此行要策。”签订密约回来，他又不无得意地对黄遵宪说：“二十年无事，总可得也。”结果不要说二十年，连二年都不到，中国便完全成了既是东洋也是西洋列强刀俎上的鱼肉。

一九〇一年李氏死后，黄遵宪为他作了四首挽诗，其三云：

> 毕相伊侯早比肩，外交内政各操权。抚心国有兴亡感，
> 量力天能左右旋。赤县神州纷割地，黑风罗刹任飘船。
> 老来失计亲豺虎，却道支持二十年。

讲的就是联俄立约这件事。全诗先对死者表示恭维，将他和俾

* 《走向世界丛书》叙论之二十一《李鸿章历聘欧美记》。

斯麦、伊藤博文相提并论。接着就指出：是罗刹(罗刹本为梵文“恶鬼”之意，清初用作“俄罗斯”之音译，此处语意双关)黑风把他吹上了“亲豺虎”的错路，“中俄密约”使得赤县神州落到了“割地行成”的困境，而这位与“毕相伊侯早比肩”的人物却还沾沾自喜，自以为给国家争得了“二十年无事”的和平环境。这是多么深刻的讽刺。古人论诗，所谓“婉而多讽”，黄遵宪足以当之矣。

中国之大患终在俄

曾经有过这样一种观点：中华民族最大的危险，总是来自北方。自从沙皇俄国的熊爪向东伸到中亚和远东，这种观点就越来越使某些人觉得有道理。因为：

(一)从地理上看，俄国已经成为唯一与中国直接接壤的帝国主义大国。

(二)专制的沙皇俄国，对内实行高压，对外侵略扩张，其凶恶的程度远远超过其他欧美国家。它不仅是俄国各族人民最凶恶的敌人，同时也是全世界弱小民族最凶恶和最危险的敌人。

(三)专制统治的必然结果之一，是它的暴力机器特别具有反人道和反文化的性质，因而特别具有凶残性和危险性。像波雅科夫率领的哥萨克队伍在中国达斡尔地区一连杀死和吃掉五十多个活人这类暴行，在世界上是少见的。

近代中国持上述观点的人，有被称为清代“开眼看世界之第一人”的林则徐。他在抗击英帝国主义失败后被谪戍新疆，亲自感到俄国咄咄逼人的侵略气焰，曾经说过：“百年后，为中国患者，其惟俄罗斯乎。”

持同一观点的人，还有经过千辛万苦，向西方寻找真理的严复。他在三国干涉还辽、“联俄”之说盛行时力持不可，说：“甲午以还，彼族常以剖分支那为必至之事。……以远近形势言之，俄于支那，其情亦与各国异，故中国之大患终在俄。”

然而，自命为对“洋务涉历颇久，闻见稍广”的李鸿章，在甲午战争后，却来了个“一边倒”，力主联俄。此时俄国因怕日本独吞朝鲜、满洲，妨碍自己实现在远东的侵略野心，曾经联合德、法阻止日本割占中国的辽东半岛。这件事情成了李鸿章因中日战败下台后东山再起的资本。一八九六年五月，俄皇尼古拉二世举行加冕礼，中俄两国最高当局心照不宣，由李鸿章以“钦差头等出使大臣”名义前往致贺，在彼得堡秘密签订了“中俄密约”。于是，联俄的主张成为事实，中国的东北从此逐步落入俄手。后来日俄两国在中国领土上一场大战，日本又取代了俄国在南满的地位。李鸿章“引狼入室”，认为可以驱狼制虎，结果却是狼虎齐来，一同吞噬中国人民的血肉。

李鸿章为什么要联俄？如果从他的思想上找原因，就是(一)依赖“保护伞”，(二)想玩“外国牌”。

依赖“保护伞”的病根在于害怕本国人民。因为害怕本国人民，所以就感到“军民全不足恃”，自己断非外国的敌手。李鸿章一八七四年对中外形势的基本看法是：“各国条约已定，断难更改。江海各口，门户洞开，已为我与敌人公共之地。……似觉防无可防矣。”“一国生事，诸国构煽，实为数千年来未有之变局。轮船电报之速，瞬息千里；军器机事之精，工力百倍；炮弹所到，无坚不摧；水陆关隘，不足限制：又为数千年来未有之强敌。”既然敌人如此不可抵挡，自己如此不堪一击，自然只能把希望寄托在“盟邦”身上，躲在外国的“保护伞”下过日子了。

玩“外国牌”，用李鸿章自己的话来说，叫作“以夷制夷”，这是从专制统治者长期统治经验中“继承”下来的一种权术。李鸿章前半生同太平军和捻军作斗争，施展软硬兼施、分化瓦解、各个击破等手段，捡得了不少便宜。但是，帝国主义列强这些“数千年来未有之强敌”的战略、策略水平，比在苏州缴械投降被杀的李昭寿、郜云官等太平军头领要高明。李鸿章虽想“以夷制夷”，“夷”又哪有这么愚笨呢？于是所谓“二十年无事，总可得也”，完全成了自欺欺人之谈。列强看到俄国得手，唯恐在瓜分中国时落后，立即掀起了要求中国割地的狂潮。德占青岛(胶州湾)，法占湛江(广州湾)，英占九龙、威海，都是“中俄密约”签订后一两年内接连出现的事情。

黄遵宪毕竟是黄遵宪，他对国际形势和外交政策的看法，比李鸿章要高明得多。他很早就认识到沙皇俄国的反动性和危险性，发出过“豺虎在有北”的警告。而以李鸿章为代表的一部分“洋务派”，盲目崇拜外国的力量，一味依赖外国的“援助”，不坚持本国的独立，不珍惜本国的主权，硬要把敌国当成“盟邦”，把豺虎视为兄弟，结果国家成为列强的鱼肉，自己也落下了千古骂名。这不能不说是近代中国“走向世界”中的一次惨痛教训。

欲盖弥彰的“密约”

关于“中俄密约”，当时两国当局讳莫如深。本书的编译者对李鸿章一头栽倒俄国怀里不以为然，用揭露的笔调记述了双方欲盖弥彰的一些情况。如：

使节初抵码赛埠，即有俄国某亲王奉其皇命出境远迎，旋即同舟共济。闻某俄亲王言：“傅相所奉国书，备道中俄交谊之厚，不及其他。我俄亦不欲别立盟约，反致多生枝节。惟愿实力维持中国，不任他国凌逼，更不许他国割取寸土。盖期保华者，即以保俄也。”

*

英国《士丹特报》云：闻诸外部侍郎古尔逊云，李中堂行箧中，虽未闻其有中俄密约，然似操议约及画诺之权。又闻中堂语人云：“中俄实无密约，惟俄国之鲜卑(原注：即西伯里亚，又作悉毕尔)铁路，许其假道满洲以达海口耳。”(原注：珲春欤？旅顺口、大连湾欤？似此语气，殊浑沦也。)英国各报皆谓：所以虑中俄之有密约，即此事耳；今中国已贸然许俄，天下事尚可为乎？

*

四月十三日，英伦电报云：法人某谒傅相于俄旧都，即问来欧之意。傅相语之曰：“贺俄升冕，无待赘言矣。

仆更将博考诸国政治之道，他日重回华海，改弦而更张之。至于华之与俄，实无密约；惟交谊之固，则诚如胶似漆耳。……”

除此之外，因为对签订密约的内情无从得悉，书中也就无法加以叙述。

《傅相游历各国日记》卷下附有当时《字林西报》发表的“中俄和约”十二条，其实这并不是真正的“中俄密约”，真正密约的中文本，一直作为绝密件，存在原来清政府后来中华民国外交部的档案库里；二十五年之后，才首次抄出，交由参加华盛顿会议的中国代表团在会上宣读。接着，苏联政府又全文公布了密约的法文本，其内容始为众所周知。（在这以前，李鸿章之子李经迈曾于一九一一年向伦敦《每日电讯报》透露过密约的基本内容，但未被中俄官方承认。）一九六六年，在台湾又影印了密约的中文本。

一九八〇年，台湾《传记文学》杂志从总号第二一五期起，连载李宗侗（清朝军机大臣李鸿藻之孙）的遗著《光绪中俄密约之交涉与签订》。文中发表了作者称为“海内孤本”的李鸿章使俄期间与军机处的往来密电（以下简称“李氏密电”，这些电报皆用特殊密码，由军机大臣亲自翻译，进呈御览后不再载入军机处档册，故后人无从查考），于是密约条文从初稿到定本的演变过程，也已大白于世。

现将“中俄密约”中文本及序言照录于下，谈判过程中重大修改之处另在括弧内注明：

大清国大皇帝陛下暨大俄国大皇帝陛下因欲保守亚洲大地现在和局，不使日后别国再有侵占之事，决定订立御敌互相援助条约。

第一款　日本国〔初稿此处有“或与日本同盟之国”八字，俄方提议删去〕如侵占俄国亚洲东方土地〔“土地”初稿作“属地”，中方提议修改〕，或中国土地，或朝鲜土地，即牵碍此约，应立即照约办理。如有此事，两国约明：应将所有水陆各军届时所能调遣者尽行派出，互相援助。至军火粮食，亦尽力互相接济。

第二款　中俄两国既经协力御敌，非由两国公商，一国不能独自与敌议立和约。〔中方提议末尾添“如非敌国，不在此例”八字，俄方不允。〕

第三款　当开战时，如遇紧要之事，中国所有口岸，均准俄兵船驶入。如有所需，地方官应尽力帮助。

第四款　今俄国为将来转运俄兵御敌并接济军火粮食，以期妥速起见，中国国家允于〔“中国国家允于”六字初稿作“议于”〕中国〔“中国”二字中方提议加入〕黑龙江、吉林地方接造铁路以达海参崴。惟此项接造铁路之事，不得借端侵占中国土地，亦不得有碍大清国大皇帝应有权利。其事可由中国国家交华俄银行承办经理〔“其事可由……”句俄方初稿作“其事可由中俄公司经理”〕。至合同条款，由中国驻俄使臣与银行就近商订。

第五款　俄国于第一款御敌时，可用第四款所开之铁路运兵、运粮、运军械。平常无事，俄国亦可在此铁路运过境之兵粮。除因转运暂停外，不得借他故停留。〔本条俄方初稿作："无论和时战时，俄国可用上款所开之铁路运兵、运粮、运军械。"中方议删，俄方不允。〕

第六款　此约由第四款合同批准〔"合同批准"初稿作"所让之事"〕举行之日算起照办，以十五年为限。届期六个月以前，由两国再行商办展限〔"届期……"句为初稿所无，系俄方增入〕。〔本条中方议删，俄方不允。〕

事实上是，清廷和李鸿章希望签订的只是一个防止日本侵犯的军事合作条约。但俄方一定要中国允许俄国通过黑龙江、吉林"接造铁路以达海参崴"，"无论和时战时"，俄国均可用这条铁路"运兵、运粮、运军械"，以此作为实行军事合作的条件。这样，在日本还没有来侵犯的时候，中国的土地和主权就已经"应允"俄国来侵犯了。

背信弃义的沙皇俄国

这样一个丧权辱国的条约，固然是慈禧太后和李鸿章错误外交路线的产物，但更是沙皇俄国精心策划的侵略阴谋。

代表帝俄与李鸿章谈判的俄国财政大臣维特伯爵（即书中所称"户部大臣卫德"）死后发表的回忆录（我国有商务印书馆一九七九年节译本，内部发行），透露了当时帝俄君臣密谋对付李鸿章的一些情况。回忆录写道："那时登位不久的尼古拉皇帝，正急欲在远东扩张俄国的势力……被一种夺取远东土地的贪欲迷住了心窍。”维特就是尼古拉扩张政策的执行者。

维特承认李鸿章“十分率真而且认真”。“以李鸿章的智力和常识来判断，他要算这些人(指维特一生中接触的政治家)中很卓越的一个。”当维特在谈判中提出由俄国通过满洲修造铁路时，“李鸿章立即表示了反对”。但是，这个老奸巨猾的帝国主义分子，利用李鸿章想“联俄拒日”的心理，向李表示：“我们既然宣布了中国领土完整的原则，在将来我们也要遵守这个原则。但是，为了保持这个原则，我们必须在发生紧急情况时能够给中国以紧急援助。俄国的兵力目前都集中于欧洲部分，在欧洲的俄国和符拉迪沃斯托克(海参崴)没有用铁路同中国连接起来以前，我们就不能进行这种援助。”接着尼古拉也秘密接见李鸿章，进行威胁利诱，终于使李鸿章接受了俄国的要求。

“中俄密约”就是在这种情况下，由尼古拉二世和维特一手炮制出来的。李鸿章虽也曾企图对俄方提出的草约条文略加修改、限制，但基本上都被驳回。“弱国无外交”，在这里又一次得到了证实。

维特在回忆录中还叙述了一个戏剧性的情节，在这儿引述一下也许不会是多馀的。由俄国外交大臣起草的“中俄密约”第一款，本来规定中俄军事同盟要对付“日本或与日本同盟之国”。维特认为这会使俄国承担不必要的风险，于是向沙皇建议删去“或与日本同盟之国”这几个字，沙皇当然完全同意。到条约签字那一天，双方代表已经坐到签字桌旁时，维特突然发现正式文本上这几个字仍然没有删去。他大吃一惊，立刻将主持仪式的外交大臣洛巴诺夫——罗斯托夫斯基公爵叫到一旁，小声告诉他这件事。维特写道：

> 他却一点也不惊惶。他看了看表，那时是十二点一刻。他轻敲了几下，招呼侍役，然后转向会场道："时候已经过正午了，我们去吃午餐吧，然后我们再在协定上签字。"
>
> 我们于是都去进午餐。只有两个秘书在我们进午餐的时候，又将文件誊录了一遍，并作了必要的改正。午餐前已经传阅过的两份文件，被悄悄地用两份新的抄本换掉了。在这两份新的抄本上，正式由一方李鸿章、另一方洛巴诺夫——罗斯托夫斯基公爵和我签了字。

清廷和李鸿章既然想引俄为援，当然希望"保护伞"保护的范围大一些才好。俄国君臣起初也暗示李鸿章，俄国的援助不会仅只针对日本。据"李氏密电"，尼古拉二世在秘密接见李时，曾亲口向他保证："将来倭、英难保不再生事，俄可出力援助。"清廷也曾密电李鸿章："倘中国西南水陆有事，俄国如何援助之处，亦应于约内叙明，以期周密。"日本位于中国东北，"西南水陆有事"，显然不是指日本。结果，"智力和常识"都不错的李鸿章，居然堕入维特和洛巴诺夫串演的江湖骗子式的"调包计"而不自觉，亦可哀矣。

结果，横贯中国东北的俄国铁路是筑起来了，铁路两旁由俄国军事占领的“特别区”也划出来了。俄国对中国的“保护”和“援助”又在哪里呢？密约签字的墨迹还未干，德国就向中国强索胶州湾(青岛)。李鸿章在北京两次找俄国公使求救，尼古拉二世却在给德皇威廉的电报中说：“我既不能赞成，也不能不赞成您派遣舰队到胶州去。”俄国不仅不阻止德国占胶州，反而以“保护中国”为名先占了旅大。光绪皇帝责备李鸿章等人道：“汝等言俄可倚，与订约，许以大利；今不独不能阻德，乃自渝盟索地，亲善之谓何？”李鸿章只能免冠叩首，支吾以对。后来，维特在回忆录中总结俄国在远东的失败经验时，也不得不承认：“是我们自己违反了协定(指密约)，才造成今日远东的局面。这是一件背信和昏愦奇怪地混合在一起的事。”

背信弃义的是俄国君臣，昏愦糊涂的是清廷上下。俄国在打别人主意的时候总是十分精明的，总是用漂亮的言辞掩盖卑鄙的行动，总是（如恩格斯所说）“拿开明、自由主义、解放各族人民作为幌子”。后来的斯大林和勃列日涅夫，用的仍然是这种手法，仅仅以“社会主义”代替了“开明、自由主义”，至于“解放各族人民”，则仍照用不误。

李鸿章听信尼古拉和维特骗人的鬼话，一意要“联俄”，“联”的却是这样一个背信弃义的国家。无怪乎连对李颇为同情的黄遵宪，在给他的挽诗中，也要埋怨他“老来失计亲豺虎”了。

“李二先生是汉奸”

黄遵宪“老来失计亲豺虎”这首诗，不过表达了当时舆论对李鸿章的一种看法。从生前到死后，李鸿章一直就是个毁誉不一、众说纷纭的人物。本书所载英美等国报纸的评论，毫无例外对李鸿章表示捧场。如《伦敦特报》所云：“中国大臣，不乏老成硕望；而具大见识，开大智慧，展旋乾转坤手段，扶中国以趋前路者，断推中堂（李鸿章）一人。”《泰姆（晤）士报》甚至认为：“华人四垓（万万）中，实无其匹。”

而在李鸿章奉旨赴俄前两年内，也就是甲午、乙未之际，国内的“清议”却对他颇有微词。像吴昌言在《责偿和款议》中，即直指李鸿章祸国“之辱甚矣，率天下人皆欲食其肉。……经营三十年而一败涂地不可收拾至此，至令弹劾之封章、规谏之书札、讥刺之诗歌中外传遍，窃窃然争购之。清夜自思，又复何颜视听食息于天壤间乎”。

“历聘欧美”后五年，李鸿章死时，清廷在“上谕”中褒扬他“匡济时艰，辑和中外，老成谋国，具有深衷”，“予谥‘文忠’，追赠太傅，晋封一等侯爵，入祀贤良祠”。而北京的市井小民，却把他和差不多同时死去的昆剧丑角戏子杨三相提并论，拟了一副讽刺他的挽联：

杨三已死无昆丑；

李二先生是汉奸。

平心而论，李鸿章在咸丰、同治年间，不失为统治阶级中一个比较有能力、有见识的人物。他由曾国藩引导登上政治舞台，也和曾国藩一样，都是太平军起、满洲贵族腐朽无能的“时势”造成的“英雄”。曾国藩死时，他送的挽联有云：“师事近三十年，薪尽火传，筑室忝为门生长。”在所谓“中兴事业”和政治经验上，他确实可算是曾国藩的“传人”。

咸丰以前，清政府无所谓“洋务”，亦无熟习洋务的“人才”。当轴者于中外形势既属茫然，更常因举措荒谬而贻误大局。如《郭嵩焘日记》咸丰九年三月初八日云：

> 怡亲王来营……入京换约之说始终不能改易。……怡邸言奉旨密商一语：如夷人入口不依规矩，可悄悄击之，只说是乡勇，不是官兵。予曰：凡事须是名正言顺，须缓缓商之。

怡亲王载垣是咸丰最亲信的近支王公。英法联军之役，清廷既不能取胜于疆场之上，又不能拒辱于樽俎之间，而在已经签订条约同意接受公使之后，却企图在英法公使进京时由官兵化装乡勇“悄悄击之”，这确实很难说是高明的做法。

曾国藩、李鸿章等“中兴将帅”，比载垣之流要高明得多。曾国藩在咸丰十年十一月初八日的奏折中说：“驭夷之道，贵识夷情。”他认为“和议已成，中外贸易，有无交通，尤属名正言顺”。“外国技术之精为中国所未逮”，学习西方的技术科学已成为“救时之第一要义”，“中国自强之道，或基于此”。曾的这些看法，由李鸿章全盘继承下来，并且“发扬光大”，成为同光时期大办洋务的张本。李鸿章分析中外形势出现了“数千年来未有之变局”时，提出了“‘穷则变，变则通’，盖不变通，则战守皆不足恃，而和亦不可久也”的重要观点。他说：“外患之乘，变幻如此，而我犹欲以成法制之，譬如医者疗疾，不问何症，概投之以古方，诚未见其效也。”

如果李鸿章从这个观点出发，真正走上学习西方的道路，那么，即使这种学习仅仅停留在“坚船利炮、通商惠工”的水平，以他的地位和影响，也能够为中国的进步做出贡献。可是他并没有真正走上这条道路。他和曾国藩一样，是宗法社会传统文化和伦理观念的乳汁哺育成人的“当朝一品”人物。历史的局限性使他们即使能够看出西方国家是“数千年来未有之强敌”，却不能也根本不会去寻求西方资本主义“强”于中国专制制度的根本原因，更谈不到“变”封建统治之道，“通”资产阶级民主政治之情。

对于洋人，李鸿章他们是既害怕又羡慕。怕是怕洋人“无父无君”，万一“助贼攻我”，“足为中国腹心之患”。羡慕的是洋人“器械精坚”，“目前资夷力以助剿济运，得纾一时之忧；将来师夷智以造炮制船，尤可期永远之利”。他们主张“变通”，提倡“救时”，是为了巩固专制王朝，而不是为了改变这个制度。他们的“洋务”，和怡亲王的“悄悄击之”，只是策略上的不同，而无本质的差异。将李鸿章和戏子杨三相提并论，虽然“不伦”，至少反映了人民的某种情绪；若是因为他办理外交，进行谈判，就斥之为“汉奸”，则未免有点不太公道了。

“老老实实”的结果

李鸿章于同治十三年十一月初二日所上《筹议海防折》中说：“臣虽愚暗……惟洋务涉历颇久，闻见稍广，于彼己长短相形之处，知之较深。”光绪二年九月十四日《复刘仲良中丞》书中说：“处今日，喜谈洋务乃圣之时。人人怕谈、厌谈，事至非张皇即卤莽，鲜不误国。公等可不喜谈，鄙人若亦不谈，天下赖何术以支持耶?”其自负如此。

究其办理外交的根本诀窍，不出他自己所说的“羁縻”二字，也就是牵萝补屋，能妥协则妥协，能利用则利用。这个诀窍，同样是从曾国藩那里继承来的。据曾国藩孙女婿吴永(渔川)《庚子西狩丛谈》所记李鸿章亲口说的一段话：

> 别人都晓得我前半部的功名事业，是老师提挈的；似乎讲到洋务，老师还不如我内行。不知我办一辈子外交，没有闹出乱子，都是我老师一言指示之力。

曾国藩的“一言”是什么呢？就是只能用“老老实实、推诚相见”的态度和洋人打交道。因为“我现在既没有实在力量，尽你如何虚强做作，他是看得明明白白，都是不中用的。不如老老实实、推诚相见，与他平情说理，虽不能占到便宜，也或不至过于吃亏”。

弱肉强食是帝国主义的“公理”。“没有实在力量”的弱国，在强敌压境的时候，“虚强做作”固然不行，“老老实实”难道就能够不吃亏吗？李鸿章一意“联俄”时，对俄国总算是“老老实实、推诚相见”的了，结果临到签字桌上，还被维特和洛巴诺夫掉了包。“中俄密约”，贻患及于雅尔塔会议，能够说“不至过于吃亏”吗？

曾国藩、李鸿章等人当然并不蠢。他们在洋人面前如此老老实实，完全是因为他们事奉的朝廷是一个专制腐朽的政权，它要在国内与人民为敌，所以不敢再开边衅，怕陷于内外夹攻的困境。曾国藩同治元年六月二十日的《议复调印度兵助剿折》中，虽然也说“中国之寇盗，其初本中国之赤子……中华有难，中华当之”，不主张让洋兵“助剿”内地；但最后还是表示，万一洋兵“不约而来，实逼处此”，则“但有谦退之义，更无防范之方”，因为“吾方以全力与粤匪相持，不宜再树大敌”也。

李鸿章深得此中三昧，他在一封给曾国藩的信中说：“洋人所图我者，利也，势也，非真欲夺我土地也。自周、秦以后，驭外之法，征战者后必不继，羁縻者事必久长。今之各国，又岂有异？”曾国藩立即复信道：“承示驭夷之法以羁縻为上，诚为至理名言。”结果，在这边是着意“羁縻”，在那边却既要图利争势，又欲夺我土地。密约签成，中东铁路、旅顺大连直至东北全境，一度都落入了北极熊的利爪，这大概是“抱定一个诚字”的曾文正公所不及料的吧。

至于洋人，当然喜欢对他们“老老实实、推诚相见”的人。本书所录西人评论，对李鸿章很是捧场，捧的便是这一点。例如《颁使得报》便说：“夫求人才于中国高爵厚禄之中，复能洞悉友邦冀望之事，知若何因应而睦谊斯敦者，惟直隶总督（李中堂）一人而已。”因此，西方国家的政府，毫不掩饰地表示他们希望李鸿章在中国掌权。（英国因李鸿章过分亲俄而对他有些不满，但在支持李氏当权这一点上也从未改变过态度。）

李鸿章的联俄政策，慈禧太后实主使之。李氏赴俄前请训时，太后屏退左右，同他密谈“至半日之久”。丙辰八月，李“历聘欧美”归来，九月太后即降旨令其“在总理各国事务衙门行走”。《李傅相历聘欧美记·归轺新论》记：“伦敦露透电报总新闻馆接北京访事人电信（报告李鸿章被任命），以为其职如各国宰相之管外部，凡与外国交涉事件，得以独断独行，从此中外无隔阂之虞，东西有会通之乐……不禁喜出望外。”

但是专制朝廷的事情不可以常理推测，李鸿章在专任外交时期，迎来了“赤县神州纷割地”的局面，更加激起了广大人民和“清议”对他的反对。后来“扶清灭洋”的义和团，提出要杀“一龙二虎三百羊（洋）”，二虎之一便是李鸿章。戊戌年间，光绪与慈禧的矛盾激化。光绪对“联俄”本有保留，乃于七日诏鸿章“毋庸在总理各国事务衙门行走”，从此李氏又被投闲置散了两年。

《李傅相历聘欧美记》恰好在戊戌年成书，编者美国人林乐知（Young John Allen）对李鸿章的不被重用深致不满。他在序文中说：“各国重视中堂，深冀其回华而后，优加信任，重畀大权。今乃以不赀之身，听其为伴食之宰相；于是向有厚望于中国之外国，相与心灰意懒……”

两年后，八国联军侵占北京，李鸿章又被慈禧太后任为议和全权大臣，与八国签订“辛丑和约”。这时候，俄国早已不“遵守中国领土完整的原则”了。它利用中国的危难，出兵占领了东三省全境，胁迫中国与之另立条约，承认东三省全属俄国势力范围。这件事情，全国士民痛心疾首，誓死反对，李鸿章又一次成为众矢之的。据梁启超叙述，他“本年以来，肝疾增剧，时有盛怒，或如病狂”，终于在光绪二十七年(辛丑)九月二十七日死于北京贤良寺。据说在他“吐血大渐”时，俄国公使还闯入他的病房，催他在条约上画押。同俄国的条约，成了他的催命符，也可以说是他“老来失计亲豺虎”的报应。他自诩“涉历颇久，知之较深”的“洋务”，早在甲午年间便已一败涂地，至此则和他本人一道寿终正寝了。

印行《李傅相历聘欧美记》的广学会成立于一八八七年，原名“同文学会”，英文称“The Society for the Diffusion of Christian and General Knowledge Among the Chinese”，直译为“在中国人当中广泛传布基督教及普通知识的团体”。

林乐知于一八六〇年由美国监理会派遣来华，直至一九〇七年去世。他在本书序文中说：“鄙人寓华垂四十载……自命为寓华之老友，而冀逆旅主人有浡然而兴之一日；因而出其所知所能，著书作报，冀邀刍荛之俯采。”协助林乐知编辑本书并将其译成汉文的，则是中国人蔡尔康。

在中国的变法维新运动中，林乐知和广学会的督办(总干事)李提摩太，曾经起过不小的影响。只需要举出以下的事实就够了：光绪皇帝为了参考“西法”和了解“西学”，找来阅读的一百二十九种新书中，广学会编译出版的占了八十九种。而维新派的政论总集《皇朝经世文新编》中，所收的李提摩太和林乐知的论文共三十六篇，比康有为本人的篇数只少两篇。

当然，林乐知、李提摩太毕竟是西方国家的教士。他们在中国提倡西学、赞助维新，用他们自己的话来说，是为了把中国“改造”成为能够使西方人士“感到满意”的国家。所以，本书反复宣传中国要向西方“开放”，一再表扬像李鸿章这样同西方“亲善”的人物。这些，当然是应当用批判的眼光来看待的。但是，本书收集了大量关于李鸿章“历聘欧美”的报道和评论，颇有史料价值。在对待帝俄暴政和“联俄”政策的态度上，全书也保持了与黄遵宪等维新派相似的观点，不以李鸿章“亲豺虎”为然。《俄国庆典记略》一节全文译载了法国报纸刊登的致沙皇的公开信，就是一个例证。

还有一种《傅相游历各国日记》(又名《节相壮游日录》)，卷上记事多与《李傅相历聘欧美记》相同而颇简略，卷下所辑时论则极少重复。今将其卷上多出的若干节，用仿宋字排在有关段落之后；卷下则于删去重复的两节后，全文附于卷末，亦用仿宋字体，以示区别。

关于“五大臣出洋”*

（1985. 12）

清廷为了“预备立宪”，于光绪三十一年(一九〇五)派出以载泽和戴鸿慈为首的“五大臣”出洋考察政治。考察分为两路：载泽、尚其亨、李盛铎前往日本、英国、法国、比利时；戴鸿慈、端方前往美国、德国、奥匈、俄国、意大利。“五大臣”各带了一支很大的随员队伍，其中颇有些曾经留学外国或涉猎西学、比较了解东西洋情况的人才，如伍光建、施肇基、温秉忠、夏曾佑、钱恂、熊希龄等等。考察政治和撰写报告的工作，主要是这些人做的。

光绪三十二年考察回国以后，“五大臣”的工作班子将考察所得编译成书，仅载泽一路即达三十部之多，呈朝廷新设的“考察政治馆”(光绪三十三年改为“宪政编查馆”)“以备采择”。而在此以外，戴鸿慈又“重次日行所记，凡十二卷”，名曰《出使九国日记》，有光绪三十二年农工商部工艺局印本；载泽也

* 《走向世界丛书》叙论之二十二《戴鸿慈出使九国日记》和《载泽考察政治日记》。

将其“邮程所历，身履而目接者，与彼都人士言论之可甄存者，为日录一编”，名曰《考察政治日记》，有宣统元年商务印书馆印本。

戴鸿慈从上海出洋的时候略早于载泽（前者为一九〇五年十二月十九日，后者为一九〇六年一月十四日），《出使九国日记》的出版也早于《考察政治日记》（前者于光绪三十二年十二月由清政府农工商部工艺局印刷科印出，后者于宣统元年六月由上海商务印书馆印刷发行）。虽然在“五大臣”排列名次的时候，总要把“贝子衔奉恩镇国公”载泽排在第一。

历史的报应

从“坚船利炮”到“化电声光”，近代中国知识分子在向西方学习的道路上走了几十年。到十九世纪七十年代中期，郭嵩焘才开始突破“办洋务”的框框，首倡学习西洋“政教”。又过了二十多年，康有为“大讲变法”，正式建议朝廷“采万国之良规，行宪法之公议”。这两句话，便成了维新派“君民合治”的政治纲领。

以慈禧太后为代表的清朝统治集团中的实权派，从一开头就坚决反对“行宪法之公议”。因为“君为臣纲”是“万古不易”的“大经大法”，所以“君民合治”便是“乱纲纪、毁伦常”的荒谬主张。维新派想通过变法实行立宪的打算，很快就在戊戌政变中成了一场泡影。

但是，历史的报应也有来得特别快的时候。戊戌—庚子的反动，不仅使整个国家付出了惨重的代价，也使统治集团本身陷入了一场几乎灭顶之灾。太后和皇帝连“仓皇辞庙”都来不及，便狼狈地被赶出了京城。穷途末路中，慈禧不得不捡起两年前自己弃掷并践踏在菜市口血泊中的“变法”旗帜，于庚子十二月在西安宣布要“变通政治”，说是“取外国之长，乃可补中国之短；惩前事之失，乃可作后事之师”。第二年(辛丑)八月，在离西安回京的前四天，她又进一步声明：“惟有变法自强为国家安危之命脉，亦即中国民生之转机。予与皇帝为宗庙计，为臣民计，舍此更无他策。”

壬寅—甲辰年间，清政府在这方面多少采取了一些实际措施，如将“总理各国事务衙门”改成外务部，成立商部，制定商律，奖励公司，废除科举，开办学堂，选派学生出国留学，裁汰绿营，组练新军，等等。正如陈天华癸卯年所说，朝廷“及到庚子年闹出了弥天大祸，才晓得一味守旧万万不可，稍稍行了些皮毛新政……不过借此掩饰国民的耳目，讨讨洋人的喜欢罢了”。

自由有点像被禁锢在瓶子里的魔鬼，一旦被放出来，它的形象就会越来越大、越来越高，发出的声音也会越来越大。戊戌政变之初，要求改革的潮流曾一度低落，“朝野上下，咸仰承风旨，于西政西学，不敢有一字之涉及”(《东方杂志》第一卷第一号：《论中国必改革政治始能维新》)。到这时，“革新之机”又渐渐“萌发于下”，“有志之士翻译欧美及日本之书籍、研究其宪法者渐众”(《东方杂志》第九卷第七号：《立宪运动之进行》)。到乙巳年即光绪三十一年(一九〇五)，日本和俄国在中国的领土上发生战争，君主立宪的日本打败了君主专制的俄国。在朝野士夫的心目中，“非小国能战胜于大国，实立宪能战胜于专制也”(达寿:《考察日本宪政情形折》)。于是，立宪的呼声不断升高。“昔者，维新二字，为中国士夫之口头禅；今者，立宪二字，又为中国士夫之口头禅。”(一九〇五年九月二十一日《南方报》:《论立宪当以地方自治为基础》)

慈禧太后当然并不是《一千零一夜》书中那个为了好奇打开瓶子的渔夫。她是因为更加害怕另一个怪影，才把瓶子中的魔鬼放出来的。那个更加可怕的怪影便是孙中山，是孙中山号召的革命。

孙中山在甲午战前，还赞成康有为的政治主张，“欲以和平之手段、渐进之方法请愿于朝廷，俾倡行新政”。后来他看到依靠清廷自上而下地进行改革已经没有可能，才转而主张革命。但是，这个主张最初在国内并没有得到多大支持，孙中山只能从华侨和会党中物色革命的力量。直到庚子年，情况才发生变化。在《建国方略·心理建设》第八章中，孙中山自述这一变化云:

> 当初次之失败也，举国舆论莫不目予辈为乱臣贼子、大逆不道。咒诅谩骂之声，不绝于耳。吾人足迹所到，凡认识者几视为毒蛇猛兽，而莫敢与吾人交游也。惟庚子失败之后，则鲜闻一般人之恶声相加；而有识之士，且多为吾人扼腕叹息，恨其事之不成矣。

所谓“有识之士”和“一般人”对革命态度的变化，正是清朝统治者倒行逆施的结果。到一九〇五年，在孙中山领导下，中国同盟会正式成立，宣布了“驱除鞑虏，恢复中华，创立民国，平均地权”的革命纲领。革命的思想和活动，已经由星星之火逐渐蔓延开来。“五大臣”之一的端方在一道密折中写道：

近访闻逆党方结一秘密会，遍布支部于各省，到处游说运动，助刊印鼓吹革命之小册子……入会之人，日以百计……逆说横流，如疫传染；从逆愈众，肃清愈难。……今日欲杜绝乱源，唯有解散乱党；欲解散乱党，则唯有于政治上导以新希望。

这个“新希望”就是“立宪”。从慈禧太后到端方，经过庚子年的打击之后，自己也知道爱新觉罗王朝已经在全民中丧尽了威信，“一味守旧”的办法已经再也统治不下去了。人们原来要求的是立宪。立宪是坏事，是魔鬼；但是这个魔鬼并不一定会吃掉皇帝，甚至有时候还能听听朝廷的话，朝廷还有可能把它收服，再度装进大一点的瓶子。现在有的人已经开始要求革命。革命也是魔鬼，而且是更可怕的魔鬼；这个更可怕的魔鬼一定会要吃掉皇帝，而且一旦出现，就绝不可能被收服，被消灭。两害相权取其轻，与其让革命的魔鬼出现，不如把立宪的魔鬼放出来。这一点，在载泽的一道密折中讲得更为明白：

海滨洋界，会党纵横，甚者倡为革命之说。顾其所以

> 煽惑人心者，则曰政体专务压制，官皆民贼，吏尽贪人，民为鱼肉，无以聊生，故从之者众。今改行宪政，则世界所称公平之正理，文明之极轨。彼虽欲造言，而无词可借；欲倡乱，而人不肯从。无事缉捕搜拿，自然冰消瓦解。

在一九〇五年前后，有着和载泽、端方同样认识的大臣还有许多。最早奏请朝廷立宪的有出使法国大臣孙宝琦，他在奏本中建议“仿英、德、日本之制，定为立宪政体之国，先行宣布中外，于以固结民心，保存邦本”，若不如此，“外侮日逼，民心惊惧，自铤而走险，危机一发，恐非宗社之福”。随后，云贵总督岑春煊、两江总督周馥、湖广总督张之洞等，也相率以立宪入奏。最会见风使舵的直隶总督袁世凯，也奏请简派亲贵大臣，分赴各国考察政治，以为改政张本。“五大臣出洋”，就是在这样背景下演出的一幕。

择善而从

光绪三十一年六月十四日，清廷发出《派载泽等分赴东西洋考察政治谕》：

> 方今时局艰难，百端待理。朝廷屡下明诏，力图变法，锐意振兴。数年以来，规模虽具，而实效未彰，总由承办人员向无讲求，未能洞达原委。似此因循敷衍，何由起衰弱而救颠危？兹特简载泽、戴鸿慈、徐世昌、端

方等随带人员，分赴东西洋各国，考求一切政治，以期择善而从。

谕旨虽没有明讲立宪，但“分赴东西洋各国，考求一切政治，以期择善而从”，正是四年多以前在西安所说“取外国之长，乃可补中国之短”同样的意思，和七年前康有为所说“采万国之良规，行宪法之公议”，实际上也差不多。

据当年九月出版的《醒狮》杂志第一期报道，在决定派“五大臣”出洋时，慈禧太后说过：“立宪一事，可使我满洲朝基础永远确固，而在外革命党，亦可因此消灭。候调查结局后，若果无妨害，则必决意实行。”

由此可见，“五大臣出洋”和“预备立宪”，后来的历史上虽然说不过是一场骗局，但在当时，在慈禧太后和“五大臣”心目中，还是非同小可的一件大事。

皇太后和皇上终于下了决心，要“力图变法”“择善而从”了。谕旨一下，立宪派的人们确实高兴过一阵子。上海《时报》发表文章：“人人意中皆若有大希望之在前，以为年月之间，必将有大改革以随其后。人心思奋，则气象一新。”《东方杂志》也发出欢呼：“盛哉此举，其我国自立之权舆，吾人莫大幸福欤！”

革命派的人则相反。他们说：“择善而从”是假的，是“假考察政治之名，以掩天下人之耳目”，是清廷“将变易其面目，掩其前日之鬼脸，以蛊惑士女，因以食人者也”(《民报》第一号：《怪哉！上海各学堂各报馆之慰问出洋五大臣》)。

八月二十六日上午十一时，载泽、戴鸿慈、徐世昌、端方、绍英“五大臣”，率领随员于北京正阳门车站登上火车。大批送行的官员、亲友，也上车话别。“正拟开行，陡闻轰震之声甚为剧烈，并见烟气弥漫，窗棂皆碎。查系炸弹猝发……计车内轰毙一人，车旁中伤毙踣三人”，“载泽额角已受微伤”，“绍英耳后发际及臂上受伤略重”（《出使各国考察政治大臣载泽等奏出京乘坐火车遇炸情形折》）。丢炸弹的人叫吴樾，是保定高等学堂学生，本人当场即被炸死。吴樾受同盟会革命书刊的影响，认为“满洲政府实中国富强第一大障碍”，“五大臣出洋”考察政治预备立宪，所谓“择善而从”，无非是为了延续满洲政府的生命，是为了“扶满”。因此他不惜牺牲自己的生命，来表示反对。吴樾的态度，和那些用欢呼为“五大臣出洋”送行的人，恰成了鲜明的对照。

吴樾的炸弹推迟了五大臣的行期。朝廷以尚其亨、李盛铎代替徐世昌、绍英，五大臣分成两路，分别于十一月十一和十五两天出发。这次“车站稽查严密，外人不得阑入”，总算没有再发生事故。

被“特简”出洋的五大臣，载泽是近支王公，端方是满族大臣，戴鸿慈、尚其亨也都是深得清廷宠信的官僚。他们从来不能代表中国士大夫阶级中那些倾向进步的力量。但是，在当朝满汉大臣中，这几个人并非特别昏愚，也不算极端顽固。他们看到了革命的危险，看到了政治不“善”是革命“逆说横流”的根本原因；同时也知道“方今各国政治艺术，日新月异，进步正速”，其中就包括了实行君主立宪制度的日、德、英、奥、意、比等国家，只有“实行其因革损益之方”才能“收富国强兵之效”，从而“杜绝乱源”，防止革命，这就叫“择善而从”。

五大臣奉到六月十四日上谕以后，于七月二十八日上了一道《出洋考察政治请调员随同差委折》，又一遍讲到了上面这些道理，并且特别说到：

> 我中华近十馀年来，非不派学生出洋，遣员游历，卒未闻卓著成效者，则由于提倡之不力，研究之不精。是以风气虽开，而持论者或参成见；规模虽创，而任事者绝少专门；仅袭皮毛，难言实际。

这就是说，过去向西方学习，还停留在比较低的水平；现在则应该老实承认，西方国家的“一切政治”都比中国高明，都是中国“择善而从”的榜样。此种认识，出自觉罗贝子领衔的五大臣之口，虽说完全是由于历史潮流的冲击使然，但也毕竟反映了开放和改革已成为无法遏抑的趋势这样一个事实。

五大臣抱着“择善而从”的目的出洋，他们考察的情形和记载，本文拟在以后再作介绍，现在先把他们在国外陆续发回的报告中最重要的一些话摘录一点在下面：

> 日本维新以来，一切政治取法欧洲，复斟酌于本国人情风俗之异同，以为措施之本。……公议共之臣民，政柄操之君上；民无不通之隐，君有独尊之权。……不耻效

人，不轻舍己。故能合欧化、汉学，熔铸而成日本之特色。

*

美以工商立国，纯任民权，与中国政体，本属不能强同。然其规划之周详，秩序之不紊，当日设施成迹，具在简编；要其驯致富强，实非无故，借资取镜，所益甚多。

*

德国以威定霸……立国之意，专注重于练兵。故国民……无不以服从为主义。……日本维新以来，事事取资于德，行之三十载，遂致勃兴。中国近多歆羡日本之强，而不知溯始穷原，正当以德为借镜。

*

英国政治，立法操之议会，行政责之大臣，宪典掌之司法。……百官承流于下，而有集思广益之休；君主垂拱于上，而有暇豫优游之乐。……惟其设官分职，颇有复杂拘执之处，自非中国政体所宜……

*

法兰西为欧洲民主之国，其建国规模非徒与东亚各国宜有异同，即比之英、德诸邦，亦不无差别。……比之英吉利，一则人民先有自治之力，而后政府握其纲；一则政府实有总制之规，而后人民贡其议。施之广土众民之国，自以大权集一为宜。

这些话都很简短，但比起以前斌椿、傅云龙诸人的游历考察报告来，认识的水平和概括的能力确实是提高了。五大臣

"择善而从"的倾向性是十分明显的：美、法等"纯任民权"的共和国，虽亦足"借资取镜"，但总"不能强同"；英国三权分立，也有"复杂拘执之处，自非中国政体所宜"；只有日本、德国这类国家，君主"有独尊之权"，人民"无不以服从为主义"，才是尽美尽善的政体。考察归来，清廷正式宣布预备立宪的上谕所云"大权统于朝廷，庶政公诸舆论"，也就是日本"公议共之臣民，政柄操之君上"的翻版，是以日为师的。

两部日记

戴鸿慈的《出使九国日记》，在例言中说明只作为考察报告及进呈各书的补充，"随时记录，问及琐细"。他于考察政治之外，对于财政经济、文化教育等方面也比较注意。如在日本参观横滨正金银行，在美国参观美孚煤油公司，在德国参观多门运河及克虏伯制造厂，都有十分详细的记载，这在载泽《考察政治日记》中是少见的。甚至对瑞士风景、庞贝古城，戴鸿慈也舍得花一点笔墨，显示了翰林公的本色。日记关于《灰姑娘》和《罗密欧与朱丽叶》演出的叙述，在近世介绍西洋文艺的历史上，也颇有价值。

《出使九国日记》颇多关心国家命运的感慨之词。如二月初三日在伦敦参观博物院，见中国室内陈列着英军抢去的内廷玉玺两方，记云："吾国宫内宝物流传外间者不少，此其一矣。若叩所从来，固亦凡国民所铭心刻骨、永不能忘之一纪念物也。"二月十五日在柏林观剧，看演印度故事，记云："观英将之威恣与印度君臣悚息之状，使人生无限之感。乌乎！亡国之祸，可畏也哉。”五月初五日途经埃及时又记云：“午帅自开卢来，登舟，为言埃及国势式微，受役外族。文明古国不能自强，至于如此，可为感叹！”但是，他所关心的国家仅仅是“大清皇太后、皇上”的国家。尽管他在美国见到总统故居“室中陈设朴素，无异平民”，不禁赞颂：“诚哉！不以天下奉一人也。”在比利时王宫宴会上，见其“君臣之间，蔼然可亲，堂陛周旋，宛如宾友”，亦不胜羡慕。他也曾盛称英国议会制度和两党政治，并认为意大利废黜大臣权在议院，“其法至善”。但是一接触中国的实际问题，他就只知道骂“暴动匪徒”，骂百姓“好暴动而无秩序，知合群而不知自治”了。海外归来，在上海“屡日阅报，见湖南学界之嚣，江南征兵之闹，扬州各属抢米之多，瑞安各县教案之起，以及水旱之灾南北迭告，殷忧方切，竟日怃然”。而他能够贡献给皇太后、皇上的唯一办法，还是只有“预备立宪”。

《出使九国日记》所记戴鸿慈向外国政治家请教宪政的情形，更活灵活现画出了他既忧君忧国，又害怕“乱民”的心理。二月二十四日在柏林，论及德国政治之善，“立宪之要在自治，自治之要在民兵”，认为“法固是矣”，然中国“尚不能急图。何也？诚虑其为兵之后，一不能谋生，必至于为匪，是教练之法，反以为悖乱之阶也”。闰四月初二日在彼得堡会晤俄国前首相维特，这位沙皇侵略中国的得力大臣，竟认为中国需要到五十年以后，才能实行宪政。按照这个帝国主义分子的如意算盘，中国皇帝的专制统治应该维持到一九五五年。戴鸿慈觉得这样太缓不济急，说："中国今日之事，方如解悬，大势所趋，岂暇雍容作河清之俟？"但他同时又认为维特的话也有其道理，因为"国民无普通智识与法律思想，则议法与奉法略无其人，弊与不立宪维均"。同月二十七日在罗马，意国上院议绅卜第鄂来谈，"言宪政，则以渐进为主义，若躐等强迫，则为害斯大云云"。戴鸿慈对此极为欣赏，连呼"殊足尚已"。

载泽《考察政治日记》的内容，和《出使九国日记》颇不相同，主要是外国官员、学者讲解宪法及国家制度、政府组织的记录。所有讲演，口译和笔受的都是随员，载泽无非是一个挂名的作者。这些记录，就其重要性来说，确实是近世中国人考察和研究外国政治达到一定程度的标志，是不应该因为它们被保存在一个满洲贵族的日记里，就任其湮没的。

光绪三十二年正月初二日在东京，日本法学博士穗积八束，"以内阁命令来讲日本宪法，并悬一君主统治简明表于壁，指画而言"。有云"明治维新，虽采用立宪制度，君主主权初无所损。……至统治方法，自宪政成立，少有更改"，即"君主行立法权，则国会参与之；君主行大权，则国务大臣、枢密顾问辅弼之；君主行司法权，则有裁判所之审判"是也。接着，大藏省主计局长荒井贺太郎又来讲日本财政沿革及预算编制之大略。

初四日，明治维新元老伊藤博文亲自和使团做了关于立宪和宪法的长篇讲话。载泽先问："敝国考察各国政治，锐意图强，当以何者为纲领？"伊藤云："贵国欲变法自强，必以立宪为先务。"问："立宪当以法何国为宜？"伊藤云："各国宪政有二种，有君主立宪国，有民主立宪国。贵国数千年来为君主之国，主权在君而不在民，实与日本相同，似宜参用日本政体。”问：“君主立宪与专制有何区别？”答：“最紧要者，立宪国之法律，必经议会协参。（日本）宪法第五、六条，凡法律之制定、改正、废止三者，必经议会之议决，呈君主裁可，然后公布。非如专制国之法律，以君主一人之意见而定也。”凡经数十问答，伊藤表示他所谈者，“皆身经艰难阅历，实行有效，非如学问家之仅由研究理想而得也”。载泽又问：“敝国立宪，将何以提纲挈领，行之有利无弊？”伊藤答：“政治必宣布一定之主意，一国方有所率从。若漫无秩序，朝令夕更，非徒无益，反失故步。甚或在下以私意窥度，朝廷既无实心，又无实学，徒事纷纭，反生内乱，更何望于自强耶！”伊藤不愧为一精明之政治家，“朝廷既无实心，又无实学”，一针见血指出了被迫“预备立宪”的满洲朝廷的要害。

三月初一日在伦敦，特邀政法学教员埃喜来到使署讲解英国宪法纲要，中心内容为三权分立：造律权（即立法权）全在议院，“英国宪法之最要者，其惟议院之无量权力乎。无论何律，惟议院能造之，且惟议院有节制政府之全力。”行政全由内阁大臣负责，“大臣如不申请，君主固无所为也”。“至裁判（司法）之权，君主及各部大臣皆从无干预”；“故能独立，不受政府节制，亦不为其（按指君主）无形隐力所动摇”；“惟其独立不受制于政府，故能保卫民庶，不使为大臣、勋贵、官吏所强迫、抑制”，云云。

随后，埃喜来又陆续于初四、初五、初六、初七、初九、

十二、十四等日，来讲英国内部、农渔部、户部、藩部、地方自治部、议院、司法部、警察、学部之制度，并演说英国办理事务情形，每次都有详细的记录。兹节录其讲议院之制开头一小段如下：

英国议院，合君主、贵族(按即指上议院)、下议院议员三者组织而成。然其真实权力，归于下议院。何者？君主之权，在传议员聚议，及举行开院典礼，于颂词中申明何项法律此次由政府请议院核议，并降谕闭院而已。虽议院议准法律，必经君主批准颁行，而君主但据政府大臣申请批准，从无批驳，相沿已二百年。凡事经两院议准，君主无不批行，已成为不言而喻之定例矣。上议院之权，不及下议院。万一如遇两议院意见不合，下议院所争执者，上议院不得不从。此虽无定例，然由来已久，为宪法所认可。故上议院开议，议员来者绝少；而下议院于上议院所不满意之事，从不置意。

除了请专家讲学外，使团在伦敦还先后拜访了内部大臣、地方自治局监督、学部大臣、农部监督、藩部次官、首相兼总理户部大臣、陆军大臣、海军提督，了解英国政府各部的规章制度。

三月二十六日，为载泽一行到巴黎的第二天，他们便邀请了法国提审院裁判官衔金雅士讲法国宪政源流："法国未立宪时，君主专制，贵族擅权，政治腐败，人民愁苦。当法王鲁意第十六时，有召集贵族、教士、民党三党代表聚议之举；时在下自由思想已渐发达，于是请国家立宪之议乃起。至西历一千七百八十九年八月二十六号，宣布宪法十七条，其事为历史从来所未有。”接着历叙法国国体、政体之变更，并详述现行宪法。

考察法国期间，使团访巴黎公董局、司法大审院、巴黎总巡署、户部、国家银行、邮局、陆军士官学校，分别了解有关情况。随后到比利时，又访问了比利时的国家银行和武备学堂。日记用了三千多字介绍了比国宪政大略，结语云：“比为立宪后起之国，故法制规律尤为详密，其地方自治盖完全可法，备录于篇，未可以小而忽之也。”

从不立宪到假立宪

载泽和戴鸿慈两路分别于丙午(光绪三十二年)六月回国，他们考察的结论，具见载泽领衔的《奏请以五年为期改行立宪政体折》。奏折的第一段开宗明义：“宪法者，所以安宇内，御外侮，固邦基，而保人民者也。滥觞于英伦，踵行于法、美，近百年间，环球诸君主国，无不次第举行。”在遍举各国事例之后，再一次指出：“观于今日，国无强弱，无大小，先后一揆，全出宪法一途，天下大计，居可知矣。”奏折第二段强调：“立宪政体，利于君，利于民，而独不便于庶官。”这一则是为了让皇太后、皇上放心，说君主立宪可以使皇图永固，“安乐尊荣之典，君得独享其成；艰巨疑难之事，君不必独肩其责”。

二则是为了在反对立宪的顽固派官僚头上敲一记，以忠君爱国的姿态，奉劝那些太不明时势的同僚：应该“以致君泽民视为义务”，不应“以一己之私阻挠至计”。

奏折的第三段，分析了中国“岌岌然不可终日”的内外形势，说明“保邦致治，非此（指立宪）莫由”。接着便提出“有万不可缓，宜先举行三事”：(一)宣示立宪宗旨，明定国是；(二)限期实行地方自治，官吏“由郡邑会议公举”，“庶官任其责，议会董其成”；(三)保障民间集会、言论、出版自由。

奏折的最后一段，写得相当诚恳、坚决：

> 臣等待罪海外，见闻较切，受恩深重，缄默难安，用敢不避斧诛，合词吁恳。伏愿我皇太后、皇上宸衷独断，特降纶音，期以五年改行立宪政体。一面……开馆编辑大清帝国宪法，颁行天下；一面将臣等所陈三端，预为施行，以树基础。从此南针有定，歧路不迷，我圣清国祚，垂于无穷，皇太后、皇上鸿名施于万世，群黎益行忠爱，外人立息觊觎，宗社幸甚，天下幸甚。

五大臣如此“不避斧诛，合词吁恳”，皇太后、皇上又已经表示过愿意“宸衷独断”，弃旧图新，似乎事情就应该好办了。但是，这里用得上一句套话：天下事乃有大谬不然者。在统治阶级中，坚持按老办法实行统治，反对对国家政治作真正改革的那些力量，本来就十分强大。五大臣一出洋，考察政治的谕旨一发表，他们突然觉得：纲常名教、世道人伦、国恩家庆、利禄功名，随着宪政即一定程度的民主制度的建立，都将毁于一旦。因此，他们不能不誓死力争。一时间，反对立宪，反对维新，甚至反对五大臣个人的言论，在官场中居然颇为得势。

江西道监察御史刘汝骥奏称："立宪之说，施之我国，有百害而无一利。立宪美名也，乃美之加弗、林肯，法之路易十六，卒以总统之尊，授首于平民，为天下笑。孟德斯鸠倡无门阀无特权之说，此立宪之萌芽也，而革命党、公产党、无政府党之效果，遂滋蔓而不可图。黄宗羲倡天下为主君为客之说，此立宪之嫡乳也，不轨之士心醉神眩，又从而叫嚣之，遂酿成戊戌党人之祸。"

福建道监察御史赵炳麟奏称："夫立宪本欲尊君，而其弊乃至陵君；立宪本欲保民，而其弊乃至虐民。……海外会党利用之，必有以更宪法，伸民权为名，阴行其革命之术者。兴言及此，臣为中国危，臣为生民恸矣。"

内阁学士文海奏称五大臣奏请立宪有六大错："当时明降谕旨考察政治，并未专指立宪而言，乃该大臣回国复奏，竟以立宪为请。细绎立宪各节，并无裕国便民之计，似有削夺君主之权，此大错一也。……中国法度，乃历代圣神文武创垂后世……试问欲行立宪诸臣，其学识才力，果能突过前人乎？……该大臣等并无悉心考究，分别损益，派令少年多人，名曰起草，名曰评议，据为典要，恐误大局，不可收拾，此大错三也。"

内阁中书王宝田等呈请代奏："今士气之嚣亦已甚矣……毁服童发以自即于夷者有矣，结党背公以谋大逆者有矣，甚至重臣出使，炸弹窃发，摇毒肆蠚，以逞狂悖者又有矣。此其意之动于恶，非痛之以威不能弭也。奈何在事之臣计不出此，乃谋立宪以慰安之。”

举人诸子临等条陈宪政有八大错、十可虑。其警句有云：“国以众强，尤易以众败。”“民之恶其上久矣……又以卢骚之民约、斯宾塞尔之合群以讽示而激聒之，则民气日嚣，党会滋盛，而他日隐患更不知所终也。”

候补内阁中书黄运藩陈请代奏：“夫宪，非法之谓而已乎？宪又有大且要于中国之所谓三纲五常者乎？……今男无君父，女无夫，当更取何者为宪，而必中国之创立之耶？岂不知破坏中国之宪以致坏乱者，实由事必学人而致然乎？……中国此时之民尚堪此耶？人心一去而天下土崩瓦解矣。诸主张立宪大臣，料难担任其咎。”

掌广东道监察御史胡思敬奏：“其由专制趋于立宪，必上下相争，大乱数十年而后定。……五大臣归自海邦，皆知有隙可乘，遂一发不可收拾。……使雍正、乾隆两朝而有是言，两观之诛，何以逃罪。”

同是官僚，同是士大夫，同样看到了“民之恶其上久矣”，同样害怕人民革命，但是主张和政见却偏不一样。五大臣说：唯有立宪，才有可能避免革命。反对五大臣的人说：唯有不立宪，才有可能制止革命。瓶子里的魔鬼到底是放出来，还是不放出来呢？是放好，还是收好？两派争得不可开交。这真是一场灭亡前的争吵。当时《东方杂志》刊载的一篇《立宪纪闻》记载：“顽固诸臣，百端阻挠，设为疑似之词，故作异同之论。

或以立宪有妨君主大权为说，或以立宪利汉不利满为言，肆其簧鼓，淆乱群听。泽、戴、端诸大臣地处孤立，几有不能自克之势。”在这样的形势下，慈禧太后又一次运用了保持平衡、利用平衡的驭下权术，于光绪三十二年七月十三日发出一通“宣示预备立宪，先行厘定官制”的上谕，一面表示接受载泽等的陈奏，“仿行宪政”；一面又强调“目前规制未备，民智未开，若操切从事，涂饰空文，何以对国民而昭大信”，所以只能先作预备，“俟数年后……察看情形”，“妥议立宪实行期限，再行宣布天下”。两年以后，又宣布了一个“九年预备立宪”的计划，比五大臣奏请的期限实际上推迟了七年。

这样一来，清廷的所谓“预备立宪”，完全失掉了端方最初设想的对全国人民“于政治上导以新希望”的作用。革命派固然放了心，立宪派却因而泄了气。梁启超便在《新民丛报》上写道：清政府“号称预备立宪、改革官制，一若发愤以刷新前此之腐败。夷考其实，无一如其所言”（《现政府与革命党》）。他站在反对革命的立场上，指责清政府在立宪的空名下维持腐败的政局，只能为革命党提供条件。中国资产阶级及其知识分子的多数，正是在这几年中，从本来只要求立宪的立场，开始转向主张革命的立场。革命的时机，迅速地成熟了。

在这样的情况下，五大臣中的某些人，还曾经努力促进立宪。端方在升任两江总督后，又于光绪三十二年上折乞求慈禧太后“俯从多数希望立宪之人心，以弭少数鼓动排满之乱党”。其实，到这时候，“多数”已经靠不住了。此议不行，再拖一年，慈禧、光绪死去，清室主脑无人，“多数”就完全转到了对立面。及到川路事起，武昌起义，资政院总裁世续奏称：

鄂军之变，不及旬日，而响应者四起，此非一朝一夕之故。……其意以为生今之世，万国竞争，非立宪无以立国。然窥我政府之意则决不肯立宪，不立宪则亡。与其坐而待亡，孰若起而革之？其说皆由怵于危亡而起。近数年间，朝廷下预备立宪之诏矣，宣布九年筹备清单矣……夫此数事，皆有名无实。在政府以为可借此敷衍人民，在人民终不能因此而信爱政府。……故彼所借口者，其初恐朝廷之不立宪，其继愤政府之假立宪，其后乃不欲出于和平立宪，而思以铁血立宪。

虽然世续到这时还在奏请朝廷赶快颁布宪法，“示人民以真正立宪”，以挽救清室的危亡。清廷也确实手忙脚乱，一口气连下许多上谕，又是“准开党禁颁布特赦”，又是“实行宪政”，又是“择期宣誓太庙，颁布立宪重要信条”，但这一切都已经晚了，来不及了。从不立宪到假立宪到灭亡，短短十几年就写完了有清二百六十多年的历史。

载泽在宣统三年四月成立的“皇族内阁”中被任为度支大臣，武昌起义后被迫奏请开去职务。四川保路事起，端方受命入川，在途中武昌起义消息传来，当即被军中革命党人杀死。密折建言、出洋考察、预备立宪，都没有能够救得了清王朝，也没有能够救得了五大臣之一的端方自己。只有戴鸿慈比较幸运，他死于宣统二年，比清室江山早“走”了一年。

国人最早亲历西方的记述*

（2015.9）

中国人前往欧洲并留下在当时和后世有影响的记述，本来是鸦片战争前后五十年间（一八二〇至一八七〇）才有的事情，比如说容闳、林鍼、张德彝、王韬他们的著作；这比欧洲人柏郎嘉宾、鲁布鲁克、马可波罗等东来记述中国（一二七四至一二九九），迟了至少五百年。

《走向世界丛书》专收国人 from east to west（从东方到西方）的记述，计划收书一百种。按时间先后顺序，出国最早的第一人，当是广东嘉应州（今梅州市）人谢清高；成书最早的第一种，则是谢清高口述、杨炳南笔记的《海录》。

但是，在谢清高以前，也还有三个中国人以战俘或教徒的身份去过或接近过欧洲并且留下了文字的记载，介绍过一些关于远西的情况，不过早已散佚或不为人知罢了。这三种记述是：

唐天宝十年（七五一）怛罗斯之战中被俘“至西海”（地中

* 《走向世界丛书续编》中《谢清高海录（附三种）》的叙论。

海)的杜环，有《经行记》。

元至元二十四年(一二八七)奉伊儿汗之命出使欧洲的畏兀尔（维吾尔)景教徒巴琐玛，有《巴琐玛西行记》(旁人所记)。

清康熙四十六年(一七〇七)随耶稣会士艾约瑟去罗马教廷的樊守义，有《身见录》。

杜环为《通典》作者杜佑的“族子”，《经行记》已佚，只在《通典》中残存片断。巴琐玛为维吾尔人，关于他西行的记述只有古叙利亚文本，在中国无人知晓。樊守义的《身见录》稿藏梵蒂冈，本世纪四十年代才被发现。此三人之旅欧，实于中国无何影响，但仍可视为谢清高之“前路”；其记述作为《海录》的附录，收入《走向世界丛书》，也就顺理成章了。

为了帮助读者了解《海录》和附录的这三种国人最早亲历西方的记述，本文拟由近及远，分别对谢清高、樊守义、巴琐玛和杜环四人西行的经过，做一点简单的介绍。

谢清高《海录》

“中国人著书谈海事，远及大西洋，外大西洋，自谢清高始。”这是吕调阳重刻《海录》序文中的话。因为《身见录》并未成书(也成不了书)，并未为世所知，所以这句话一直被视为定评，笔者也一直是这样认为的。

谢清高(一七六五至一八二一)，广东嘉应州(今梅州市)金盘堡人。十八岁时，从商人走海南，风覆其舟，为“番舶”救起，“遂随贩焉”，因而得以“遍历海中诸国，所至辄习其言语，记其岛屿厄塞、风俗物产，十四年而后反粤，自古浮海者所未有也”（杨炳南《海录序》）。

谢清高“遍历海中诸国”的时间，大约为一七八三年至一七九七年。从《海录》叙述的先后详略来推测，很可能他先是随“番舶”来往于马来半岛和印度，然后是南洋群岛，最后才去欧美大洋洲。直至他因病双目失明，才结束海上生涯，定居澳门（杨序说他为通译以自给，但盲人专业通译似不太可能，恐怕只是利用通外语的条件在华洋杂处的澳门做点小生意，兼事通译）。里斯本东波塔（Torre do Tombo）档案馆存有嘉庆十一年（一八〇六）八月初三日香山县批复谢清高与澳门葡人诉讼事一纸，内称谢租赁夷人某铺屋一间，年租银七圆馀；又云夷人与谢交易，前后共欠谢番银一百五十圆，拖欠不肯归还。可见谢在澳门已租用铺屋，与“夷人”有经济往来。

嘉庆二十五年（一八二〇）春天，嘉应举人杨炳南在澳门遇见了自己的同乡谢清高，听谢讲述在海外的见闻，觉得很有价值，便应谢之请将其记录整理成书，序云：

> 向来志外国者，得之传闻。证于谢所见，或合或不合。盖海外荒远，无可征验；而复佐以文人藻缋，宜其华而鲜实矣。谢君言甚朴拙，属余录之，以为平生阅历，得藉以传，死且不朽。余感其意，遂条记之，名曰《海录》。

署作“杨炳南撰”，当年即刻板刊行。林则徐曾向道光皇帝奏称：“《海录》一书，系嘉庆二十五年在粤刊行，所载外国事颇为精审。”笔者未见过此刊本，只知上海图书馆藏有道光二十二年(一八四二)印本。

杨炳南为“不知书”又盲目的谢清高“条记”其海外阅历，并刊印成书，无疑是值得感谢的。《海录》全书为谢口述，“谢君言甚朴拙”，没有“文人藻缋”的成分，正是其可贵的地方。杨氏在“唧肚国”条中云，《海国见闻》(是否即下文所述之《海国纪闻》，待考)与谢清高所述互异，“余止录所闻于谢清高者，以俟博雅之考核，不敢妄为附会也”。在最后一条“开于”中又云，“东洋诸国，清高所未至，故皆不录”，态度也是严肃认真的。

当时为谢清高记录整理过海外见闻的，似不止杨炳南一人。地理学家李兆洛《养一斋文集》卷二《〈海国纪闻〉序》曰：

> 游广州，识吴广文石华(名兰修)，言其乡有谢清高者，幼而随西洋商船周历海国……常自言恨不得一人纪其所见，传之于后。石华悯焉，因受其所言，为《海录》一卷。予取而阅之，所言具有条理。……因属石华招之来，将补缀而核正焉。而石华书去，清高遽死，欲求如清高者问之，则不复可得也，惜哉惜哉！就其所录各国，大致幸已粗备。船窗有暇，为整比次第，略加条定，疑者缺之；复约其所言，列图于首，题曰《海国纪闻》云尔。

同一卷中又有《〈海国集览〉序》，曰：

清高不知书，同乎古者，不能证也；异乎古者，不能辨也。因检诸史及海国记载诸书，摘其有关考证者录之，拟俟其来而问焉；继闻清高死，遂不复卒业矣；姑附诸清高所言之后。

这里说的吴兰修所记《海录》，以及李兆洛题名、作序的《海国纪闻》《海国集览》诸书，论者均未见到过，很可能都失传了。

但我们却可以由此窥见，进入十九世纪以后，有识之士已经对清朝的封闭政策感到不满，他们希望能够了解洋人的国家，了解外部的世界；而这是古书中那些“得之传闻，无可征验；文人藻缋，华而鲜实”的述奇志异之作根本无法满足的。正因为如此，谢清高这个由于偶然的机会而得以“遍历海中诸国”的人，尽管双目失明，又不知书，其经历仍然吸引了李兆洛、吴兰修、杨炳南诸人的注意。

一八四〇年英国的大炮轰开了中国关闭的大门，“迫使天朝帝国与地上的世界接触”(马克思:《中国革命与欧洲革命》)。关心吾国吾民的人，开始用心搜求西方国家的情况。被范文澜称为“清代开眼看世界之第一人”的林则徐，这时立刻注意到了《海录》，在给道光皇帝的奏折中，称其“所载外国事颇为精审”，并且引用了谢清高的材料。其后，魏源编《海国图志》，徐继畬撰《瀛寰志略》，也都参考过《海录》这本书。

由此可见，《海录》在鸦片战争之前得以刊行并很快产生影响，这绝非偶然，也是它的历史地位能够远迈《身见录》的原因。以后《海录》又曾多次出版，一八四二年王蕴香辑印《域外丛书》，一八四三年郑光祖辑印《舟车所至》，一八四九年潘仕成辑印《海山仙馆丛书》，一八九七年王锡祺汇编《小方壶斋舆地丛钞》，都收入了这本书。《走向世界丛书》湖南人民出版社一九八一年版即以“小方壶斋”本作为底本，并以“海山仙馆”本参校。

《海录》次第记录了谢清高所述九十七个国家和地区的情况。原书并不分卷，亦无目录，诸本或有分卷列目者，则并不一致，亦未必妥当。如《丛书集成》所收“海山仙馆”本卷首有一目录，将九十七则(漏脱了两则)分为三个部分：自越南迄柔佛，题为“西南海”；自霤哩迄妙哩士，题为“南海”；自大西洋迄开于，题为“西北海”，但别本又有分为东南洋、西南洋、大西洋的。我们觉得这种划分没有太多意思，亦非谢清高本意，便只留下九十七个国名和地区名作为目录了。

《丛书集成》本目录中的“西南海”，大约包括了印度支那半岛和印度，计三十六则；“南海”主要指南洋群岛，计三十四则，连前共七十则；“西北海”则是欧、美、非、大洋各洲的总称，计二十七则。

《海录》这九十七则，叙述详略迥殊。其述详尽者应是谢氏亲身经历过、了解得较多的地方，如“无来由”（马来亚)地区的咭兰丹(今马来西亚吉兰丹邦)、“小西洋”（印度半岛沿海）的明呀喇(孟加拉)、“南海”(南洋群岛)的噶喇叭(今雅加达所在的爪哇岛)，均多达千馀言；咭兰丹叙当地之公事和华人来此淘金，明呀喇叙寡妇殉葬和鸦片品种，噶喇叭叙三(舢)板救人和风力锯木，均非目击者所不能为。但叙述简略，每则字数不满一百者，在前七十则中占了三十来则，可见有许多地方谢清高亦未必亲历，所述很可能只是得自传闻，不免失真或流于荒诞。

笔者所最感兴趣的欧洲，《海录》谈到了大西洋（葡萄牙）、大吕宋（西班牙）、佛朗机（法兰西）、荷囒（荷兰）、伊宣（比利时？）、盈兰尼是（瑞士）、亚哩披华（威斯特法利亚）、祾古（土耳其）、双鹰（意大利）、单鹰（勃兰登堡）、埔鲁写（普鲁士）、唊咭利（英国）、绥亦咕（瑞典）、盈黎吗禄伽（丹麦）等十四国，还谈到了"原为唊咭利所分封，今自为一国"的咩哩干（美国）。其中叙述得比较详细的国家，依字数多少为序，是大西洋国、唊咭利国、咩哩干国和荷囒国，而尤以大西洋国内容最多，其中并记有葡萄牙语对音数十字，故推测谢清高绝大部分航海生涯中所乘船只当属于葡萄牙人（救起他的则有可能是英国船）。其述大西洋国海口检疫云：

> 凡有海艘回国，及各国船到，本国必先遣人查看，有无出痘疮者，若有则不许入口，须待痘疮平愈，方得进港内。

述男女服式云：

> 男子上衣短衣，下穿裤，皆极窄，仅可束身。有事则加一衣，前短后长，若蝉翅然。官长两肩别镶一物如壶卢

形，金者为贵，银次之。帽圆，旁直而上平，周围有边。女人上衣亦短窄，下不穿裤，以裙围之，多至八九重，贫者以布，富者以丝，俱以轻薄为上。

又云："凡入中华为钦天监，及至澳门作大和尚者，多此土人。"又云其"俗贵富而贱贫。其家富豪，贫者虽兄弟叔侄皆不敢入其室，不敢与同室云"。其述嘆咭利国情形风俗云：

海中独峙，周围数千里。人民稀少而多豪富。房屋皆重楼叠阁。急功尚利，以海舶商贾为生涯，海中有利之区，咸欲争之。贸易者遍海内，以明呀喇(孟加拉)、曼哒喇萨（马德拉斯)、孟买为外府。民十五以上，则供役于王，六十以上始止。又养外国人以为卒伍，故国虽小，而强兵十馀万，海外诸国多惧之。

述论伦(伦敦)的自来水设施云：

为法轮，激水上行，以大锡管接注通流，藏于街巷道路之旁。人家用水，俱无烦挑运，各以小铜管接于道旁锡管，藏于墙间，别用小法轮激之，使注于器。王则计户口而收其水税。

特别是述及了海上救助的"善政"："其海艘出海贸易，遇覆舟，必放三(舢)板拯救，得人则供其饮食，资以盘费，俾得各返其国”。此可证明谢清高的亲身经历，更有价值。其述咩哩干国云：

由唊咭利西行约旬日可到，亦海中孤岛也。疆域稍狭，原为唊咭利所分封，今自为一国。风俗与唊咭利同，即来广东之花旗也。土产：金、银、铜、铁、铅、锡、白铁、玻璃、沙藤、洋参、鼻烟、牙兰米洋酒、哆啰绒、羽纱、哔叽。其国出入多用火船，船内外俱用轮轴，中置火盆。火盛冲轮，轮转拨水，无烦人力，而船自行驶。

拿上面这些内容和《身见录》的相比较，发现《海录》对贸易、工艺、人民生活的记载较多，这也许就是商人和教士的不同之处吧。

除了葡、英、美、荷这几处我们认为谢清高亲自接触过的地方之外，对于其他欧洲国家，则大多语焉不详，甚至国名亦难考证。这是因为(一)谢清高本人缺乏地理知识，耳食传言，每易致误；(二)当时欧洲局势动荡，普鲁士正在扩张，奥地利(帝国)开始解体，意大利尚未统一，政区和国名常有变化。故各家对《海录》地名的注释多有不同，亦未必正确，我们也不能例外。

在地理科学上最有价值的是《海录》对太平洋岛屿和白令海地区自然和人文地理情况的记载。这不仅在中国是空前未有，在世界上也要算早而难得的了，因为欧洲人之“发现”这些地方，也不过在谢氏之前几十年。《海录》所述哇夫岛、亚哆歪岛，即夏威夷群岛的两个主岛 Oahu 岛和 Hawaii 岛。谢清高云：

> 每岛周围十馀里，各有土番数百。其地多猪，西洋船经此，取铁钉四枚，即换猪一头，可三十斤。人性浑庞，地气炎热。土番不穿布帛，惟取鸟衣或木皮围下体，能终日在水中。……有花旗番者，寓居亚多歪，采买货物。土产：珍珠、海参、檀香、薯芋。无五谷、牛、马、鸡、鸭等件。有果不知其名，形似柚而小，熟时土人取归，火煨而食之，味如馒头。

谢还讲到了"由哇夫岛北行约三月"到一处叫"开于"的地方与土人交易的情形：

> 随西洋海舶至此，采买海虎、灰鼠、狐狸各皮。天气凝寒，雪花遍地。船初至海口，有冰块流出，大者寻丈，未敢遽进。鸣大炮，有土人摇小船来引其船，皆刳独木为之。舶中有通其语者，故得与交易……其人甚稀，而形似中国，食干鱼。每日见太阳在南方，高仅数丈，一二时即落，而未甚昏黑……初到时手足皆冻裂，而土人无恙。……土人极喜中国皮箱，见则以皮交易而去。偶上岸步行，入一土窟，土人外出，见藏皮箱十馀。开看皆装人头二颗，怖而返。由此复北行二十馀日，至一海港，复鸣炮，不见人来，遂不敢进，闻其北是为冰海云。

“(日出)一二时即落”，“初到时手足皆冻裂”，已到接近北纬六十度的地区；土人“形似中国，食干鱼”，完全是亚洲极东北处楚科奇人和美洲极西北处因纽特人的特征。十八世纪时的中国人已有此记载，实在可以称为难得。

更难得的是，谢清高居然还随船“由此复北行二十馀日”，到了“鸣炮不见人来”的无人区。“闻其北是为冰海”，看来他们已经接近白令海峡，再往北便是北冰洋。那么，谢清高又可称为中国北极探险的第一人了。

樊守义《身见录》

其实，汉人亲历泰西留有中文记述的，当以樊守义《身见录》为最早，惜其篇幅较短，又长期埋没无人闻知，故影响甚微。

樊守义(一六八二至一七五三)，亦称守利、守和、诗义，字利如，山西绛州(今新绛县)人。绛州在雍正二年改直隶州以前属平阳府(治所在今临汾)，所以樊守义自称“生长山右之平阳”。

平阳是个有名的地方。晋朝远行印度作《佛国记》的法显，便是平阳人。

樊守义生于康熙二十一年。这时天主教早已传到绛州(据徐宗泽《中国天主教传教史概论》，康熙三年绛州即有教徒三千三百人)，他在少年时便“虔事天主”，成了一名忠诚的教徒。

一七〇七年，康熙遣使罗马的西洋教士共四人，即薄贤世、龙安国、卢若瑟、艾若瑟(Jos. Ant. Provana，法国人，一六六五年来华，远在一八四八年来华的英国传教士艾约瑟即 Edkins Joseph 之前，二者并非同一个人)。艾氏遂携同樊守义一同前往。这时樊守义年二十五岁，还是一个青年。

在此以前，也曾有过个别西洋教士带中国青年教徒出国的事情。卫匡国(M. Martini)一六五四年曾带澳门青年郑玛诺(推信)到罗马“习格物穷理超性之学并西国语言文字”，十七年后郑回北京当教士，一六七五年去世。柏应理(P. Couplet)一六八一年带黄姓、沈姓二青年去葡萄牙和法国，沈于一六九三年回国，黄则留在法国，巴黎图书馆至今还保存有他一七一六年的借书条。但这些人都没有留下任何中文记述，他们和巴琐玛一样，于中国文化邈无影响。

樊守义随艾若瑟于康熙丁亥年(一七〇七)季冬从澳门出发，经过巴辣哥亚(巴拉望)、莫尔乃阿(文莱)、玛辣加(马六甲)、盘噶(邦加)、稣玛尔辣(苏门答腊)和许多海岛，在河滥打国(荷兰)商客集居之地巴打斐亚(雅加达)停留了十五天，乃向西航行。“约行三四月，始见大狼山(为大浪山之误，今好望角)，因舟中乏水，遂至亚墨里加洲巴以亚府(今巴西萨尔瓦多城)。”从那里再航达大西洋波尔多噶尔国(葡萄牙)，时为康熙四十七年八月，即一七〇八年的秋天。居此四月，遂赴意大利，约于一七〇九年初到罗马，“见教王，承优待”。居罗马五月，乃到“热尔玛尼亚(日耳曼)之属国挪里国(那不勒斯，时属奥地利，奥为德语国家，故称日耳曼属国)”。樊守义没有说他在此地停留了多长时间，只说他由此“复回罗马府，进见教化王(即教皇)，赐见，降福，赐大赦圣物”。之后，他又先后到过意大利中部和西北部的许多城邦。康熙五十八年(一七一九)三月，他从葡萄牙启程，五十九年六月十三日回到广州，九月十一日到热河见到了康熙皇帝，此时距他出国已一十三年了。《身见录·自序》讲到此书写作的经过：

> 凡所过山川都邑，及夫艰险风波，难更仆数，其或耳闻而目有未睹者，我姑弗道；即所亲历，亦竟未尝笔载一端也。……至辛丑(一七二一)孟夏，蒙王公大人殷殷垂顾，询以大西洋人物风土，余始以十馀年之浪迹，一一追思，恍如昨见，爰举往返颠末，为记其略云。

可见《身见录》虽属事后追忆，记叙也颇简略，但内容却是完全真实的。

《身见录》写成后，并未刊行。樊守义后来在北京附近传教，且到过山东，于乾隆十八年去世，没有留下其他著述。《身见录》原稿今藏罗马国立图书馆，阎宗临先生一九三七年曾将其拍成照片带回中国。方豪教授所著《中西交通史》(一九五三年初版)中有专节介绍此书云：“《身见录》一书，实国人所撰第一部欧洲游记，至为可贵，今藏罗马国立图书馆，附残抄本《名理探》后，国人见者极鲜。”

《身见录》记述欧洲城邦，以罗玛府(罗马)最为详细生动。现举其对圣彼得大教堂的描写为例：

> 有一大堂名圣伯多禄堂，堂门外有一石塔，座下四石

狮，从厄日多国(埃及)送来。上有字迹，乃厄日多国文字。堂门外两傍，乃石围廊，内广，上平，高可三丈，二百四十八石柱，前后左右，白石圣像二百位。左右有水泉，宽二尺，水上涌。堂前面有大门七所，上面有大高石造成门楼数层。其殿宇闳阔，不一而足。柱围六抱，柱墩尤大。宝盖高十馀丈，门窗数千，顶上空球内可容二十人，远望百里，旁宝盖二座，地铺花石板，柱用彩石墙，露造圣像。又有圣人伯多禄(圣保罗)圣像堂，内葬伯多禄圣身。总言之，则殿处看人若孩。又耶稣受难像在铜柱亭内，有圣额俄略(St. Gregorius，圣格列高利)、圣盎伯洛削(St. Ambrosius，圣安布罗斯)、圣热乐尼莫(St. Jerome，圣哲罗姆)、圣奥斯定(St. Augustinus，圣奥古斯丁)四位圣人之像在焉。凡石柱傍空处，则更有石圣像。堂门外左向约行里半程，纯用石环洞相连，至教王内廷之路，统计伯多禄圣人堂，悉用石造，并无寸木。

这里写到广场上的埃及石碑，写到堂前的环形回廊，写到组成回廊的二百八十四根石柱(只将石柱根数错成二百四十八根，想系笔误)，还写了以高大著名的正殿圆顶，写了铜亭中的四大石像……时间虽已过去了二百七十多年，这些文字仍然可以视为圣彼得教堂的真实写照。

其他欧洲风俗景物，如波尔多嘞尔国朝仪，“国王上立，旁群臣，仰上鞠躬，凡三躬，近王前亲王手，或问答，或退班”。蛇奴划国(Genova，热那亚)“亦产格里伐果(拉丁文

oliva，油橄榄），可造油”。比撒府(Pisa，比萨）“犹有古时宫殿宝塔遗址”(“宝塔”当指著名之斜塔)。挪波里有“圣人之血收藏堂中”，“向系干涢，而诵圣经之时，其血复化流如新鲜；瞻礼毕，又变为干”。弥辣诺大府（Milano，米兰）“有一总堂，建造至今数百馀年尚未成就”（米兰大教堂始建于一三八六年，至一八一三年始完全建成，已在樊守义死后六十年了）。伯孟得诸侯国（Piemonte，皮塔蒙特）“有巨木欲为板者，不用人力，乃制之水中，其锯自能推收其木；又用一绳，自能伸缩相凑，便成为板矣”。

所谓“百闻不如一见”，在利玛窦等西来之前，中国人对欧洲只有一些真假难分的传说。利玛窦和艾儒略的图说，虽然使徐光启、李之藻等的耳目为之一新，毕竟难于得到大多数人的承认。乾隆时修《四库全书》，总纂官纪昀(晓岚)撰《总目提要》，对于《职方外纪》介绍的常识，如世界有五大洲之类，居然表示怀疑，说这些常识——

> 为自古舆图所不载……多奇异，不可究诘，似不免多所夸饰。然天地之大，何所不有，录而存之，亦足以广异闻也。

在艾儒略之后的南怀仁编《坤舆图说》，其中《七奇图》介绍世界七大奇迹，其二为乐得海岛(罗得岛)上的铜人巨像(太阳神像)。纪晓岚也认为是抄袭东方朔在《神异经》中所编造的“东南大荒之中有朴父焉，夫妇并高千里”，说什么——

> 疑其东来以后，得见中国古书，因依仿而变幻其说。

以纪氏之博学通达，犹不能免于闹出这样无知的笑话，更何况普通的读书人和不读书的民众呢。

《身见录》全文虽然不长，难得的是“目有未睹者，我姑弗道”，这就和西汉以来的善眩传闻、推测想象之词有了根本的区别。可惜的是它在当时没有刊行，否则无书不读的纪晓岚一定会加以注意；而他在给艾儒略、南怀仁的著作写提要时，也就不至于那样犹疑，生怕上外国人的当了。

有趣的是，《身见录》不仅是第一篇中文欧洲游记，也是第一篇中国人的美洲游记。文中所记“亚墨里加洲巴以亚府”，即是葡萄牙人于一五四九年建立的巴西亚城，为巴西总督辖区的首府。樊守义写道：

> 府之前乃平水湾，有大船百馀艘；更有极高大而甚坚厚者为战船，上置大炮。此地富厚，地气清爽，天时无寒。产巴尔撒木香、刀伤油、鼻烟、桂皮、白糖。长米粮，畜牛羊，而金若银多且易取。波耳都尔国(葡萄牙)此处有地，靠海边。府内建立天主堂、圣人堂、修道会院，咸极坚固。诸种器具，悉用雕金。置大学、中学，各方俊秀多会于此。人品聪颖清和，总理其间者若巡抚然，而以下文武共襄其事。……有屋一所甚宽，其间多藏珍重，上层为书库，庄藏书五六十架，不啻数十万卷。

“海外蛮夷”也有屋藏书数十万卷，而且“人品聪颖清和”：这些“大西洋人物风土”，是否能使“殷殷垂顾”的王公大人们感到满意固不可知，而樊守义以其态度之客观、叙述之翔实，确实可以在东西方文化交流史上占有永久的地位。

也许是由于樊守义的影响吧，后来虽然已经厉行禁教，而当“供奉内廷”的马国贤于一七二三年返欧时，雍正皇帝仍然特许他带五个中国少年出国。一七三二年马氏经教廷批准，于那不勒斯建立“圣家书院”(Collegium Sanctae Familiae)，专门培养中国教士(兼收土耳其、希腊学生)，是为海外设立华人学校之嚆矢。到一八六一年为止，“圣家书院”(一称“中华书院”)先后共收中国学生一百零六人(据方豪《同治前欧洲留学史略》)。薛福成《出使四国日记》卷六光绪十七年二月十三日记载他在罗马和“中华书院学长”郭栋臣的会见：

> 今日郭栋臣由拿波里来谒，则其发种种，已改西洋教士服矣。……据称湖北潜江县人，先在此肄业十二年，回华传教十三年，今再来为学长又四年矣。

据此，则郭栋臣到那不勒斯，亦当在一八六一年左右。但郭栋臣除了译述《真福和德理传》外，并无行纪传世。从《真福和德理传》的文字看，他的笔墨似比樊守义高明，这就愈加不能不令人惋惜。

巴琐玛《西行记》

巴琐玛西行的记述，原本为古叙利亚文。笔者所见到的两种英文译本，一种名*History of Yaballaha* Ⅲ，*Nestorjan Patriarch and of his Vicar Bar Sauma*，可译作《景教教长亚巴拉哈三世与其使者巴琐玛合传》；另一种名*The Monks of Kublai Khan, Emperor of China*，可译作《中国皇帝忽必烈汗的僧侣》。今请王莹女士将第二种译成中文，并同时译出了原英译者撰写的导言。

巴琐玛出生于一个随蒙古人入居北京（金人称为中都，一二七二年后改称大都，即汗八里）的畏兀儿（维吾尔）景教徒家庭。书中记述他死于一二九四年，据推算出生当在一二二〇至一二三〇年之间。

景教即基督教聂斯脱利派在中国的名称，自六三五年传入中国后，经过唐末和五代的动乱，在中土已经绝迹；但在契丹、蒙古、畏兀儿各族中，却一直有人信奉不衰，蒙哥大汗（元宪宗）的母亲便是一位景教徒。

巴琐玛的父亲曾在北京景教教会中任职。琐玛自幼研习经文，二十三岁出家当了景教僧侣，在距京城一日路程的山中静修。后来他因传道而认识霍山（？）的又一位畏兀儿景教徒玛可斯（Marcos），二人决定结伴前往耶路撒冷朝圣，遂于元世祖忽必烈至元十五年（一二七八）自北京起程。

巴琐玛和玛可斯西行的路线，是先由北京至霍山（可能即山西的霍州)。在那里镇守的两位蒙古王公(都是忽必烈汗的女婿)热情地接待了他们，并为之提供了越过沙漠所需要的马匹、毛毯、衣服和给养。再从此地到沙州(敦煌)后，继续在沙漠上走了两个月，到达一处叙利亚语称为“诺敦”(Chabot 氏以为即和阗)的地方。由于商路被阻，他们在这个盛产棉花、地毯和玉石的地方停留了六个月。之后，他们到了喀什噶尔，由此进入海屯(Hetum)王的领土，历尽艰难，而到达伊朗境内的霍腊散(Xorisah)。在 Sehyon 修道院休憩一时后，他们又取道阿塞拜疆向巴格达前进。中途于马腊格城(今大不里士)得遇景教教长(或译作宗主教，为聂斯脱利教派的最高领袖，常驻巴格达城)玛屯哈(Mar Denha)。屯哈教长对这两位来自东方，通晓蒙古文和畏兀儿文的僧人很感兴趣，给他们写了介绍信，让他们得以进入巴格达及外地的教堂和修院。

在访问了两河流域及小亚细亚的一些教堂和修院之后，巴琐玛和玛可斯被召到巴格达。屯哈教长要他们担任前往伊儿汗(波斯王)阿八哈(Abaqa，一二六五至一二八二在位)宫廷的特使，去为教长争取到东方传教的特权。由于他们是从忽必烈大汗身边来到伊儿汗国的僧人，这个任务很顺利地完成了。于是，他们请求教长允许他们前往耶路撒冷，但因为道路不宁而未能如愿。这时，屯哈教长决定利用他们的才能和诚心为教会服务，便任命他们之中年轻一些的玛可斯为中国北部教区的主教，赐名亚巴拉哈；而任命巴琐玛为教会的总视察，并允许他保留本名。

接受身份证明文件以后，亚巴拉哈主教和巴琐玛即动身回中国。但没走多远，即因阿富汗境内发生战事而折回巴格达。不久之后，屯哈教长于一二八〇年二月二十四日去世。由于在伊儿汗宫廷中担任要职的畏兀儿人的推荐，玛可斯继任教长，称亚巴拉哈三世。推荐者说：“从其种族、出身和语言来说，他的当选将于景教大有益处。”当地的教会人士也说：“他虽然在神学知识和叙利亚文书写方面有欠缺，但却是一位品行端正、敬畏上帝的人，并且对我们雅各派教徒极为友好。”

一二八二年，伊儿汗国的阿八哈汗去世。经过一个不长时期的混乱之后，阿鲁浑（Arghun，一二八四至一二九一在位）即汗位。他欲结欢基督教诸国，遂于一二八七年派巴琐玛为出使欧洲的使臣。

巴琐玛先到君士坦丁堡，受到拜占庭皇帝安德勒奈克斯二世（Andronicus Ⅱ，一二八二至一三二八在位）的接待。接着到罗马，适逢教皇霍诺厄斯四世（Honorius Ⅳ，一二八五至一二八七在位）去世，遂往法国访问。在巴黎，法国国王“美男子”菲利普（Philip the Fair，一二八五至一三一四在位）给予礼遇，并请其访问巴黎大学，他得以接触巴黎大学的学生。接着他还到法国西南部的加斯科尼（Gascony）地方（当时为英国领土），谒见著名的英国国王、绰号“长脚杆”的爱德华一世（Edward I，一二七二至一三〇七在位）。然后回罗马，进见新教皇尼古拉斯四世（Nicholas Ⅳ，一二八八至一二九二在位）后，复由故道回伊儿汗国。数年后，巴琐玛卒于巴格达城。亚巴拉哈三世则到一三一七年才去世，留西亚者凡四十载。

巴琐玛的欧洲之行，在整个记述中所占分量甚少。英译本二人合传共分十九章。第一章至第五章叙述二人出身、接受宗教教育、西行及在巴格达任职的经过。第七章为《巴琐玛出使记》，才说到欧洲之行。第八章以后又全系伊儿汗国及聂斯脱利教派的历史，穿插叙述二人后期的活动。尽管如此，这部书在东西交通史上的意义，仍然不能低估。

巴琐玛访问欧洲和玛可斯在巴格达任景教教长，是中国维吾尔族历史上的大事。惜其终老西亚，不归中土，游记亦迄未译成汉文，于中国文化殊无影响。不然的话，二人当与法显、玄奘先后辉映于世界宗教史和中西交通史的史册，而不让两位汉族的佛教僧侣专美于前了。

欧洲的文化史学者，多将加利耶尔——丰特希尔瓶看作中世纪时中国和欧洲存在着直接联系的物证。由匈牙利路易大王(Louis the Great，一三四二至一三八二在位)送给都拉斯的查理的这只中国青花瓷瓶，过去一直被认为是由阿维尼翁教廷派往汗八里的使臣带回欧洲的，其实也可能是巴琐玛带往欧洲的礼物呢！

在此应予说明，蒙古人的征服，客观上确实促进了中西交通。欧洲古代的四大中国游记，成书的时间多在巴琐玛西行前不久，但其影响流传均远远超过了后者。当然，巴琐玛如果是汉人而非维吾尔人，汉文在汉地流传保存的机会也许会大一些；但是，在元世祖(忽必烈)的治下，又怎能有汉人能够以景教徒的身份前往伊儿汗国呢？

杜环《经行记》

中世纪的旅行者多半是宗教信徒，一二四五年来华的柏郎嘉宾，一二七八年西行的巴琐玛，都是传教士。比他们还更早的杜环，身份却更加特别，他乃是入侵西域的阿拉伯大军的一名唐军战俘。杜佑《通典》卷一九一《西戎总序》记下了这件事情：

族子环，随镇西节度使高仙芝西征，天宝十载至西海，宝应初，因贾商船舶自广州而回，著《经行记》。

天宝十年即公元七五一年。是年，高仙芝统帅的唐军，在怛逻斯（今译塔拉斯，在吉尔吉斯境内）被阿拉伯大军击败，随军的杜环成了俘虏，被带到阿拔斯王朝的都城（在今伊拉克境），这里离地中海也就是所谓“西海”已经不远。

唐朝军队是应中亚诸国之请去帮他们抵御阿拉伯（当时叫大食）侵略的。在《册府元龟》和《全唐文》里，还保存有当时康国（今撒马尔罕地）、安国（今布哈拉地）、石国（今塔什干地）等国来唐请援的表章。康国王乌勒伽于开元七年（七一九）二月庚午遣使上表曰：

臣是从天主普天皇帝下百万里马蹄下草土类奴。臣种族及诸胡国，旧来赤心向大国，不曾反叛，亦不侵损大国，为大国行裨益事。从三十五年来，每共大食贼斗战……大食兵马极多，臣等力不敌也。臣入城自固，乃被大食围城……伏乞天恩知委，送多少汉兵来此，救助臣苦难。

见《册府元龟》卷九九九。

中国和西域——中亚诸国，有着悠久的文化、经济和政治联系。唐朝建立以后，从贞观到开元都是“盛世”，政权统一，国力强盛，又进一步在西域——中亚扩大了自己的影响。那是一个中国人的自信心比较强，向外看得比较多的时期。

和隋唐大一统差不多同时，伊斯兰和阿拉伯的势力亦在西亚崛起。阿拉伯人向西发展于进攻君士坦丁堡受阻后，转而向东方扩张，终于成为唐朝的劲敌。

中亚诸国本来多倾向唐朝，但高仙芝的贪婪横暴，使事情转向了反面。《旧唐书》记怛逻斯之战的背景及唐军败绩的情形云：

初，仙芝绐石国王约为和好，乃将兵袭破之，杀其老弱，虏其丁壮，取金宝瑟瑟驼马等，国人号哭。因掠石国王东献之于阙下。其子逃难奔走，告于诸胡国。群胡忿之，与大食连谋，将欲攻四镇。仙芝惧，领兵二万深入胡地，与大食战，仙芝大败，会夜，两军解，仙芝众为大食所杀，存者不过数千。

此次“大败”便成了唐朝在西域开始丧失影响的转折点，也是唐朝的国运由盛而衰的转折点。战后四年，安禄山拥兵称乱，国家元气在叛乱中受到了极大的斫伤，国力从此一蹶不振。不仅西域派遣军被迫撤回，蕃军蕃将反而成了左右中原政局的一大势力，诗人们也重新诅咒起“开边”和“远略”来了。

杜环淹留异域凡十馀年，至七六二年方得回国。尽管不是出于自愿和主动，他的“经行”仍然有着重要的意义。可惜的是，《经行记》全书早已亡佚，没有流传下来。幸而杜佑的书中记下了杜环的这番经历，并且还保存了《经行记》的某些片断，比较多的是关于大食(阿拉伯)的记事，如：

> 女子出门，必拥蔽其面。无问贵贱，一日五时礼天。食肉作斋，以杀生为功德。……礼堂，容数万人，每七日，王出礼拜，登高座为众说法，曰：“人生甚难，天道不易。奸非劫窃，细行谩言，安己危人，欺贫虐贱，有一于此，罪莫大焉。凡有征战，每敌所戮，必得生天。杀其敌人，获福无量。”

这些记述不再是得自传闻，而是杜环亲目所见的情事，所以十分真实，完全没有虚构的成分。

值得指出的是：史籍所载大食使者来唐有三十六次，唐朝却从来没有使者到过大食。真正身历这一大国并且留下记述的唐人，恐怕就只有这个怛逻斯之役的战俘了。

杜环的足迹，虽然只到达今伊拉克、叙利亚一带地方，但这些地方跟拂菻(大秦)即地跨欧亚两洲的东罗马帝国已经比较接近。当时拂菻和大食也在连年争战，在大食也一定会有拂菻战俘，并且很可能和杜环有过接触。因此，残存的《经行记》片断中，关于拂菻(大秦)的记述也很平实：

> 拂菻在苫国西，隔海数千里，亦曰大秦。其人颜色红白，男子悉着素衣，妇人皆服珠锦。好饮酒，尚干饼，多淫巧，善织络。或有俘在诸国，守死不改乡风。琉璃妙者，天下莫比。王城方八十里，四面境土，各数千里。胜兵约有百万，常与大食相御。……其俗每七日一假，不买卖，不出纳，惟饮酒，谑浪终日。

所谓“苫国”在今叙利亚地，其西“隔海数千里”的大秦便是欧洲。所谓拂菻人肤色白里透红，男人穿单色衣，妇女爱好装饰，好饮酒，食面包，每七天有一天休息娱乐，确实是欧洲的实际情形。有了这一节记叙，《经行记》便可算是中国人最早的西方报道了。

杜环的经历说明，人们只有互相接近，才能够彼此了解。可惜他身不由己，未能继续西行亲历欧洲。当时在大食的中国战俘不在少数，《经行记》片断中留下姓名的即有“作画者，京兆人樊淑、刘泚；织络者，河东人乐隈、吕礼”等人。这些匠人把先进的中国工艺包括造纸术传到阿拉伯，和杜环一样为中西文化交流做出了贡献，这也许是“边庭流血成海水”的战争留给后世的唯一积极影响。

◇

本书的三种附录，杜环遗稿只记下一点东罗马的传闻，巴琐玛《西行记》关于欧洲的部分极少，樊守义《身见录》虽有价值却字数寥寥。就是作为正文的谢清高《海录》，所述及的九十七个国家和地方，也只有大西洋（葡萄牙）、大吕宋（西班牙）、佛朗机（法兰西）、荷囒（荷兰）、双鹰国又名一打辇（意大利）、单鹰国又名带辇（德意志）、埔鲁写（普鲁士）、暎咭利（英吉利）、淫坡辇、盈囒你是、哑哩披华（均为意大利和德意志统一前之邦国）等十四处属于欧洲，再加上咩哩干（美国）和亚咩哩隔（本说南美洲，实指巴西），统共只占到六分之一，总的字数亦不到全书四分之一。但作为文献，正文也好，附录也好，都无删节之理；因为不管怎样，这总是中国人 from east to west 的最早的脚步的印记，它们的历史价值是不应该也不能够被抹杀的。

千秋鉴借吾妻镜

光绪二年世博会见闻

（1980.6）

从一八四四年的《望厦条约》，到一九七六年的《上海公报》，一百三十多年中，中国和美国政府间的关系时坏时好；但是，太平洋两岸遥遥相望的两国人民，却总是渴望互相了解和友好，李圭于一八七七年写的这本书生动地说明了这一点。

书名《环游地球新录》，内容则是去美国费城参加世界博览会的见闻，时在光绪二年(一八七六)，要算最早的世博会亲历记了。

一八七六年是美国建国一百周年，作为一项主要的庆祝活动，在独立纪念地费城主办了这次盛会(当时叫作"赛会")。包括中国在内，一共有三十七个国家参加。李圭被派赴会，要他"详细记载，带回中国，以资印证"。他从上海出发，经日本东渡太平洋到美国，博览会后，还访问了华盛顿、纽约、旧金山等城市，然后过大西洋，顺道游览伦敦、巴黎，由地中海、印度洋和南洋归国，八个多月环游地球一周，大大地开阔了眼界，所以把书名取作《环游地球新录》。

本书附录《地球图说》中写道(原文已今译)：说大地是一个

球，围绕着太阳运动，当时中国百分之八九十的人不相信，我本人也不相信。但是我这次出国旅行，从上海一直往东走，水陆一共走了八万二千三百五十一里，走到尽头仍然回到上海。如果大地不是球形，怎么走了八万多里，却没有向西行半步呢？

实践是检验真理的唯一标准。出国旅行，打开眼界，也是一种实践。实际的见闻，才能纠正谬误，打破偏见。实际的接触，才能增进了解，建立友谊。李圭的情况正是如此。在他以一个普通的中国读书人的身份访问美国期间，给他印象最深的，不是能代替人做各种工作的机器，不是辉煌壮丽的洋楼，而是普通美国人民的友谊。

在公共场合，美国人民见到这位从几万里外“远东”来的中国客人“衣冠整肃，动止有常”，“无不以得一见、交一言为幸；而啧啧叹美，敬礼有加”。“每至一处，竟若身入重围，几不可出”。博览会上的中国馆，更是吸引了广大观众的注意。中国馆的匾额和对联是李圭拟的。匾上的四个大字是：

物华天宝

对联是：

集十八省大观，天工可夺；
庆一百年盛会，友谊斯敦。

馆内的陈列布置，尤其是各种土特产和手工艺品，“悉为他国游览官民目未经见，无不赞叹其美，且云：‘今而后，知华人之心思灵敏，甚有过于西人者矣！’”中国的丝、茶、瓷器、绸货、雕花、景泰蓝，在博览会上被推为第一。

无论在会上或会外，在日常的接触交游中，李圭都感到美国人民“情意真挚”，“一种勤勤恳恳处，几如骨肉之无间”。从奥马哈到芝加哥途中，有五位同车厢的美国知识妇女，很有礼貌地请李圭向她们介绍中国，听了之后又惊又喜，点头称是，又请李圭教她们认识中文，临行时一一热情地握手作别。从美国去欧洲的船上，李圭因风浪颠簸晕船，美国船友就到床前慰问，告诉他防晕的法子，使他感到亲切和得到安慰。

李圭在书中着意叙述了中国留美幼童集体参观世博会的情形。留美幼童共计一百一十三人，分散住在哈佛市的美国家庭里，和美国小朋友一同读书。每三个月内，有两个星期轮流到设在哈佛的“中国出洋总局”，专门学习中文功课。(附带说一下：主持“出洋总局”的是有名的容闳，小学生中有后来成为著名工程师的詹天佑。)这些十来岁的中国幼童，“于千万人中言动自如，无畏怯态。装束若西人，而外罩短褂，仍近华式。见圭等甚亲近……心甚爱之”。“幼小者与(美国)女师偕行，师指物与观，颇能对答。亲爱之情，几同母子”。李圭在会场当众问小学生，寄住的人家对他们照顾得如何，回答云：“照料若其子弟，稍有感冒，尤关切。”

留美幼童的功课成绩，也在世博会上展出。他们的算术、地理、美术、绘图作业，“皆有规格”。用中文作文，如《游美记》《哈佛书馆记》《庆贺百年大会序》等，“亦尚通顺”，此外还有用英文和拉丁文写的文章。李圭深有感慨地说：西方的教育“不尚虚文，专务实效”，幼童们“所造正未可量”。他驳斥主张“闭关锁国”的人说幼童出国留学是“下乔木而入幽谷”的谬论，道：“取长补短，原不以彼此自域。则今日翊赞宏图，有不当置西人之事为而弗取也。”意思就是说：取长补短，不应该分外国和本国的界限；中国要实现国家进步的宏远蓝图，就不应当将西方国家的好经验摆在一旁，不去拿来为我所用。李圭的这个意见，到今天仍然是中肯的。

◇

李圭在世博会上，“详细记载”了美国建国百年经济社会的巨大进步，留下了当时美国城市、交通、工业、教育等等方面的珍贵资料。这不仅能使今天的中国读者发生兴趣，同样能使今天的美国读者发生兴趣。

文献记载，一八七六年全世界最伟大的机器是美国制造的“柯立斯（Conliss）蒸汽机”，正是本届世博会最引人注目的展品。李圭详细描写了他对于这个机器巨人的印象：

> 正中置大机器一付，轮径三丈馀，力抵马一千五百匹。……大轮动，则院中各器凡需蒸汽者，皆藉气以运动。……惟藉皮条扯动者……亦可随时拨动运用，如吸水、印字、纺织、锯、磨诸器咸赖焉。器名“哥阿力司”，为美人哥阿力司手制，故以其名名其器。……如此大器，动时无甚声响，且一人即可运之，是可异也。

尽管当时全世界机器制造水平还不高，打字机和缝纫机就算是世博会上的“最新产品”；李圭也能从机器比较人工的优越性，看出了机器的强大生命力和前途。他看到造纸机在几小时内把原料造成好纸，联想到中国的手工造纸法太落后，实在需要改良。看到“各样吸水机器……此吸彼放，循环不断”，“因思中国江河之水，涨落不时，旱涝互患。……倘得因利乘便，仿而行之，亦经世一助也”。他在书中嘲笑封建文人说机器是“有机事者，必有机心，古人所不为也”的昏话，宣传机器可以利国利民，“正当讲求，不得援古人桔槔之说，概谓机器不当用”。

在本书卷一《女工院》一节中，李圭叙述了美国女权运动中一段有趣的史料。原来本届世博会并没有设专门的“女工院”，“于是，举国女子，都不满意，以为轻视女工，即轻视我妇女也。特倡议自行集资，专建一室，陈女工焉”。这座“女工院”，不仅建筑、陈列经费由美国妇女筹集，“其绘图立说，指挥工匠，以及如何铺设，如何位置，皆出女手，新巧异常”。馆内陈列的全部是妇女的创造发明、各种著作、劳动成果，以及与妇女直接有关的女学、家庭、保育等方面的展品。“居院执事之人，亦尽选妇女为之。……向其询问，皆乐为人道，娓娓不倦。举止大方，无闺阁态，有须眉气。心甚敬之，又且爱之”。

李圭对于美国妇女争取社会地位和劳动权利的运动，充满了尊重和同情，并且很有感慨。他说：“天下男女数目相当，若只教男而不教女，则十仅作五人之用。”他举出所见美国妇女能力不亚男子和女子受教育对于培养儿童大有裨益等情况，大声疾呼：重男轻女的风气必须反对，“女子无才便是德”的观念必须否定，充分表现了他的进步思想和平等精神。

◇

一百多年前的西方国家，资本主义还处于向上发展的阶段。即使如此，李圭作为一位有文化道德修养的读书人，在看到那里很多比古老东方优越进步之处的同时，也看到了那里繁华景象背后的阴暗面。美国人民是富裕、文明的，可是美洲的原住民“因颠人”（印第安人），却过着“披发赤皮”的生活，政府还要“派兵驻守弹压”他们。美国城市是热闹、繁华的，可是噪音嘈杂，在旅舍的四层楼还感到床榻动摇，不能成寐。大学是办得很好的，可是“生徒中名门巨室居多，贫素者少，以每年千元食用无出也”。文化生活是丰富多彩的，可是也有“赤身演戏”一类下流黄色的表演，在“坏人心术”，毒害社会。李圭参观纽约市第十七警察局，见到一天之内因为犯罪被拘留的即有六十八人。全市三十五处警察局，统共每天拘留的在两千人以上。这种现象，不能不使他深思：“一处日有数十案，弗乃多事耶？”

李圭给人们介绍了一个新的世界，但是这个世界远不是十全十美的。他看到了西方国家人民对中国的友善，也看到了资本主义列强对中国的危险。“盖西人专尚取利他国，而己国之利源必开浚深广，并不肯轻易少泄，此其立意精密深固处。吁！可虑哉！”事实证明，他的“虑”是有理由的。有几位西方教士向李圭抱怨，说在中国内地传教很难。李圭直率地奉告他们："以鄙意观之，尤莫若不传之为妙。"他虽然主张向西方学习，对于外国的经济扩张和文化渗透，仍然保持了必要的警惕。

李圭于回国途中，在香港见到了王韬(紫诠)。"言谈半日，颇能洞悉中外机宜。……世不知其才，良可惜哉!"大概王韬对于李圭也有同感。他们都是当时具有初步民主思想的知识分子，主张打开眼界，走向世界。但是，中国的旧的势力毕竟太根深蒂固了。结果李圭只留下了他这本《环游地球新录》，还有《鸦片事略》等另外几本小书。尽管康有为从他的书里受到鼓舞，在变法维新的路上又向前走了几步，他的影响毕竟是微小的。《环游地球新录》在清代以后，一直很少流传。"千秋万岁名，寂寞身后事"，本来是具有中世纪特征的社会里一切有先见之明的人的普遍的悲剧。

此次校点刊行《环游地球新录》，是以原刻本为依据，以后出活字本参校。原书颇有错字，如卷二第三十九页后六行"坏人心术"，两本俱误作"壤人心术"；卷一第二十二页前八行"弦索"，活字本误为"弦素"之类，校点时已予改正。

此外，因为刻本和印本都未见有"会院全图"，删去了目录和凡例中关于"会院全图"的条目(序文和正文中的有关文字仍予保留)。为了便于阅读，正文内酌加了些加框的小标题，其馀一依原本。

一位技术专家的道路

（1980.7）

一九〇一年三月三十一日，古老的汉阳城里猛然一声巨响，“钢药厂”发生了爆炸。正在试制炸药的兵工技术专家徐建寅和在场的其他十五人当场牺牲，“死事惨烈”。

徐建寅在这时，已经有了“学贯中西，阅历海外”的名声，有了“三品大臣，专折奏事”的地位，是湖广总督之下“总办”全省兵工的“要员”。可是他毫无专家架子，“日手杵臼，亲自研炼”，一直保持着科学技术专家认真务实、发愤图强的宝贵精神，直到为事业献出自己的生命。

《欧游杂录》写于徐建寅殉职前二十年，是他一八七八至一八八〇年在德国、英国和法国考察工艺技术、订造铁甲战舰的实录。在出国以前，徐已有二十多年的工作经验。他和他父亲徐寿，是清代咸同年间最早通晓近代化学和制造学的人。因为如此，徐的书和同时期“出洋”诸人的记载相比，有个最大的特点，就是富有科学技术史的价值。它所介绍的西方，是一个受过近代科学技术训练的“内行人”眼中的西方。作者对西方工艺技术、管理制度的观察是细致的、具体的。而且在他出国考察和订货的实际活动中，同样表现了认真务实的科学精神。

为了介绍《欧游杂录》这本书，先得介绍徐建寅其人。为了介绍徐建寅其人，又先得简单地介绍一点近代西方自然科学传入中国的历史。

欧洲在文艺复兴和产业革命以后逐步形成体系的近代自然科学，传入中国的时间本应该从一五八三年利玛窦东来时算起。现在我们把有关学科在中国“开山”的著作列举于下：

地理学:《山海舆地图》(利玛窦绘刻，明万历十三年，一五八四)

天文学：《浑盖通宪图说》(利玛窦述，李之藻译，明万历中，一六〇〇至一六一〇)

数学:《几何原本》(利玛窦、徐光启合译，明万历中，一六〇〇至一六一〇)

物理学：《奇器图说》(第一卷讲重心、比重，第二卷讲杠杆、滑轮、轮轴、斜面，第三卷讲简单机械的应用，邓玉函述，王徵译，明天启间，一六二一至一六二七)

生理学及医学:《人身说概》(邓玉函著，明天启间，一六二一至一六二七)

军事科学：《则克录》(介绍火炮战术，汤若望授，焦勖译述，明崇祯间，一六三〇至一六四〇)

恰恰没有介绍化学、机器制造学和航海学，这一点是非常值得注意的。

明、清之际的政治、社会动乱，打断了中西文化交流的进程。清政府实行“闭关锁国”的政策，后来并决定禁止西洋人在中国行教。这正如马克思在《中国革命和欧洲革命》这篇著名的论文中所分析的：“推动这个新的王朝实行这种政策的更主要的原因，是它害怕外国人会支持很多的中国人在中国被鞑靼人征服以后大约最初半个世纪里所怀抱的不满情绪。由于这种原因，外国人才被禁止同中国人有任何来往。”

中国人重新接触“西学”，只能从鸦片战争和太平天国之后的洋务运动再开头算起。而曾国藩、李鸿章等开办洋务，则是接受了林则徐、魏源“师夷之长技以制夷”思想的影响。所谓“长技”——洋枪、洋炮、炮船，正是原来的“短板”。

李鸿章同治元年(一八六二)致曾国藩的信中说：“深以中国军器远逊外洋为耻，日戒谕将士虚心忍辱，学得西人一二秘法，期有增益。”

他在致总理衙门书中又说：“中国欲自强，则莫如学习外国利器；欲学习外国利器，则莫如觅制器之器，师其法而不必尽用其人；欲觅制器之器与制器之人，则当专设一科取士。”

为了执行这一方针，曾国藩首先在安庆设军械所，李鸿章在上海设制炮局，后来合力办成江南机器制造总局，采办西洋机器，聘请外国人员，一面制造枪炮兵船，一面翻译科技书籍。在“师其法而不必尽用其人”的思想指导下，他们有心要在国内“开科取士”，发现和培养中国自己的“制器之人”。徐建寅父子就是洋务派最初造就的专家，是洋务派一直最得力的科学技术干部。

◇

徐建寅的父亲徐寿(一八一八至一八八四)，是江苏无锡乡间的一位“布衣”——没有科举考取功名平民身份的读书人，从青年时候起就喜欢研究物质的变化反应和工程制造。咸丰初年，外国教士伟烈亚力、麦都思等来华，在上海开“墨海书馆”，介绍西方科学知识，主要是数学、物理知识。我国数学家李善兰，也到“墨海书馆”参加编译工作。徐寿和他的好友华蘅芳，有机会看到“墨海书馆”刊行的代数、几何、微积、重学(力学)、博物诸书，发生了浓厚的兴趣。华蘅芳的兴趣集中在数学上，后来成了著名数学家。徐寿的兴趣则集中在博物、重学等方面。

当时把博物、重学等科学叫作“格致之学”，这是借用儒家经典中“格物致知”的词语。中国的儒家也讲“格物致知”，但那是和“正心诚意”连在一起的事情，和以实验为基础的近代自然科学完全是两码事。王阳明望着庭中的竹子“格”了好多天，人也“格”病了，对竹子的生物性和物理性仍无所“知”，原因就是王阳明不肯动手去剖析实验，只是个人用心在那里“致良知”，这种以正心诚意求修养身心的方法，当然是不能发展自然科学和技术科学的。

徐寿对博物、重学的学习、研究，则完全采用了实验的方法。做实验得有仪器，而当时各种仪器在中国都找不到，他只能根据书中所讲，自己动手来解决。书中讲三棱镜可以把日光分为七色，徐寿想尽法子找不到三棱镜，就花工夫把自己一颗水晶图章磨成三角条，果然能够将日光分成七色。书中讲枪弹的弹道呈抛物线，以发射角为四十五度时射程最远，他又想方设法弄来枪支，设立由近到远许多靶子，实地加以验证。

这时徐寿将十七岁的徐建寅也招来安庆，和自己一同在军械所工作。徐建寅比父亲只小二十来岁，父亲做实验，儿子也参加。父子俩很快就掌握了“墨海书馆”所介绍的那些基础知识，并且学会了外文，一心想进行更深入的研究。

这时军事上很需要轮船，向外国买船、租船得出高价，请“西洋匠师”来修船造船更要花大钱。创办安庆军械所的曾国藩对外国人有戒心，有记载说曾氏“愤西人专揽制器之利，谋所以抵制之”。他问徐氏父子和华蘅芳：“能不能不请洋师洋匠，完全由中国人造出轮船?”“初生之犊”的徐建寅，极力支持父叔辈把这个任务承担下来。他们从上海找到关于蒸汽机、造船学和机械设计制图的技术书籍，一边学习，一边绘图，一边指导工人动手制造，终于在安庆造出了中国第一台蒸汽机和第一艘轮船。这艘轮船由曾国藩命名“黄鹄”，长五十馀尺，每小时能行二十馀里，“全用汉人，未雇洋匠”，“皆由手造，不假外人”。

“黄鹄”号是中国技术人员和工人的光荣。根据记载，汽机的计算是华蘅芳完成的，船的设计和施工则完全由徐寿负责，而徐建寅“屡出奇思以佐之”。“黄鹄”号下水后，徐寿立即被任命为总理，主持由安庆军械所和上海制炮局合并成的江南机器制造总局，这便是至今犹在的江南造船厂的前身。

徐建寅也到了上海。这里局面大了，工作做得更多，陆续造成了“操江”“测海”“驭远”等兵船，以及船上所用的各式大炮。制造总局成了我国现代工业的起源地，培养了最早一代的技术人员和技工，徐氏父子的历史功绩是不可埋没的。

在担任机器制造总局管理和设计重任的同时，徐氏父子大大开展了对化学、机器制造学和造船学的研究。他们向曾国藩建议，在造船造炮的同时，必须研究和发展基础理论，才能“探索根柢，不受西人居奇”。曾国藩对此“大为嘉许”，批示说“此举较办制造局尤要”。

于是以制造局为核心，建立了上海编译局，后来又开办“格致书院”，邀集华蘅芳、李凤苞、王德均、赵元益等，并聘请外国专家傅兰雅、林乐知、金楷理，大规模地译述科技新书。其中，徐寿译著的有《西艺知新》《化学考质》《化学鉴原》《化学求数》《物体遇热改易记》《汽机发轫》《营阵揭要》《测地绘图》《宝藏兴焉》等十二种。徐建寅的译著更多，有《化学分原》《声学》《电学》《兵学》《器象显真》《器象显真图》《摄铁器说》《艺器记珠》《造硫强水法》《石板印法》《造铁全法》《汽机新制》《汽机必以》《海军章程》《运规约指》《水师操练》《轮船布阵》《营城揭要》《操格林炮法》《测地捷法》《绘画船线》《造船全书》《兵法新书》等二十多种。

徐氏父子的译著，和过去的《几何原本》等书一样，也是“开山之作”，在中国的化学、制造学发展史上起了“筚路蓝缕，以启山林”的作用。在本书附录《今昔译名对照》里，可以看到“淡轻四绿”“铝二养三”这样一些名词。虽然我们今天已经把 NH_4Cl 称为氯化铵，把 Al_2O_3 称为三氧化二铝；但徐氏父子当时想出把化学元素 N 译作“淡”，H 译作“轻”，O 译作“养”，Al 译作“铝”（中文的铝字本来是金属镶嵌的意思），却确实费尽了苦心。我们今天所叫的“氮”“氢”“氧”，也还是“淡”“轻”“养”的同音字，还留有徐建寅父子的印记。

日本人接受西学并不比中国人早，在徐氏父子开始译述的时候，日本学者柳原前光到上海编译局访问，特别赞赏徐氏父子编著的化学书，决定进行日译，并且采取徐氏译名作为日文译名，有的至今仍在日文中使用。

在上海工作十来年以后，徐建寅的名声已经和父亲并驾齐驱了。同治十三年，李鸿章在北洋创办天津制造局，调徐去负责研制硝酸，很快获得成功，从此作为技术专家，他就独当一面了。

这时候，洋务运动内部已经开始酝酿维新变法，有的人渐渐认识到，不从政治制度上实行变革，光是把“声光化电、坚船利炮”介绍进来，还是达不到富国强兵的目的。徐建寅究竟是属于青年一代的人。他父亲一生不问政治，给他官衔也不肯接受，到老还是个“布衣”。他却表示赞同维新派的主张，开始在政治上进行活动。在天津，他取得了“道员”的资格，向“总理各国事务衙门”上万言书，主张派人到欧洲去考察工艺技术和管理制度，总理衙门向朝廷奏保他是“胜任外交之材”。光绪元年（一八七五），他升任建设中的山东机器局的总办，“躬自创造，未尝延用西人”，两年中建成了一座制造枪炮弹药的兵工厂。

在这段时期中，徐建寅和李鸿章的关系比较密切。李鸿章正在以德国为榜样筹建北洋海军，需要有懂得技术的人办事，于是在推荐李凤苞出使德国之后，又推荐徐氏任驻德参赞，专门负责到德国及英法考察海军、兵工，以及订造兵船的工作。《欧游杂录》一开头，就全文收录了李鸿章关于派他出国写给李凤苞的信，对事情的背景交代得十分清楚。

◇

在《欧游杂录》中，徐建寅介绍了他在德国、法国和英国参观考察过的几十个单位。无论是在克虏伯、西门子、伏耳铿和基尔海军基地等考察重点单位，还是在顺便参观的小工厂、小作坊和交通运输设施，徐建寅都深入现场，详细了解设备运转和生产过程，认真观察人员的实际操作，把他认为对中国有参考价值的东西记了下来。

书中一共介绍了六十种金属加工工艺和设备，如模锻、挤压、冲制成型、复合板轧制、仿形切削、软轴传动、拉制铜管、金属热处理、一百吨汽锤、反射炉、水压机等等，不啻是十九世纪七十年代的一部机械加工工艺说明。在克虏伯兵工厂所看到的炮管锻造、管膛镗削、来福线铣制和磨光，每个工序和工步都叙述得清清楚楚。这些都是当时世界上最先进的加工方法，也是中国兵工产业迫切需要学习的技术知识。

光绪六年六月初二日，他看到河上的船闸简便适用，中国各地易于仿造，即详细记载了闸的结构和操纵方法。回国以后，又根据这个记载，亲自补绘成图纸，叫木匠造了一座船闸的模型，向有关方面推广。接着到机械厂参观制造抽水机（书中叫“起水机”)，发现车制阀门球体的操作方法和车床夹具很巧妙，仅凭文字很难记载清楚，他又当场画了一张图纸，以辅佐文字说明。这张图现在仍然附在书中，它恐怕可以算是印在书中保存下来的中国人自己画的最早的机械工作图了。

有次参观一个小石印地图厂，他详细记载了绘图、制版、刻版、套印的情况。对于套印的方法，他觉得看得不够仔细，两个多月后又去看了一次。在哈次矿区参观时，他换上矿工衣帽，提着油灯，下到窿内，既看了风力凿岩，又看了人力凿岩，还看了采空区和废窿。在司旦丁海滨，他看到固定设置供练习用的测量标杆，想拿自己购置的仪器去试测。第一次去碰上大风雨，不能使用仪器。但他仍然冒雨用罗盘测量，全身衣服都湿透了。第二次又从柏林去测量，测后再用丈量法检验，最后证实标杆系成直角设立，杆间的距离是一千八百五十五米即一海里。这样一些小事，也充分说明了徐建寅的认真务实。

订造铁甲舰是徐建寅此行的主要任务，作为一位认真务实而又有水平的技术专家，他在考察和洽谈订购业务中，表现得善于思考、善于分析、对工作负责任，处处为国家利益着想。究竟要订造什么式样的铁甲舰，在什么地方订造，造价如何确定，都是他反复筹划的问题。

从书中看，他在访问德国海军基地基尔、司旦丁(现在波兰的什切青)和造船厂后，又到英国海军基地朴次茅斯和造船业中心格拉斯哥进行访问，并且同法国船厂洽谈。他亲自参观了当时全球最优秀的“英弗来息白”(英)、“萨克逊”(德)以及建造中的一些铁甲舰，又和基尔海军司令、英德两国海军部的专家们反复研究，决定设计“仿‘英弗来息白’及‘萨克逊’之制，集二者之长，去二者之弊”；并根据中国港口水位，确定舰的“吃水”为十九尺半。“如此经营，似可列于当今遍地球第一等铁甲船”。

在了解各大造船厂的设备、技术、材料情况以后，他又分别同各船厂洽谈。“十二点钟往怕麻船厂，告以所拟船之体制，嘱令核算价值，以便比较。下午，达迷斯船厂主来，亦告以所拟船之体制，令其核算。”最后才确定向德国伏耳铿船厂订造。合同签订后，派有专人在厂监工，他自己也时常前去了解施工和用料的情况。“钢角条，亲同金楷理……逐条取看”。“所有钢板……令艺徒随意取八块打印记号，令将记号处剪下备试”，测定抗拉、抗弯强度和“断界”，并且进行红热弯和淬水弯的试验，证明符合规定要求，对施工图纸(“逐件分图，即给匠照造之图”)也进行了审核。

订购制造火药的设备时，德国格鲁孙厂开价二万九千馀镑，有人主张签订合同。徐建寅坚决要求“令他家开价”。结果同样的设备，英国车仑退辣公司只索价一万八千镑，为国家节省了一万一千镑。

向罗物机器厂购买的机器，厂主原来保证的生产能力偏高，李凤苞同意付给高价。徐建寅因为“内行”，断定机器达不到名义上的生产能力，坚持在合同上注明：“必实试有效，而后可收。”结果验收时生产能力果然达不到合同规定，他就拒绝付高价，避免了不少损失。

◇

《欧洲杂录》还记录了徐建寅在其他方面的收获和心得。他在考察德国火药厂以后总结道：德国厂的机器设备，并不比中国津、宁、济、沪各厂精良，有的甚至还差得多，但是造成的火药质量反而比中国好，原因就在于技术管理比中国强，研究试验工作走在中国前面。

自从开办洋务以来，中国花了大量的钱，从外国买回了不少机器设备，有的设备确实不错。英国是当时制造业最发达的国家，徐建寅参观英国的大船厂，见到那里的大刨床、大车床、大压水柜(水压机)，“俱与沪局相同，无他奇异”。由此可见，仅仅买回机器还不行，甚至有一批能操纵机器的工人也不行，必须使整个国家的技术水平和管理水平跟上去。他在欧洲特别注意了解生产管理和技术管理的情况，多方收集管理工作上的各种统计报表，确实表现了他的远见卓识。

中国人的聪明才智并不亚于外国人。在《欧游杂录》中，徐建寅不止一次地讲到外国的问题和毛病。在英国卡米里钢厂参观时，钢板轧机的轧辊在轴颈处断裂，一连断了三根。厂方一时没有分析出原因，徐建寅却正确地做出了判断：主要原因是轴的耐热性能不好，而不是受力过大。

在克虏伯炮厂验收大炮时，二十门炮的底门能否互换？厂方说是能互换，而其实换上去并不能使用。于是他对克虏伯的技术检验也有了怀疑。厂方说每门大炮都已试放过十次，他写道：“余实未见其放也。”厂方说为中国造的炮弹都已逐一用水力试压过，他又写道：“余实未亲见其试也。”

西方某些商人唯利是图、损人利己的行为，使徐建寅深为反感。替中国工厂在欧洲办理采买事务的洋人密腊，将德国出厂价每根三马克的枪管，向上海报成八马克一根。他说：“不知密腊何以利心如此重也！”罗物机器厂卖给中国的造子弹壳机，经他要求去验收时，大部分都不合用，冲出的弹壳都是坏的，最后有的连冲头也坏掉了。他深深感到，外国人也有不讲信义的，打交道还是留心一些好。

很值得注意的是，徐建寅“欧游”的收获和心得并不限于专业，他本来就是一位关心政治的技术专家，欧游以后，他的政治观点更加鲜明了。本书虽然没有多谈政治，但是也记载了他访问各国议院，翻译议院章程的事情。回国以后，他将自己翻译的《德国议院章程》一卷刊行，表示他赞成维新派开议院、行宪政的政治主张。

一八八四年徐寿去世，徐建寅在守制三年后，应曾国荃邀请到南京机器局主持技术工作，先后制成新式后膛枪和铸钢设备，同时不断著书。他的名声越来越大，薛福成又一次奏保，光绪皇帝于一八九五年召见了他，派他到威海卫视察。这时已是甲午战败以后，他苦心孤诣在德国订造的两艘铁甲舰，连同整个北洋舰队，都已在威海卫覆没。国家的危难，使他在思想上更加向公开主张变法的维新人士靠拢了。

戊戌变法之初，随着谭嗣同等入掌军机，徐建寅也被派充新设立的农工商总局“督理”，赏给三品卿衔，“一切事件，准其随时具奏”，一时国事似乎大有可为。本来，中国如果真能走上改革之路，由徐建寅这样认真务实的技术专家来主持实业，确实再恰当也没有了。

但是，袁世凯出卖了谭嗣同，以慈禧太后为首的顽固派发动了政变，一切新的事物都被扼杀了。成立不到两个月的农工商总局宣布“裁撤”，徐建寅总算运气好，没有受更大的处分。他借口“扫墓”回到家乡，从此只能把政治上盼望改革的念头收起，不得不做一个不关心政治的人了。

然而他热爱事业的心是不会死的。张之洞在湖北行新政，办工业，邀他前去工作，他又到了武昌、汉阳。庚子之后，外国停止向中国供应火药。徐建寅负责设计、安装、试制，三个月办成一所“保安火药厂”，生产黑色火药。汉阳“钢药厂”是准备制造硝化纤维无烟火药的，也因为洋工离厂，投产无期。于是他接着又到“钢药厂”试制无烟火药，很快获得成功，正准备投产时，不幸发生爆炸，夺去了他在戊戌政变中侥幸留下来的生命。

尽管清政府按张之洞的奏请，给了他“照提督阵亡例予恤，追赠内阁学士，交国史馆立传，入祀昭忠祠”等身后的哀荣，具有维新思想的人士却都知道，如果没有政变，如果中国能够维新，徐建寅就不会死，他本来可以为发展中国的农工商业做更多的事情，为科学技术做出更大的贡献。

这位中国第一代技术专家的一生，他一生走过的道路，包括“欧游”及其“杂录”，给后人的启发是深刻的。

《欧游杂录》有徐氏原刻本，只分上、下两卷，未列目录，清末王锡祺曾将其收入《小方壶斋舆地丛钞》。此次据原刻本校点，并在前面加列了一个目录。原刻本经“华亭钟天纬”校字，但仍有一些错字。例如卷下十二页上“土国前造船价，原系二十二万镑，现造止须二十万镑。阿真廷国现定造一号，尚未下水，价亦二十万镑。……船身全用钢，谓可轻五分之一，而价则贵四分之一。如此船全用铁，则七十万镑足矣”。七十万镑显系十七万镑之误。至于标点，可能系手民所加，错误就更多。小方壶斋本翻印原刻，又增加了一些错字。此次将已发现的错误一一改正，也有少数几处疑不能明的，则在方括弧内注出。今昔译名，择要对照列出，作为附录。徐氏所用化学名词均与现在不同，因为可以举一反三，除了几个典型例子外，就不一一列举了。

走遍世界去尝百草

（1980.8）

八九十年前，中国赞成维新的人，把康有为当作精神上的领袖和老师；主张守旧的人，骂他为洪水猛兽、乱臣贼子。

那时在南京矿路学堂里，鲁迅正如饥似渴地读着维新派人物著译的新书。《朝花夕拾》书中说，有次他翻开《天演论》，他立刻为“赫胥黎独处一室之中，在英伦之南，背山而面野……”这样一个新鲜世界所吸引，可是也立刻受到了“老辈”的呵斥：

> “你这孩子有点不对了，拿了这篇文章去看去，抄下来去看去。”一位本家的老辈严肃地对我说，而且递过一张报纸来。接来看时，“臣许应骙跪奏……”那文章现在是一句也记不得了，总之是参康有为变法的……

再略晚些时，在湖南乡下，毛泽东也在油灯下一遍又一遍地读着康有为和梁启超的文章，据《西行漫记》，后来他叙述自己这一段学习生活道：

我无心读古文。当时我正在读表兄送给我的两本书，讲的是康有为的变法运动。……这两本书我读了又读，直到可以背出来。我崇拜康有为和梁启超，也非常感谢我的表兄……

“本家的老辈”要鲁迅“抄下来去看去”的许应骙的“文章”，现在抄一段在下面，请大家看看当时“老辈”们的议论：

今之以西学自炫者，绝无心得，不过借端牟利，借径弋名。……今康有为逞厥横议，广通声气，袭西报之陈说，轻中朝之典章，其建言既不可行，其居心尤不可测。

一边是老顽固，一边是新青年。当时对康有为的态度，就是如此截然不同。

本文不准备多评论康有为这位历史人物，只打算很简单地介绍一下康有为在写《欧洲十一国游记》前后的一些情况，着重的还是谈谈这本书。

这本书开始写于一九〇四年(光绪三十年)，正是变法失败后康有为逃亡海外的时候。

戊戌政变杀害了康有为的弟弟康广仁和谭嗣同等“六君子”，却没有杀到康有为本人。在慈禧太后心目中，康有为这个“首恶”是非杀不可的，于是连年都发布上谕，把绑架暗杀康有为定为国策。其中一道上谕宣布：

> 不论何项人等，如有能将康有为、梁启超缉获送官，验明实系该逆犯正身，立即赏银十万两；万一该逆犯等早伏天诛，只须呈验尸身，确实无疑，亦即一体给赏。此项银两，并着先行提存上海道库。一面交犯，即一面验明交银，免致展转稽延。

许应骙参康有为，参的是康有为“袭西报之陈说，轻中朝之典章”（宣传西方报纸书籍介绍的学说，批评封建朝廷现行的制度）。可见，向西方寻找真理，宣传“要救国，只有维新；要维新，只有学外国”，就是康有为被慈禧太后认为“罪大恶极”的最要紧的一条。

◇

康有为是个从小就怀有极大政治抱负的人。他博览群书和从名师就读后，对传统的“旧学”产生怀疑。二十二岁时，他读了《环游地球新录》《西国近事汇编》等书，又去香港游历，看到了西方民主制度对于清朝专制统治的优越性，就确定了“向西方寻找真理”的道路。

戊戌以前，康有为并没有亲自去过西方。可是他大量地购买和阅读了介绍西方和“西学”的书籍。同治年间在上海设立的“制造局”，是中国译印西书的中心。那里历年销售的一万一千多部西书，康有为一人购买的就占三千多部，达四分之一以上。从一八八八年到一八九八年，他七次向光绪皇帝上书请求变法，每次上书都纵论天下大势，把外国的事情讲得头头是道。

通过上书，康有为向光绪进呈了自己所写的《日本变政记》《俄罗斯大彼得变政记》《突厥守旧削弱记》《波兰分灭记》《法国革命记》《德国变政记》《英国变政记》等书，用各国盛衰兴亡的历史，反复宣传他的政治观点："处列国竞争之世，无百年不变之法"，"能变则全，不变则亡；全变则强，小变仍亡"。他严重警告皇帝：如果不变法维新，则"沼吴之祸立见，裂晋之事即来"，"恐皇上与诸臣，求为长安布衣而不可得矣"。

康有为用外国的事例提出了问题，又企图走外国的道路来解决问题。他所主张的变法，就是要向欧美和日本学习，建设资产阶级的现代国家。他说："考其变政之次第，鉴其行事之得失，去其弊误，取其精华，在一转移间，而欧美之新法，日本之良规，悉发现于神州大陆矣。"

康有为的这些主张，不仅深深吸引了像鲁迅、毛泽东之类有志青年，也深深打动了光绪皇帝。据说光绪把他的书放在案头常常翻看，看《波兰分灭记》时甚至激动得流下了眼泪。光绪确实想重用康有为，使他成为自己的加富尔和俾斯麦。政变发生前夕，光绪亲写密诏叫康有为"迅速出外，不可迟延"，还叮嘱他"爱惜身体，善自调摄，将来更效驰驱，共建大业"。

也许就是光绪皇帝这一分"特达之知"，使得谭嗣同说"不有死者，无以酬圣主"而从容就义，也使得康有为在戊戌的鲜血流过以后，还死死抱着"无论如何不能忘记今上"这句话不放的吧！

“戊戌六君子”的血，使一部分先进的中国人进一步看清了救国救民的道路。顽固派绝不会自动退出历史舞台，寄希望于“明君贤相”自上而下进行改革，看来在中国是行不通了。孙中山举起的民族民主革命的火炬，很快就吸引了比康有为更多、而且越来越多的群众。康有为的时代很快便过去了。

从这以后，康有为逐步转到反面。孙中山革命，他不赞成。张勋复辟，他却去出力。他反对共和，说中华民国“求共和适得其反而得专制”。他反对民主，说中华民国“若仍行民主，始于大分裂，渐成小分裂，终遂必亡”。虽然他看到了旧民主的缺点，也看到了半封建半殖民地政权“中华民国”的弊病，但这些反对共和、反对民主的言论，确实是在开历史倒车。

特别是在“五四”运动和中国共产党成立以后，康有为的脑子还停留在十九世纪，成了典型的遗老。他反对冯玉祥“逼宫”，向清朝废帝溥仪磕头，给反动军阀吴佩孚捧场，直到一九二七年三月二十一日临终时还念念不忘向他的“圣上”溥仪写“谢恩折”，以致曾经崇拜过他的鲁迅也只能说：

> 原是拉车前进的好身手，腿肚大，臂膊也粗。这回还是请他拉，拉还是拉，然而是拉车屁股向后。这里只好用古文，“呜呼哀哉，尚飨”了。（《趋时和复古》）

但是，尽管康有为后来走向了反面，我们却不应该抹杀他在十九世纪八十年代到二十世纪初的声名。

康有为为了救中国，经过千辛万苦，经过艰苦的探索和思考，最后才确定了向西方学习的道路。在当时他这样做并没有错。因为“那时的外国只有西方资本主义国家是进步的，它们成功地建设了资产阶级的现代国家”（毛泽东《论人民民主专政》）。

康有为主张向西方学习，突破了过去洋务派“中学为体，西学为用”的局限。他主张的不是“小变”，而是“全变”；不是只学西方的“坚船利炮”，而是要按照西方现代国家的榜样，彻底改造中国的政治制度。但是，他又不是一个“全盘西化”论者，“去其弊误，取其精华”，就是前面引述的康有为上皇帝书中的话。他是一个精通中国传统文化的人，既看得到外国的“弊误”，更不会鄙薄自己的祖宗。《欧洲十一国游记》这部书，完全可以证明这一点。

◇

《欧洲十一国游记》这部书值得看重的地方很多，这里只准备简单地介绍以下三点。

（一）康有为说：“吾国人不可不读中国书，不可不游外国地，以互证而两较之。”这确实是学习外国应该采取的方法。

他参观了罗马许多雄伟壮观的古代建筑，两千年前的斗兽（竞技）场、恺撒和屋大维等古罗马英雄的遗迹、“宇内第一”的圣彼得寺，都使他啧啧赞美，流连忘返。但是，他并没有因此而认为中国事事不如人。他凭记忆列举《汉书》《两都赋》和《三辅黄图》所述我国古代的伟大建筑，说“吾国秦皇汉武时，宫室文明之程度过于罗马，不可以道里计”；只因为后来不注意积累和传播工艺技术，以致反而落后；特别是政府不重视保存古物，更是犯了“大罪”。他认为中国应该大力提倡保护古建筑，改进建筑技术和建筑材料，以“增进中国无量文明于大地”；而不必“徒惊今日欧美之盛美……乃忘己而媚外……为人所恐吓而自退处于野蛮也”。

这种态度，贯彻在康有为的整本游记中。正因为他懂得中国，首先做到了“知己”，所以也才能做到“知彼”，真正看到哪些是外国的长处，哪些是中国应该学习的东西。

（二）康有为说：“未游欧洲者，想其地若皆琼楼玉宇，视其人若皆神仙才贤”，可是“百闻不如一见”，游历以后，才发觉有些地方“垢秽不治，诈盗遍野”，“银行困乏，人民愁苦”，“所见远不若平日读书时”，并不是一切都十全十美，都值得中国学习。

康有为游历欧洲十一国，首先到的大城市是意大利的奈波里（那不勒斯）。那里的车站和旅馆建筑规模宏壮，旅馆自备的接客马车美丽豪华，高级住宅区“楼阁街道并新整……林木森秀”，风景至佳。可是，普通人民居住的地区却“道路污秽滑斜，果菜之渣及马矢盈积”，“道中妇女贫人，褴褛相望”。特别是社会秩序和公共道德很差，导游的“哭人”代他买票，七十八里拉的车票虚报九十八里拉，六法郎的衣箱行李票虚报二十法郎。旅馆里盗贼横行，旅客挂在房间衣内的金钱经常被窃。去游维苏威火山时，几十名乞丐追随他讨钱，一直追上一里多路。他说：“此皆吾所亲见闻者。若其褴褛之情，颠连之状，此各国所同有，又不止奈波里也。”

意大利天主教盛行，“其民迷信最深”。康有为在著名的圣彼得教堂里，看到“堂前膜拜者，士女无数”。教皇登坛说法后，“人民随喜者，悲泪交流，嗅足而去”。他从欧洲历史论证天主教的不良影响，“彼敬教愈甚，而教力之压愈甚，于是有千年之‘黑暗世界’”。他特别记载了神父利用信徒“忏悔”的机会强奸妇女，“淫案无数，秽声彰闻”。因此，教皇宫的红衣主教虽然对他极其殷勤，表示教皇“本欲约见”，而他却并不去见。

（三）康有为要求变法维新，要求改革专制政体，学习现代文化，这个根本思想和戊戌以前并没有两样。

康有为是历史唯心主义者，他认为地形不同是各国政治制度不同的主要原因，这当然是错误的。他承认中国的封建专制政体历史悠久，“君权甚尊，而民权国会，皆无从孕育矣”。但他认识到，兴民权、改专制、行宪政是文明进步的必然趋势，“今大地必行此政体矣，英得伏流之先，故在大地最先强。欧美得其播种之先，故次强……中国苟移植之，则亦让欧人先获百年耳”。

在参观意大利王宫时，他比较欧洲和中国帝王的宫室，发表了一大通感慨。他说，欧洲的王宫“制度狭小，如一富室。盖王仅夫妇二人，子女数人，仆役百数十人，故无取于宏大。除其楼宇稍高壮，铺设稍丽外，尚不及中土富家之巨室，况督抚司道之崇衙乎？”“比之吾国帝居禁城之宏壮，相去当十百倍”。尽管他为皇帝辩解，“此其雄规，实关文明，不得以专制少之”，但毕竟不能不承认资本主义化以后的欧洲王室比较接近人民，“于近民之义，为有当矣”。

他承认民权比王权好，鼓吹以立宪代替专制，指出政治进步是国家富强的根本。他说：德国和日本“皆宪政国也，昔皆贫困，今德之盛强几冠薄海，而日本亦超跃为第一等国家矣”，“意国（亦行宪政）二十年来，机器之进步亦大矣”。当时意大利也在侵略中国，提出了租借三门湾的要求。他慨叹道：“呜呼！以十馀倍于意之中国，而我不请其奈波里之海湾，意何胜于我而敢请三门湾，亦可笑矣。虽然，人之轻我者，亦何由哉？”

对于资产阶级国家的现代化建设，他归结为“重都府，通道路，速邮传，立银行四大政”。当时的中国专制朝廷不愿也不能实行，顽固派并且搬出“古书古义”加以反对。康有为痛斥他们：“终日仰屋呼贫，甚至鬻官开赌。夫以利息之正义，则认等作恶；以鬻官之大祸无耻，则视若当然，此真愚狂不可解者矣。”

◇

康有为在十九世纪末是一个先进的中国人，但他的思想体系是庞杂和充满矛盾的。写这本书的时候，他已经在向进步力量的对立面转化，书中流露的观点更往往精恶杂陈，瑕瑜互见。

康有为在书中大尊其孔，根据所谓“孔子三世之道”，认为“欧美人心风俗，与中国正相若，其去性善自由皆甚远也。国争若是，险诈横生”，只能算作“据乱世”，连“升平世”还未实现，更远没有达到“太平世”而进入“大同”。说西方资本主义社会并不“升平”更未“大同”，这当然不错；说孔子在历史上起过一些好的作用，也是不错的；但说什么“孔子于今日犹为大医王，无有能易之者”，主张奉孔子为“教主”，甚至骂反对孔子的人是“妄人咒天射日”，就有些过当了。

康有为在将中国和欧洲的历史、地理进行比较时，反复论证保持大一统对国家民族的利益。他说，虽然分立有竞争，进步比较快，但是“中国遂以二千年一统，民安其生，比之欧洲千年黑暗之乱，其治安多矣”。这样离开各国不同的具体条件，孤立地比较“分”与“合”哪样好，是不科学的。特别是康有为这样做，实际上包含有反对在中国进行民族革命的意思（当时也确实有一些反清的人主张割据自立），那就更不对了。

康有为一贯把自己看作“天责之大任”“以任斯民”的“先觉”，对人民群众是轻视的。看见那不勒斯人民在喷烟的火山下安居乐业，就说：“所谓民者，冥也，多贪小利而忘大难，岂不然哉！”这种优越感也很难说有什么进步意义。

但《欧洲十一国游记》和差不多同时写作的《与南北美洲诸华商书》不同，他还没有公开攻击革命派。在书的开头，他以“耐苦不死之神农”自许，说要去“揽万国之华实，考其性质色味，别其良楛，察其宜否，制以为方，采以为药，使中国服食之而不误于医耶”。到《意大利游记》结尾时，他又说“今欧洲之文明，氾滥全地球”，中国应该赶快学习欧洲，实行变革。如果不学不变呢？他举当时“最为闭塞守旧”的突厥（土耳其）、波斯为例，说：“各国尽变，彼突厥、波斯，不变乎亦灭耳。”他开的药方仍然是要“变”，要学西方，他作为十九世纪末“向西方寻找真理”的先进的中国人的地位仍然是无可怀疑的。

这次我们用光绪三十一年初版《南海康先生著欧洲十一国游记第一编》和宣统二年六版互校，发现两个本子都有不少错误，有的显然是由手民造成，有的也可能是康有为自己的错误。如《后汉书》所载通中国的大秦王安敦，一般认为即罗马皇帝马可·奥勒留（一六一至一八〇），康有为却将其当作比乌·安敦（一三八至一六一）了。又如书中云“北齐祖暅之之轮船”，实际上只有祖暅之的父亲祖冲之才造过“千里船”，而且祖氏父子也不是北齐人，而是南朝人。

初版卷末有“弟子梁启超初校原稿，后学梁国华初校”，以及再校、三校、四校者等题名，有的错误可能与校者也有关系。特别是书中的标点、标题、眉题和目录，颇有错漏不符之处，此次重新加以整理，用文内加框的小标题代替了原来的眉题。

对于一些显明的错误，此次有一简单的校改记，附在书的后面。另外还附了一篇《今昔译名对照》，供读者参考。

原书在《欧洲十一国游记序》之后，有一个“总目录”，在《第一编·意大利游记》后面，依次列举了瑞士、奥地利、匈牙利、德意志、法兰西、丹墨、瑞典、比利时、荷兰、英吉利共十一国的游记，还有三种附录。但实际上，在这本游记之后，好像只刊行过《欧洲十一国游记第二编·法兰西游记》一种。本书初版时，康氏没有游过法国，更没有去丹麦、瑞典。可见这个“总目录”只是一个出版预告。

《邦非尔宫》一节后那首诗，两本并无异文。可是，卷首康氏的手迹，“瑰殿崇楼”作“坏殿颓垣”，和书中不同。手迹系光绪三十年五月于罗马写寄梁启超的，和书稿寄出的时候相去不远，不大可能出现异文。从诗意看，“倚夕阳”“两张皇”“最黯伤”，也以“坏殿颓垣”近是，但毕竟无法判断，所以只好依然让它两存。

原书附有康有为在欧洲收集的图片，绝大部分都无法复制，正文中写到图片的地方则只能一仍其旧了。

谨以我们所做的这点点微不足道的工作，来表示对于为了救国救民甘愿“耐苦不死”走遍世界去尝百草的先辈的敬意。

一切先行者都是值得纪念的。

第一面飞舞的龙旗

（1980. 10）

一百一十二年前的一个夏天，在美国，从奥尔巴尼开往波士顿的一列火车上，飘扬着一面正黄色镶着蓝边的旗帜，旗幅上绣着一条龙。这是美洲升起的第一面中国国旗——第一面飞舞的龙旗。升起它来的，是中国第一次向西方国家派出的外交使团。

使团由三人组成，其中一人名志刚。他将一八六八至一八七〇年间出使的经历，都写在《初使泰西记》这本书里。

“泰西”的意思是“极远的西方”。过去中国把欧洲叫作“泰西”，正如欧美人把亚太地区叫作“远东”一样。志刚等人这次“初使泰西”，是中国第一次向欧美国家派出自己的外交使节。这在中国外交史上，有着划时代的意义。

从历史上看，各个国家和地区之间的交流不外出乎下列三条途径：

（一）商旅的途径。这包括了西方的大部分探险者和旅行家，他们并不讳言自己的目的是找寻商路和财富。有名的“丝绸之路”就是这种途径。

（二）宗教的途径。玄奘西行，鉴真东渡，利玛窦、汤若望等来华，都属于此类。古代意识形态的交流，大都是通过这条途径进行的。

（三）外交的途径。这主要指由国家（君主）派出的使节，以及其他一些出于政治目的的活动，如某些政治婚姻（文成公主入藏和亲）、政治访察（三宝太监下西洋），当然还包括了战争。战争本是政治的继续，会大量造成人员和物资的交流，战争也需要由使节来结束。

中国向自己西部境外诸国派出外交使节，最早出名的当然是张骞。他于公元前一三九、前一一九年两次通西域，最远到了中亚细亚的西部，并通过“传闻”知道了关于罗马帝国东境的一些情况。公元前一一五年，继张骞通西域的汉使，继续向西到了安息（今伊朗）。安息也派使者来中国，带来了大鸟卵和“黎轩善眩人”（罗马的魔术演员），这大约可以说是最早来中国的西方客人了。

张骞之后两百来年，班超再次出使西域。班超派甘英从安息再往西到达条支（今叙利亚一带），准备渡海去大秦（罗马）。海边管船的安息人（条支当时为安息属国）对甘英说：海太大了，渡海如果不顺风，需要两年多时间，船上得带三年的粮食，而且“海中有思慕之物，往者莫不悲怀，若汉使不恋父母妻子者，可入”。这个流传于西地中海地区的“舍伦”（希腊神话中用歌声在海中惑人的女妖）的故事，居然吓住了甘英，使他从海边打了回转。如果甘英像班超那样，有“不入虎穴，焉得虎子”的精神，中国人到欧洲的时间，就可能整整提前一千八百年。

据史书记载，“大秦”这时也想通使于汉，同样因为“安息遮关，不得自达”。可见安息的从中作梗，是东西交通被阻隔的主要原因。汉代以后，中国国力向西发展得最远的是唐朝，但此时西亚又有大食(阿拉伯)称雄，东西交通仍然被阻。

从汉到宋千年之中，欧洲总算有几个使节来到中国，《后汉书》《晋书》《旧唐书》和《宋史》中即有如下的记载：

《后汉书》：桓帝延熹九年(一六六)，大秦王安敦遣使自日南徼外献象牙、玳瑁、犀角。

《晋书》：武帝太康五年(二八四)，大秦王遣使贡献。

《旧唐书》：太宗贞观十七年(六四三)，拂菻王波多力遣使献赤玻璃、绿金精等物。太宗降玺书答慰，赐以绫绮。此后高宗、武后、玄宗时亦有拂菻使来朝。

《宋史》：神宗元丰四年(一〇八一)，拂菻王灭力伊灵改撒遣大首领来献鞍马、刀剑、真珠。

因为亚洲大陆腹地高寒山区和戈壁沙漠的阻隔，这些使节多是绕道由海上而来。至于中国，则一直没有再向西方派遣过使节。因此，宋以前的中国书籍中，关于波斯人和阿拉伯人的记载甚多，关于欧洲和欧人的直接记载却绝无仅有；仅有一点，也大都是地里长羊羔之类的奇谈。在这一千多年中，中国向西方的探索，始终没有超出亚洲的范围。

◇

元朝建立了地跨欧亚两洲的大帝国，不少欧洲人沿着蒙古西征大军的道路东来，其中有著名的威尼斯商人马可·波罗，教皇也不断向蒙古大汗派出修好和传教的使节。唐时即已由叙利亚传入中国的景教（基督教的一派），中间几度不绝如缕，这时又兴盛起来。一二八七至一二八八年，有个生长在北京的景教徒巴琐玛（Bar Sauma），随伊儿汗的使节到了教皇的宫廷，并访问过意大利和巴黎等地，著有游记（英美有从叙利亚文译出的译本，中国尚无）。巴琐玛不是中土人，也不是中国派出的使节，但是他西行的足迹，比起丘处机一二二〇至一二二四年去撒马尔罕谒成吉思汗（见李志常《长春真人西游记》）、常德一二五九年奉元宪宗命为专使到波斯（见刘郁《西使记》），都要远得多。

元朝覆亡后，明太祖曾派使节西通撒马儿罕，南通三佛齐、勃泥等国。后来成祖又派郑和七下西洋（南洋），于一四三二年远航到非洲东岸。可惜的是，郑和的船队没有沿海岸再向南前进，否则好望角的发现者就会是中国人而不是葡萄牙人了。

随后突厥人崛起于西亚，于一四五三年灭掉了东罗马帝国，完全隔断了东西交通。欧洲的航海家拼命在海上寻找通向东方的新航路，从十六世纪开始，葡萄牙人、西班牙人、荷兰人和英吉利人先后东来。一五一七年，葡萄牙东印度总督遣使者比勒斯到北京。一五七五年，西班牙人在占据菲律宾之后，也向中国派出了使节。可是，明、清的改朝换代，又打乱了中西交往的正常发展过程。清朝入关后，为了对付郑成功，很长一段时间内厉行海禁，根本不和外国人往来了。

清朝在顺治以后，康(熙)、雍(正)、乾(隆)三朝，气象比较宏大，统治也比较巩固，因虚弱而产生的排外思想还不严重。康熙在打败俄军收回雅克萨后，一七一二年派图理琛经俄国出使土尔扈特，一七二一年复允许俄国使臣驻北京。一七三三年雍正又遣使到俄国。英国的专使马嘎尔尼于一七九三年(乾隆五十八年)八月五日抵大沽口时，清廷极为优待，派专使欢迎，备专船接至北京。过去到中国“年年进贡，岁岁来朝”的“藩臣”和“贡使”，见皇帝必须用“三跪九叩首”之礼。马嘎尔尼抵北京后，双方议接见礼节，马坚持只能用见英国国王之礼见中国皇帝，乾隆认为这也合乎情理，同意照办。

但是，从西洋来的殖民主义、帝国主义者，很快就露出了本来面目。正如英国赫罗·哥斯脱在一八九九年所说：“掠夺、谋害及经常诉诸武力，为欧洲国家与中国开始贸易的特色。”西班牙驻菲律宾总督向国王上书，公开建议征服中国，至少先占沿海数省。英国则以孟加拉为基地，大肆向中国输出鸦片。清朝到嘉庆、道光时期，内部阶级矛盾日益激化，国势一天不如一天。外国如此咄咄逼人，统治者自然感到威胁，于是采取“闭关”政策，企图保持住“内中国而外夷狄”的局面。布莱克斯利在《中国与远东》一书中也不得不承认：“外国商人自己的残暴行为，应视为他们被享以闭门羹的主要原因。”

闭关政策当然是不可能持久的。已经开辟了新航路、发明了蒸汽机的西方资本主义国家，是一定要向东方寻找市场、原料和廉价劳动力的。外交是他们的一种手段。只能以手段对手段，以外交对外交，别的办法是没有的。可是，清朝统治者却不懂得这个道理。

历史上总是有那么一些事情，后人看来实在荒谬绝伦，在当时却被认为是天经地义。中世纪的宗教裁判、赦罪符，近代的种族歧视、法西斯，前几年的“早请示、晚汇报”，就是如此。一八四〇年前后，清政府在使节问题上的举措，也可以算作一例。

一八一六年(嘉庆二十一年)，英国又一次派使节来华。嘉庆皇帝为了保持“天朝”的“尊严”，坚持要“该贡使”“遵行三跪九叩之礼”。英国正、副使已到宫门，结果托词“急病”，拒绝入觐。嘉庆为此而给英国国王一道“敕谕”，说什么“远国小臣，未娴仪度”，“其为无礼，莫此为甚”，“即日遣令归国，嗣后毋庸遣使远来”，“但能倾心效顺，不必岁时来朝，始称向化也”。这种妄自尊大的态度，恰好反映了畏怯和空虚。老奸巨猾的帝国主义者，当然不会看不出来。

一八四〇年签订《南京条约》时，英国即表示希望派公使到北京。一八五四至一八五六年，英、法、美等国先后向清政府要求“修约”，明确提出希望“有一位代表长久而光明正大地驻节在北京朝廷”，并请“中国公使常驻于巴黎、伦敦和华盛顿政府”。英、法等国政府当时确实对中国采取了帝国主义的侵略政策，但要求互派使节这件事情本身却很难说成侵略。清朝皇帝对于割地赔款等侵略行为一概可以接受，唯独认为这一条“尤为狂妄”，必须“正言驳斥，杜其妄念”，“将该夷所递节略，即行掷还”。

一八五八年(咸丰八年)，英法联军攻陷大沽炮台，议订的《天津条约》规定：英国使节可居住京师，觐见皇帝时用欧洲各国通行礼节，不再三跪九叩。咸丰批示：“该夷条约，以派员驻京……最为中国之害……断难允准。”直到联军攻入北京，他逃到热河，也仍然只在不见使节这一点上讨价还价。

咸丰的固执态度，确实使后人难于理解。其唯一的“理由”，无非是不能够允许有人(即使是外国使节)在见皇帝时不跪拜。他害怕这样会在臣民面前丧失他作为最高统治者的权威，使“溥天之下莫非王土，率土之滨莫非王臣”的观念发生动摇。所以，他宁可将国家、人民孤注一掷，在毫无作战准备的情况下“诱捕”英国派来谈判的使臣。而在一败涂地之后，躲在“避暑山庄”不肯回京，靠讥笑英国人坐轿子“沐猴而冠之状”，来为自己挽回一点面子。其实面子早已丢光，他本人也很快就在热河死去了。

在“内忧外患”的不断打击下，统治阶级中的一部分人，终于逐渐认识到：不能不注意研究世界大势和外国的情形，不能不引进先进的外国技术和装备，也不能不跟外国打交道、办交涉、通往来。这就是一八六一年以后逐步形成的“洋务派”。

由恭亲王奕䜣领衔，于一八六一年一月十三日所上的奏折，提出了六条章程：(一)在京师设立“总理各国事务衙门”负责办理外交；(二)在南、北洋通商口岸(天津、上海)分设大臣，管理通商事务；(三)整顿新开通商各口的关税；(四)各省外事应及时咨报总理衙门，并互相知照；(五)挑选和培养通晓外国语文的翻译人才；(六)收集海内外商情和新闻纸。

六条章程，一个目的，就是要重视开展外交，加强外事工作。六条是为了对付外国来的使节和商人的，本国也还得考虑派使节到外国去。但是，洋务派的一切建议和措施，都被顽固守旧势力骂作“投降卖国”；想派人出去和“洋鬼子”打交道，那就更难了。

后来郭嵩焘接受差遣出使英国，立刻被骂为“汉奸”。有人专门作了一副集句对联，挖苦他甘愿糟蹋自己“出类拔萃”的名声，去屈事“洋鬼子”。这副对联念起来倒确实声调铿锵得很：

出乎其类，拔乎其萃，不见容尧舜之世；

未能事人，焉能事鬼，何必去父母之邦？

这就是一八六一年建立总理衙门后，不能立即向外国派遣使节的主要原因。

恭亲王在决定派斌椿到欧洲游历时，向朝廷上过一本奏折，这是一个颇有历史意义的文件，其中说了下面一段话：

臣等久拟奏请派员前往各国，探其利弊，以期稍识端倪，藉资筹计。惟思由中国特派使臣前赴各国，诸费周章，而礼节一层，尤难置议，是以迟迟未敢渎请。

所谓“诸费周章”，就是说受到顽固守旧势力的反对。“礼节一层，尤难置议”，就是因为中国皇帝一直希望外国使节向自己跪拜，而外国君主却并不要求臣民向他们跪拜，外国使臣也曾经幽默地声明，他们不习惯双膝跪拜，除非是对上帝或心爱的女人。

◇

一直拖到一八六七年，总理衙门才找了个外国人，即一八六一至一八六七年间的美国驻华公使、业已卸任准备归国的蒲安臣（Anson Burlingame），请他“权充”中国派往泰西各国的使臣，同时派志刚、孙家谷以“大臣”名义随蒲安臣出国，组成了中国向欧美派出的第一个外交使团。

“文革”时期的某些著作说：“这个使团的组成和活动，充分反映了清政府在对外政策上已经昏庸、腐败到异常可耻的程度。”《初使泰西日记》附录的几个历史文件，证明这种说法并不符合事实。

〔附录二〕的奏折中，说明了遣使的原因：“近来中国之虚实，外国无不洞悉；外国之情伪，中国一概茫然。其中隔阂之由，总因彼有使来，我无使往。以致遇有该使倔强任性、不合情理之事，仅能正言折服，而不能向其本国一加诘责，默为转移。”又说明了何以要用外国人的缘故：“中外交际，不无为难之处。是以明知必应举行，而不敢竟请举行。”接着报告了蒲安臣的情况，并指出：“向来西洋各国，互相遣使驻扎，不尽本国之人……用中国人为使，诚不免为难；用外国人为使，则概不为难。”还说明了驾驭蒲安臣的方法：“派令试办一年。凡于中国有损之事，令其力为争阻。凡与中国有益之事，令其不遽应允，必须知会臣衙门复准，方能照行。在彼无可擅之权，在我有可收之益。倘若不能见效，即令辞归。”

〔附录四〕的文件是对蒲安臣明确指示：(一)参加使团的中国出使官员与他本人一体平行；(二)无论何项大小事件，都必须逐细告知中国官员；(三)中国官员到外国，礼节尚未议定，希望概免行礼；(四)中国官员应该享受正式外交人员待遇；(五)与各国交涉事宜，必须与中国官员商量妥当，咨由总理衙门核定；(六)发给的关防只供内部文书函信盖用，对外以总理衙门关防为定；(七)使期暂定一年；(八)随行人员应一体保护。

这些考虑和规定，能不能说是“昏庸、腐败到异常可耻的程度”呢？

“清政府在对外政策上已经昏庸、腐败到异常可耻的程度”的表现确实是有的。最突出的表现就是宁肯割地赔款，只争磕几个头，以及胡诌什么“未能事人，焉能事鬼”之类的昏话。

用外国人办事，当然是一种非常的做法。但正如恭亲王奏折所云，在西洋不乏先例。而且“后例”也并不少见，德国人李德便曾经当过中国的指挥官，中国人康生不是也拿过俄国的薪水吗？至于蒲安臣，他在使团刚到俄国时病死了，说他利用清政府的委任干了损害中国的事情，也是缺乏根据的。从志刚在本书中的叙述看来，他至少还是一个肯为雇主卖力气的人。

作为与蒲安臣“一体平行”的“中国出使官员”的志刚，原在礼部任职，后来经过考试，到总理各国事务衙门任章京，历经王大臣保奖，“赏戴花翎”，“记名海关道”。〔附录三〕的奏折上，也说他“朴实恳挚，器识闳通”。从《初使泰西记》看来，他也认真执行了此行交给他的任务。

卷四《通论各国形势》一节，颇为明白中肯。志刚认为美国地方广大，足以自雄，不甘心坐视各国在中国瓜分利益。英国富强已极，已经要走下坡路，主要靠声势吓人。法国皇帝拿破仑第三失掉了民心，已经树倒猢狲散。普鲁士讲究富国强兵，正想在欧洲称霸。只有俄国实力强大，又善于玩弄阴谋，数十年来经营中亚，准备南窥印度、东迫中国；虽然暂时看不出挑衅的迹象，“而制造枪炮，孜孜矻矻，如恐不及，将何为哉?”至于诸小国，则都想“市重于中国，借图获利”；但也需要处理好和他们的关系，不给大国以借口。在同中国的关系上，普、美等国主要是看中国能否自强，有机可乘才会来捞一把；法、英为害稍缓，仍须早作提防；俄国则是最紧迫的危险。他的结论则是：中国应当自治自强，使侵略者“知难而退”。跟英国交涉扬州教案后，志刚在书中尖锐地批评了中国当时的外交不是软弱畏葸，就是推诿卸责，只能鼓励和酿成外国的侵略。其所以如此，则由于朝廷不重视外交，官员们不会办外交，士大夫的舆论反对讲外交。他说，“若不及时明定国是……使天下皆知与各国交际，所以筹国计而保民生者，实出于事势之不得不然”，“以求自强之人，行自强之道”，“日久因循，必至于决裂而不可收拾矣”。后来到庚子年间，他的这番话果然“不幸而言中”了。

◇

一八七〇年初蒲安臣死后，志刚作为首席代表继续访俄，在和外部总办的谈判中，俄方一连提出了好些“应办”的事情，志刚都针锋相对，一一予以驳回。

俄方提出：由黑龙江到中国东海岸设海底电线，要中国“指与无用闲地一段”。志刚说：“若遽允贵国，别国借口催办，中国一时未能通办，岂不大费口舌?”

俄方提出：中国曾允许黑龙江商民卖粮食给俄国，现在当地政府限制商民不准多卖，这样不好。志刚说：粮食产量有限，如果让俄国尽量买走，本地军民便会缺粮。

俄方提出：应该让俄商的货物在中国陆路畅行，以抵制英美商人南洋水路之势。志刚说：中国的税制和关卡不能变更，不能使外商之路日宽，中商之路日窄。

俄方又提出：想到科布多、乌里雅苏台等处通商。志刚说：此事要与中国派在当地的官员商议后，才能答复。

最后俄国提出一个纯属干涉中国内政的问题：新疆的变乱，使俄国边界受到滋扰，中国究竟准备如何处理？是否允许新疆独立？希望“及早定办”。志刚说：中国正在集兵调饷，一定要镇压叛乱，绝不能将就了事，如果置之不理，贵国边界岂不会一直受滋扰吗?

使团在英国时，正值扬州发生英国教士受到伤害之事，英国拟派兵船前往江宁。使团此时仍由蒲安臣率领，志刚亦据理力争，说明事实是扬州有犯法的坏人入教，利用英国教士做护身符，在地方上为非作歹；地方政府惩治坏人，英国教士说是阻碍传教，结果未能惩治坏人，激起众怒，以致发生伤害之事，其责任不在中国，而在教士；如果外国人不干涉中国内政，中国是会秉公处理，查办犯法之人的。后来经过谈判，议定英国只能向北京总理衙门提出交涉，不能擅调兵船。

《初使泰西记》于记述正式的外交活动之外，还介绍了志刚接触和观察各国社会经济、国政民情的情形。在法国和英国，都曾经有基督教士向中国使者传教，鼓吹基督教的文明。志刚却直截了当地驳斥教士们说："你们讲'爱'，讲'上帝爱人'，为什么却孳孳为利？又为什么用坚船利炮，到处争战杀人呢？"教士辩解道："干那些事的人，并不是信仰上帝的人。"志刚于是又问："那么，你们这些传教的人，为什么不去向那些杀人、争利的人宣讲爱人之道，而来找我这个不争战不杀人的人呢？"

书中记在美国看到机器织布印花，"其火轮机运长轴，由拉皮以管数千织机之用……可一人兼十五六人之力……故洋布由东洋水陆运三万馀里至中国，而获厚利"。工业化(尽管还是蒸汽机皮带传动)的优越性打动了志刚，但他想到的仍是"故(美国)货日多，不得不筹销货之路。通商一事，其势何可遏哉？若使西法通行于中国，则西人困矣"。

在柏林郊外，有位普(布)国妇女问志刚：中国人爱不爱自己的皇帝？还说：我国的国王，是没有人不爱他的。这时正是普法战争普人战胜的时候，志刚深有感慨地写道："此言虽小，关系甚大。因布人妇有爱其君主之言，而其君已能取威定霸于欧洲，是国家安危之机，未有不系民情之爱恶者也。西国之炮大船坚，不如此言之可以深思也。”

到西班牙访问时，听说原女王伊丽莎白已于二年前逊位。志刚又有一段短小精彩的议论：“泰西立君，不拘于男女。然为君而不能尽君道者，国人不服，则政令有所不行，不得安其位矣。故西国君主，治法不必尽同，而不敢肆志于拂民之情，则有同揆焉。”（最后一句话的意思是：在不敢放肆违背人民的意志这一点上，却有他们的共同点。）

难怪道光、咸丰这些皇帝不肯让外国人到中国来，也不肯派中国人到外国去。他们其实并不愚蠢。但是，不管皇帝们如何杜渐防微，毕竟禁止不了社会发展规律和自然规律发生作用。龙旗不能不变成五色旗，五色旗不能不变成青天白日旗，青天白日旗又不能不变成今日的五星红旗。嘉庆和咸丰的“上谕”徒供后人讪笑，倒是志刚此书还给我们留下了一点“可以深思”的东西。

此书有两个版本。一名《初使泰西记》，题“避热主人编次”，序云“岁壬申（同治十一年）于役乌城”，借读了志刚的手稿，“颇潦草无伦次”，因加以编次，“录寄小儿宜垕，俾拓耳目”；后来宜垕死去，为了怀念儿子，所以决定将其刊行。

另一本名《初使泰西纪要》，题“且园主人编次”。前有松龄序，说在光绪庚寅（十六年）春得见志刚，志刚“出所著《初使纪》属为序”。

由此可见，《初使泰西记》的成书和刊行都比《初使泰西纪要》早。两个本子都经过别人整理，从内容看，各有所长。《记》比《纪要》叙述得详细些，《纪要》则比《记》多出若干段落。

为了尽量保存资料，我们决定将二者辑为一本。文字、分卷和书名从《记》，而把《纪要》多出的段落在方括弧内用另一种字体排印。清末清河王氏印行的《小方壶斋舆地丛钞》所收《初使泰西记》，在少数几处也有多出的文字，亦予辑入，并加粗方括弧，以示区别。目录、小标题、今昔译名对照和附录四种，则为辑校者所加。

解放后中国史学会编辑的《洋务运动》一书中，曾选刊《初使泰西记》若干则，作者署名“宜垕”。这是错误的，一看避热主人的序就明白了。

西学东渐中的一生

(1980.11)

在美国康州哈德福特城西带山公墓(Ceder Hill Cemetery)的绿荫深处，一块方座圆顶、正面刻有一个中文“容”字图案的墓碑后面，长眠着一个中国人。他虽然死葬在异邦绝域，他的心却一直眷恋着祖国，眷恋着祖国的土地和人民。

他死于一九一二年四月二十一日。在他逝世的第二天，《哈城日报》刊登了如下一则消息：

身为学者、政治家及今日新中国运动的先驱者容闳博士，昨日上午十一点三十分，在他的沙京街二八四号寓所去世。

…………

他对过去一年来中国的急剧进步变动密切注视，因为他毕生曾努力于此目的。星期六(四月二十日)他刚收到新中国领袖孙逸仙博士赠送给他的一张照片，惜已太晚，因容闳博士早已昏迷不醒。

在他逝世时，他的大儿子容觐槐正在中国接受孙中山和黄兴的委任，到胡汉民当都督的广东省担任制造局(兵工厂)总工程师兼总理，并被授予少将军衔，因此后来被袁世凯逮捕监禁，险些遭到杀害[1]。孙中山亲自寄赠照片给容闳，说明中国革命人民和这位居住在美国的同胞是息息相关的。

容氏在他这部唯一的回忆录《西学东渐记》中，叙述了他从赴美留学，到学成归国，到去南京找太平军而后离开，到筹办江南制造局，到组织中国留学生出洋，到参加维新变法被清政府通缉，到同情和支持孙中山革命活动的整整的一生，这是在为了中国现代化而不倦追求中的一生，也可以说就是在“西学东渐”中的一生。

容闳这一生，的确很不一般。他出身贫寒，从本书第一章可以看到，他本人从小劳动，在齐腿深的水田中干过割禾等农活，当过卖糖果的小贩和印刷作坊的学徒。至于他之所以能够进入外国人办的学校读书，纯粹是由于两个原因，一个是家庭贫苦；另一个是资质聪明。

关于这两条，引用 H. N. Shore 所著的《The Flight of the Lapwing》(一八八一年伦敦出版)根据 Brown 博士(即本书第二章中的勃朗先生)一八七七年九月在天津演讲时提供的事实，似乎更直截了当一些：

① 详情见《东方杂志》第十一卷第二、三号(一九一四年八、九月)译载美国《世界杂志》刊载的《容觐槐(容闳之子)在华遭际之自述》。

有一位聪慧伶俐的小家伙。人们把他送到学校来，勃朗先生认为他是一名有前途的学生，把他收下。这位小孩的母亲很贫穷，靠着上山打柴过日子。她的意思是让这孩子在学校里多待些时候，学点儿英文的知识，将来好在英国人的家庭里当仆人。末后，这位贫穷的妇人，因生计完全不能维持，所以要把小孩领回。……有一人听到这事，保证要维持她的生活，以便使小孩留在学校。他继续维持她的生活到十七年之久。勃朗先生在领导这个学校七个年头之后，回到美国去，把班中最好的三个学生带走，其中一人就是那聪慧矮小的学生容闳。

容闳在美国是一个苦读的学生。他不怕生活艰苦，洒扫拂拭、劈柴生火等劳动都“甚乐为之”，“雪深三尺，亦必徒步”；而且还不断“为人工作”，如替同学办伙食，替“兄弟会”管理图书，等等。

中国有句古话：“艰难困苦，玉汝于成。”这个苦读的学生在美国读出了好成绩。他在澳门、香港不过修完了小学课程，到美国后“仅治拉丁文十五月，希拉文十二月，算术十阅月”（其中还有因为学校附近修铁路而停课的时候），就考取了美国第一流的耶鲁大学。在耶鲁，他这个远东来的异国留学生，两次夺得英文论文的首奖。“校中师生，异常器重，即校外人亦以青眼相向。”大家都充分承认这位优秀中国青年的卓越的学习能力。

由于容闳在学习上的努力和能力，美国的“机会之门”曾经不止一次向他开放。正如本书附录的特韦契耳一八七八年四月十日在耶鲁的演讲中所说的，“容闳毕业时受到了莫大的劝诱，让他改变终生的打算。他居留美国已久，具备彻底归化的资格……只要他乐意，他可以留在美国并找到职业”。但是容闳却不肯改变他的“终生的打算”。他在拿到羊皮纸的美国大学文凭后，立即动身回国了。

◇

容闳“终生的打算”，用他自己的话来说，就是“为中国谋福利”。

容闳是鸦片战争后到西方接受西方学术(西学)的最早的中国人之一。当时的美国和中国有显著的不同。固然每个国家都各有所长、各有所短，有一些东西是“不可比”的。但是毋庸讳言，西方资产阶级的教育，确实要比东方的官僚阶级教育高明一些。“是时中国为纯粹之旧世界，仕进显达，赖八股为敲门砖”，只允许把孔孟经书当作教条不断地摘抄的八股文，是中国读书人的唯一主课。而在美国学校里，容闳学习的却是拉丁、希腊文化和数学、生理学、心理学、哲学等学科。

在一八四七至一八五四的七年间，容闳拼命吸收一切新的知识，“读书恒至夜半，日间亦无馀晷为游戏运动”，在数学上尤其付出了大量精力。他并没有多的时间去研究社会和政治问题。但是，对于一个思想敏锐、时刻关心着祖国的进步和人民的幸福的青年人来说，化学实验在玻璃仪器里向他显示了一个全新的物质世界，微积分可以激发起对合理化的思考和追求，古雅典的民主政治史也足以使他痛切感到专制制度的缺乏道德基础。简单地说，他在这七年之中，不仅学到了科学知识，同时也接受了民主的思想和精神，“德先生”和“赛先生”本来是一对形影难分的孪生兄弟。

其实，早在容闳到美国之前二十九年即一八一八年(嘉庆二十三年)，美国康州康威尔城的“国外布道学校”就有来自中国广州的一名王姓学生入学(见哥伦比亚大学一九三一年出版 *The Culture Contacts of the United States and China* 一书)。至于谈到到欧洲去学习的中国人，更可以远溯到郑玛诺（？至一六七四)，他“自幼往西国罗马，习格物穷理超性之学，并西国语言文字……康熙十年来京，十三年甲寅，卒”(见韩霖、张赓《圣教信证》)。但是这些人不仅被“西化”成连名字都已经“西式”了的“西籍华人”，而且还被“教化”成了西方国家“派来”中国的传教士。他们已经忘记了中国人民，中国人民当然也就把他们忘记了。

容闳和郑玛诺之流完全不同，他始终不渝地爱着自己的祖国。正是由于爱国，他坚决拒绝了要他当传教士的建议，以及留他在美国工作的邀请。也正是由于爱国，他身在美国，却时时为中国政府的腐败而愤慨，为中国人民所受的压制而痛苦。在《西学东渐记》第五章中，他写道：

当修业期内，中国之腐败情形，时触予怀……盖既受教育，则予心中之理想既高，而道德之范围亦广，遂觉此身负荷极重……更念中国国民，身受无限痛苦，无限压

> 制……予之一身，既受此文明之教育，则当使后予之人，亦享此同等之利益。以西方之学术，灌输于中国，使中国日趋于文明富强之境。

怀抱着这样的志愿，容闳于一八五五年回到了中国。他赶回到他那贫穷老病的母亲身边，依坐在母亲的膝下，让老母亲抚遍他的全身。母亲见他已经蓄了胡子，说：“你哥哥还没蓄胡子呢。”他听母亲这样说，立刻出去找理发匠剃掉胡子，再回到母亲身旁。母亲十分高兴，因为儿子虽然到外国这么久，成了“洋秀才”，但仍然是她的好儿子。

可是，这个好儿子回到母亲身边来以后的情况远不是令人鼓舞的。正如特韦契耳所说：

> 在中国没有什么需要他去做的事。那里除了微贱的亲属外，他没有朋友，不会给他任何地位和照顾。……他在本国人当中，不可能不受到歧视、猜疑和敌对。摆在他面前的是一派阴郁险恶的前景。

一个接受了杰斐逊、林肯思想洗礼的新青年，回到正在疯狂镇压农民起义革命者和中国人民的清朝统治区域里，心情是不可能平静的。容闳在广州，正好赶上了叶名琛在那里的大屠杀，一个夏季杀了七万五千人。本书第六章回忆了他在刑场目睹的惨状：

场中流血成渠，道旁无首之尸纵横遍地……地上之土，吸血既饱，皆作赭色。馀血盈科而进，汇为污池……掷尸沟中后，无需人力更施覆盖，以尸中血色之蛆，已足代赤土而有馀，不令群尸露少隙也。

容闳自述他此时的感觉道：

予自刑场归寓后，神志懊丧，胸中烦闷万状，食不下咽，寝不安枕……愤懑之极，乃深恶满人之无状，而许太平天国之举动为正当……几欲起而为之响应。

于是在一八六〇年，容闳真的从上海到南京，去对他“几欲起而为之响应”的太平军，进行了一次实地的考察。

笔者认为，容氏的这次行动，绝不是为了好奇。尽管他在太平军已经失败、清朝还没有覆亡的时候写回忆录，不能不用一点“韬晦”的笔法。如在叙述他和太平天国干王洪仁玕会见时说：“予告以此来初无成见，亦无意投身太平军中。”等等。但是，他向干王建议七事，都是关于国家政治、军事、经济、教育的“大计”，是他早就筹熟于胸中所要贡献于中国人民的。他并且对洪说：“倘不以为（这七条建议）迂缓，而采纳予言，愿为马前卒。”这就已经把话说得不能再明白了。

容氏考察太平军的结论是：“太平军之对于人民，皆甚和平，又能竭力保护”；而“官军之残暴，实无以愈于太平军”。同时，“即无洪秀全，中国亦必不能免于革命……恶根实种于满洲政府之政治”。但另一方面，“予每见太平军领袖人物，其行为品格与所筹划，实未敢信其必成”，因为“其所招抚，皆无业游民”；“迨占据扬州、苏州、杭州等城，财产富而多美色，而太平军之道德乃每下而愈况”（第十章、第十一章）。他说：像埃及石人有两面一样，太平军也有两面性，既有革命的正义性、合理性，又有宗教和游民的落后性、破坏性。平心而论，容氏对太平军的分析是科学的、实事求是的，远远超过了同时代人的水平。农民暴动本来不可能建设现代化的国家；如果农民暴动蜕变成为迷信和游民的运动，那就更加不可能了。

容闳“为中国谋福利”的第一次尝试失败了。这与其说是容氏个人的失败，毋宁说是太平天国革命的失败。中国的专制宗法的根基实在太雄厚了，不仅盘错于朝廷上下，也深入到草野田间。容闳向洪仁玕建议建设有效能的政府、创办银行、设立学校……洪仁玕却给这位耶鲁大学毕业生一颗长方官印、一个黄缎子钤记的四等爵位，这是何等尖锐的讽刺，又是何等深刻的悲剧啊！

◇

容闳对于太平军是失望，但他对中国尚未失望，于是又在一八六三年找到曾国藩，希望通过曾来实现自己使“西学”得以“东渐”的计划。这一次他至少办成了两件事：第一件是在中国建成了第一座完善的机器厂——江南制造局；第二件是在中国组织了第一批官费留学生出洋——一百二十名幼童分四年赴美留学。容闳因为经手这两件中国办“洋务”的大事，成了中国在美国所设立的“留学事务所监督”和中国政府驻美“副使”。

容闳对曾国藩的评价极高，说曾“可称完全之真君子，而为清代第一流人物”，“一生之政绩、忠心、人格，皆远过于侪辈，殆如埃浮立司脱高峰，独耸于喜马拉雅诸峰之上”。曾国藩因为替清朝出力，打败太平军，清末以来就被骂为汉奸。后来蒋介石又赞扬标榜过他，问题牵涉到现实的政治斗争，谈到他时，大家更不能不跟着范文澜骂汉奸刽子手。但就事论事，他接受容闳的建议，设立制造局，派学生出洋，这两件事情总是有重大进步意义的。

问题恰恰在于，即使得到了像曾国藩这样的大人物的支持，容闳的“为中国谋福利”的大计划——派遣学生留学的教育计划，在勉力推行一段之后，也终于还是完全破产。本书的十六、十七、十九等章，对这件事的全过程有详细的介绍。一百二十名学生，从一八七二年起，分四批逐年赴美，原定十五年学成回国。可是由于受到坚持闭关自守、反对学习外国的保守势力的疯狂攻击，继曾国藩而主持“洋务”的李鸿章首鼠两端，一八八一年这些学生又全部被撤回了。

这里有一封第一批“留美幼童”黄开甲被撤回国后一八八二年一月二十八日于上海写给美国巴脱拉夫人的信，是旅美的高宗鲁教授在美国发现，寄交中国台湾《传记文学》一九七九年第二期发表的，摘录如下(用高氏译文)：

你一定惊愕我们备受祖国政府苛刻待遇的事。……为防我们脱逃，一队中国水兵押送我们去上海道台衙门后面的“求知书院”。……跨进门槛，立刻霉气扑鼻，这些阴暗似乎象征我们的命运。……而最令人可怖的是那些在留学监督头脑中荒诞不经的思想，使我们学未成而强迫返华。

…………

我们在期待容闳先生的到达。他是由政府虐待下解救我们的希望。我们对他的信心一直不变。他的迟迟不归，使人们怀疑他对总督的影响力已减。……各人被分派各地去“完成”(?) 各自的教育，但完全不按个人志趣及在美所学，全由中国官员来决定。……一些原来学法律的同学，被送入海军学校。

…………

这就是东西双方影响下，中国政府的“进步”政策吗？……她该受一个惨痛的打击。彻底清除并改革的政府，才适合治理她万千的子民。

被迫中断留美学业的黄开甲的这封信充分说明：一个对自己没有信心的、害怕人民的专制政府，本质上是不可能实行真正的开放政策的。

“留学事务所之命运于是告终”以后，容闳“为中国谋福利”的第二次尝试又失败了。于是，连他这样温和的基督徒，也终于觉悟到，光凭“教育计划”不可能“使中国日趋于文明富强之境”，“而于中国根本上的改革，认为不容稍缓之事”了。

这是一个极其宝贵的认识。为了建设现代化国家，教育当然是重要的；但是，如果没有政治上的民主化，而听任专制政府和叶名琛、吴子登之类暴虐腐朽的官僚来领导的话，则教育计划既不能认真施行，教育出来的人也不能真正发挥作用。

于是，他走上了和康有为、谭嗣同、唐才常等一起谋求变法维新的道路。第二十二章简单地记述道：“予（在北京）之寓所，一时几变为维新党领袖之会议场。”戊戌政变发生，他逃出北京，到上海继续活动，参加唐才常组织的张园“中国国会”，被推为(自立会的)会长。结果因清政府指名通缉，逃往香港、台湾。在台湾，清政府又行公文给日本总督，请日本当局把他捕送中国。于是，一九〇二年他被迫再度去美国避难，一直到死。

容闳并不乐意做美国人。虽然在本书第十四章中他说：“余曩曾入美籍。”但一八九八年美国国务卿雪曼公开宣布：“容闳从未合法地归化为美国公民。”一九〇二年容氏去美避难，还是通过在美国的社会关系及耶鲁同学帮忙才得以实现。前面所引容觐槐的自述，开头就有这样一段话：

> 予父虽为华人，而予则生于美，长于美……或有叩予以感情之所向，究为中国，抑为美国者，予殊无以应。……此或以我母之隶美籍……以是而感慨之情发于不自觉，未可知也。

一个自始至终热爱祖国的人，却不得不“远托异国”，直至埋骨在海角天涯。这是容闳个人的不幸，也是中国的不幸。

所幸的是，容闳以他的精神和贡献，为“西学”的“东渐”铺下了路基，为中国人在外国建立了名誉。英国的 H. N. Shore 氏一八八一年在叙述容闳的事迹时写道：

> 一个能够产生这样人物的国家，就能够成就伟大的事业。这个国家的前途不会是卑贱的，虽然从事物的表面上去看，这个国家也许有一些困惫与后退的迹象。和西方的国家以及人们在过去半世纪内的巨大进步相比较，中国的景象是不能令人鼓舞的。但是我们应该记住，我们今天所看到的中国文化是许多世纪以前的文化——那时英国和欧洲还在野蛮的状态之中。至于中国是否退步，它的人民是否在腐化之中，它的才能是否已经发展到了极限，这些问题都还需要证实。
>
> 从这些例子又可以看到，中国本身拥有力量，可以在真正完全摆脱迷信的重担和对过去的崇拜时，迅速给自己以新生，把自己建成一个真正伟大的国家。

这位英国人的话说得何等好啊！借用它作为这篇简单介绍容闳和他的回忆录的小文章的结语，实在也没有什么需要再添加的了。

◇

附带讲几句关于这部书本身的话。《西学东渐记》是容闳用英文写的回忆录，原名*My Life in China and America*，直译为“我在中国和美国的生活”。因为《西学东渐记》这个名字流传已久，我们仍按旧译本标点重印，另附一译文正误表于书末，以资参考，并在正文中加了一些注和按语。这些注和按语，一律加方括弧，以区别于旧译本原有的圆括弧。原书前有容氏一九〇九年十一月自序一篇，后附录特韦契耳牧师一八七八年四月十日的演讲一篇，旧译均未译出，特请张叔方同志补译，以存全貌。

根据台湾杂志报道：一九七二年我国政府与美国建交之前，台湾“教育部长”蒋彦士在容闳墓前立了一块纪念碑。碑文不长，全录如下：

> 先生字纯甫，德才朗识，淹博多通，为我国学生留学美国之第一人。归国后力主遣幼童留学国外，当轴者纳其言。
>
> 一八七二年乃遴选学生三十三人，由先生携以赴美，遂开我国派遣留学生之先河。而中美文化交流，亦以此为嚆矢也。
>
> 自先生初次携学生赴美，至今适届一百周年。寻声考迹，想高躅于当年；振铎扬芬，播景行于终古。维兹俊哲，实系人思。爰泐碑文，借申虔慕。

看来文章还算典雅，听说写、刻也都不错。但是，短短一篇碑文中，却出现了两处重要的史实错误。

其一，和容闳一同去美留学的，还有黄胜、黄宽二人。加上上文所举一八八一年那位王姓学生，可见碑文称容氏“为我国学生留学美国之第一人”是弄错了。应该按容氏本人的说法，改称为“第一中国留学生毕业于美国大学者”。

其二，一八七二年清政府派学生赴美留学，名额总数为一百二十名，“分为四批，按年递派，每年派送三十人”。一八七二年夏由容闳、陈兰彬带往美国的第一批学生即为三十人，包括上文所述黄开甲及著名的詹天佑在内。以后一八七三、一八七四、一八七五这三年，每年也都是三十人，分别由黄平甫、祁兆熙、邝其照带往，第二批另有广东自费学生七人搭附前往。碑文所云“一八七二年乃遴选学生三十三人，由先生携以赴美”，也是错的。

据说，台湾“教育部长”撰写碑文时，是依靠美国人士提供的材料。美国人士记错了一百多年前中国留学生的人数，不是什么了不起的事情。而中国人提笔写文章，不看一看中国自己的资料，完全靠向美国人请教，就不免太草率了。

因此，仅仅为了给海内外同胞和全世界研究东西交往史的学人提供史料，免得再出台湾“教育部长”这样的笑话，我们重新整理校点出版包括《西学东渐记》在内的这套《走向世界丛书》，也就可以说是不会没有意义的吧！

待凭口舌巩河山

（1980.12）

在今天，谁都会认为，当外交官，出使外国，是一件为国效力的有光彩的事情。可是，在一百零二年前曾纪泽出使英法时，情形却恰好相反。

曾纪泽《使西日记》的开头，详细记载了出国前夕慈禧太后和他的长篇对话。其中有一些话，不禁使人感到有些奇怪：

旨（慈禧）：你替国家办这等事，将来这些人必有骂你的时候，你却要任劳任怨。

对（曾纪泽）：臣从前读书到“事君能致其身”一语，以为人臣忠则尽命，是到了极处。观近来时势，见得中外交涉事件，有时须看得性命尚在第二层，竟须拼得将声名看得不要紧……（郭嵩焘）此次亦是拼却声名替国家办事，将来仍求太后、皇上恩典，始终保全。

旨：上头也深知道郭嵩焘是个好人。其出使之后，所办之事不少；但他挨这些人的骂也挨够了。

对：郭嵩焘恨不得中国即刻自强起来，常常与人争论，所以挨骂，总之系一个忠臣。好在太后、皇上知道他，他就拼了声名也还值得。

为什么“一个忠臣”“出使之后，所办之事不少”，反而“挨这些人的骂也挨够了”，须得“求太后、皇上恩典，始终保全”呢？为什么曾纪泽说“竟须拼得将声名看得不要紧”，才能“替国家办事”，而慈禧还说“将来这些人必有骂你的时候”呢？难道当外交官，出使外国，竟是件惹人笑骂和不光彩的事情吗？

在当时正是如此。

曾纪泽出国在一八七八年，郭嵩焘比他还早两年。这时中国几千年的封闭状态刚刚被打破，刚开始向外国派出常驻的使臣。

一个长期封闭的社会，一旦走向开放，引起的变化是极其激烈的，一定会使很多的人都感到不习惯。统治阶级及其治下的读书人，思想能够适应这个变化的是极少数。

曾纪泽和郭嵩焘，便是这极少数人中杰出的代表。他们认为：

中西通商互市，交际旁午，开千古未曾有之局，盖天运使然。中国不能闭门而不纳，束手而不问，亦已明矣。（曾纪泽：《复杨商农》）

这里所谓“天运”，就是历史潮流，它不以人们意志为转移。

中国不可能关起门不跟外国往来，捆住手脚不同外国接触，道理是十分明白的。

问题就在于，绝大多数官僚和士子，偏偏不明白这个道理。

这些人站在维护封建统治“纲常名教”的立场上，反对新事物，反对办外交。曾经有人问大学士阎敬铭：当今有谁会办外交？阎敬铭的回答是：“焉有正士，而屑为此者！”当郭嵩焘以翰林出身就任使臣时，京师和湖南流传着这样一副讽刺他的对联：

出乎其类，拔乎其萃，不见容尧舜之世；
未能事人，焉能事鬼，何必去父母之邦？

“鬼”即“洋鬼子”也。顽固派仇视一切带“洋”字的东西，除了可供他们腐化生活享受的东西之外。尤其荒谬的是，他们还把这种仇洋排外的心理，视为爱国忠君、维持名教的表现，正如郭嵩焘在一封信中所云：

中国人心有万不可解者。西洋为害之烈，莫甚于鸦片烟……中国士大夫甘心陷溺，恬不为悔；数十年国家之耻，耗竭财力，毒害生民，无一人引为疚心。钟表玩具，家皆有之；呢绒洋布之属，遍及穷荒僻壤。……一闻修造铁路、电报，痛心疾首，群起阻难，至有以见洋人机器为公愤者。曾劼刚(即曾纪泽)以家讳乘坐南京小轮船至长沙，官绅起而大哗，数年不息。

这就是曾纪泽其所以要置性命、声名于不顾，才能够出国去为国家办事的原因。

◇

接任出使英法大臣时，曾纪泽只有三十九岁。他满怀着“替国家办事”“替国家保全大局”的忠心，赋诗言志：

仓卒珠盘玉敦间，待凭口舌巩河山。

珠盘、玉敦是古代会合诸侯时用的礼器。他仓促接受了出使的任务，决心要凭自己口舌，在外交场合上保卫国家大好河山，这正是他平生的夙愿。

曾纪泽是曾国藩的儿子。他虽然生长在大官僚地主之家，却没有“大少爷”习气，从小耽于学习并善于学习，在通晓中国传统文化知识的基础上，又广泛地接触“西学”，并且下苦功自学英文，锻炼自己成为了一名优秀的外交人才。

在他二十六岁代父亲为《几何原本》写的序文中，曾纪泽就能够精当地指出欧洲数学较之中国古算法的长处，表现了他的“西学”水平。后来他又学习了近代光学、热学、化学、机械学，深深感到“中国声名文物、彝伦道义、先圣昔贤六经典籍之教”，必须“益以海国人士深思格物、实事求是之学”，才能够发扬光大(《文法举隅序》)。

当时大多数士大夫，“除高头讲章外，不知人世更有何书”（未注明出处者均引自《使西日记》，下同）。谁要说“南蛮鴂舌”的洋话，写“旁行斜上”的洋文，就要被认为“非圣无法”，至少也是“儒者之耻”。曾纪泽却不管这些，在三十三岁时开始自学英文，决心要掌握接近西学、走向世界的语言工具。

据曾氏在《大英国汉文正使梅君碑铭》等文中自述，他开始自学英文，是在湖南“穷乡僻左”为父亲守墓的时候，“无友朋相与讲证”，就靠一部英文字典和一本英汉对照的《圣经》，将汉语“双声叠韵音和類隔之术”和“泰西字母切音之法”互相比较，“辨其出入而观其会通。久之，亦稍稍能解英国语言文字”。后来他到北京，结识了“同文馆”总教习丁韪良、医生德约翰等英国朋友，进步更加迅速。本书插图“中西合璧诗扇”，扇上的中、英文诗章，都是曾氏自作自写。由此可以窥见，他的英文程度并不低。

从《使西日记》中看到，曾纪泽担任出使大臣后，能够用英语交谈，以英文写作甚至核改外交文件。但是他仍然继续学习外国语文，在和别人研究英文的同时，还常常“学法语数句”“温法语良久”。

曾纪泽学西方语言文化，有两条很宝贵的经验：一、必须首先学好中国学问。他说：如果中国人不懂得中国文化，英文学得再好，“上之不过为美邦增添士民，下之为各埠洋行增添通事买办之属耳”。二、目的是替国家办事。因为当时的“通事、刚八渡等人，大半惟利是图，断无忠贞之悃”；“朝廷不得贤士大夫折冲樽俎之才而用之”，外交上就会要吃大亏。他这种学习的立场和态度，在今天仍然值得效法。

《使西日记》最有价值的地方，就是记录了曾纪泽他们同外国打交道、向外国学习的主张和看法，以及在这方面和顽固守旧派的论争。

跟郭嵩焘一样，曾纪泽学西学、学英文、奉使出国，受到了封建士大夫“清议”的排挤。连他的好友杨商农，也“不甚以洋务为然，尝规余(曾氏自称)与松生不应讲求西学。……来函谆谆恳恳，以清议为言……”。这时的所谓“清议”，就是要坚持“正统”的封建观念，一切都是古旧的好，而且越古旧越好，“井田、学校必欲遵行，秦、汉以来遂无政事。……守其所已知，拒其所未闻，若曰：事非先圣昔贤之论述，物非六经典籍之纪载，学者不得过而问焉”。

这些人心目中的“尧舜之世”“父母之邦”，就是几亿“不识不知，顺帝之则”的子民，头上坐着一个至高无上的天子，四周是专制帝国的铁壁铜墙。谁要主张在墙壁上开个门窗，那是绝对不行的，因为怕外国人来抢宝座，更怕百姓们看到天外有天。

曾纪泽尖锐地反驳了这种顽固守旧的观点，他写道：

> 夫先圣昔贤之论述，六经典籍之纪载，足以穷尽宇宙万物之理若道，而不必赅备古今万物之器与名。学者于口耳之所未经，遂概然操泛泛悠悠茫无实际之庄论以唐塞之，不亦泥乎？

上古之世不可知。盖泰西之轮楫，旁午于中华，五千年来未有之创局也。天变人事，会逢其适。……其饮食衣饰之异，政事言语文字风俗之不同，尧舜禹汤文武周孔之所不及见闻，当时存而不论，后世无述焉，则不得不就吾之所已通者，扩而充之，以通吾之所未通……不得以其异而诿之，不得以其难而畏之也。

由于历史条件的限制，曾纪泽只能在坚持“先圣昔贤之论述，六经典籍之纪载”的前提下来发议论。但他实际上指出了：这些论述和记载，只是一种“泛泛悠悠茫无实际”的“庄论”，不能适应五千年来未有的巨大变化，也不能解决今人面临的实际问题。他说：尧舜禹汤文武周公孔子没有去过外国，更来不及研究当代的世界；对于外国的政治、经济和意识形态，只能由我们自己去考求，才能搞通它，了解它，才好跟外国打交道，对于这件事情，是既不能简单拒绝，也用不着害怕的。

时至今日，拿尧舜禹汤文武周公孔子的教条来反对新事物的人可能没有了。但曾纪泽的这段文章，是不是就完全失去了现实意义呢？这是值得人们深思的。

◇

在《使西日记》中，曾纪泽陆续记述了他考求西方“政事言语文学风俗”的心得，这也是中西交往史上很有价值的资料。

一切国家都有长处和短处。闭关自守，就必然故步自封；

走向世界，才能取长补短。早期到西方的中国人，一般都只注意那里的国富兵强和船坚炮利。曾纪泽则能比较注意于政治、文化与社会等富强的因素；而且还深入一步，看到了“富强”后面的问题。

还在准备出国时，他就在日记中“稍为润饰而录存”了马建忠(中国第一本文法书《马氏文通》的作者，这时正在巴黎政治学院学习)从法国写来的一封长信，并表示完全赞成马建忠的这一观点：

> 初到之时，以为欧洲各国富强，专在制造之精、兵纪之严。及披其律例，考其文事，而知其讲富者以护商会为本，求强者以得民心为要。……他如学校建而智士日多，议院立而下情可达。其制造、军旅、水师诸大端，皆其末焉者也。于是，以为各国之政，尽善尽美矣。及入政治学院听讲，又与其士大夫反复质证，而后知“尽信书则不如无书”之论为不谬也。

接着缕述了英国的政治似乎出于议院，其实“上下议院徒托空谈，而政柄操之首相与二三枢密大臣”。美国“监国(总统)由民自举，似乎公而无私矣；乃每逢选举之时，贿赂公行”。法国号称民主之国，但是权位者“互为朋比”，有才能的人往往得不到做事的机会。

正如毛泽东所说，“那时的外国只有西方资本主义国家是进步的，它们成功地建设了资产阶级的现代国家”，曾纪泽等人主张向西方学习当然是正确的。但是，他们在向西方学习的时候，并不认为西方国家一切都好，而能在一定程度上看出资本主义制度的某些弊病，这就和盲目媚外、彻底崇洋的人有了根本的区别。

他和万国公法会友屠爱师研究国际公法，听凿通苏伊士运河的勒色朴斯说明拟议中的巴拿马运河，到伦敦大书院舆地会听学术报告，同牛津大学汉学教授理雅各讨论东西方文化的互相影响，到剧场观看“演丹国某王弑兄妻嫂，兄子报仇”的名剧《哈姆雷特》，都是考求“政事言语文学风俗”的颇有意思的事情。加上他经常向外国人民介绍中国文化，谈古乐、古钱，作篆楷书画，讲汉字源流，谈印章文物。日记中的这些内容，使我们读来增加了兴味。

就是在记述日常的见闻时，日记也不乏细致的观察和用心的体会。如光绪五年正月二十日记：

> 中华人来欧洲者，有二事最难习惯，一曰房屋太窄，一曰物价太贵。西人地基价值极昂，故好楼居，高者八九层；又穴地一二层为厨室、酒房之属，可谓爱惜地面矣；然其建造苑囿林园，则规模务为广远，局势务求空旷。游观燕息之所，大者周十馀里，小者亦周二三里，无几微爱惜地面之心，无丝毫苟简迁就之规。与民同乐，则民不怨。

由用地规划谈到城市建设，归结到社会、政治制度。“与民同乐，则民不怨”，这就把事情谈到最根本处了。

◇

曾纪泽出使的时间共计七年(一八七八至一八八五，光绪四年至十一年)。这是中国外交史上值得记载的七年，也是他个人生命史上极不平凡的七年。

曾纪泽出国时，中国面临的国际环境是：俄国强占了伊犁，法国攻入了河内，日本割去了琉球，英国吞并了缅甸；帝国主义派驻中国的使臣威妥玛等，公然在呈递给清政府的文字中叫嚣："将来中华天下，不免分属各邦"，"不在各国有无侵占之心，而在各处有易侵占之势"。瓜分的危险，已经非常迫近了。

曾纪泽提倡向西方学习，是为了使中国富强，以抵抗外国的侵略。他主张办外交、开谈判，是为了以"折冲樽俎"的外交手段，来巩固祖国的河山。他在向太后奏对时说得很明白："办洋务(外交)难处，在外国人不讲理"；"中国臣民常恨洋人，不消说了。但须徐图自强，乃能为济"。这就是他办外交的总方针。

虽说是"弱国无外交"，但是曾氏以他精明干练的才力，在出使期间还是替国家捍卫了权益。其中最大的一件，就是同沙皇俄国重开谈判，收回了伊犁和帖克斯川大平原。这是在崇厚同俄国签订的丧权辱国条约"签字盖印未干"时，去"障川流而挽既逝之波，探虎口而索已投之食"(《巴黎致总署总办》)，困难是可以想见的。曾氏一方面抓住微妙的局势，利用俄国在俄土战争后的孤立处境；一方面讲究斗争策略，既不给俄人挑衅口实，又坚强不屈据理力争。在历时六月的谈判中，他常常一人舌战俄国外相、署外相和驻华公使三人。正如日记所述：沙皇的爪牙常常对他“面冷词横”。有次甚至公然恫吓：“如谓未尝交绥，无索兵费之理，则俄正欲一战，以补糜费。”他毫不示弱，针锋相对地回答道：开战“胜负难知，中国获胜，则俄国亦须偿我兵费”。由于外交得力，加上左宗棠指挥的中国军队消灭了新疆的叛乱武装，做了外交谈判的坚强后盾，沙俄不得不同意重新订约，让中国收回了一部分土地和主权。这在近代清代外交史上，实在是绝无仅有的事。

关于曾纪泽在谈判中的表现，无妨引用沙皇俄国的外交档案，从对方对他充满愤恨而又无可奈何的形容中来看：

> 今天与曾会谈以后，我们和毕佐夫一起从邮局给您寄上一信。……我坚信对于这些中国老爷们不能再抱任何幻想(可见俄国人曾幻想曾纪泽也能像崇厚那样容易屈服)。他们十分傲慢(帝国主义者习惯于别人俯首帖耳任其宰割，不肯屈辱投降就是“傲慢”)，并且熟悉世界政治(可见原来俄国人对曾氏的估计过低)。我们的示威没有使他们害怕，正如科托尔的示威没有使苏丹害怕一样。……
>
> (外交大臣格尔斯给若米尼的信，一八八〇年九月二十七日)

然而，个人的卓越才能，毕竟只能在一定的历史条件下发挥作用，并且不能不受到历史条件的制约。在一八八四至一八八五年的中法战争中和战争前后的交涉中，曾纪泽的一番苦心孤诣就完全失败了。

早在一八八一年，曾氏就向法国外交部交涉，表示中国不能承认法国胁迫越南所订的条约。一八八二年，他又向清政府指出了关于处理中、法、越关系的七条办法。可是昏庸腐朽的清廷却不予理睬，坐视法国一步步侵入越南、威胁中国。一八八四至一八八五年，法国在中越边境挑起战争，中国军队英勇反击。老将冯子材在谅山大破法军，法国海军大将孤拔也被击毙。这时，曾氏在国外积极开展外交攻势，不断向法外部抗议，并“向英法绅民及新报馆，以口舌表我之情理，张我之声威，冀以摇惑法绅(指议会)，倾其执政”(《伦敦复左中堂》)。

令人气愤的是，清朝当权派畏敌如虎，他们对前线将官的指示是：“败固不佳，胜亦从此多事。”对曾纪泽的看法是：“法外部与劼刚嫌衅已深，以后难商此事(指中国屈辱求和)。”于是撤去曾氏驻法公使的职务，令他专任驻英公使；并在中国战胜的情况下签订条约，规定中国“撤退边兵”，承认法国“保护越南”；订约之事也不让曾氏与闻，签字画押后才通知他。

朝廷的错乱荒谬，沉重地打击了曾纪泽的工作，也打击了他的健康，使他“一腔愤血，寝馈难安”，“每晨起辄咯血数口”，“自巴黎来英，意兴恶劣，手颤难于作字……数年豪气，一朝丧尽矣”(《伦敦禀九叔父》)。

这时他还只有四十六岁，接着就奉调回国，再过五年就病死了。李鸿章说，曾纪泽在最后几年中，“亦颇不得意，既为同官所排，又不得当路之助，郁郁蹙蹙，赍志以终”。

九方皋死心先冷，八尺躯存项总强。

这是他回国后写的两句诗。一匹能够驰骋沙场为国立功的良马，因为没有识马驭马的九方皋，确实是无法发挥最大作用的，他的心已经冷了。

◇

可惜的是，曾纪泽出使七年的日记，没有能够完整地保留下来。此次请北京图书馆张玄浩同志利用业余时间，将能够找到的三种版本汇辑为一个比较完善的本子，并加校点。

据以辑校的三种版本是：《曾惠敏公集》日记二卷（光绪癸巳江南制造总局刊本）、《出使英法日记》（《小方壶斋舆地丛钞》第十一帙）、《使西日记》（《小方壶斋舆地丛钞再续编》第十一帙）。全集本于曾氏逝世后刊行，属于“定本”性质。日记分作两卷，卷端题《曾惠敏公使西日记》，起于光绪四年七月二十七日，止于光绪十二年十一月十九日。从四年九月到五年三月每日有记，后即常有断缺；从六年起每月只记数日或一日；八年以后甚至一连数月无记，直到结束。

《小方壶斋舆地丛钞》本，起于光绪四年九月初一日，止于光绪五年三月二十六日。这个本子比全集本多出不少内容。据曾氏壬午（光绪八年）九月二十一日巴黎复陈俊臣中丞书云：“初出洋时，写日记寄译署，不知沪人何由得稿，公然刷印，奉一册以供一笑。"《丛钞》本的母本，可能就是沪人"公然刷印"的本子。曾氏将其寄赠友人，说明它比全集本多出的部分是可靠的。

《再续编》本与全集本几乎全同，但增入了卷首光绪三年一则和离英赴俄时五则。同时全集本有些错字，《再续编》本并没有错。

辑校整理时遵循的原则是：内容互有详略时，取详舍略；文字互相歧异处，择善而从。经过辑校者的努力，这部日记虽然仍不完整，但已经比过去传世的几个本子都完善一些了。

在《使西日记》之外，本书还收录了李凤苞的《使德日记》。李凤苞(一八三四至一八八七)为李鸿章的亲信，其政治见解和个人品格都不能和曾纪泽相比。但他和曾纪泽大体同时，也是洋务运动的重要人物。他的地理和国际知识比较丰富，也懂得外文，日记的文史价值是比较高的。

日记关于文化方面的记述，如十月二十一日记柏林图书馆收藏的东方古籍，二十四日记德国地理学家亨保尔脱的手稿，二十六日记在德国学者家庭中讨论中国古代史和汉语音韵学，十一月十三日记汉学家芍克所著译编述的《中国文法》《中国古语考》《清文汇》和《契丹国志》等书，都是东西(中德)文化交流的重要史料。

关于政治、社会方面的记述，如十一月十二日记："欧洲有'莎舍尔德玛噶里会'，译言'平会'，欲天下一切平等，无贵贱贫富之分。"十二月初十日记："(平会)各国皆有之，瑞士为民政国，故混迹尤多……在法者曰'廓密尼士'。今各国禁逐，令民间不得自备军火枪械；如备猎枪，亦应报领凭照。”“莎舍尔德玛噶里会”（Social Democratic Party）就是社会民主党，而“廓密尼士”（Communist）就是共产党。这是一百多年前中国人对欧洲社会民主党和共产党活动的记载，大概要算是最早的了。

关于国际关系方面的记述，如十月二十七日记《太姆士报》主笔谈俄国在阿富汗“声东击西”，目的是和英国争夺霸权。二十九日又详述俄国侵占伊犁的野心，以及俄人害怕中国和西欧各国友好等情事。十一月二十九日起详记英国出兵阿富汗，以及欧洲和南非各地流传中国将助英拒俄的消息等等，都足可补近代外交史之不足。

《使德日记》据《灵鹣阁丛书》本排印，以《丛书集成》本和《小方壶斋舆地丛钞》本参校。

两种日记的目录、标题均为编者所加。对于明显的错字，已径予改正，有时则把改的字用方括弧排在原字的后面。

《海录》和《乘槎笔记》

（1981.1）

哥伦布以前，海洋环绕的亚欧大陆，就是人们心目中的整个世界。中国在极东（远东），欧洲在极西（泰西），相互而言，都是“远在天边”的“世界的尽头”。

那时候，在世界上旅行是不容易的。庄子《逍遥游》描写鲲鹏变化，“水击三千里，抟扶摇而上者九万里”，真是汪洋恣肆，将想象力发挥到了无以复加的程度。可是，当笔锋转向人间世时，连他也不能不如实地承认：“适百里者宿舂粮（去百里外的地方，得在先天晚上预备干粮），适千里者三月聚粮（去千里外的地方，得提前三个月准备口粮）。”这就是当时出门旅行的实际情形。

然而，人绝不会永远甘心被局限。人们总是希望自己的世界变得宽大一些、丰富一些，希望能够了解别处的情形，得到别处的经验。于是，随着贸易和财富、国家和权力的出现，就有了长途转运的商人，有了交通联络的使者，有了走向世界的旅行家，也有了对于远方外国的好奇和希望。

关于西方世界的情形，中国在远古就有过不少传说，如周穆王会见西王母之类。可靠的史料，至少可以上溯两千年。但直到一百几十年前，才有人亲自到欧洲记述自己直接观察的结果——这就是《海录》和《乘槎笔记》，在此处合印为一册的两部书。

《海录》由一位盲人于一八二〇年口述，经别人笔录整理而成。《乘槎笔记》则是一八六六年开始到欧洲游历的人的日记。论出世，《海录》在《乘槎笔记》之前；论内容，《乘槎笔记》却在《海录》之上。

《海录》的口述者谢清高，广东嘉应州(今梅州市)人，年轻时在海上遇险，被外国商船救起后，留在船上工作。此后十四年中，他遍历南洋、印度和欧洲；后来回国，不幸失明，在澳门以口译为生。他的乡人杨炳南，听到他所谈海外各国的事情，多为过去书籍所未载，觉得很有价值，于是将其记录整理成书，刊行于世。此次据《海山仙馆丛书》和《小方壶斋舆地丛钞》两本校勘，酌予分节标题，并重订目录。

《乘槎笔记》的作者斌椿，是一位老年满族官员。他出身汉军旗，当过知县，能文能诗，关心时事，跟地理学家徐继畬、大数学家李善兰等是朋友。同治三年，他被“总理各国事务衙门”所属“总税务司”英国人赫德请去“办理文案”，开始接触洋务、洋人。同治五年，总理衙门派同文馆学生出洋游历，需要一位“老成可靠之人率同前去”。六十三岁的斌椿担任了这个差使，“身之所至，目之所见，排日记之”，后来整理刻印，以《乘槎笔记》书名传世。此次据原刻本校点排印，除二月十八日记新加坡土人删去四十字，四月二十三日赴英王宴舞宫会宴感想删去二十九字外，完全保持原貌，只增加了月份标题和目录。

在《海录》和《乘槎笔记》之前，中国人关于欧洲的记述，全部得自传闻，从来没有过直接观察的第一手材料。这两部书一前一后，跟一八四〇年的鸦片战争相距不过二十年，正值中国人从闭关锁国状态中惊起，开始面对剧烈变化的世界之时。它们标志着中国人对西方的认识达到了一个新的水平，是中国人走向世界的又一块里程碑。

经过了两千年岁月，才终于从东头走到西头，走完这五万馀里行程；这真是一个漫长的时间，一条漫长的道路。

◇

中国人最早得到的西方的信息，记在司马迁（约前一四五或前一三五至？）的《史记·大宛列传》里，云汉朝向西方派出的使者，最远曾到达罗马帝国亚洲属地的东陲；接着安息（今伊朗）使者随汉使来中国，带来了“黎轩善眩人”（罗马的表演魔术的艺人）。据杜佑《通典》记载，艺人共有二位，“皆蹙眉峭鼻，乱发拳须”（粗眉毛，高鼻子，卷曲的头发胡须），无疑是欧洲人。

欧洲古时称中国为“赛里斯”（希腊文 Eηpes，拉丁文 Seres）。这个名称是从“丝”字派生出来的，因为中国是产丝之国。罗马学者白里内（公元二三至七九年）的《博物志》说：“赛里斯人林中产丝，织成锦绣文绮，贩运至罗马。……由大地东端运至西端，故极其辛苦。”可见早在二千年前，中国和欧洲之间就已经有了一条“丝绸之路”。中国商人并未到过罗马，却频繁地接触着从事贩运的中亚和西亚的“胡商”。在这条路上来往的商人和使者，把辗转传闻的一些消息带到了东方，比如：

> 大秦国贡花蹄牛，其色驳，高六尺，尾环绕其身，角端有肉，蹄如莲花……迹在石上，皆如花形。（《别国洞冥记》）
>
> 大秦国地方数千里，有四百馀城，小国役属者数十。以石为城郭……宫室皆以水精为柱……有夜光壁、明月珠、骇鸡犀……有飞桥数百里，可渡海北诸国。（《后汉书·西域传》）

这些传说，有的真实可信，有的则正如《后汉书》作者范晔自己所说，“谲怪多不经”。这是缺乏直接观察、全凭道听途说不可避免的毛病。

魏晋以后，宗教盛行，志怪、传奇，蔚为风气，西方来的传闻往往更蒙上了一层怪异的色彩。

唐人张说的《梁四公记》，述梁武帝时有四个老人来中国，给“诸儒”讲述西方奇事，说拂菻国（即罗马）“岛西北有坑，盘坳深千馀尺，以肉投之，鸟衔宝出，大者重五斤，彼云是色界天王之宝藏”。这就是《一千零一夜》书中水手辛巴德（Sindbad the Sailor）的故事，云沙漠中有一深谷，满积宝石，四周为绝壁，人不能上下，取宝者杀羊剥皮，投入谷中，大鹰入谷叼羊，肉上黏着的宝石即被带上。这个故事，公元三世纪时已在希腊、罗马广泛流传。传来中国后，文人把它当成纪事，定在梁武帝时，又跟“色界天王”这样的佛教名词扯在一起，弄得亦真亦假，神秘离奇。

又如唐人段公路《北户录》中的一则：“拂菻国有地生羊，其羔生土中，国人筑墙围之，脐与地连，割之则死，但走马击鼓以骇之，惊鸣脐绝，便逐水草。”这也是伏尔加河和里海一带的民间故事。传入中国后，唐人把它和真人真事混为一谈，新旧《唐书》都予以收入，《本草纲目》也将其列为专条，真是“假作真时真亦假”了。

史书中类似的东西还很多，如：“有一鸟似鹅，其毛深绿，常在王边，倚枕上坐。每进食，有毒，其鸟辄鸣”(《旧唐书》)。“小人(国)，在大秦之南，躯才三尺。其耕稼之时，惧鹤所食，大秦每卫助之”(《通典》)。

这些材料，在对神话和民俗进行比较研究时是十分有用的，但是拿来当作关于外国的实际知识，那就完全不行了。

◇

在漫长的历史上，中国也有过旅行家，写过一些亲身经历的游记。如东汉班勇的《西域风土记》，孙吴朱应的《扶南异物志》和康泰的《外国传》，唐代杜环的《经行记》，等等。他们的行踪虽然并没有超出亚洲范围，但是毕竟从中国向西走了很远，一定听到了不少关于欧洲的事情。可惜这些书大都散佚了。

只有杜环的《经行记》，在《通典》中还保存着很少几条。其记拂菻国云："其人颜色红白，男子悉着素衣，妇女皆服珠锦。好饮酒，尚干饼，多淫巧，善织络。""其俗每七日一假，不买卖，不出纳，惟饮酒，谑浪终日。"这里所说人的肤色白中透红，男人穿单色衣，妇女好装饰，喜欢喝酒，多吃面包、饼干，每七天有一天休息游乐，等等，确实是东罗马帝国的实际情形。

还有一些人虽然没有旅行去外国，但有机会亲自接触来中国的外国商人和使节，他们的记载也是比较真实可信的。如：唐代裴矩《西域图记序》(全书已佚，只留下一篇序)，记录了中国通罗马的三条商路。宋代周去非《岭外代答》，记大秦国王每七天到礼拜堂做礼拜。宋代赵汝适《诸蕃志》，记斯加里野(意大利语"西西里"的读音)有火山，爆出石块如浮石。这些记载，也和欧洲实际情况相符。

至于玄奘、法显、慧超等佛教僧徒的出国记传，主要是记印度佛教的事情，偶尔涉及拂懔、拂临，也多属传闻，而且十分简略。

蒙古人武力征服欧亚，是中西交通史上的一大变化。蒙古人和色目人(包括欧洲人)一度可以在亚欧大陆上通行无阻。西方的"中世纪四大旅行家"，都有关于中国的旅行记传世，尤以马可·波罗最为著名。中国的汪大渊、杨枢、常德、刘郁等人，也旅行到了西亚。汪氏的《岛夷志略》和刘氏的《西使记》所讲到的"佛朗国"(富浪国)，就是法兰克王国的波斯读音，是波斯人对欧洲的泛称。

明朝消灭蒙古贵族对"汉人""南人"的统治和歧视以后，

中国与西洋、南洋的交通进入了一个新时期。“三宝太监下西洋”是世界航海史上的大事。参加这次远航的人的亲历记，流传下来了的即有巩珍《西洋番国志》、费信《星槎胜览》、马欢《瀛涯胜览》等好几种。紧接着新航路的发现，佛朗机人(葡萄牙人)和红毛夷人(荷兰人)大举东来。中国人关于欧洲的记载，也开始比过去增多而充实了。如《皇明世法录》《殊域周咨录》记佛朗机人：

> 婚娶论财，责女奁赀数倍。无媒妁，诣佛前相配，以僧为证，谓之交印。国有大故，亦多与僧谋。(此处“佛”指天主，“僧”指教士。)
>
> 每船二百人撑架，橹多人众，虽无风可以疾走。各铳举发，弹落如雨。其铳管用铜铸造，大者一千馀斤。

根据这些记载修成的《明史》佛郎机、意大里亚、和兰各传，面貌也和过去史书大不相同，真实材料多了，“海外奇谈”少了。

到万历、天启年间(一五八二至一六二二)，耶稣会教士利玛窦、庞迪我、艾儒略、汤若望等陆续来华，开始系统地介绍有关世界地理、历史的知识。遮在东方和西方之间的、充满着神秘色彩的网幕，这时候便开始慢慢拉开了。

利玛窦一五八四年绘制的《坤舆万国全图》(初名《山海舆地图》)，是第一幅在中国采用近世科学方法绘制的世界地图。艾儒略一六二三年撰成的《职方外纪》，是第一部在中国刊行的关于世界地理的科学著作。

在此以前，中国一般的封建士大夫，对世界的全貌可说是毫无所知。利玛窦初到北京时，自称从大西洋来。署礼部尚书（负责文化教育和外交的最高官员）对皇帝说："《会典》上只查到一个'西洋琐里国'，没有什么大西洋，不晓得是真是假。"

《坤舆万国全图》的发表，造成了很大的影响。徐光启、李之藻等学者极为重视；皇帝也命令利玛窦、庞迪我等教士，再从欧洲找来详细地图，翻译进呈。从此，中国人才知道地球上有五大洲三大洋，才知道既不能说中国在世界的中央，也不能说中国在世界的东极；亚细亚、欧逻（罗）巴、亚墨（美）利加、地中海、大西洋等地理名词，才开始在汉文中出现，并且一直沿用到今天。

《职方外纪》是和《坤舆万国全图》相辅相成的一部书。作者艾儒略（一五八二至一六四九）是意大利人，于一六一〇年来华。他和利玛窦一样，先学习中国语文，再传播西洋文化和天主教。他用中文撰写的《职方外纪》五卷，自序说是"取西来所携手辑《方域梗概》，为增补一编……或骇为奇，然而非奇实常；或疑为虚，然而非虚皆实"。

《职方外纪》第二章专叙欧洲，先总说欧洲的方位区划、衣食住行、建学设官、宗教信仰、兵刑赋税，然后分述各国。书中颇有宣扬天主教"教化"和"奇迹"的内容，也杂采了一些"白羊变黑""小人与鹳战"之类的传说故事；但大体上确实可算"非奇实常，非虚皆实"。他所介绍欧洲各方面的情况，有许多过去在中国是完全没听说过的。比如司法审判：

> 词讼极简……官府听断，不以己意裁决。所凭法律条例……至详至当……不事先加刑；必俟事明罪定，招认允服，然后刑之。官亦始终不加骂詈，即辞色略有偏向，讼者亦得执言不服，改就他官听断焉。吏胥饩廪，虽亦出于词讼，但因事大小以为多寡，立有定例，刊布署前，不能多取。

在专制压迫严重，吏治腐败黑暗，刑讯逼供、贪赃枉法司空见惯的明季，把这些情况介绍进来，意义是相当深远的。——虽然艾儒略本人没有意识到这一点。

◇

新知识尽管已经介绍进来，旧观念却还顽强地盘踞在人们脑子里，这是中国古代社会的一大特色。直到清朝乾隆年间修《四库全书》，纪晓岚在给《职方外纪》作“提要”时，还认为“五洲四海”之说“为自古舆图所不载”，“多奇异，不可究诘”。但他究竟是读过很多书的人，比顽固守旧而又不学无术的人高明，总算表示了一点宽大：“天地之大，何所不有？录而存之，亦足以广异闻也。”

科学知识被当作“异闻”，局限和偏见就会被奉为“知识”。当欧洲国家到广州要求通商时，有位满洲大员居然一本正经地说：“葡萄有牙，西班也有牙，世界上哪有这么多国家？还不是洋鬼子捏出来吓唬咱们的吗？”

到鸦片战争前后，头脑最清醒的士大夫如林则徐、魏源者，提出要了解“夷情”，研究西洋各国的情况，才真正开始重视艾儒略等人的书。不仅如此，林则徐还请人译述欧洲的地理学著作，编为《四洲志》一书。魏源则亲自询问“夷人”，包括鸦片战争中的英国战俘，写成了《英吉利小记》。但由于他们本人没有去欧洲游历考察，在讲到外国事情的时候，仍然难免有隔膜和误解的地方。

比如说，林则徐见皇帝时奏称：“茶叶、大黄禁不出洋，已能立制诸夷之命。”后来他力主开战英人必败，理由之一是：“夷人除枪炮之外，击刺步伐俱非所娴；而其腿足缠束紧密，屈伸皆所不便，若至岸上，更无能为。”他听说英国兵缠绑腿，就以为绑住了膝盖打不得弯；以此制定用兵方略，怎能够不误事？魏源叙述天主教，也相信教中有换心、挖目之事，引用别人耳食之言，说教士挖去目睛用于点铅成银，“必华人睛点之乃可，西洋人之睛，不济事也”。这都是因为缺乏直接了解的缘故。

《海录》和《乘槎笔记》的价值，就在于冲破了两千年来一直未能克服的局限和偏见，对一直被认为是神秘荒唐的西方世界，开始有了直接的接触。常言道得好：“百闻不如一见。”讲多少次还讲不明白的东西，一看就能明白。众说纷纭不知孰是的事情，看后就可以判断。

谢清高是个“粗人”，但他亲眼看到的东西，也足以澄清某些传闻的谬误。过去的某些书中曾经有西洋人“掠食小儿”的说法，甚至言之凿凿，详细介绍洋人蒸食小孩的方法。谢清高所看到的实际情况，却是欧洲人极其看重小孩，“虽奸生子（非婚生子），必长育之，无敢残害”。有些西来的欧人美化西方风俗，说人们之间的关系如何“平等、友爱”。谢清高所看到的实际情形，却是“俗贵富而贱贫，其家富豪，贫者虽兄弟叔侄皆不敢入其室，不敢与同食”。

《海录》中谈南洋、印度的篇幅很多，斌椿则专门游历欧洲，他的观察和记述，比谢清高更为详细。他随行带了《瀛寰志略》《海国番夷录》等书，沿途考其正误。到欧洲后，又第一次见到火车、电报、纺织机、抽水机、高层建筑等“产业革命”的成果。在瞞者里（曼彻斯特）参观三千多人的纺织厂，“每机二三张以一人司之，计自木棉出包时，至纺织染成，不逾晷刻，亦神速哉！”参观伦敦公议厅（国会），见到“各乡公举六百人，共议地方公事。（意见不合者，听其辩论。必俟众论佥同，然后施行，君若相不能强也）”……所有这些，都给这位从东方古老国家来的客人，留下了深刻的印象。

李善兰在给《乘槎笔记》写的序中，对斌椿有机会到欧洲大开眼界表示羡慕。他感慨地说：“举天下之人，其足迹有不出一郡者矣，有不出一邑者矣，甚至有终身不出里巷者矣。……中外限隔，例禁綦严，苟无使命，虽怀壮志，徒劳梦想耳。”李善兰这番话反映了当时愿意接受新思想、了解新事物的中国读书人的情绪。他们渴望着一个开放的社会，渴望着走向世界。这就是他们的“壮志”，而在当时，这又确实是一种不容易实现的“梦想”。

从斌椿到现在，又已经过去了一百多年。历史在以加速度前进。隔离各国人民的形形色色的幕，有的已经被拉掉了，有的正在拉开。赵紫阳同志在庆祝中华人民共和国成立三十一周年的招待会上说："我们愿意广泛地研究世界各国人民的成功经验。我们的社会主义制度，将在吸收世界各国的进步因素的过程中，逐步完善起来。我们对祖国的前途充满着信心。"前人的梦想，正在开始成为现实。当我们满怀壮志，飞往东京、飞往巴黎、飞往洛杉矶，去考察、去旅游，去观摩外国人民的一切成功经验时，请不要忘记从两千年前到一百多年前的先人吧！是他们缓慢的、曲折的、然而却总是一直向前的脚步，踏出了我们今天走向世界的道路。

先行者是值得纪念的。

薛福成出使四国

(1981.2)

中年以上的人，从中学“国文”课里读过《巴黎观油画记》和《游蜡人馆记》的，恐怕很不少吧！这两篇有名的文章，就是从这一部薛福成《出使英法义比四国日记》中节录出来的。

薛福成(一八三八至一八九四)，字叔耘，号庸盦，江苏无锡人，是清朝末年著名的政论家和外交家。早年做曾国藩的幕僚时，他就以文章和见识为人所称；后来又协助李鸿章办洋务，对国内外形势有了进一步的了解。中法战争中，他在浙东做地方官，和当地军队一道抵抗法国侵略军，受到了舆论的赞扬和人们的钦佩。

中国当时正处在内忧外患的严重关头。薛福成出于爱国热情，多次发表政见，主张实行改革，学习西方，发展工商，兴办教育，引进技术，力求自强。他的言论，尤其是一八七九年写的《筹洋刍议》，在全国产生了很大影响。

这是一个世界大局和人们思想都在剧烈变化的时代，薛福成比郭嵩焘小整整二十岁，比容闳小整整十岁。在鸦片战争后长成的这一代人，又经过英法联军和太平天国两次大冲击，打开眼睛看世界的渐渐多了起来，风气已经和容闳初见洋人、郭嵩焘始谈洋务时不同了。薛福成没有像郭嵩焘那样被许多人骂为“汉奸”，反而博得了“通洋务”的名声。由于这一点，他在一八九〇年被任为出使英法义比钦差大臣(即公使)，在国外一直工作到他生命接近结束的时候。

出使四国时，薛福成年过半百，文章已海内闻名，政治上也形成了自己系统的观点。这部日记(加上他死后发表的“续刻”部分)，可以视为他研究国际问题、讨论中外关系的最后的作品。它的中心思想，概括为一句话，就是——中国必须开放。

薛福成在这部日记的自序中，开宗明义地指出：英国和法国的经济势力和思想影响，已经深入中国。它们在缅甸和越南的政治、军事力量，也逼近了中国南疆。消极地闭关自守，事实上无法遏制侵略和渗透；还不积极采取对策谋求国家的安全，只能说是在粉饰太平，自欺欺人。

既然不能闭关自守，唯一的办法就只有实行开放。开放是为了进步。开放绝不单纯是让外国来，也包括了到外国去，去对付外国、了解外国、学习外国、跟外国打交道，努力谋求自立和自强。正如自序接下去所说：“今古之事百变，应之者无有穷时。平天下者，平其心以絜矩天下。知我之短，知人之长，尽心于交际之间。”世界是变化的，同外国打交道，必须知己知彼，讲究外交艺术。

外国要打我们的主意，这是明摆着的。“荷兰、英吉利屡以商困人国，法兰西、俄罗斯，则常以教侵人国，然亦有效有不效，何也？御之者有方，制之者有道。彼有大利，亦有大忌。操纵之权，固在我不在彼也。”只要御之有方，制之有道，就能够对付外国的侵略，使其“以商困人”“以教侵人”的图谋归于“不效”，主动权还是掌握在我们自己手里。

同时，实行开放政策，还有利于了解外国的“条教规模”（政治社会情况），学习外国的“技艺器数”（科学技术文化）。自序引孟子的话说：“‘明其政刑，谁敢侮予？’福成以为时不可失者，无有切于今日者矣！”

“明其政刑，谁敢侮予”。搞好国家的建设和政治，使谁也不敢来欺侮我们。这就是薛福成主张开放的根本目的。他的这部日记，便是为了宣传自己的开放主张而写的。

自从光绪三年(一八七七)开始向外国派驻使臣时起，清政府“总理各国事务衙门”就明文规定：使臣必须写日记定期寄回。

按照规定，日记既要记交涉事件，又要记风土人情，还要使国人看了能够“洞悉各国事机”，这实际上是冶个人记事和工作汇报于一炉，使这种日记得以成为有参考作用和阅览价值的世界知识读物。

薛福成是以超乎办例行公事的认真态度写这部日记的。他根据亲身体会，指出在写作上曾经努力克服三个困难：

一、因为每位使臣都写日记，如果仅仅记述在国外的路途经历，“别无发挥”，则“雷同之弊，恐不能免”。

二、人在外国，“事之真伪虚实、得失利病，本不易辨”。若是“见其粗而遗其精，羡所长而忘所短”，所记的就会“无关宏旨”，不能“有益于国”。

三、对中外关系进行研究和评论，必须了解外国历史和世界形势，涉及上下四千年、纵横九万里，很费斟酌权衡。

在写作中接触到了这些困难，又努力克服了这些困难，这就足以说明，他的写作具有一定的深度。薛氏自己也说，他不仅是“据所亲历，笔之于书”，而且还“或采新闻，或稽旧牍”，从光绪十六年正月到十七年二月十四个月中，共写了日记六卷，包括“行程之可记者”“交际之可记者”“政俗之可记者”“艺器之可记者”等各个方面，并特别点明：“凡斯编所言，要有所致意。”——他在日记中反复致意的，就是中国的进步。

◇

日记以很大篇幅介绍了西方国家的物质文明，包括工业、交通、军备和科技。正如薛氏本人在跋文中所概括的：“智创巧述，日异月新。火船则铁胁钢甲，远胜于木轮；铁路则穿洞造桥，较难于平地。……以传邮则万里瞬通，以制用则百方咸备。”对于所有这些新事物、新技术，他都津津乐道地加以记载。英国的乌理治、抛此毛吴司、阿模士庄、满痕切司脱、裴明罕姆，法国的科鲁苏、多郎、白海士登、汕答佃，比利时的廓克立耳，德国的克虏伯、伏耳铿等工业区和大工厂，他或则亲历访问，或则收集资料，表现了很大的兴趣。

有一天的日记记到“英国煤铁之饶，甲于五洲”，“航海以铁为船，济渡以铁为桥，行火车以铁为路，通电报以铁为线，作书记以铁为笔、以铁汁为墨，治血症以铁为药”。锻铁的大锤“重击，千钧之石可立碎；轻击，鸡卵而止伤其皮”。轧钢的机器能够将钢板轧得“几如薄纸”，“更有随轧随划，如刀裁者”；“方圆、大小、粗细，一经运轧，无不如式”。他认为：“西人之所以横绝宇宙而莫之能御者，火轮舟车之力为最多”；而制造火轮舟车都需要钢铁，这就是英国“独擅富强”的一大原因。

除了这类正面的报道外，日记还从许多侧面反映了近代工业、交通所带来的变化。如记述过去伦敦到海口的交通全靠马车，用马共三万馀匹。初修铁路时，有人怕妨害马车业，表示反对。结果火车通后，生产发展，运输繁忙，马车业不仅未受影响，反而更加旺盛，用马增加到六七万匹，“人始知汽(火)车、马车之互相为用也”。

薛氏虽非科学技术专家，但他的知识丰富，观察深刻，又善于思索。不少记录，颇具科学价值，甚至表现了一定的预见性。

出国当年六月十一日所记英美两国研制中的“汽船”（飞艇）“翼角有叶如火船上之车叶，可升可降；船头有拨，以主进退；船尾有舵，以主前后”。这种十九世纪末初出世的一种原始飞行器，薛氏却从它看到了航空技术的强大生命力和广阔发展性，预言今后的战争，在水战和陆战之外，肯定会要加上一种云(空)战；今后的交通，在水路、陆路之外，也会要加上一条云(空)路。这个预言，果然在他身后不久就应验了。

当年十月十四日记：欧洲有的铁路在试验以电力机车代替蒸汽机车。“盖火车行于极冷之地，必使煤火永无间断；稍一停烧，水管等件为寒气所侵，必致崩裂。且火车笨重，无论有载无载，而车之大小多少，不能随时增减，电气则可相机损益。况火车之煤烟灰土，尤觉可厌；以电行车，则清洁无比。”他预言道：“吾恐数十年后，各国之铁路火车，又将悉改为电车也。”这个预言，后来也应验了。

日记还提出了能源问题，说矿产资源“非若五谷草木之随取随产，千万年后必有销竭之时”。虽说英伦三岛蕴藏的煤矿，照当时的开采速度，可以开采一千年。薛氏还是忍不住要问一位英国化学家：“一千年后，煤矿挖完了怎么办？”化学家告诉他：今后可能用“化水之质”（分解水为氢和氧）的方法取得新的能源。薛氏对此极其重视，写道：“水，取之不尽，用之不竭……以水代火若有把握，实为宇宙间日用民生之大益。”到今天，以液氢代替汽油的新技术，正在发达国家积极试验推广，薛氏的预言又应验了。

更可贵的是，日记对西方物质文明的介绍，不仅停留在就事论事的水平，而能深入一步，推寻欧洲各国的经济在近代迅速发展的原因。当年四月庚子朔记云：“欧美两洲各国勃焉兴起之机，在学问日新，工商日旺。”八月初九日又记云：“欧洲立国以商务为本，富国强兵全借于商。”

这里所谓“商”，指的就是资本主义的商品生产和市场经济，这确实是使社会生产力从封建桎梏下解放出来并获得发展的根本原因。

中国的封建社会历史悠久，一直号称“以农立国”，实行“崇本（农）抑末（商）”以保护封建制度遏制资本主义萌芽的政策。日记针对这种背景，引证香港、新加坡开辟商港后经济繁荣的事实，发表了一段十分重要的议论：

> 夫商为中国四民之殿，而西人则恃商为创国、造家、开物、成务之命脉，迭著神奇之效者，何也？盖有商，则士可行其所学而学益精，农可通其所植而植益盛，工可售其所作而作益勤：是握四民之纲者，商也。此其理为从前四海之内所未知，六经之内所未讲；而外洋创此规模，实有可操之券，不能执中国"崇本抑末"之旧说以难之。……盖在太古，民物未繁，原可闭关独治，老死不相往来；若居今日地球万国相通之世，虽圣人复生，岂能不以讲求商务为汲汲哉！

薛福成在这里为资本主义在中国鸣锣开道。要使"商"从"四民之殿"上升到"握四民之纲"的地位，使资产阶级代替封建主成为社会的领导阶级，这确实是"四海之内所未知，六经之内所未讲"的新道理，是要拆封建制度的台。封建主搞的是专制主义，"闭关独治，老死不相往来"；资产者搞的是自由主义，要适应"今日地球万国相通之世"，薛福成旗帜鲜明地站在后一方面。

◇

薛福成是新兴资产阶级的代言人。资产阶级在经济上要"握四民之纲"，在政治上也就必然要为自己争地位。

作为清朝的“钦差大臣”，薛氏在“咨呈”给总理衙门的日记里当然不敢公然反对皇权，甚至还不得不写上几处西洋各国“君臣一伦，稍违圣人之道”之类的话。但是他一而再、再而三地写道：“泰西立国有三类……曰‘而立泼勃立克’，译言民主国。”“地球万国内治之法，不外三端，有君主之国，有民主之国，有君民共主之国。”“法国前称皇帝，而今改为民主，始稍安谧。”“君民共主之国也。其政权亦在议院。”“西洋各邦立国规模，以议院为最良。”并且详细记述过英国“巴力门”（国会)的制度沿革，包括一些细节，如“议院人无早暮，皆得见君主。……议院座次，宰相、大臣及与宰相同心之官，皆居院长之右；其不同心者居左……各国公使入听议者，皆坐楼上。余于前月尝往听一次焉。”

日记这样一再提到“民主”和“君民共主”，都是为民主立宪政治造舆论。当年十月二十五日记，引《淮南子》云：“‘众智所为，则无不成也。千人之群无绝梁，万人之聚无废功。’西国各学各事之所以能胜人者，率用此术，即其用人行政之有议院，工商诸务之有公司，亦合众智以为智，众能以为能，所以鲜有败事也。”

“合众智以为智，众能以为能”，就是要发扬民主，这在资本主义制度下也是难以真正做到的。但是，资本主义制度毕竟比较封建专制民主得多，比较能够发挥人们的积极性和主动性。薛福成看到了新制度对于旧制度的巨大优越性。

同月二十六日记引《管子》云：“‘量民力，则无不成。不强民以其所恶，则诈伪不生。不欺其民，则下亲其上。’西国之设上下议院……各学之重专家，各业之有公司，颇得此意。”

“量民力”“不强民以其所恶”“不欺其民”，都是在封建专制之下根本做不到的。“四人帮”努力强化专制的时候也做不到。“大跃进改地换天”，就是“不量民力”；“不怕死穷过渡”，就是“强民以其所恶”；国民经济到了崩溃的边缘还吹嘘“形势越来越好”，就是“欺民”。在这种情况下，当然不会“学问日新，工商日旺”。

对于西方国家的教育、文化和学术，日记也有不少记述。如第二年正月初三日记：

> 西洋各国教民之法，莫盛于今日。凡男女八岁以上不入学堂者，罪其父母。男固无人不学，女亦无人不学。即残疾聋瞽喑哑之人亦无有不学。其贫穷无力及幼孤无父母者，皆有义塾以收教之。在乡则有乡塾，至于一郡一省，以及国都之内，学堂林立，有大有中有小，自初学以至成材，及能研究精微者，无不有一定程限。……非仅为士者有学，即为兵为工为农为商，亦莫不有学。……其书多，曲折赅备，有读之十年不能罄其奥者。平时所见所闻，莫非专门家之言，是以习之而无不成，为之而无不精。……夫观大局之兴废盛衰，必究其所以致此之本原。学校之盛有如今日，此西洋诸国所以勃兴之本原欤？

在另外一些天的日记里，还记载着：“格致之学(指自然科学和技术科学)，在中国为治平之始基，在西国为富强之先导。”“夫西人之商政、兵法、造船、制器及农、渔、牧、矿诸务，实无不精，而皆导其源于汽学、光学、电学、化学。”“西人皆知舆地之学，每村塾中，童子七八岁者，先读舆地诸书……所以无人不洞悉形势，谙练世务。”把教育称为“西洋诸国所以勃兴之本原”，看来是有一定道理的。

薛氏本人对于科学文化知识，也处处留心注意。如当年闰二月二十日所记制造学，三月初八日所记电学，四月初八日所记军事学，五月二十四日所记医学，十一月二十一日所记代数学，第二年正月初六至初九日所记天文学，都要言不烦，很得要领。至于对世界各国尤其是邻近中国的中南半岛诸国的历史地理，那就记载得更多了。

◇

薛福成的日记，从头到尾，在承认近百年来西方国家取得长足进步的同时，还强调了中国可以而且必须向西方国家学习的道理。

他说：“昔郭筠仙侍郎每叹羡西洋国政民风之美，至为清议之士所抵排。余亦稍讶其言之过当……此次来游欧洲，由巴黎至伦敦，始信侍郎之说，当于议院、学堂、监狱、医院、街道徵之。”

他一点也不否定中国文明根底深厚、源远流长，也一点不想丢掉中国传统去搞“全盘西化”。他指出：西方的许多创制发明，中国古时也有，像邸抄与新闻纸、炼丹术与化学、驿站与邮政、四川火井与天然气利用、科举与考试制度，就都是好例，更不必提指南针、火药、印刷术了。“中国数千年来，才智迭兴，固未尝无好学深思之士”，“聪明才力岂逊西人？”“特无如少年精力，多縻于时文试帖小楷之中”，都被封建制度束缚了。

针对当时有人盲目崇拜西方、主张“全盘西化”，有人则仍然盲目排外、反对学习西方，他评论道：“今之议者，或惊骇他人之强盛，而推之过当；或以堂堂中国何至效法西人，意在摈绝，而贬之过严。余以为皆所见之不广也。”他说：西方国家的突飞猛进，皆在近百年中。西人的科学技术、制造工艺，是全人类文明的积累，全人类的共同财富，“乃天地间公共之道，非西人所得而私也”。西方人在历史上曾经接受过东方的文明，加以发扬光大，“中国又何尝不可因之？”如果害怕向外国学习会显出自己落后，那是讳疾忌医；如果认为和外国接触会吃外国人的亏，那是因噎废食。只要善于学习，敢于竞争，“又安知数千年后，华人不因西人之学，再辟造化之灵机，俾西人色然以惊、睾然而企也？”

薛福成不愧为有见识的人物。他所批评的“讳疾忌医”和“因噎废食”这两种毛病，确实是改革开放的思想障碍。今天中国终于公开宣布要执行开放的政策。中国人的聪明才智，已经在世界舞台上开始放射出耀目的光辉，完全不必要等到“数千年后”，才能使外国人“色然以惊、睾然而企”了。

薛福成因为这些观点，二十多年来，一直被称为“改良主义者”。在“四人帮”不爱今人薄古人的时候，“改良主义”这顶帽子几乎成了反革命的同义语，介绍薛福成的日记更会构成宣扬投降卖国的大罪。今天虽然已无此种危险，但关于这个问题还得好好说一说。

笔者认为，薛福成确实是一位在十九世纪末期主张在中国实行改良的人物。他所主张的改良，就是要把封建王朝“重本抑末”的政策“改良”为提倡发展资本主义工商业的政策，把专制帝王“奉天承运”、君临一切的制度“改良”为“君民同治”的议院制度，把束缚人民聪明才智的八股文章“改良”为西方国家的“实事求是之学”。一句话，就是要把落后的中国“改良”为现代的中国。这完全是顺应历史潮流的，是进步的。

薛福成的政治主张，发展了从林则徐、魏源到郭嵩焘、曾纪泽等人的思想，直接为康有为、黄遵宪等人的变法维新运动开了先河。当然，无论是薛福成，还是康有为，都出身于旧式士大夫；他们代表的中国资产阶级，先天就具有软弱性和依附性；他们所主张的“改”和“变”，都不是一个阶级推翻另一个阶级的暴烈的行动，而只是企图缓慢地、渐进地、自上而下地去旧图新：所以他们的活动只能称之为改良，而绝不是革命。

改良只希望改善旧世界，革命则是要从根本上破坏旧世界。革命当然比改良彻底得多。但是，并不是在任何历史时期和无论什么条件下，都会发生革命。在革命时机尚未成熟的时候，改良是一件好事，而不是坏事，因为改良总比不改良要好。

笔者认为，把“改良主义”和历史上的改良主张混为一谈，是不妥当的；把“改良主义”这顶帽子戴在薛福成头上，就更不妥当了。

◇

最后，还得谈一谈薛福成的文章。他是同光时期出色的文章家，日记的文字清晰流畅，记旅行游览时尤其描写优美、叙述生动。兹摘录其光绪十七年二月二十五日过阿耳魄士(阿尔卑斯)山所记一段如下：

> 入瑞士国境，抵阿耳魄士山之麓，层峦叠嶂，积雪皑然，一白无际。山路由渐而高，铁轨斜上。俯视绝壑，深杳无底。林麓人家，蹲若鸡埘。侧道褊狭，车行亦缓。午正至柳街诺。万山之中，忽开空旷。晴湖如镜，明净无尘，倒影澄碧。滨湖万家，阛阓相连。盖各国王公、卿相以及文人、学士、富商、巨族，无不驾飞车，挟重资，僦居数月，徜徉于翠岚绿漪之中，亦多有营别墅于此者。车行益北，路益高，峰益峻，雪益深，景益奇丽。火车出入山洞中，忽然窅黑，忽然开朗，霎时之间，明灭百态，如图画之忽展忽收，令阅者应接不暇。

这样的好文章，日记中随时可以遇到。

除此之外，日记里还记述了一些外交的掌故轶闻，也颇能引起人们的趣味。诸如：

光绪皇帝大婚，英国维多利亚女王送的礼物为自鸣钟一座，上面刻了一副中文对联：

日月同明，报十二时吉祥如意；

天地合德，庆亿万年富贵寿康。

一八八七年，英国外交部向中国驻伦敦使馆索取中国所作的曲谱，以备军乐队习奏。使馆提供了当时中国唯一的一首用西洋乐谱谱写的歌曲，名叫《普天乐》——是曾纪泽的作品。

嘉庆二十一年(一八一七)中国皇帝写给英国国王的“敕谕”，系用满、汉、拉丁三种文字写在函轴上，藏入竹筒，外裹黄绫，在英国外交部放了七十多年，一直没有开拆，直到光绪十七年正月清理档案时才打开。

类似这样的记述，《日记》中还有很多，还是请读者自己去细看吧。

海云凝望转低迷

（1981.3）

戊戌政变后第六年之初，作为《新民丛报》临时增刊的《新大陆游记》，一发表就立即引起了很多人注意，因为作者梁启超在戊戌前后实在太有名了。然而，《新大陆游记》却不是一本鼓吹革命的书。这本书反映了梁启超政治思想上的矛盾：一方面，痛切感到专制桎梏下中国的落后，承认资本主义对于封建制度的巨大优越性；另一方面，又害怕革命的暴烈行动，顾虑共和政体不适用于中国。原先他在《二十世纪太平洋歌》中，曾将美国誉为"世界共和政体之祖国"；而当他真要横渡太平洋去美洲时，情绪却显得低沉起来：

> 庄严地岳来何暮，刍狗年华住且佳；一事未成已中岁，海云凝望转低迷。

"海云凝望转低迷"，这时的梁启超，已经丧失了新兴气锐的革命豪情，他"凝望"着"庄严地岳"的新大陆和自己古老祖国的前途，都不免有一些看不清方向了。

这是梁启超政治性格和文人性格的表现。他这个人有个最大的特点，用他自己的话来说，就是“不惜以今日之吾与昨日之吾宣战”。他的思想和观点总是在变，这既是他的优点，也是他的弱点。

十八岁以前的梁启超，是封建科举制度下一个敏而好学、少年得志的年轻士子。他十二岁考取秀才，十七岁又考上了举人。大家知道，《儒林外史》里范进中举时，已经五十多岁。范进中举，一“举”就有了钱，有了势。梁启超十七岁中举，用老眼光看，他是“前程无限”的。

可是，从西方传来的“新学”，把梁启超的思想引上了一条新的道路。由于偶然的机会，他在书肆里看到了一部《瀛寰志略》，这是中国近代较早系统介绍世界知识的一部书。从此他知道了，在十三经、廿二史所说的“四夷八荒”之外，还有一个如此广大的、多样化的世界。他的思想立即为之一变，决心要寻求更多的新知识、新道理，结果找到了正在广州“万木草堂”大讲新学的康有为。

从一八九一年到一八九三年，他在“万木草堂”学习和研究了三年。先是听康有为讲述中国的学术、历史、政治，“取万国以比例推断之”，“与诸同学日札记其讲义”。后来并且成了康有为著书立说的重要助手，校勘《新学伪经考》，分纂《孔子改制考》，为大规模学习西方制造理论根据。

甲午战争失败，洋务运动破产。顽固分子日暮途远、倒行逆施，有识之士忧惧危亡、痛心疾首。“万木草堂”所讲求的“经世致用之学”，这时真正到了要经世致用的时候，“康梁”

双双从广东进京。在《马关条约》即将签字时，他们在入京会试的各省一万数千名举人中发起联名上书，向清政府请求：一、拒和；二、迁都；三、变法。这就是有名的“公车上书”——近代史上有声有色的变法维新运动的起点。

梁启超有“训诂词章之学”的根柢，有从“万木草堂”学到的“史学、西学之梗概”，又有一支“笔锋常带情感”的凌云健笔，自然成了维新派的首席宣传家。他大声疾呼要“变”：

> 凡在天地之间者，莫不变。……大地既通，万国蒸蒸日趋而上，大势相迫，非可阏制。变亦变，不变亦变。(《变法通议》)

他大声疾呼要“革”：

> “革”也者，含有英语之 Reform 与 Revolution 之二义。……Revolution 之事业(即日人所谓革命，今我所谓变更)，为今日救中国独一无二法门。(《释“革”》)

他大声疾呼反对专制政体：

> 必取数千年横暴混浊之政体，破碎而齑粉之，使数千万如虎如狼、如蝗如蝻、如蜮如蛆之官吏，失其社鼠城狐之凭借……(《新民说》)

他大声疾呼实行资产阶级民主宪政：

> 盖地球之运，将入太平，固非泰西之所得专，亦非震旦之所得避。吾知不及百年，将举五洲而悉惟民之从，而吾中国亦未必能独立而不变。（《新民说》）

这些“若有电力足以吸住人”（郑振铎语）、“很能打动一般青年人的心”（周启明语）的文字，讲出了“当时人人所欲言而迄未能言”的道理，“影响当然是极大”的（郑振铎《梁任公先生传》）。

◇

“万国蒸蒸日趋而上”的形势，“Reform 与 Revolution”的历史，“立宪国之政党政治”的现实，都是从西方传播到梁启超思想里来的东西。梁启超以此为武器，批判腐朽的封建专制主义，确实如狂风之扫败叶，使他博得了进步的美名。但是，西方的影响并没有改变梁启超“书香门第”出身的读书人不相信人民群众的本质，也没有使他成为一个真正的革命民主主义者。

就在一八九六年写的《变法通议》、一九〇二年写的《新民说》这些著名的论文中，梁启超也用悲天悯人的口吻，不止一次地讲到中国人民“私德”“公德”的缺陷，并且认为这是中国封建专制主义得以长久维持的重要原因。比如说：“我国民所最缺者，公德其一端也。”“耗矣哀哉，吾中国人之无国家思想也。”“吾民自数千年祖宗之遗传，即以受人鱼肉为天经地义。”“群四万万无法律之人而能立国，吾未之前闻。”“悲哉，吾中国人无自尊性质也。”等等。

梁启超是一个历史唯心主义者。他把专制统治在人民身上造成的结果，颠倒当成了专制产生的原因。这样，他所设想的变革，就不是依靠四万万人起来打掉专制枷锁，掌握自己的命运，而是由少数圣贤豪杰自上而下地来改造教育四万万人成为“新民”。这当然是一个根本的错误。

只有弄清了梁启超的这个根本观点，才能够理解：为什么这位和康有为齐名的变法运动领袖人物，在轰轰烈烈的变法活动中，却只参加了“办大学堂、译书局”这样一点点实际工作？为什么他明明知道需要将旧政体“破碎而齑粉之”，却又把“内乱”当作“最不祥物”来反对？为什么他明明知道“数千万如虎如狼”的官吏是专制制度的基础，却又说“办一切事舍官莫属”？为什么他明明知道“国之强弱，悉推原于民主”，却又说“今日民义未讲，则无宁先藉君权以转移之”？为什么他自己“日与人言西学”，却又说“今日非西学不兴之为患，而中学将亡之为患”？

在封建专制主义面前，是“一个革命家的代表”；在四万万人民群众面前，却又是一个害怕暴力革命的读书人。这正跟明明对一切事情都很热衷，偏要自号为“饮冰室主人”一样，是在用折中的言词掩盖思想的矛盾，用过正的议论求得态度的折中，这就是梁启超的逻辑。

关于这一点，梁氏本人在给严复的一封信中有很坦率的自白：

启超于学，本未尝有所专心肆力……当其论此事也，每云必此事先办，然后他事可办；及其论彼事也，又云必彼事先办，然后馀事可办。比而观之，固已矛盾……抚以自问，亦自笑其欺人矣。然总自持其前者椎轮、土阶之言，因不复自束，徒纵其笔端之所至，以求振动已冻之脑官，故习焉于自欺而不觉也。

既承认了“自欺”，也承认了“欺人”，承认了自己论点“固已矛盾”；但梁启超把它归因于“于学，本未尝有所专心肆力”和“不复自束，徒纵其笔端之所至”，就未免仍旧有点自欺欺人了。

总的情况是，从甲午到戊戌(一八九四至一八九八)，梁启超大力宣传变法维新，起到了“资产阶级革命时代的有力的代言者”的作用；从戊戌到癸卯(一八九八至一九〇三)新大陆之游，他鼓吹变革的宣传显著地少了，从学术、文化、史地、人物的角度来做的启蒙工作多了，但起的作用主要仍然是积极的；而“自美洲归来后，言论大变，前所深信之破坏主义与革命的排满主义，至是完全放弃”(见《梁任公先生年谱长编初稿》)，到乙巳(一九〇五)年发表《开明专制论》的梁启超，就完全站到反对革命的立场上去了。

◇

《新大陆游记》是梁启超政治上即将离开进步营垒时的“临

别赠言”，是他思想上的矛盾发展到顶点时的一篇自白，无论对于研究从戊戌到辛亥这个时期的历史，或者对于研究梁启超这个历史人物，都有它一定的价值。用一句套话来说，这确是一本“精华”与“糟粕”互见、但“精华”仍多于“糟粕”的书。

美国是一个后来居上的新兴的资本主义国家。梁启超戊戌政变后流亡日本，第一次从东方来到美国，对于美国建国一百馀年来所取得的巨大进步，确实深有所感。

《新大陆游记》(以下简称《游记》)第八节叙述：“纽约当美国独立时，人口不过二万馀(其时美国中一万人以上之都市仅五处耳)。迨十九世纪之中叶，骤进至七十馀万。至今二十世纪之初，更骤进至三百五十馀万……今欲语其庞大其壮丽其繁盛，则目眩于视察，耳疲于听闻，口吃于演述，手穷于摹写，吾亦不知从何处说起。”第十三节又说：“从内地来者，至香港、上海，眼界辄一变……至日本，眼界又一变……渡海至太平洋沿岸，眼界又一变……更横大陆至美国东方，眼界又一变……至纽约，观止也未?”

《游记》第九节记美国各大公司，资本总额合“上海、香港通用银九十万万元有奇……其气象之伟大，真不可思议、不可思议!”第十节记美国工业进步，“一八六〇年英国所产工业品之金额每人平均九十五元，其年美国所产之工业品之全额每人平均不过五十九元”，而一九〇〇年美国每人平均百七十一元有奇，英国则每人平均百二十元耳。第十五节记大企业家摩尔根，其所控制之铁路“足以绕地球四周而有馀”，其资本“当中国政府二十年之岁入”。第二十八节记太平洋海底电线告成，有线通信十二分钟即可环绕地球一周，莎士比亚在三百年前的梦想已经成为现实。第三十四节记横贯美洲大陆的“大北铁路”修成后，“数千里之荒原，不十年间，而千数之大村落，百数之大城市，弹指涌现，岁岁产七千万石以上之小麦，供给世界市场，其馀物产亦称是。至今全世界农业制度最完美之区，惟此为称首”。

梁启超兴致勃勃地介绍了美国的建设成就，他的结论很明确：

成功自是人权贵，创业终由道力强。

（第二十七节《独立纪念日》）

“道力”下面有条原注，说明指的是“共产自治团体规则”十三章，在历史事实面前承认了革命、共和是“创业”和“成功”的根本保证。

八十年前的“新大陆”，对于正在经历戊戌政变后黑暗时期的中国人来说，确实是一个新的世界。《游记》介绍的那里的情况，许多是足以使过去闭目塞听的人深思猛省的。

游华盛顿时，作者见到“全都中公家之建筑最宏敞者为国会（即喀别德儿），次为兵房，次为邮局，最湫隘者为大统领官邸”。“观此不得不叹羡平民政治质素之风，其所谓平等者真乃实行，而所谓国民公仆者真丝忽不敢自侈也。於戏！倜乎远矣！”

作者论述美国政治，介绍了美国的地方自治和地方分权，并引卢梭、波伦哈克的话，说这种不同于中央集权的政体，是实行民主共和的要素之一。接着又介绍了美国的两党政治，结论是“美国卒以此两者之相竞争、相节制、相调和，遂以成今日之治”。在另一章中，又愤慨地提到“现时中国政府”(指戊戌政变后的清政府)之“摧锄新党”，一贬一褒，用意十分明显。

《游记》以整整一节叙述了“前世纪与今世纪之交”新出现的一大“怪物”——托辣斯，列举了它的十二利和十弊。作者既看到了托辣斯对于劳动者和小生产者的危害，也指出了企业联合、资本集中对于发展生产的巨大作用，是不可避免的趋势。梁启超的根本思想仍然是要“冲破”阻碍资本主义大生产发展的旧模式旧制度。

在华盛顿、波士顿、费城等地，作者访问了美国独立战争和建国的历史遗迹。他在记述“新世界石”时，歌颂了初到美洲的一百零一位英国人“苦英苛政”、追求自由独立的精神。在游览一七七五年四月民兵和英军交战的古战场时，又作诗云：

> 生命固所爱，不以易自由。国殇鬼亦雄，奴颜生逾羞。当其奋起时，磊落宁他求。　……　谓是实天幸，人谋与鬼谋？谓是某英雄，只手回横流？岂识潜势力，乃在丘民丘。

仍然强调了人民群众(丘民)的“潜势力”作用。

◇

《游记》对美国的许多方面提出了批评，有一部分批评接触到了资本主义制度的弊病，即使到今天也依然是正确的。

在纽约，梁氏写道："天下最繁盛者宜莫如纽约，天下最黑暗者殆亦莫如纽约。"他罗列纽约贫民窟肮脏、死亡率高、犯罪者多、性关系乱等黑暗面，归结到一点：美国的贫富过度悬殊："譬之有百金于此，四百人分之：一人得七十元，所馀三十元以分诸三百九十九人，每人不能满一角，但七分有奇耳。"

梁氏在研究美国资本主义的同时，还接触了美国的社会主义运动。第十五节称："余在美洲，社会党员来谒者凡四次……其来意皆甚殷殷，大率相劝以中国若行改革，必须从社会主义着手云云。"极力鼓吹资本主义的梁启超，当然不可能对社会主义有真正的认识。他以为这些意见"太不达于中国之内情，不能与之深辩"。但是，他并没有把社会主义当成洪水猛兽而说："吾所见社会主义党员，其热诚苦心，真有令人起敬者。""若近来所谓国家社会主义者，其思想日趋于健全，中国可采用者甚多。"

《游记》是最早向中国介绍马克思的书之一，第十五节说社会主义者"其于麦克士(德国人，社会主义之泰斗)之著书，崇拜之，信奉之，如耶稣教人之崇信新旧约然"。梁氏把社会主义当成一种"迷信"，又说社会主义"以极专制之组织，行极平等之精神，于中国历史上性质，颇有奇异之契合也"，这些都是错误的。但他意识到社会主义是对资本主义的否定，"观于纽约之贫民窟，而深叹社会主义之万不可已也”，又不能不使人佩服他毕竟是很有远见的。

◇

《新大陆游记》中的“糟粕”，如：第二十二节批评美国总统选举不一定能选出优秀人物，说什么：“共和政体，实不如君主立宪者之流弊少而运用灵也。”第四十三节云：“彼法兰西，以革命求自由者也。乃一变而为暴民专制……”第四十节谓“中国人性质不及西人者多端……西人行路，身无不直者，头无不昂者。吾中国则一命而伛，再命而偻，三命而俯。相对之下，真自惭形秽”。其对君主制之留恋和对“暴民”和“愚民”之敌意，均难免使人反感。

但尽管有这些缺点，《游记》仍然是一部足以传世的书。它不仅保留了本世纪初中国人游历美国考察政治社会情形的一份记录，有着中西交通史的价值；而且忠实反映了像梁启超这样一位历史人物在一定时期的政治观点和思想矛盾，有着思想史和人物史的价值。此以外，通过“常带情感”的“笔端”，看一点美国风土人情和中美人民来往的故实，也饶有兴味。例如：

华盛顿图书馆壁间有一百多种不同文字的铭文，中文铭文为：“子夏曰日知其所亡月无忘其所能可谓好学也已矣。”

华盛顿记功华表（纪念碑），也有各国使馆所赠的铭石，中文乃摘“《瀛寰志略》之文，谓华盛顿视陈胜吴广有过之无不及云”。

美国人到华人区吃中国菜，始于李鸿章访美。“合肥(李鸿章)在美思中国饮食，嘱唐人埠之酒食店进馔数次。西人问其名，华人难于具对，统名之曰‘杂碎’，自此杂碎之名大噪……举国嗜此若狂。凡杂碎馆之食单，莫不大书‘李鸿章杂碎’、‘李鸿章面’、‘李鸿章饭’等名。”

这些记载，别的书中是很少见到的。

《游记》初版由“新民丛报社”（日本横滨山下町百六十番）作为增刊发行，在国内由上海广智书局经售。原书有附录二种，一为《记华工禁约》，二为《美洲游学指南》(卜技利大学留学生某述)，此次重印不录。为了保存本来面目，对正文未作任何删削，只加上了新式标点，并更换了一部分小标题。

一卷西洋风俗图

(1981.4)

《西洋杂志》(以及附录的《西洋游记》《书简与地志》),是黎庶昌于光绪三年(一八七七)随郭嵩焘出使英法,接着又转任驻德国和驻西班牙使馆参赞这段时期关于欧洲的记述。

郭嵩焘出使英法,是中国第一次向外国派出常驻的使臣,也是中国第一批专任外交官开始走向世界。这个时候,徐继畬、林则徐、魏源等人编著的世界地理书籍流传未广,斌椿、志刚等人关于西方世界的报道少为人知,欧洲还是绝大多数中国人所不了解的世界。《西洋杂志》这部书,既反映了英法德西等国的政俗民风,又介绍了许多外国的地理知识,在十九世纪八十年代起了帮助人们打开眼界的作用。

关于黎庶昌,人们比较熟悉的当然是《续古文辞类纂》和《古逸丛书》。前者暂不必说,后面这一部光绪年间在日本影刻的丛书,访求辑录了国内已经失传的二十六种古籍,包括著名的《太平寰宇记》佚文五卷半在内,对于祖国文化事业是个不小的贡献,在中日文化交流史上也是件有名的事情。作为清政府的出使日本大臣,能够个人出力出钱办成这件事,颇足以说明黎庶昌的文人趣味和对文化事业的热心，两者正是同样地难得。

黎庶昌本来是个文人。他于清道光十七年(一八三七)生于贵州遵义，从小读书，文章出色，在科场中却一直不利，只好以廪贡生的身份外出游幕。他后来上书言事，被指派到曾国藩的幕中，得到曾的赏识，与张裕钊、吴汝纶、薛福成称为“曾门四子”。这当然是指他们做文章的路数而言，因为四人都以古文名家，论文又都持桐城—湘乡派的观点。黎后来随郭嵩焘出使西洋，大概也是出于曾的推荐。曾国藩和郭嵩焘都很看重黎的学问文章，曾死以后，全集就是由黎编的。

黎庶昌是文人，却不是那种只搞“词章”的文人。《太平寰宇记》是北宋时的一部地理书，文章并不算好。它的价值就在于：在传统地志一类书的基础上，增加了民俗、风土、物产这些人文地理的内容，使“地”和“人”的关系密切起来。这本好书在中国冷落了几百年，并且散佚了一部分。直到十七世纪，中国的社会、经济、政治、对外关系诸因素发生变化，徐霞客(一五八七至一六四一)、顾炎武(一六一三至一六八二)、顾祖禹(一六三一至一六九二)、刘献廷(一六四八至一六九五)等开始把“舆地之学”引上自然科学和“经世致用”的道路，这本书才重新受到人们的注意。黎庶昌和当时作为他的随员的杨守敬，在日本发现了《太平寰宇记》佚文，把它和宋刻的《老子》《荀子》等量齐观，不能不说是受了从顾、刘以迄林(则徐)、魏(源)诸人提倡“经世致用”一派学术观点的影响，这就不单是文人趣味的问题了。

一八四〇年西方的大炮轰开了中国的大门，中国的有识之士开始认识到，为了救亡图存，必须了解“天下大势”，使自己对于迅速变化中的世界由无知变为有知。这个“大势”，就包括世界地理知识（自然地理和人文地理，而尤其是后者）在内。应该说，古代中国关于外国地理的知识是很少的。徐霞客指出过：“昔人志星官舆地，多承袭傅会。江河二经，山川两戒，自纪载来，多囿于中国一隅。”顾炎武在他那有名的《天下郡国利病书》中引傅元初的话说“海外之夷，有大西洋、有东洋，大西洋则暹罗、柬埔诸国……而东洋则吕宋，其夷佛郎机也”，与真实情形相距甚远。林则徐、魏源和徐继畬根据外国人提供的资料，编写《四洲志》《海国图志》《瀛寰志略》等书，是中国人讲述世界地理的开始。但他们的足迹不出中国，所述偏重自然地理，再加上行政区划、都市人口等材料，对“活”的东西介绍得很少。黎氏抱着“经世致用”的明确目的和对人文地理的浓厚兴趣，仗着一支“绘影绘声”的笔杆子，在《西洋杂志》中向国内介绍了欧洲各国的国政民俗、经济社会、交通途径、风土人情。尽管他思想上倾向性不强，政治态度无宁说略近保守，文章也不像薛福成那样多发议论、提倡改革，但也许正因为如此，这些“客观”的、平实的记叙，更容易使当时多数读者乐见喜闻，起到了让中国人打开眼界、了解世界的作用。论其价值，很可能并不比皇皇巨制的《古逸丛书》逊色，至少在我们今日看来确是如此。

◇

《西洋杂志》就像反映十九世纪西欧社会生活的一卷风俗

画。这些画幅图像奇特，色彩新鲜，为当时国内的人们见所未见。就拿《斗牛之戏》这一篇来说吧，黎氏大概是中国描写斗牛的第一人。在他之后百年中，动笔的人无虑百十，仅本文作者见到过的少说也有一二十篇，而论描写的简明生动，却很少有人能够超过他。他所写的“开门，纵牛入”以后的情形是：

又有数人，各持黄里红布一幅，长约六尺，宽约四尺，诱张于前。……(牛)逐急，其人即弃红布于地，而跃出围外。有持双箭者，箭皆以五彩布剪绥裹束，捷出牛之左右，插入背脊隆起处。箭有倒钩，即悬挂于脊上，血出淋漓。如是者三，插入六箭。再易一人，用剑刺之。其人右手持剑，左手持红布一幅，且诱且刺，剑从脊背刺入心腹，牛即倒地。

…………

是日凡斗七牛。第一牛斗伤两马，一马死于围内，一马骑出死；用剑者六刺始中脊缝。……第四牛斗死两马，一马腹裂，肚肠全堕于地，立死；一马肠拖丈馀，倒地，骑者用带束之，鞭起再斗，然后死……第六牛所伤之马，骑者亦因马鞍筑胸而死。

黎氏擅长白描手法，往往从貌似客观冷静的叙述中，透出真切的爱憎。这也许需要稍微细心才能体会，却恰能增添文章真正的力量。《斗牛之戏》的结尾云：

> 此事西洋各邦，无不讥其残忍；然成为国俗，终不能革。……数月前，有上议院绅名生达纳者，新闻纸馆总办也，发论于议院，请设一斗牛学堂，以备选人练习，其视重如此。

《加尔得陇大会》一篇中，对于西班牙诗人卡尔德隆的身后荣哀，马德里市民追慕文化名人的遗风馀韵，在第一段写“先期”准备活动时，便已经写得有声有色，十分热闹，虽然从字面上看起来也还是那么客观冷静：

> 日国才人名加尔得陇者，以能诗及善撰戏曲称……死已二百年矣。一千八百八十一年西历五月二十五日，国人为作百年大会。予初意以为寻常出会而已，岂知踵事增华，竟是小题大做。先期，马得利知府致书各国，请派员前来观会。又徵诗于欧洲各国，以相倡和。本地富贵之家，以及文人学士，亦各自为会。或萃集各家珍宝之物，罗列陈设，备人游观。或聚集文人，讲论加尔得陇故事，诵其遗诗。或考试学徒，散给奖赏。有一会最雅，将各国寄到之诗，汇印成册，赴之者各赠其一。其不选者，则用信封封之，书其人姓名于外，逐一唱名，置银碗内，用烧酒焚化之，以示吊加尔得陇也。……游人顿增至十馀万，家家张灯结彩。大街之上，赶会者陈列杂戏、百货。又为假山之座高八九丈，上塑加尔得陇像，引水为瀑，夜夜燃电灯射之。

《巴黎油画院》《马得利油画院》诸篇，以中国古文写初见之西洋油画，状物摹神，如说平常事物，真不愧为文章高手。如：

一画女子衣白纱，斜坐树下，手持日照，旁有白鹅求食，萍花满地，蕉绿掩映其间，清气袭人袂。一画垂髫女子六七人，裸浴溪涧中，若闻林中飒然有声，一女子持白纱掩覆其体，一女子一手掩额，偷目窥视，馀作惊怖之状。一画命妇赴茶会归，与夫反目，掷花把于地，掩袂而泣，花皆缤纷四落，散满坐榻，其夫以手支颐，作无主状。

《西洋游记》七篇，更时有画景生情笔墨，如第二篇中之记瑞士湖光山色：

行至两峰尽处，忽然开朗，有大湖横列于前，清澈可鉴，所谓勒沙得勒湖也。湖东诸山，连绵不断，石骨秀露，层晕分明，绝似倪云林画意。回望两崖上，云气蓊然涌出，旭日射之，皆成黄金色。

游记第四篇之记摩纳哥赌场，则又生动描述了“阍者”“赌官”各色人等言谈动作，显示出黎庶昌对人文的特别关心：

马纳哥以赌为国，法富人不郎氏建赌庭于山巅，壮丽无比。闻每岁赌项出入约十四五兆，纳八十万佛郎于邦君。远方游人来此赴赌者，取保而后入。予与眉叔升其庭，阍者问："欲与赌乎？"答曰："非也，行客过此，欲进内一观耳。"阍者以告总办，授两绿票，遂入赌场。厅长十馀丈，现设长桌三，环坐数层，冬日则增桌至七。桌上皆画斜格，中设圆转盘，盘中有球。每次由赌官转盘，视球之所落，以定胜负。金钱之声，铿锵盈耳。

◇

但是，黎庶昌不只是一个能文的旅人，他还是一名有抱负的外交官，一位有素养的学者。在以曾纪泽为出使大臣的使馆任参赞时，他曾经一再请求亲自赴俄国中亚细亚、西伯利亚考察，"凡所经过之处，山川城廓、风土人情、道途险易、户口蕃耗、贸易盛衰、军事虚实，以及轮车、电线能否安设，一一谘访查看而记载之。可图者并图其形势而归，以备日后通商用兵有所考核，不为俄人所欺"。

为了这个目的，他广泛搜求关于中亚细亚、西伯利亚的地理考察资料，先后购得多种，"一为英人密溪由北京出蒙古中路至俄都载记，一为法人密仰由俄都经西必尔利至北京载记，一为英人伯尔拉贝至机洼等地游记，一为英人瑞勒尔至土耳迄司当、伊犁、塔什干等处游记，一为法人涉发尔卫至土耳迄司当、萨马耳罕、伊犁等处及其妻布尔当两人游记，一为俄人卫勒果夫游历新疆载记"。他将这些资料中记载的旅行路程，整理汇编为《由北京出蒙古中路至俄都路程考略》和《由亚西亚俄境西路至伊犁等路程考略》二篇材料，交给曾纪泽，请曾汇送总理衙门以备察核，说明他已经做好了亲自去这两路考察的准备。

《西洋杂志》附录的这几篇地理考略，与“杂志”和“游记”相比要显得枯燥得多，但在地理科学上却颇有价值。因为它们是当时中国人对外国地理、交通情况进行调查研究的真实记录。正如黎氏所说，中国以前关于西北边徼以外的地理著作本就不多，尤其缺少实地考察的记载。徐氏《汉书西域传补注》、何氏《北徼汇编》，均系辑录过去的记载；图里琛的《异域录》，“仅至土尔扈特而止。其地在哈萨克游牧之西，尚未出亚细亚境也”；“张遂宁相国之日记……系随大军出塞，至库伦而还”。黎氏出于对地理学的热爱，决心继承张博望、班定远的开拓精神，“穷搜荒邈”，走出前人所没有走过的道路。他说：“庶昌之建此议，实欲求益国家，非苟为纸上空谈。若以为游历起见也者，则舍欧土之繁华，而趋沙漠之荒邈；释轮车之便利，而取驼马之艰辛；去使馆之舒和，而乐风沙冰雪之寒苦，虽至愚不为矣。”只要能遂此志，“庶昌虽死，亦可以无朽矣！”虽然由于种种原因，黎氏的壮行并未成为事实，但他的科学精神和留下的科学资料，的确是“可以无朽”的。

《西洋杂志》还用它那独有的文风，记下了当时的一些外事活动和外交礼仪；这固然是出于黎氏对礼俗的特别关心，但同时也是为了留下外交史料，供后人参证。有许多记载，现在看起来不仅是有趣的掌故，也确实是外交史的宝贵材料，比如：

一八七九年五月十五日，黎氏代表中国出席在巴黎举行的关于建造巴拿马运河的国际会议，并参加第二起(组)讨论各国通商事宜，录载了当时的讨论问答、法国人赖赛朴司提出的设计方案和造价、黎氏本人的发言大略和大会表决结果。

一八七八年五月，黎氏参观有三十二个国家(包括中国)参加的巴黎世界博览会，详细记叙了中国馆“中华公所”的建筑、展品，“出色者以广东绣屏为最”，售货处售出的则以“象牙折扇独多”。博览会结束后，中国政府把中国馆的建筑赠予法国总统，“移建(巴黎)布洼得不朗囿内”。

驻马德里期间，黎氏多次应邀参加西班牙王室独特的典礼活动，如进宫验证王后怀孕、生子，观看国王在耶稣刑死日为穷苦老人洗脚的仪式，等等。此外如英王表示接受中国领事官的敕书、维多利亚女王刻有八个狮徽的御印、越南皇帝用中文写给西班牙王的国书、日本“清辉”号兵舰首次访问英国等等，书中也都有所记述。

◇

在清季的外交官当中，出了不少著名的“洋务派”和“维新派”人物，如郭嵩焘、李凤苞、薛福成、黄遵宪等人。黎庶昌没有成为什么派，他个人的兴趣不大在政治、经济方面，访书、编书、刻书都是文人“当行”的事情。但是，他和上述诸人一样，也是被一八四〇年后的历史潮流送上了走向世界的历史道路。从宗法专制的中国，来到资本主义的欧洲，所看到的不仅仅是不同的肤色、不同的服制、不同的风俗、不同的河山，而是一种不同的生产方式、不同的制度和文明。尽管黎庶昌他本人不愿意多往深处想，尤其不愿意多发表政治议论，但既然他关心社会，关心风俗人文，他就不会看不出这些根本的不同，也不可能不在冷静平实的记叙中透露一点使人掩卷深思的消息，事实也正是如此。

他看到了资本主义机器生产的优越性。《乌里治制炮厂》等篇叙述工人操纵六十尺长的大钳，从烧至上千度的炉中钳出重六吨的坯料，放到四十吨重的汽锤下锻造炮管。二十吨重的巨炮，“扬上施放。只一人司之，高下左右，毫不费力”。《西洋游记第六》记参观造纸，“凡经机轴六处，皆一气呵成，神速异常，不假人力”。《布生织呢厂》叙述俄罗斯、新金山等地运来的羊毛在英国织成呢料的过程，工艺与中国并无差异，“所异者，中国以人工，西人用机器，西人可为百者，中国只能为一，优劣巧拙遂殊耳”。

他看到了由于生产发展、财富增加，在市政建设、教育文化、科学技术等方面取得的进步。他记载了巴黎的街道、下水道、戏院等各种设施，颇致赞美。特别是对巴黎官学、幼瞽学堂(盲童学校)和马得利农务学堂，介绍得更加详细。巴黎官学对学业优秀的学生发奖时，有一个学生发表了关于帝制的意见，也只不过“为众所扶出，不使与赏”。马得利农务学堂的标本、模型、化学仪器和农业机械，“尽人巧之能事”。在《巴黎电气灯局》篇中，黎氏说：一八七七年他初至巴黎时，巴黎还没有电气灯；“逾年，而倭必纳戏馆前大街，皆改用电气”。当时的电气灯是用“炭烛”(炭精棒)发光，“每烛可经半点钟之久”，“光力可敌五十灯”，“计电机一具，可发四座十六灯头……四点钟后即须重换(炭烛)矣”。这种电灯虽然还很原始，但毕竟是当时的最新成就，在农业社会里是无法想象的。《轻气球》一篇，写了他在巴黎乘坐直径三五米的气球，升上五百米的高空，这也是一项最新技术，既值得黎庶昌记述，也值得当时的读者们注意的。

更重要的是，他看到了欧洲国家的议会民主制是跟中国的君主专制政体完全不同的一种新的制度。在德国、法国和西班牙，他都到议院旁听，留下了记载。《日国更换宰相》篇中，介绍西班牙议会中“公”“保”两党的情况，说明政争虽然激烈，“而于国事无伤，与中国党祸绝异”。《伯理玺天德辞位》叙述法国“左”“右”两党的政争，总统马克蒙受到“左党”的反对，“决意辞去。朝定议，夕已退位矣。巴黎之人，若弗闻也者”。《与李勉林观察书》中称英国富强冠于欧洲，“特其国政之权操自会堂，凡遇大事，必内外部与众辩论，众意所可，而后施行。故虽有君主之名，而实则民政之国也”。《西洋游记第二》谈到瑞士时云：

> 瑞士分二十二县，每县举上议政院绅二人；下院绅则以人数之多寡为额，大率二万人得举一人。其入议院者，共一百三十馀人，办事则推七人为首；七人之中推一人裁决，定例每岁一易。西洋民政之国，其置伯理玺天德本属画诺，然尚拥虚名。瑞士并此不置，无君臣上下之分，一切平等，视民政之国又益化焉。盖其地本山国，各邦无欣羡之心，故得免兵事，而山水又为欧洲绝胜，西洋人士无

不以乐土目之。

联系到《答曾侯书》中所云“中国君主专制之国，有事则主上独任其忧”，瑞士这片“无君臣上下之分，一切平等”的“乐土”，不是很足以使人向往的吗？

特别值得提到的是，黎庶昌还看到了欧洲早期的社会革命运动，对社会主义者的革命行动做了客观冷静的报道，如《开色遇刺》篇所记：

> 枪声訇然自窗中出，伤开色（按：即“恺撒”，为德皇称号）右臂及腮。……行刺者就获后，刑司讯之以“为民除害”为词，迄无他语。……久乃知为“索昔阿利司脱”会党。“索昔阿利司脱”，译言“平会”也。意谓天之生人，初无歧视，而贫贱者乃胼手胝足，以供富贵人驱使，此极不平之事；而其故实由于国之有君，能富贵人，贫贱人。故结党为会，排日轮值，倘乘隙得逞，不得畏缩；冀尽除各国之君，使国无主宰，然后富贵者无所恃，而贫贱者乃得以自伸。彼会之意如此，非有仇于开色也。其党甚众，官绅士庶皆有之，散处各国。（行刺者）一曰黑得尔，系工人。一曰诺毕令，系“刀克特尔”（按：此“博士”之译音），犹如中国之进士。黑得尔被诛，诺毕令以创死。

“索昔阿利司脱”就是社会主义者（Socialist）的译音。十九世纪七十年代，欧洲的资本主义制度还是有生命力的，它表现了对于封建专制制度的巨大优越性，吸引了包括黎庶昌在内的东方来的人们的注意。但是，资本主义制度毕竟是剥削人的制度，西方国家的繁荣进步都是靠剥削本国劳动者和殖民地人民才实现的。“贫贱者乃胼手胝足，以供富贵人驱使”，现实情况不正是这样“极不平”的吗？就是瑞士那样“一切平等”的国家，也只是在富贵人中才有平等，而绝不是贫贱者的“乐土”。黎庶昌当然看不透这个道理。不过作为大清帝国官员的他，能够平平实实讲出社会主义者行刺皇帝是“以为民除害为词”，“非有仇于开色也”，留下了这两篇中国人关于欧洲社会革命运动的最早的报道，也就要算难能可贵了。

◇

《西洋杂志》原本八卷，卷首书牌“光绪庚子年遵义黎氏刊”，除黎庶昌本人的作品外，还摭录了郭嵩焘、刘锡鸿、李凤苞、陈兰彬、曾纪泽、罗丰禄、钱德培等人的日记、书信和随笔等。此次我们将不属于黎氏本人的文字全部删去，因为这些人的出使记述多已经列入《走向世界丛书》的选题，准备陆续刊行，如果不予删去，势必造成重复。

《欧洲地形考略》一篇，原书列在《奥国钱币》之后，《谈天汇志》之前，属第六卷。我们觉得它并非“杂志”，而是一份地理资料，与两篇《路程考略》性质相近，于是将其移到两篇《路程考略》后面，作为全书之殿；同时给最后这个部分(原书第八卷)加了个《书简与地志》的标题，以示与前面的“杂志”和“游记”部分有所区别，不再分卷。除此之外，所有篇目，悉依原本。

标点时改正了明显的错字。遇到情形稍为复杂一点的，就把校者所定字用小五号仿宋加方括弧排在原字句的后面。原本小字注文，用圆括弧括出，不排小字。至于脚注和加框的小题目，则系编者所加，整个丛书都是这样做的。

从闺房走向东西洋

（1981.5）

《癸卯旅行记》和《归潜记》，是钱单士厘（本人姓单，按当时习惯冠以丈夫的姓钱）游历东洋和西洋的载记。前一种书名上的癸卯，为清光绪二十九（一九〇三）年，作者在自叙中说："岁在己亥（光绪二十五年），外子驻日本，予率两子继往，是为予出疆之始。"可见，在光绪二十五年即一八九九年，她就已经出国了。

单士厘的出国，比秋瑾要早五年，比何香凝也要早。她是最早从闺房走向东西洋的中国知识妇女之一，《癸卯旅行记》是我们所知中国第一部女子出国旅行记。

单士厘的"外子"钱恂，字念劬，系"五四"时期著名学者钱玄同的长兄，但比玄同大了三十四岁，清季先后在中国驻伦敦、巴黎、柏林、彼得堡、东京各地使馆工作，最后做到驻荷兰、意大利等国的公使。

《归潜记》成书于宣统二年（庚戌），主要内容为意大利游记。其中《彼得寺》一篇，开头说："予两旅罗马，瞻游此寺无虑二三十次。"《马哥博罗事》篇中说："予亲履维尼斯之乡，访马哥之故居，瞻马哥之石像……”《新释宫》按语又说：“此长子稻孙为予游览之便而撰。”可见她的游踪很广，游兴也是很浓的。

无论从中国人接受近代思想的深度来看，或者从介绍世界艺文学术的广度来看，这两部书在同时代人的同类作品中，超出侪辈甚远，足以卓然自立，确实是中国妇女的光荣和骄傲。

单士厘字受兹，浙江萧山人，父家和夫家都是文化修养高深的家庭。她是一位名副其实的大家闺秀，本人不但书读得多，而且很会写作，《癸卯旅行记》之文可证：

> 黎明，知将过色楞格河桥，特起观之。四山环抱，残月镜波。予幼时喜读二百数十年前塞北战争诸记载，其夸耀武功，虽未足尽信，然犹想见色楞格河上铁骑胡笳之声，与水澌冰触之声相应答。今则易为汽笛轮轴之声，自不免兴今昔之感。
>
> …………
>
> 天明，渐渐从山缺树隙望见水光，知为世界著名之第一大淡水湖，所谓贝加尔湖者矣。……因想苏武牧羊之日（武牧羊于北海，海即贝加尔湖），虽卓节啮雪，困于苦寒，而亦夫妇父子，以永岁月，亦未始非一种幽景静趣，有以养其天和也。
>
> …………
>
> 环湖尽山（峭立四周，无一隅之缺），苍树白雪，错映

眼帘。时已初夏，而全湖皆冰，尚厚二三尺(湖面拔海凡千五百六十英尺)，排冰行舟，仿佛在极大白色平原上，不知其为水也。

叙事抒情，都能曲尽其妙，可称旅游文学中的隽品。又如《归潜记》之《马哥博罗事》：

马哥博罗言元取襄阳，得力于炮(此引机发石之炮)，其父若叔，实献炮法，叙述详细如绘(元攻襄阳在至元五年，历五载，至十年始克之。据史，造炮者为西域茂萨里人喇卜丹、西域实喇人伊斯玛音。西人言，此二人当是尼哥赖博罗初次至蒙古时所偕往，即马哥博罗所谓炮匠二人，一天主教人，一德意志人。伊斯玛音尤似德国姓。然史称二人均于至元八年为宗王额呼布格应诏所举送入京师者，与马哥言亦不合)。

引《元史》以详细考订《马可·波罗游记》的内容，充分表现了作者文史知识的渊博。

工文章，有学问，是单士厘能够写出像《癸卯旅行记》和《归潜记》这样作品的重要条件，但仍然不是最重要的条件；最重要的条件是：她不仅是一位很早接触西方文化的中国妇女，而且是一个自觉接受新思想洗礼、敢于突破封建樊篱的限制和约束的先进妇女。

◇

钱恂在青年时就成了外交人员。多才多艺的单士厘，出国前就从丈夫口里知道了不少西方世界的事情。她自己说，自从钱恂“二十年前初次从西欧归来，为予道元世祖时维尼斯人马哥博罗仕中国事，即艳羡马哥之为人”。后来钱恂到了日本，见到日本学西方有成效，“知道德教育、精神教育、科学教育均无如日本之切实可法者”，首创派遣留学生留学日本之议，而以其弟幼楞为先导，并陆续将两个儿子、一个儿媳、一个女婿都送到日本留学，成为中国第一个有女学生到日本留学的家庭。单士厘在庚子、辛丑、壬寅几年间去日本，“无岁不行，或一航，或再航，往复既频，寄居又久，视东国如乡井”。她天资聪明，又肯用功，很快就学会了日本语文，甚至钱恂都得依靠她当翻译。她自己也和爱住女学校校长小具贞子、东京学校女干事时任竹子、女教师河原操子等日本知识妇女交上了朋友，广泛参加了国外的社会文化活动。

离开日本东京准备去俄国时，大阪正开“第五回内国博览会”，单士厘要在东京留学的儿媳同路到大阪参观。有一天大雨竟日，她们仍然冒雨出游。单士厘写道：“中国妇女本罕出门，更无论冒大雨步行于稠人广众之场。予因告子妇曰：今日之行，专为拓开知识起见，虽踯躅雨中，不为越礼……”

“踯躅雨中，不为越礼。”单士厘如果不走出国门，没见过世界，就不可能有这样明智通达的看法。正因为她有了这样的看法，所以在从日本归国回乡小住的几天中，陆续有如下的记载：

步行至东南湖母舅家，距予家不足三里。中国妇女向以步行为艰，予幸不病此。当在东京，步行是常事。辛丑寓居镰仓，游建长寺则攀树陟巅，赏金泽牡丹则绕行湖壖，恒二三十里。然在中国，则势有所不能。此硖石为幼年生长地，今已老(按：当时单士厘四十馀岁)，乡党间尚不以予为非，故特以步行讽同里妇女。

…………

伯宽之友顾、金二君，欲见予谈日本女学事。论乡曲旧见，妇女非至戚不相见。予固老矣，且恒与外国客相见；今本国青年，以予之略有所知，欲就谈女学，岂可不竭诚相告？乃偕伯宽接见……

…………

李君兰舟家招饮，其太夫人率两女、一外孙女接待。席间谈卫生事，因谆戒缠足，群以为然。

这些自述，活活刻画了一位蔑视封建礼法，主张文明进步的前辈知识妇女的形象。

后来到欧洲时，单士厘渐入老年，但豪迈气质依然没有衰减。罗马圣彼得堂的“唱诗小教堂”，是“晚课行礼之所，日曜日亦行弥撒礼于此，男子非礼服、女子非蒙黑幂者不得入，音乐甚有名”。她大概不愿意蒙黑幂(面纱)进教堂吧，乃“恒率孙辈伫门外听之，不觉神往。孙辈侍听，亦自然有一种静肃气”。这种近乎“浴乎沂，风乎舞雩，咏而归”的阔大自由的气象，在封建社会的大家庭中真可算是凤毛麟角。

◇

这是一个旧的意识开始崩溃瓦解，新的思想不断浸润渗透、开始出现初潮的时代，是何香凝在深思冥想、秋瑾在慷慨悲歌的时代。单士厘虽没有卷入革命的漩涡，但是却整个地感到了时代的潮流。她从封建的闺门走进广大的世界以后，耳目一新，思想随之而起了更深刻的变化。这些变化，都反映在她写的书里。

《癸卯旅行记》卷上多谈日本，对日本的长处介绍得很多，如光绪二十九年二月十七日参观大阪博览会教育馆后写道：

> 日本之所以立于今日世界，由免亡而跻于列强者，惟有教育故。……馆中陈列文部及各公立私立学校之种种教育用品，与各种新学术需用器械，于医学一门尤夥。更列种种比较品，俾览者得考见其卅年来进步程度。……要之教育之意，乃是为本国培育国民。……无国民安得有人才？无国民且不成一社会！中国前途，晨鸡未唱，观彼教育馆，不胜感慨。

从鸦片战争吃亏挨打以后，一切想改变中国贫病愚弱面貌的中国人，无不把眼睛望着西方，想要向西方国家学习。日本人向西方学习并不比中国早，学习的成效却要比中国大得多。所以，在甲午、戊戌以后，提倡学日本的风气越来越盛，差不多成了维新运动中一大潮流，启蒙时期的一大特色。单士厘作为一位启蒙时期的女性，在这一点上态度十分鲜明。二月二十日她在日本看到东京市上从西方进口的物品，多半是图书和工业用品，想起上海洋行里所卖的，却尽是手表、戒指和其他“玩品”，从而发现日本学习西方“专务实用”，和中国封建官僚和洋行买办们的态度完全不同，不禁慨乎言之：

> 日本崇拜欧美，专务实用，不尚焜耀。入东京之市，所售西派品物，亦图籍为多，工艺为多，不如上海所谓洋行者之尽时计、指轮以及玩品也。故从上海往游日本者，大率叹其“贫弱”，正坐不知日本用意耳！

在长崎税关，她见到的秩序十分良好，与上海所谓“洋关”迥然不同。元山的日本邮船株式会社里，“一室中白木几椅无他物”，“以视中国招商局之华美，奚啻天渊”，“然贸易事固不在饰观”，中国招商局的业务远不如日本邮船株式会社。这就是两种制度(半封建半殖民地制度和资本主义制度)的根本差异。

单士厘很谦和地说，“予知家事经济而已”，很少高谈政治。但难得的是她从普普通通的日常生活中，悟到了社会进化的道理，从而主张维新，主张进步，这正是启蒙人物的特色。

例如书中有一处谈到了历法，说“世界文明国，无不用格勒阳历(按即公历)，一岁之日有定数，一月之日有定数，岁整而月齐”，“故日本毅然改历，非好异也”。可是当时清朝朝廷和士大夫，却“以‘改正朔’三字为易代之代名词，故相率讳言”。单士厘“自履日本，于家中会计用阳历，便得无穷便利”，故积极主张中国改用公历，说：“改正朔与易代不相干，何讳之有?”她的这个主张，四十六年后中华人民共和国成立时，终于得到了实现。

但单士厘又不是一个数典忘祖的人。她深受中国传统文化的熏陶，深知中国的精神文明确有其不可抹杀的优越性。比如在谈到“女学”即女子教育时，她认为中国女子特别重视两性道德，这是为西方妇女所不及的。中国的缺点在于完全没有认识到女子教育为国民教育之根本，以为“德”即“一物不见、一事不知之谓”。“东国（日本)人能守妇德，又益以学，是以可贵。”而“西方妇女，固不乏德操，但逾闲者究多。在酬酢场中，谈论风采，琴画歌舞，亦何尝不表出优美？若表面优美，而内部反是，何足取乎?”

现在社会上有极少数男女青年，受到西方国家资产阶级颓废派标榜“性解放”“性自由”的影响，追求“荡检逾闲”的生活方式。他们(或她们)连表面上“谈论风采”的优美也表达不出来，内在的道德情操当然更谈不到优美。对于他们(或她们)来说，听听八十年前这位最早解放思想的老祖母的话，也许不无裨益。

◇

《癸卯旅行记》的卷中和卷下，记录了从海参崴经当时俄人控制下的“满洲铁道”(中东铁路)过西伯利亚，直达森堡(圣彼得堡)途中的见闻，对于沙皇俄国的扩张野心和侵略暴行，有比较深刻的揭露。

哈尔滨是当时俄国在远东进行侵略扩张的重要据点。单士厘等住的地方“名旧哈尔宾，土名香坊，旧为田姓者‘烧锅’所在。五年前，俄铁路公司人欲占为中心起点，乃逐锅主而有其地”。接着见到附近的秦家冈地势更好，又“以己意划界，不顾土宜；以己意给价，不问产主”，共侵占了一百三十二方里的大片土地，“定名为日诺威倮特，译言新城(新哈尔宾)”，“已建石屋三百所，尚兴筑不已，盖将以为东方之彼得堡也”。

单士厘在哈尔滨时，见到俄国“汽船三数，喷烟激浪”，在松花江上横冲直闯。感到朝廷将“此著名之松花江、嫩江间流域千里膏腴”，“今慨以赠”予俄国人，“安得不令他人哂乎?”

关于沙俄帝国主义分子在东北压迫残害中国人民的暴行，书中记载得不少。单士厘用愤慨的语气写道：

> 俄人肆虐杀淫掠于东三省，自以海兰泡之杀我男妇老幼三千馀人于一日，为最著称。黑龙江沿岸，被杀者数十数百，不可枚举。……辛、壬以来，被杀一二命，见公牍于三交涉局者以百数，不见公牍者不知数。至于毁居屋，掠牲畜，夺种植，更“小事”矣！……
>
> 一哥萨克持刃入一老幼夫妇四人者之家，攫少者肆无礼，其三人抱首哭。此哥萨克次第杀此四人而出。夫哥萨克诚强暴；然四人者，纵无器械，岂竟不能口啮此兵，而

默然待死乎？……

帝国主义的侵略暴行，从反面教育了中国人民，使得单士厘这位纯然“林下风”的大家闺秀，也表示宁愿“口啮”俄兵，也不愿“默然待死”，对沙俄在中国东北犯下的罪行表示了极大的愤慨。

帝国主义的侵略和封建专制的腐朽、反动，是“相得益彰”的。单士厘全文抄录了庚子年间无耻向沙俄侵略军投降的宁古塔副都统讷荫献给俄将迟怯苛夫的“功德碑”，讽刺地说：“讷荫满洲世仆，其忠顺服从，根于种性。见俄感俄，正其天德，但文字非其所长也。”后来车过宁古塔时，她又感慨地说：“溯顺治十一年(一六五四)，俄哥萨克兵直指宁古塔，为中国都统沙尔呼达所败，往事不复可追矣！……南望增叹，不知撰碑之讷荫，尚在塔城否？”

俄人在哈尔滨掠夺土地时，哈尔滨本地的世袭封建贵族、大恶霸恩祥是俄人的得力助手。单士厘记述恩祥为虎作伥的情形道：

恩祥恃其世官之焰，本鱼肉一方。自俄人来此，更加一层气焰。每霸占附近民地，以售于俄人，冀获微价。……俄人利用之，故土人畏之，官宦又媚之。……屯中“红胡子”所巢穴，现为恩祥所庇护。俄人欲将屯地圈入界内，以扩张路线，屡向华人言之。想实行此事，亦必不远。

奉天、吉林、黑龙江三省，“各设一交涉局于哈(尔滨)，例以候补道府司之”。这些封建官僚“唯恐失俄欢，仰达尼尔(俄国在东三省的总管)鼻息唯恐不谨”。“即傅家店一赌博案，亦必请示于达也”。

地方封建势力和地方政府官员对帝国主义的态度如此，全国最高政府的态度又如何呢？关于讷荫献给俄人那块碑，“李兰舟以此碑竖立崴埠，引为国民之大辱，曾录告北京政府，政府不答”。单士厘坐火车由海参崴到彼得堡，清楚感到俄国在中亚和远东经营的铁路线，正如巨蟹之双螯，“向我北京”。她写道：李兰舟给总署上条陈，“言俄人志在接路中国地上”，“南皮张公权两江，亦电奏闻俄将造中国铁路达鸭绿江口，请中国预谋抵制”，可是给他们的答复却是“可以无庸置论”。这当然不能不使这位“勃然发爱国心”的知识妇女废笔长叹。

旅行记中没有更多批评本国政治的话，但从作者对专制主义俄国落后黑暗的谴责，也可以看出一些“微言大义”来。她历述“俄商之不得自由贸易”、“俄学生之不得自由读书”、西伯利亚大监狱“待遇囚徒之残忍举世无双”、西伯利亚的流放犯人多达五十万种种情况。俄国的新闻事业不发达，原因是“政府对报馆禁令苛细”，“执笔者既左顾右忌，无从着笔，阅者又以所载尽无精采而生厌”。俄国的宗教气氛极浓，原因是专制政府“务欲使人迷信宗教，则一切社会不发达与蒙政治上之压迫损害，悉悉诿于天神之不佑，而不复生行政诉愿、行政改良之思想”。这些情形，在今天俄国境内恐怕也依然存在，真是源远流长，其来有自。

最有趣的是，明明是落后混乱，偏偏要粉饰太平。沙皇俄国的情形如此，清朝朝廷的情形又何尝不如此？单士厘对“俄官之动称国政仁厚”有一节极妙的评语(《癸卯旅行记》卷下四月廿二日记)：

> 譬如水旱偏灾，发帑移粟，乃行政者分内事。而在俄国则必曰：“此朝廷加惠穷黎”，“此朝廷拯念民生”。一若百姓必应受种种损害，稍或不然，便是国政仁厚。此俄之所以异于文明国也！

从追求文明、要求改良的思想出发，就必然走到对制造愚昧和迷信的专制政治的不满。单士厘尽管很少谈政治，她的书字里行间却仍然颇有政治的意味。

◇

但是，单士厘毕竟是一个深受文化熏陶、颇有审美修养的知识分子，她主要的兴趣是在文艺和学术方面。

总的说来，单士厘对俄国是不感兴趣的。可是她对莫斯科画院里的俄罗斯绘画却十分赞赏：“所悬万幅，油画、水画、铅画皆备，其绘光之技尤不可思议。光肖，则无笔不肖。且能因光肖声，雨、风、泉、石及人物形神，莫不如闻其声，至绘声而技绝矣，此为日本所未及见。”对于伟大的俄国作家托尔斯泰，她也极致倾倒：“所著小说，多曲肖各种社会情状，最足开启民智，故俄政府禁之甚严……恨之入骨，不敢杀也。”单士厘的这段叙述，曾被著名文学史家阿英引用，誉之为“最早赞扬托尔斯泰的中国妇女”。

和《癸卯旅行记》相比，《归潜记》中关于文艺学术的介绍，更加丰富得多。

《归潜记》中的《章华庭四室》和《育斯》两篇，用简洁、优美的古文，叙说了“金苹果”“特洛伊木马”“阿波罗射蛇”“黄金雨”等有名的神话故事；又从学术上考究了神话传说和宗教仪式的演变，对希腊罗马神话的源流作了概括的说明。在中国的神话文学翻译和神话学研究上，可以说是“开山之作”。

《彼得寺》(附《新释宫》)、《景教流行中国碑跋》和《景教流行中国表》三篇，包含有关于基督教史和欧洲建筑史的重要资料。如《彼得寺》中写正门的一段：

驱回罗马市中，无往不见高耸云表之彼得寺。一至彼得场(寺前广场)，豁然与寺门觌面，中矗尖柱，旁竖喷泉，而柱廊张为两翼。……

门廊前额，大字刊落成之年，及在位景宗之名姓，与其在御之年。入口之上，其内向处，有聚珍画一方，乃乔笃所画，为有名杰作。……其画为一船，载耶稣使徒浮海遇风，耶和华在天际为遭难者祝福，右角耶稣拯彼得于浪中，对面坐渔父。此画……位置于此，具有深意。先是景徒大率由多神教改依，此等人习于偶像教式，虽依景教，不忘旧礼，每于未入寺之前，转身先拜太阳。在景教不许

> 拜太阳，而此习骤难革除，故于廊内面特置此画，彼转拜者自用其拜太阳之习惯，而在景门视之，仍是专拜耶稣，可谓两无窒碍。
>
> …………
>
> 中门镂铜为之，尚是旧寺物，欧勤四时所作。每门三方围，中镂彼得、保罗殉教状，及欧勤在位中大事……围外缘格所绘，尽是神话中事……可见罗马不恶多神偶像，凡美术上可珍之品，并不以异教而毁坏之也。

这样的文章，叙述的景物十分鲜明，又介绍了宗教史、文化史上的知识，比普通的记游文字高明多了。

《马哥博罗事》《摩西教流行中国记》《义国佩章记》等篇，记录了中西交往史上许多事情，把亲身见闻和历史知识串在一起，而且串得很好。单士厘是一个有心人，文字中时时流露了她的爱憎。如《摩西教流行中国记》附录的《罗马之犹太区——格笃》一文，叙述了罗马犹太人被迫害、受歧视的情形，诸如：

> 古罗马习惯……迫令犹太人于喀尼乏尔节日，竞走于群民嘲讪之中，如竞马然。……竞走者，驱驴于前，犹太人逐驴后，仅许围一缕布于腰下，四肢尽裸。犹太人后为水牛，牛后为野马，凡不以人类视犹太人也。
>
> …………
>
> 今虽不用此例，而犹太人尚于节之第一土曜，往嘎毕都行敬礼于马鞍，盖纪念往事，而谢马之娱罗马民以代己也。

单士厘明白表示：她写这些的目的，是为了“以示亡国遗黎受辖于白人治权下之情况”。在全文最后，又特别加了一行话：“此《格笃记》，阅者宜细心味之。数百年后，吾人当共知之。”这无非是暗示同胞，如果中国还不力疾自强，保国保种，犹太人的惨况就会落到中国人的头上。在谈艺文、述史事的时候，她依然没有忘记国家和人民，始终保持了一个启蒙者的良心和激情。

《癸卯旅行记》有一九〇四年日本“同文印刷舍”排印本。我们根据单氏原稿，校改了排印本的错误，加以标点，重排出版，并将排印本多出的几段文字，用方括弧补入。《归潜记》则据钱氏家刻毛本标点排印。两书均未作任何删节，只在一处地方用□□代替了原文。《彼得寺》和《章华庭四室》篇中的小标题，原来用“右……”的形式放在每节之后，现移置每节之前。文内加框小题和脚注，则为编者所加。《归潜记》原来所分的“×编之×”，大概是作者准备重编的次第，现在已经没有什么意义，就把它取消了。

单士厘的相片，蒙钱三强先生转请钱秉雄、端义两先生觅得，为单士厘八十一岁时所摄。正是在这一年，单士厘以高龄完成了《清闺秀艺文略》五卷，在跋语中略略述及了她本人和协助“排比雠校”的“玄同小郎”辛勤劳动的情形，全稿由她亲手抄录的即有十馀部。可见这位老太太直到晚年，仍然在为积累、整理文化遗产努力工作，这种治学的精神，值得后人敬佩。

钱秉雄先生在寄相片给我的信中说：“我的侄女们有一个

要求，希望出书后，寄几本来作为对她们的老祖母的纪念。我想，您一定会高兴她们要求的。”

请允许我十分高兴地表示对秉雄、三强昆仲和钱家诸位的感谢，是他们使读者得以一睹本书作者的风范，使本书能以现在的形式，对这位在启蒙时代从闺房走向东西洋的先进妇女表示尊重和纪念。

千秋鉴借吾妻镜*

（1981.6）

光绪八年(一八八二)春，黄遵宪由驻日参赞调任美国三富兰西士果(旧金山)总领事时，写过这样几句诗：

> 海外偏留文字缘，新诗脱口每争传。草完明治维新史，吟到中华以外天。

这里说的“明治维新史”，指他的著作《日本国志》；“吟到中华以外天”，则说的是他在日本写成的诗集《日本杂事诗》。

《日本国志》是中国人所写的第一部日本通志。它叙述了日本古往今来各方面的情况，尤其是“明治维新”后所发生的巨大变化，是一部名副其实的“明治维新史”。

《日本杂事诗》专咏日本的国政、民情、风俗、物产，写的

* “千秋鉴借吾妻镜”是黄遵宪诗《〈日本国志〉书成志感》中的句子。意谓历史可以作为千秋万世的借鉴。《吾妻镜》为日本古史《关东通鉴》之别名。传说武尊皇子东征渡海，风涛大作，有橘姬投海祷神得止；及凯旋，皇子东望叹曰，“吾妻独不能归乎”。后人遂称关东为“吾妻国”。东京又有“吾妻桥”，出同一故事。

确实是“中华以外”的另一个天下。它“写物如绘，妙趣横生，以悲悯之深衷，作婵嫣之好语”（狄平子语），写作体裁是七绝小诗，想达到的却是让中国人了解日本特别是日本的变法图强这个大的目的；在某种意义上说来，也是一部“明治维新史”。诗注常云“详见《日本国志》”“别详《日本国志》中”，可见作者也是把这两部书视为姊妹篇，希望读者将它们参照起来读的。

关于黄遵宪，有人仅仅把他看作一位诗人。《辞海》在“黄遵宪”名下，就只有“清末诗人”这样四个字。其实，黄遵宪首先是一个维新思想家，一个启蒙运动者，一个爱国的政治人物，然后才是一位诗人；他的诗，也主要是政治的诗。

让我们看看黄遵宪本人对自己的评价吧！在逝世前一年，他在给梁启超的一封信中，回顾了自己的一生：

> 自吾少时，绝无求富贵之心，而颇有树勋名之念。游东西洋十年，归以告诗五[1]曰：“已矣！吾所学，屠龙之技，无所可用也。”盖其志在变法，在民权，谓非宰相不可为；宰相又必乘时之会，得君之专，而后可也。既而游欧洲，历南洋，又四五年，归见当道者之顽固如此，吾民之聋聩如此，又欲以先知先觉为己任，借报纸以启发之以拯救之，而伯严[2]苦劝之作官。……及戊戌新政，新机大

① 诗五：梁居实，曾任驻德、比、日诸国参赞。

② 伯严：陈三立，父宝箴戊戌任湖南巡抚，推行新政。

> 动，吾又膺非常之知，遂欲捐其躯以报国矣。自是以来，愈益挫折，愈益艰危，而吾志乃益坚。……再阅数年，加富尔[1]变而为玛志尼[2]，吾亦不敢知也。

这里谈的全是政治，而不是诗。

黄遵宪于清道光二十八年(一八四八)出生于广东嘉应州一个商人家庭。他的祖上因经商致富，竭力送子孙读书。他出世时，父亲已经是一名秀才，他自己二十岁也进学成了秀才。封建社会有句话："秀才不出门，能知天下事。"一般的地主阶级读书人，不研究实际问题，不关心天下大事，只知盲目搬弄封建教条，求取个人功名利禄。黄遵宪却与众不同，《人境庐诗草》的第一首诗，为他十七岁时所写，就是讽刺食古不化的秀才们的：

> 世儒诵诗书，往往矜爪觜；昂头道皇古，抵掌说平治。
> 上言三代隆，下言百世俟；中言今日乱，痛哭继流涕。
> 摹写车战图，胼胝过百纸；手持井田谱，画地期一试。
> 古人岂我欺，今昔奈势异；儒生不出门，勿论当世事。

这确实是一首好诗，好就好在它表明了少年黄遵宪的进步观点，是封建社会浑浑噩噩的"秀才"群中难得听到的清醒呼声。

① 加富尔：意大利建国三杰之一，统一后意大利王国的首相。
② 玛志尼：意大利建国三杰之一，主张建立意大利共和国。

黄遵宪下决心“出门”去接触“当世事”，首先于同治九年到广州，遍读了《万国公报》和江南制造局关于“时务”的书，接着又到香港游历。他看到香港“弹指楼台现”“帆樯通万国”[①]的情形，赞叹道：“人力信雄哉。”但是想起祖国河山破碎，望着边界山头迎风猎猎的龙旗，又不禁自问“九州谁铸错”，一腔悲愤，“洒泪纵横”。

经过这次“出门”，黄遵宪的眼界开阔了。“乌知今日裨瀛环海还有大九州”，“要抟扶摇羊角直上九万里”。回到广州时，他特地去凭吊了虎门抗英的遗迹，在战台祠庙前，心情久久不能平静。“驱鳄难除海大鱼”，“谁似伏波饶将略”，他意识到祖国正处在危急存亡之秋，有志之士应该投袂而起。

于是，他于同治十三年间继续“出门”北上。在烟台、天津和北京，他先后见到了丁日昌、张荫桓、陈兰彬、郑藻如、李鸿章等讲时务、办外交的人。这些人都对这个有才华、有见解的青年刮目相看，跟他“抵掌当世务”：谈到中国对外关系发生了从古未有的变化，“七万里戎来集此，五千年史未闻诸”；谈到在西方影响下开始出现的新鲜事物，“考工述物搜奇字”，“借筹幸辟同文馆”；谈到列强环伺，咄咄逼人，“今年问周鼎，明年索赵璧”；也谈到了外交工作的重要性，“海疆东南正多事”，“和戎难下绝秦书”。黄遵宪深深感到了个人对国家的责任：“国耻诚难雪，何仇到匹夫。”“荷戈当一兵，

① 文中引用诗文，凡未特别注明者，均引自《日本杂事诗》《日本国志》和黄遵宪本人其他著作。

吾亦从杀贼。”从小就有的“树勋名之念”和求报国之心，在他的身上很自然地结合起来了。

在这种心情支配下，黄遵宪弃去“成进士、入翰林”的“举业”，投身外交界。光绪二年，清朝政府选派第一批使臣出国，黄遵宪决定随何如璋到日本，担任驻日使馆参赞，开始了他“游东西洋十年”的生活。

◇

从光绪三年(一八七七)十二月起，黄遵宪在日本度过了四年多。这时候“明治维新”刚刚开始十来年，但是新文明已经表现出强大的生命力，日本很快就“以祸为福，以弱为强”(梁启超:《日本国志后序》)，“富强之机，转移颇捷，循是不辍，当有可与西国争衡之势”(薛福成:《日本国志序》)。这个情况，在黄遵宪的头脑里造成了深刻的印象。

毛泽东述及一八四〇至一九一九时期的历史时说过:“那时的外国只有西方资本主义国家是进步的，他们成功地建设了资产阶级的现代国家。日本人向西方学习有成效，中国人也想向日本人学。”黄遵宪便是最早主张向日本学习的中国人的杰出的代表。

《日本国志》的凡例中说，日本“变法以来，革故鼎新，旧日政令，百不存一；今所撰录，皆详今略古，详近略远，凡牵涉西法，尤加详备，期适用也”。这正是黄遵宪写书介绍日本的目的。

日本和中国一样，都是东亚的封建国家。直到十九世纪四十年代，两国都还在厉行闭关锁国的政策。在接触西方对外开放这件事情上，日本的起步并不比中国早。

一五三五年，佛郎机（时中国称葡萄牙）人至澳门；八年后，南蛮(时日本称葡萄牙)人始至日本种子岛。

一六〇六年，徐光启等译成《几何原本》，为中国译述西学之始；一七七四年，日本杉田玄白等才译成《解体新书》。

一七一七年，中国朝廷“禁海”，出海者“立斩”；而在八十二年前，日本幕府即已“锁国”，出海者处死。

一七九三年，英国遣使马戛尔尼来中国求通商，不许；就在前一年，俄国遣使拉克斯曼至日本求通商，亦不许。

一八四〇年，英国发动鸦片战争，迫使中国开放“五口通商”；十三年后，美国派舰队到日本，强迫日本立约开国。

从这些情况看，中日两国的经历，真可以说是一对难兄难弟，大致相同。你锁国，我禁海，都是不许别人家进自己屋子里来，也不许自家老百姓到别家外国去的。

在完全封闭的状态下，中国有个水手谢清高，因海难被救随“番舶”在外十四年，归来后其见闻被记录成《海录》出书传世；日本也有个渔民津太夫，落海漂流到俄国，十一年后由欧洲回日本，其见闻被记录成《环海异闻》。中国第一部有意识全面介绍西洋的书《海国图志》，发源于林则徐魏源审讯英国俘虏；日本第一部同类的书《西洋纪闻》，发源于新井白石审讯潜入日本的意大利传教士。这些书成书也大抵同时。

所有事实都说明，中国和日本的“走向世界”，真的有许多相似之处，令人奇怪的是，后来的发展却是如此不同。日本人接触西方虽不比中国早，起步以后却走得快得多。其中的奥妙，一直成为近代东亚史研究者感兴趣的问题。黄遵宪在百年前，当然不可能对这个问题做出全面的圆满回答；不过，《日本国志》和《日本杂事诗》仍然在一定程度上接触并解释了这个问题。

(一)两书都着重说明日本民族特别善于学习。《日本杂事诗》有条注文说："日本典章文物，大半仿唐。当时瞻仰中华，如在天上。遣唐之使，相望于道。"西人东来后，又"锐意学西法，布之令甲，称曰'维新'，美善之政，极纷纶矣"。全诗二百首中，写古代日本引进中国文化(包括制度和技术)的近四十首；写近代由西洋传入日本的新事物的，也有近四十首。日本人能够这样锐意学习外来文明，和他们背的历史包袱比较小这一点是有关系的。黄遵宪指出过："持中国与日本较，规模稍有不同。日本无日本学，中古之慕隋唐，举国趋而东；近世之拜欧美，举国又趋而西。……若中国旧习，病在尊大，病在固蔽，非病在不能保守也。"这正和当代日本进步史学家井上清的看法相同。井上清说：

> (日本)和美索布达米亚、埃及、印度和中国的人类文明发祥时代比较，落后了二千年到四千年。……日本人贪婪地学到了朝鲜、中国、印度以及后来的欧洲的先进文明，就使得日本历史的发展异常迅速。……日本经常是模仿先进的文明，这件事似乎应以自卑的口气加以叙述；但是……吸收先进文明这件事，恰恰证明了日本人的生活

能力。(井上清《日本历史》)

(二)从两书都可以看出:“明治维新”主要是一次自上而下的改革。《日本杂事诗》叙述日本天皇自“源、平[①]以还,如周之东君,拥虚位而已”。《日本国志·国统志论》论“明治维新”的口号“尊王攘夷”时说:“前此之攘夷,意不在攘夷,在倾幕府也;后此之尊王,意不在尊王,在覆幕府也。”这就说明“明治维新”的改革矛头,针对的不是“拥虚位”的天皇,而是拥实权的幕府。从上而下的做法,破坏和折腾较少,经济和文化的发展也就较快。尽管由于政治民主化落后于经济现代化,“维新”后的日本仍然是一个专制国家,并不能满足人民的根本要求,但在一个时期内却确实取得了较快的进展。正如美国的“日本通”赖肖尔所说:

(日本人相对迅速地取得成功的)另一个重要因素是,整个这次巨大的变革,在日本人思想当中是可以接受的。这并不是因为他们新学了一些外国的概念……而是因为他们自己古老的天皇统治制度能够接受这一变革。由于利用了本国的思想,无疑减轻了这次剧烈变革可能造成的痛苦和创伤。(赖肖尔《日本人》)

① 源、平:一一六七年,平清盛任太政大臣,独揽政权;一一八〇年,源赖朝举兵推翻平氏,自任“征夷大将军”,建立幕府统治。

(三)两书都突出提到了教育的作用，也就是日本知识分子在引进先进文明上的作用。《日本杂事诗》云："化书奇器问新篇，航海遥寻鬼谷贤；学得黎鞬归善眩，逢人鼓掌快谈天。""欲争齐楚连横势，要读孙吴未著书；缩地补天皆有术，火轮舟外又飞车。"都是写留学生和新式学校的。《日本国志·学术志》详述日本学西方的情况："明治元年海外留学者五十人，二年至百五十人，至五年大抵千馀人。"又"争延西人为之教师，明治六、七年间，各官省所聘、府县所招，统计不下五六百人。""今之当路诸公，大率从外国学校归来者也。"

这些"当路诸公"，也就是明治维新的核心领导人物，大都是到欧美留学、考察归来的青年和壮年，如岩仓具视、大久保利通等当时只有四十来岁，木户孝允、山县有朋等只有三十来岁，伊藤博文刚刚三十岁，年纪都和中国的康、梁、黄遵宪"锐意改革"时差不多。井上清特别指出过这一点，他说：

> (日本的明治维新)对于外国文化……是由知识分子通过书本来学习的。直到现在为止，这仍是日本吸收外国文化的主要的甚至是唯一的方法。(《日本历史》)

黄遵宪第一个把明治维新时期日本人学西方的情况和经验教训介绍到中国。后来的事实证明，这在中国近代史上发生了很大的影响。

◇

一八八二年从日本到美国后，黄遵宪进一步接触了资产阶级的政治主张和政治制度，渐渐开始形成了关于“变法”“民权”的政治思想。当时民主革命之说开始盛行，黄遵宪“初闻颇奇怪，既而取卢梭、孟德斯鸠之说读之，心志为之一变，知太平世必在民主”(见《新民丛报》)。当然，在很长一个时期内，他的“太平世”还只是一个模糊的远景。由于历史和时代的局限，他总是怀疑人民独立自治的能力，“仍欲奉主权以开民智，分官权以保民生”，也就是想要学日本那样，奉一位“明治天皇”来实行自上而下的“变法”。他还只是一个君主立宪论者。

在美国，黄遵宪对资产阶级民主较之封建制度的优越性，以及资产阶级民主自由的局限性和虚伪性这两个方面，都有了从感性到理性的认识。一八八四年美国选举总统，他写了一首长诗叙述这件事情。诗中首先肯定了美国资产阶级革命取得的一些成果：

> 红黄黑白种，一律平等视；人人得自由，万物咸遂利。
> 民智益发扬，国富乃倍蓰；泱泱大国风，闻乐叹观止。

即以总统选举来说，也“究竟所举贤，无愧大宝位”。但是，选举的黑幕重重，丑态百出，例如两党互相进行人身攻击：

彼党讦此党，党魁乃下流：少作无赖贼，曾闻盗人牛；
又闻挟某妓，好作狭邪游；聚赌叶子戏，巧术妙窃钩；
面目如鬼蜮，衣冠如沐猴；隐匿数不尽，汝众能知不？

不由得使他慨叹："至公反成私，大利亦生弊"，"倘能无党争，尚想太平世"。这些认识进一步加深了他的君主立宪主张。但平心而论，这种对外国事物有批判、有分析、既不全盘肯定也不全盘否定的态度，在当时毕竟是难能可贵的。

作为一位外交官，黄遵宪尽忠职守，做了不少事情。比如，刚到旧金山时，得知当地政府为了排华，以住处"不卫生"为借口，逮捕了数千名华人。他立即要求到关押处看望，见到那里十分污秽拥挤，便严词质问美方："这里的卫生，难道比华人住处好吗？"当地政府只好将关押的华人全部释放。他痛苦地直抒自己的胸臆："呜呼民何辜，值此国运剥"；"有国不养民，譬为丛驱雀"。就这样，他从外交工作的实践中，同样得出了自己国家确实需要变革的结论。

回国以后，黄遵宪将《日本国志》定稿付诸刊行，然后于一八九〇年随薛福成赴英任参赞，"游欧洲，历南洋，又四五年"。在这段时间中，他认为英国的君主立宪政体最宜中国仿效，主张中国"上自朝廷，下至府县，咸设民选议院，为出政之所"；但同时也仍然主张向日本学习，因为"日本已开议院矣，进步之速，为古今万国所未有"。他在伦敦将《日本杂事诗》修改充实，使成定本，随后又到新加坡担任了几年总领事，一直到甲午年才回国。

甲午之战，变法维新的日本，打败了落后守旧的清朝，对中国人是一次极大的震动，黄遵宪的书立即受到了人们普遍重视。袁昶对黄氏说："你的书如果早一点让大家看到，价值可以抵得二万万两银子。"(中国向日本赔款二万万两)黄遵宪自己的思想，这时起了一个飞跃。他看到李鸿章等人竭力经营的北洋海陆军全军覆没，写下了《东沟行》《悲平壤》《哀旅顺》《哭威海》《马关纪事》《降将军歌》等许多首爱国诗篇，歌颂"躬蹈烈火沉重渊"的邓世昌等抗日英雄，痛斥了"手书降表黄龙笺"的叶志超一流败类，指出："有器无人终委敌"，光有坚船利炮并不能免于败亡。第二年，他就参加了文廷式、康有为在京师发起的"强学会"，以实际行动投入了中国的维新运动。

《日本杂事诗》和《日本国志》，都曾经特别提到报纸鼓吹文明开化的作用。黄遵宪自己筹款在上海创办《时务报》，请梁启超担任主笔，成为维新派的重要喉舌。这时候，年轻的光绪皇帝下决心学明治天皇，希望找到自己的伊藤博文、木户孝允，于光绪二十二年九月下旨召见黄遵宪。光绪问黄遵宪："泰西政治，何以胜中国?"黄遵宪答："泰西之强，悉由变法。臣在伦敦，闻父老言，百年以前，尚不如中华。"光绪乍听颇感惊讶，随即点头表示理解；第二年(也就是戊戌前一年)便派黄遵宪到湖南，先任长宝盐法道，后署按察使(臬台)，和巡抚陈宝箴一道试行新政。

这时的湖南，可以说是维新运动的一个中心。主持省政的陈宝箴、黄遵宪、江标、徐仁铸等，都是有名的新派人物；黄遵宪又邀了梁启超来湘倡办南学会、主讲时务学堂，谭嗣同也回省协助工作。一时湖南出现新事很多，学会、学堂、报纸、轮船、铁路、矿务都次第兴办。当时的《湘报》登载过黄遵宪在南学会的一篇演说：

> 如所谓“生于深宫之中，长于妇人之手”，骄淫昏昧，至于不辨菽麦，亦腼然肆于民上，而举国受治焉，此宜其倾覆矣。
>
> …………
>
> 所求于诸君者，自治其身，自治其乡而已矣。以联合之力，收群谋之益，由一府一县推之一省，由一省推之天下，可以追共和之郅治，臻大国之盛轨矣。

这样的言论，出自君主专制国家省级大员之口，确实很不平常。难怪当时反对变法的顽固分子，破口大骂黄遵宪是“乱臣贼子”“罪大不可逭”。其实，这不过反映了黄遵宪进一步明确起来了的“民权”观念，也就是他后来在诗中流露的“人言廿世纪，无复容帝制”的思想，它和君主专制本来是尖锐对立的。

◇

戊戌这一年是黄遵宪政治生涯的顶点。正月，光绪皇帝向翁同龢索取《日本国志》。二月，枢臣进《日本国志》一部，但光绪接着又要了一部。四月，下诏定国是：“国家振兴庶政，兼采西法，今将变法之意，布告天下……”正式宣布学习日本，实行变法。二十六日上谕：“黄遵宪着该督抚送部引见。”不巧黄遵宪在长沙喝多了白沙井的凉水，得了痢疾，进京时绕道上海医治，以致迁延。光绪看准了黄遵宪是交通日本的人才，六月二十三日任命黄氏为出使日本大臣，接连三次下诏，令他“攒程迅速来京”。黄遵宪也极其愿意赶快进京，施展他平生的抱负，“病中泣读维新诏，深恨锋车就召迟”。

如果光绪皇帝真的成了中国的明治天皇，康有为、黄遵宪等人成了中国的木户孝允、伊藤博文，中国的历史也许有另一种写法。然而历史就是那样无情，顽固派不会自动退出历史舞台，当变法维新损及他们原来享有的特权时，他们就狰狞毕露地向维新派举起了屠刀。八月，慈禧太后发动政变，光绪成了瀛台之囚，六君子血染菜市口。顽固派掌握政权后，立即将黄遵宪“开缺”，接着又命令“查看”，将其软禁。仅仅因为不敢树敌太多，特别是考虑到黄遵宪是日本刚刚正式表示接受的出使大臣，有国际影响，才于二十六日有旨“放归”。所谓“放归”，就是放逐归家，等于现在的“开除公职”。黄遵宪“劫馀惊抚好头颅”，从此躲进他在家乡构筑的“人境庐”，开始了诗人“蛰居吟咏”的生活。

黄遵宪有诗才，能写诗，但他所追求的本来并不仅只是诗。“穷途竟何世？馀事作诗人”，这就是他的自白。可是，从这以后，他却只能够做诗人了。从五十岁到五十八岁，他在“人境庐”里写下了几百首诗。其中有一些是自遣自排的作品，如：

天下英雄聊种菜，山中高士爱锄瓜；无心我却如云懒，偶尔栽花偶看花。

从貌似淡忘中仍然使人感觉得到“英雄失路，托足无门”的悲哀，然而更多的仍旧是观点鲜明的政治诗：

十七史从何处说，百年债看后来偿。

*

箧藏名士株连籍，壁挂群雄豆剖图。

*

四亿万人黄种贵，二千馀岁黑甜浓。

他始终在紧跟着历史潮流，关心着天下大事，尽管自己名列株连黑籍，却始终对未来抱有信心，相信“四亿万人”一定会从两千多年的梦魇中醒来的。

戊戌年的倒行逆施，到庚子年终于吃到了苦果。搞“自天下降愚黔首”的人，弄到“党人狱起又黄巾”，结果是“皇京一片变烟埃”。黄遵宪早已被夺去了政治生命，但他觉得个人处境只不过区区小事，“一身网罗不足惜，巢倾卵覆将奈何”？他痛斥昏庸误国的衮衮诸公“断狱总应名国贼”，谴责顽固反动的慈禧太后“揖盗开门终自误，虐臣衅鼓果何心”，对“老来失计亲豺虎”、一味主张利用沙俄牵制日本的李鸿章也深致不满。

辛丑以后，朝不保夕的清廷，不得不稍微放松党狱和文网。黄遵宪仍然蛰居嘉应，但又开始和梁启超、严复等人书信往还，讨论起中国的前途和政治来了。他说："中国之进步，必先以民族主义，继以立宪政体，可断言也。……虽然，或以渐进，或以急进，或授之自上，或争之自民，何途之从而达此目的？则吾不敢知也！"光绪皇帝学明治天皇的失败，使他终于考虑到中国的变革也许应该采取另外一条道路，也就是"急进"的、"争之自民"的道路。他心目中的理想人物，已经开始由加富尔变成玛志尼。可惜这时他既老且病，身体越来越不行。光绪三十一年(一九〇五)正月，他还扶病写信给梁启超说："一息尚存，尚有生人应尽之义务。……孔子所谓君子息焉，死而后已，未死，则无息已时也。"可是到二月二十三日，他就不幸去世了。

黄遵宪留下的最后一首诗是《病中纪梦述寄梁任父》。诗中一唱三叹，仍然念念不忘"变法"，不忘"民权"：

> 呜呼专制国，今既四千岁。岂谓及余身，竟能见国会？
> 以此名我名，苍苍果何意？人言廿世纪，无复容帝制。
> 举世趋大同，度势有必至。怀刺久磨灭，惜哉吾老矣。
> 日去不可追，河清究难俟。倘见德化成，愿缓须臾死。

黄遵宪没有能够"缓须臾死"；中国在人民没有当家做主之前，也根本不可能"见德化成"。于是，他只好在寂寞中死去。其实，西太后早已在政治上杀死了他。他完全可以说是以身殉戊戌变法，只不过比谭嗣同缓死了七年。

> 竟作人间不用身，尺书重展涕沾巾。政坛法界俱沉寂，岂独词场少一人？

狄葆贤(平子)这首挽诗对黄遵宪的评价，似乎是比较全面的。终黄遵宪的一生，在爱新觉罗王朝统治下的“人间”，尽管他念念不忘国家的富强，又确实算得上一个先知先觉，却仍然只能成为“不用身”。只有他留给后人的著作，提供了值得重视的历史经验，总算足以使他永垂不朽。其中,《日本国志》和《日本杂事诗》占有相当重要的地位。正如黄遵宪自己在咏这两部书的诗句中所云：

> 千秋鉴借《吾妻镜》，四壁图悬人境庐。

在中国如何甩脱“二千馀岁黑甜浓”的沉重包袱，迅速走上现代化的发展道路这个问题上，黄遵宪和他这两部书是确实可以作为千秋鉴戒的。

◇

《日本杂事诗》的第一个版本，是光绪五年孟冬的北京“同文馆聚珍板”本，第二个版本是“天南遁叟”王韬在香港循环报馆用活字排印的“弢园丛书”本。这两个版本，都是收诗一百五十四首（卷一七十三首，卷二八十一首），我们称之为

"原本"。

光绪十六年，黄遵宪在伦敦改订《日本杂事诗》，删去了七首，增加了五十三首，其馀的诗和注也颇多修改，于光绪二十四年由长沙富文堂重刊，称为"定本"，卷一七十九首，卷二一百二十一首，共诗二百首。至于黄氏改订的意思，定本的自序和跋讲得很明白，主要是他经历欧美以后，对日本的"改为西法，革故取新"有了进一步认识，觉得自己原来的诗还未免稍多"新旧同异之见"。这正说明黄遵宪的思想能够与时俱进，是很可佩服的。

为了尽量存文存人，使后人多了解一点黄遵宪当时介绍的日本情况和他本人的思想变化，收入《走向世界丛书》的这个本子，正文完全据定本校点排印，同时以按语的形式，把原本被删改文字(包括诗和小注)全部附录于各首之后，供读者参阅。此外，还从《日本国志》中采辑一部分内容作为"广注"，亦即是原注的扩大和补充，使注文的字数增加了将近三倍。《人境庐诗草》中有关的几首诗，也一并辑入。原本错字颇多，定本亦间或不免，均在力所能及的范围内作了校改，并一一注明，以明责任。这样做，岂敢云为《日本杂事诗》留一善本，只能说给对日本和黄遵宪有兴趣的读者减少一点翻检之劳罢了。

民国二十五年的《逸经》杂志上，有周作人谈《日本杂事诗》的一篇文章，开头说："今年阴历的厂甸我居然去了三次，所得到的无非都是小本零书罢了，但其中也有我觉得喜欢的。"接着举出本书光绪二十四年长沙刻本，又说："此定稿似只有长沙的刻本，后来不曾复刻，我于无意中得到，所谓觉得喜欢的就是为此。”此次我校印《日本杂事诗》，在长沙偏找不到长沙的刻本。多亏北京张玄浩先生帮忙，居然让我见到了周作人购藏的原书，卷首题记云：“民国廿五年二月二日在北平厂甸书摊买得此系黄君最后定本可贵也。”署名“知堂”，并钤有“知堂书记”朱文图章。这也是我觉得喜欢的一件事，特附志于此，以为纪念。

张德彝的八次述奇

航海述奇：同文馆学生游欧（1981.7）

《走向世界丛书》收录晚清八十一人亲历欧美日本的记述一百种，一千四百万言。八十一人之中，写得最多的是张德彝。

张德彝一生出洋八次，每次逐日详记见闻，归来整理誊清，名为“述奇”，共成书七种七十八卷，二百万言，详情如下：

《航海述奇》四卷，记同治五年（一八六六）随赫德游历欧洲。

《再述奇》六卷，记同治七年至八年（一八六八至一八六九）随蒲安臣使团往美、英、法国。

《三述奇》八卷，记同治九年至十一年（一八七〇至一八七二）随崇厚往法国，得见巴黎公社法兰西内战。

《四述奇》十六卷，记光绪二年（一八七六）随郭嵩焘至驻英使馆任翻译，四年（一八七八）调俄，六年（一八八〇）归国。

《五述奇》十二卷，记光绪十三年至十六年（一八八七至一八九〇）随洪钧至柏林使馆任随员。

《六述奇》十二卷，记光绪二十二年至二十六年（一八九六至一九〇〇）随罗丰禄至伦敦使馆任参赞。

《七述奇》未成书，留有日记，述光绪二十七年（一九〇一）

任参赞随那桐往日本。

《八述奇》二十卷，自述光绪二十八年至三十二年(一九〇二至一九〇六)任出使大臣之经历见闻。

以上八部《述奇》，我们准备逐一加以介绍，本文先谈谈张德彝本人和《航海述奇》。

一个汉军旗人[①]

《航海述奇》这本书，既是一本新书，又是一本旧书，因为它是根据一部一百一十年前的稿本，首次校点排印的。

这是一本很不一般的书。书的作者张德彝，也是一位很不一般的人。

先说这本书——《航海述奇》。第一，它是最早到欧洲游历的中国人所写的游记，同时还有一本《乘槎笔记》，却不如它记得这么详细。第二，它是一个十八岁的青年学生初次出国的见闻。十九世纪六十年代泰西各国的异域风光、奇工巧技，在这个年轻人的心中留下了鲜明的印象。西方的许多事物，都是在他的笔下，才开始被准确地介绍到中国来。第三，它是作者一生所写二百万字系列外国游记的第一部。

再说书的作者——张德彝。他不仅是一个汉军旗人即汉裔满人，而且可以当之无愧地被称为十九世纪中国最多产的旅游

① 汉军旗人：满人在东北建国之初，举国皆兵，居住在当地的汉人和蒙古人也不例外。后来投降和归附者益多，入关前编为汉军八旗，与满洲八旗、蒙古八旗统一行动。汉军旗人从此被视为和满人一样的“旗人”，享受和满人一样的待遇。

作家，在中国外交史上也称得上很多个“第一”：

他是中国第一所国立外语学校的第一届学生，属于中国自己培养的第一批外语翻译人员，担任过总理各国事务衙门(等于外交部)的英文正翻译官以及光绪皇帝的英语教师(时称“侍读”和“进讲”)。

他要算是中国的第一代职业外交官，从学生、翻译、随员、参赞，一直做到出使大臣，登上了职业外交官仕途的顶点。

正如张德彝自己在《四述奇序》所说，“计自设馆(指同文馆)以来，出洋四次，彝皆躬逢其始，噫！亦奇矣！”正因为有这样“奇”，所以他把自己所写的外国游记一律题作“述奇”。一九一八年他去世时，一副挽联这样评价了他和他的书：

环游遍东亚西欧，作宇宙大观，如此壮行曾有几？
著述奇连篇累牍，阐古今奥秘，斯真名士不虚生。

这位“环游遍东亚西欧，著述奇连篇累牍”的人，和《红楼梦》的作者曹雪芹一样，是一个“汉军旗人”。他的祖先本是汉人，原籍福建，后来到了铁岭(今属辽宁)，被编入汉军镶黄旗，入关后即世居北京。旗人虽然有一份定额钱粮，因为不事生产的缘故，有些做不上官的，家境却谈不上宽裕，到后来甚至渐渐变成了城市贫民，张家便属于这种情况。《光禄大夫、建威将军张公集》(张德彝去世后编印的荣哀录)中，说他出生于柏林寺旁的龙王庙胡同，“彼时屋二间耳”。他祖父常常帮庙里的和尚做佛事，代替和尚念经，挣点收入，得了个“佛张”的绰号。他早岁入塾读书，“学费每给于舅氏”。看来，如果不是家庭生活困难，后来张德彝也未必会进同文馆，去“坐补马甲钱粮”和领取那份“膏火银”。

张德彝十五岁那一年是同治元年(一八六二)。这一年，北京城里出了件新鲜事，这件事使张德彝的命运发生了巨大的变化。新设立的专门办理洋务的“总理各国事务衙门”[①]，要办一个叫作“同文馆”的学堂，居然要请外国人来教中国人讲外国话、写外国字了。

十五岁学英文

为什么要开办同文馆，要学洋话学洋文呢？最直接的原因是：此时国门初开，洋务初办，开始和洋人打交道，需要有熟悉西洋语言文字的人才，而这样的人才在当时却极其难得。

从孟夫子时候起，“华夏雅言”以外的语言就被贬为“鴂舌之音”，意思是畜鸣鸟语，并非人言。读书人谁要学这类叽哩呱啦的话，就是“下乔木而迁于幽谷”——自甘堕落。周公不云乎：“夷狄是膺，荆舒是惩。”学“夷话”就会“变于夷”，就至少也应该在社会舆论面前受到惩罚。

张德彝生于一八四七年。此时京师及各省之风气，仍与古代无多区别；传统士大夫阶级有“身家”的子弟，绝对无人肯

① 总理各国事务衙门，事实上的外交部，简称总署。以下除引文外，皆称总署。

学洋话洋文。当然，在上海、广州、宁波、厦门、福州这五个开放通商的口岸上，已经有少数像林鍼那样“受聘花旗”的“市民商贾”，在和洋人接触中学会了一点外语。西来的教士和商人，先在澳门、香港，后来在上海等地，也招致了一些贫苦儿童，“授以西国语言文字”。这些人的情况，用李鸿章的话来形容，叫作“流品甚杂，不齿乡里”。他们不可能担任中外交涉事务，更不可能起到沟通中西文化的作用。直到一八五九年，郭嵩焘还在《请广求谙通夷语人才折》中说：

> 通市二百馀年，交兵议款又二十年，始终无一人通知夷情，熟悉其语言文字者。窃以为今日御夷之窾要，莫切于是。

李鸿章更指出，在洋务交涉中，依靠从“市井商贾”和“洋人义学”出身的“通事”，确实非常不妥。他说：

> 互市二十年来，彼酋之习我语言文字者不少，其尤者能读我经史，于朝章宪典、吏治民情，言之历历。而我官员绅士中绝少通习外国语言文字之人。各国在沪均设立翻译员一二员，遇中外大臣会商之事，皆凭外国翻译官传述，亦难保无偏袒捏架情弊。中国能通洋语者，仅恃通事。……其仅通洋语者十之八九，兼识洋字者十之一二。所识洋字，亦不过货名、价目与俚浅文理。

更为严重的是，这些“通事”流品很杂，素质很差，“货利声色之外，不知其他。……惟知借洋人势力，播弄挑唆，以逐其利欲。蔑视官长，欺压平民，无所忌惮”（《请设外国语言文字学馆折》）。后来曾纪泽奉命出使，也说过这样的话：

> 通事刚八渡[①]等人，大半惟利是图，断无忠贞之悃，臣不敢轻易携带。

于是，培养“通习外国语言文字”的“官员绅士”人才，就成了当务之急。在张德彝十五岁的那一年，即一八六二年(同治元年)，近代中国的第一所外语学校——同文馆，终于在主持总理衙门办洋务的皇弟恭亲王奕䜣领衔奏请后，于北京成立了。

奕䜣等在请设立总理衙门的奏折中，正式建议“设立文馆”，培养“认识外国文字、通解外国语言之人”。因为“与外国交涉事情，必先识其性情。今语言不通，文字难辨，一切隔膜，安能望其妥协”？但“与外国交涉”又属国家要政，清王朝是一个少数民族统治的政权，很害怕被统治的汉族士民过多过早地参与。主持其事的奕䜣十分明白这个道理，于是特请“于八旗中挑选天资聪慧，年在十三四以下者各四五人……专习英、佛、米三国文字……如能纯熟，即奏请给以优奖”。

同文馆的师资，原说拟从“广东、上海商人”中挑选；结果当然挑选不出，而由英国使馆推荐了一位“通晓中文”的牧

① 刚八渡：comprador的译音，后称“买办”。

师包尔腾(Burdon)，先办起了英文馆(班)。学生则从“满洲、蒙古、汉军八旗”内招收。为了鼓励入学，学生可以“坐补马甲钱粮”；后来又改为每月发给“膏火银”三两，学习成绩优秀的另有奖金；三年期满，按考试成绩分别授予七、八、九品官职。一八六二年六月十一日(同治元年五月十五日)，招收到十名旗籍少年，宣布开学。籍隶汉军镶黄旗的张德彝，便是这十名入学少年之一。

张德彝在同文馆学习了三年，于一八六五年经总署大考，被奏保为八品官。一八六六年总署派同文馆学生出洋游历，他是入选三人之一。

之后，他以翻译身份迭随志刚、崇厚、郭嵩焘等出洋当差；一八八四年充同文馆英文副教习；一八八七年又随洪钧到柏林使馆，一八九〇年回国后任总署英文正翻译官；翌年“侍德宗读英文”，当上了光绪皇帝的英文老师。在这二三十年间，社会风气渐渐发生变化，曾国藩、李鸿章的儿子都自学英语成才；翰林班中，也出现了吴子登“口不能作西音，列西字而以华音译读”的事例。光绪本是一位有维新思想的皇帝，他居然带头学英文，影响就更大了。此时张德彝的地位始迅速上升，由“即选知府”而“即选道员”，一八九六年到伦敦使馆当参赞，一九〇一至一九〇六年间任出使大臣，任满回国后任镶蓝旗(蒙古)都统，官居一品了。

即使如此，张德彝对于自己“同文馆英文学生”的出身，却始终抱着强烈的自卑感。在《宝藏集序》中，他谆谆教导自己的儿孙：

> 国家以读书能文(按指科举考试)为正途……余不学无术，未入正途，愧与正途为伍，而正途亦间藐与为伍。人之子孙，或聪明，或愚鲁，必以读书（按指应科举考试)为要务。

潘士魁为他作的墓志铭也写道：

> 君虽习海外文字，或有咨询，每笑而不答，意非所专好也。

悲乎！

同文馆

张德彝的出身经历，无一不和同文馆息息相关。一八九五年他为自己编著的《英文话规》作序，说希望本书能“使学者豁然贯通，了如指掌，庶不负余之在馆三十四年也”。可见他认为自己一八六一年以后三十四年的历史，都是“在馆”的历史。

事实确实是这样，如果没有同文馆，就不会有张德彝的八次“航海”，当然也不会有他二百多万字的“述奇”。所以，我们在介绍张德彝的《航海述奇》时，还得稍微讲讲同文馆的事情。

清廷办同文馆的本意，首先当然是培养自己的通晓洋文洋语能办洋务的人才，所以(一)只选八旗子弟入学，(二)厚给学习津贴(膏火银)，(三)学习三年即授予七八九品官衔。张德彝便是十八岁在馆时便成了八品官，十九岁便当上六部主事的。

当然，在有心自强有志西学者的心目中，办学还应该有更远大的目的。冯桂芬为李鸿章起草的奏请设立学馆的奏稿云：

> 彼西人所擅长者，推算之学、格物之理、制器尚象之法，无不专精务实，泐有成书，经译者十才一二，必能尽阅其未译之书，方可探赜索隐，由粗显而入精微。我中华智巧聪明岂出西人之下，果有精熟西文，转相传习，一切轮船、火器等巧技，当可由渐通晓，于中国自强之道似有裨助。

奕䜣引述了李鸿章这个意见，加以引申道："外国一切技艺，将来语言文字学成后，即可类而推知。"

当张德彝等首届学生学习三年届满时，奕䜣等人准备实行第二步计划，打算扩大同文馆的教学范围，逐步把"西学"的各项内容都包括进来；不仅要使张德彝等学生有继续深造的机会，还要招收"汉文业已通顺，年在二十岁以外"的举人、贡生，以及"正途出身五品以下满汉京外各官愿入馆学习者"，并要求翰林院的编修、检讨、庶吉士等也参加学习，讨论新学。

这是一个对旧式知识分子和年轻官吏进行再教育的计划。这个计划如果能够实现，无疑会对中国的近代化事业发生极大的推动作用。但是，旧派势力却坚决反对这件事。他们觉得，让几个贫家子弟学一点外国话，还无伤大雅；而要“正途出身”人员也去研究“西人所擅长”的学问，公然地“师法夷裔”，那就万万使不得了。请看翁同龢日记反映的情形：

正月二十九日，是日御史张盛藻递封奏，言同文馆不宜咨取正途出身人员。……

二月十三日，同文馆之设，谣言甚多。有对联云：“鬼计本多端，使小朝廷设同文之馆；军机无远略，诱佳子弟拜异类为师。”

二月十五日，今日倭相有封事，力言同文馆不宜设。

二月二十四日，前日总理衙门尚递封奏，大约办同文馆一事未见明文也。京师口语藉藉……或作对句，“未同而言，斯文将丧”；又曰，“孔门弟子，鬼谷先生”。

张盛藻的“封奏”，振振有词地写道：

天文算法，钦天监天文生习之。制造工作，宜责令工部督匠役习之。文崇近臣，不当崇尚技能，师法夷裔。

奕䜣等人亦曾力驳旧派把“文崇近臣师法夷裔”说成是“国耻”的谬论，说：

天下之耻，莫耻于不若人。查西洋各国数十年来讲求轮船之制，互相师法，制造日新。东洋日本近亦遣人赴英国学其文字，究其象数，为仿造轮船张本，不数年亦必有成。……独中国狃于因循积习，不思振作，耻孰甚焉！今不以不如人为耻，而独以学其人为耻……遂可雪其耻乎？

这些道理当然是对的。无奈此时还在戊戌前三十年，奕䜣他们要驳倒的不只是倭仁、张盛藻等几个顽固守旧的官僚，而是实际上的整个士大夫阶级，他们的力量就远远地不够了。结果，旧派得意扬扬地宣称：

天文算学招收正途人员，数月于兹。众论纷争，日胜一日，或一省中并无一人愿考者；或一省中仅有一二愿考者，一有其人，即为同乡同列所不耻。

奕䜣也不得不承认：

自倭仁倡议以来，京师各省士大夫，聚党私议，约法阻拦，甚且以无稽谣言，煽惑人心，臣衙门遂无复有投考者。

把同文馆办成西式学堂的计划，就这样夭折了。同文馆在这场争论中大受打击，这棵“西学”的幼苗，勉强插在从根本上排斥它的土壤里，自然无法长成郁郁葱葱的大树，结出繁茂硕大的果实。它虽然保留了教授外国语文的内容，后来还勉强开设了一些其他课程，但历任总管、专管大臣和提调，多是腐败的官僚，他们贪污公款，勒索学生，而置校务于不问。学生在馆三年，大考后保授八、九品官衔，如果真要做官，还得对八股时文进行补课。光绪九年，有个叫陈锦的官员揭露同文馆的弊端说：

> 开馆多年，而通晓洋文、汉文者寥寥无几，殊属有名鲜实。……
>
> （学生与主持馆务的官僚教习）讲联络者，试则前茅也，食则全俸也，叩以算学则茫然无知也。其不讲联络者，虽文理优长，名次概行列后。

这样办出来的同文馆，具有鲜明的两重性：一方面讲习西方语文，也算是“新学”；一方面继续搬演老一套，从上到下仍然笼罩着旧的气氛。它从一八六二年开办，到一九〇一年并入京师大学堂，这四十年中，并没有造就出像容闳、严复、马建忠那样真正“通晓西学”的人物，只不过为总理衙门培养了一批高级“通事”。其中虽然有二十八人先后做到了公使以上的外交官，但除了汪凤藻、陆征祥、颜惠庆等极少数人以外，他们的成就是有限的，在外交上也谈不到有什么建树。张德彝亦不例外，他在担任出使大臣时，曾慨叹自己“无异舌人”，仅仅起了一个译员的作用。

同文馆的全部历史，可以说是整个洋务运动的缩影。它说明了一个道理：在不允许触动旧的指导思想和统治机构的条件下，要想建立起新的经济和文化，那是徒劳的。洋务派的目的是改良一个旧的中国，而不是建造一个新的中国。他们的一切设施，无不是和旧势力妥协、调和的结果，狐埋狐搰，非驴非马。结果同文馆并没有办成真正的新式学校，同文馆的学生也没有被培养成有新文化、新思想的一代新人。张德彝死于民国八年一月八日，在“病势垂危”时，还用“宣统十年”的年号向他的“皇帝”上了一道“遗折”，说什么：

> 臣八旗世仆，一介庸愚……涓埃未报，溘露已零，瞻望阙廷，不胜依恋屏营之至。

完全是前清遗老的口吻。只有他所写的几部“述奇”，因为保存了一些早期“走向世界”的见闻和中外交往的史料，还可以算是对后世的一番贡献。

Robert Hart

《清鉴纲目》卷十二记云：同治五年正月，“始派官生赴欧洲各国游历，从总理各国事务衙门请也，特派知县斌椿率同官生往欧。”

所谓“官生往欧”，说的便是一八六六年同文馆学生三人（张德彝在内）前往欧洲游历。提议、促成和组织实行这件事情的人，其实并不是“知县斌椿”，而是总署的一位“客卿”英国人赫德（Sir Robert Hart）。

关于赫德，《清史稿》列传二百二十二是这样说的：

> 赫德，字鹭宾，英国倍尔发司人。咸丰四年，来中国……官中国垂五十年，颇与士大夫往还……久总税务，兼司邮政，颇与闻交涉，号曰“客卿”，皆能不负所事。

“颇与闻交涉”，说的是赫德深度介入了总署办理的各项“洋务”，其中自然也包括了一八六六年的“官生往欧”。这在总署之“请”即恭亲王奕䜣(总署领班军机大臣)关于此事的奏折中，看得十分明白。奏折先说了应派官生游欧的理由：

> 查自各国换约以来，洋人往来中国，于各省一切情形，日臻熟悉。而外国情形，中国未能周知，于办理交涉事件，终虞隔膜。臣等久拟奏请派员前往各国，探其利弊，以期稍识端倪，藉资筹计。

这理由当然是很正当的。专制封闭落后国家的大弱点本是对外国的无知，道光皇帝在鸦片战争开打后，急于了解敌情，连发三道上谕向奕经等前线大员询问的是：听说英兵“上身刀刃不能伤，粤省义民以长梃俯击其足，应手即倒”是否事实？英国“至（中国)内地所经过者几国？”“该女主年甫二十二岁，何以推一国之主？有无匹配？其夫何名？何处人？在该国现居何职？”“噗咭唎至回疆(新疆)各部有无旱路可通？平素有无往来？”以此昏昏，对彼昭昭，自然只有挨打的份。为了改变这种情况，当然得“派员前往各国，探其利弊，以期稍识端倪，借资筹计”啊。

然而总署诸臣却“迟迟未敢奏请”，因为舆论一致认为，天朝上国的臣民，不必以平等态度与洋人交通，更不该十分主动地前往观光游历。这时候，已经在中国“易冠服，受官职，加按察使衔”的“客卿”赫德的“与闻”，就大起作用了。奕䜣奏称：

> 总税务司赫德来臣衙门，谈及伊现欲乞假回国，如由臣衙门派同文馆学生一二名，随伊前往英国，一览该国风土人情，似亦甚便……与该税务司同去，亦不稍设张皇，似乎流弊尚少。

“流弊尚少”这句话，针对的是反对者振振有词的“外洋风俗流弊多端，学生腹少儒书，德行未坚，尚未究彼技能，实易沾其恶习”之类谬论。为了打消皇上、皇太后的顾虑，奏折提出了防患于未然的实行办法：

> 该学生等皆在弱冠之年，必须有老成可靠之人，率同前去，庶沿途可资照料；而行抵该国以后，得其指示，亦不致因少不更事，贻笑外邦。
>
> 兹查有前任山西襄陵县知县斌椿，现年六十三岁，系内务府正白旗汉军善禄管领下人。因病呈请回旗，于咸丰七年在捐输助赈案内加捐副护军参领衔。前年五月间经总税务司赫德延请办理文案，并伊子笔帖式广英襄办年馀以

> 来，均尚妥洽。拟令臣衙门札令该员及伊子笔帖式广英，同该学生等与赫德前往。即令其沿途留心，将该国一切山川形势、风土人情随时记载，带回中国。

赫德“与闻”的程度，至此一望而知。沿途照料学生的“老成可靠之人”斌椿，就是赫德前年“延请办理文案”之人。而这位“现年六十三岁”的退休知县，其国际知识和外文程度，肯定尚不如已在同文馆学习三年卒业的张德彝等，事实上恐怕也当不了领队和导游。学生们“行抵该国以后，得其指示，亦不致因少不更事，贻笑外邦”和“将该国一切山川形势、风土人情随时记载”，大概也只能仰仗贝尔法斯特女王大学毕业的 Sir Robert Hart 了，因为学生和斌椿父子本来就是“与该税务司同去”的也。

“官生往欧”从北京启程的时间，为同治五年正月二十一日，即一八六六年三月六日。“官生”三名(超过了“派同文馆学生一二名”的计划)，《航海述奇》所记为：

> 同文馆英馆八品官、六品顶戴、正黄旗蒙古凤仪夔九，
> 英馆八品官、六品顶戴、镶黄旗汉军德明在初，
> 法馆学生、七品顶戴、镶黄旗汉军彦慧智轩。

都按旗(满)人习惯“名而不姓”，德明(彝)的汉姓“张”此处不见了，“在初”为其别名(字)。他和凤仪刚刚卒业，即被授为八品官(副县级)，六品和七品顶戴则是给予毕业和肄业“官

生”的头衔和身份。爱新觉罗王朝为了培养“自己人”，看来还是舍得“付出”的。

张德彝和凤仪、彦慧三名“官生”，跟着赫德[1]、斌椿等一行，于一八六六年五月二日乘“岗白鸥士”号轮船抵达法国，十三日至英国，四十多天后，六月二十五日至荷兰，七月四日至丹麦，六日至瑞典，十三日至芬兰，十六日至俄国，二十二日至德国(普鲁士)，二十八日至比利时，八月二日第二次至法国，半月后于十九日乘“陆必思”号轮船离法回国，十月二十六日返抵北京，游历欧洲的时间共计三个月又十六天。

三个多月“破天荒”的欧洲九国游，凤仪和彦慧都没有留下什么记述，只有张德彝写出了四卷十万字《航海述奇》，比斌椿《乘槎笔记》还多出了六万多字。

泰西第一印象

《航海述奇》的记述，不仅比《乘槎笔记》详细，而且也具体生动得多。三个多月一百多天走了九个国家(布鲁斯即普鲁士，韩挪尔即汉诺威，酣博尔即汉堡，只能算一个国家即德国)，虽说是走马看花，却也饱览了异邦风物。

他们是有史以来第一次从远东到泰西(十九世纪中国人对西欧各国的称呼，意思是“极远的西方”)观光的中国读书人。

① 赫德尚有德善(Emile de Champs)、包腊(Edward Charles bowra)等人同行，抵欧洲后即由诸人带领学生游历各国，并为斌椿担任翻译。

西方的一切，对于张德彝这个十八岁[①]的青年人来说，不仅是见所未见，而且也是闻所未闻。真要谢谢他的一支笔，给我们留下了中国人对于欧洲生活和许多西方事物的“第一印象”，这在中西文化交流史上是很有价值的。

这时候(十九世纪中叶)的“泰西”，西欧国家已经建立了以蒸汽机为主要标志的工业文明，轮船、火车、电报和各种制造机器，已经在广泛使用。而中国人对这一切却都还十分陌生。《航海述奇》详细记述了中国人最初接触的近代工业文明的技术成果，使我们能够知道这些东西的历史面貌。

到欧洲的第一天，张德彝就详细记述了法国旅馆中使用的煤气，云：

> 住屋数百间，上下皆有煤气灯出于壁上，笼以玻璃罩，如花朵然。外国所燃之煤气灯，系在郊外设厂蒸煤，令其气从水中穿过而后燃之。其光倍于油蜡，其色白于霜雪。通城人家铺户，远近高下，皆以铁管通之。[②]

他还讲到：煤气管口不使用时，必须用“螺丝”(现在我们还将螺纹连接处叫作“螺丝”，这个名词大概是从此开始见诸文字的)塞住，否则煤气漏了出来，“实为险事”。

---

① 张德彝生于道光二十七年十一月十一日，即一八四七年十二月十八日。到此次欧游结束回到北京的一八六六年十月二十六日，他满十九岁还差一个月二十二天。

② 引文除特加说明者外均引自《航海述奇》。

这一天的日记，还介绍了中国人第一次见到的自动升降机，张德彝把它叫作“自行屋”：

> 如人懒上此四百八十馀步石梯，梯旁一门，内有自行屋一间，可容四五人。内有消息，按则此屋自上，抬则自下；欲上第几层楼时，自能止住。

那时中国还没有铁路，中国人只能在外国见到火车。同治五年三月二十日，张德彝用一千五百馀字描写了他所见到的火车：“一行五十辆或六十辆不等，咸以铁环联之”。“第一车系蓄火机……上卧圆铁筒，长约八九尺，高五尺馀，内藏水火轮机，外树烟筒……第二车载煤，随行添用。第三车沿途刊印新闻纸，携带信文。后则一、二、三等客车，再则行李货物。”上等客车“皆以印度之木制造，质极坚固。内分三间，每间左右二门。门旁各两窗，有活玻璃可上可下，蓝绸小帘，自卷自舒，机关甚奇。晚燃玻璃灯于车顶。四壁糊以洋绫。前后两木床，宽一尺五寸，分四槅，可坐八人……至晚两床彼此抽出，并为一炕。”

张德彝的观察是十分细致的，例如他描写火车头打转的情形：“车欲回转，照棚下有大圆盖，长三四丈。只将头辆移于盖上。下有机关，一转则车便倒回矣。因各车前后，皆有铁环也。”这些新鲜事物，给张德彝带来了新的认识。他发表了对火车铁路的感想：“此举洵乃一劳永逸，不但无害于商农，且裨益于家国。西国之富强日盛，良有以也。”

此类记述，占了《航海述奇》全书的绝大部分。有一些我们现在早已习见习用的东西，张德彝当时"讶于初见"，都一一地作了记载。如四月十九日所记"铁裁缝"，就是脚踏式缝纫机。四月三十日所记"印度擦物宝"，就是初开始普遍使用的橡皮。三月二十八日所记"肾衣"，就是刚发明不久的阴茎套。所有这些记载，在一百二十年后看起来，都是饶有历史兴味的。

除此之外,《航海述奇》所"述"的其他之"奇"，也都能具有文化史和民俗学的价值。

它"述"及了中国人最早所看到的"古埃及王陵"和陵前的"一大石人头"，即金字塔和人面狮身像；"述"及了法国"请天下郡国各将其土产、物色、器皿置于其内，以便民间壮观"的"考产厂"，即一八六九年巴黎万国博览会的会场；"述"及了"日月电云，有光有影；风雷泉雨，有色有声"的巴黎大剧院；"述"及了"每日出六万七千张"，"日有二百馀人在城市寻访事故"的"印造新闻纸处"；"述"及了"未化之国、已化之国土产服物无一不有"之"集奇馆"和"虫鱼之骨，大小不一，皆以铁条支起"的"积骨楼"……

它"述"及了中国人过去没有亲自观察过的欧洲人的生活。比如说饮料："加非(咖啡)系洋豆烧焦磨面，以水熬成者。炒扣来(巧克力)系桃杏仁炒焦磨面，加糖熬成者，其色紫黄。"而欧人早餐的情形是：

桌上先铺大白布，上列许多盘碟。有一银篮，内置玻璃瓶五枚，实以油、醋、清酱、椒面、卤虾，名为"五味架”。每人小刀一把，面包一块，大小匙一，插（叉）一，盘一，白布一，红酒、凉水、苦酒各一瓶。菜皆盛以大银盘，挨座传送。

城市的道路情形是：

> 胥以小方石墁平，专行车马，宽若三丈许。两边石砌高起半尺，宽约丈五，皆煤油与白沙抹平。数武植树一株，如桐如杨，以便行人游憩。每两三树后，置一绿油长凳。又两树间立一路灯……每隔半里，有一铜眼机关，通于水道。每晨每午，有人以皮筒插于铜眼，转则水出，遍涤街道。

它还“述”及了西方各地的一些风俗。如巴黎教堂左右，“每逢双日早晨，支四方铁架布帐二十馀，内有老媪卖鲜花、草子”。又如伦敦每年二月和八月举行赛马会时，“游人皆买吹筒豌豆，无论男女，彼此对吹。女子有往车内掷金钱、纸球、草团者。左右追逐，举国若狂”。

有一天的日记，还记录了伦敦公园中儿童做种地游戏时所唱的儿歌，对音是：“顿攸奴欧，顿攸奴欧。好都搜，好都搜。佛娄密，佛娄密。娄得搜，娄得搜。”译意是：“你可知，你可知？如何种，如何种？随我来，随我来。大家种，大家种。”这很可能是农业时代遗留下来的古老儿歌，只怕在英国现时也难得听到了吧！

陌生和友好

一百多年前的欧洲人之视远东，正如当时中国人之视泰西，总是感到陌生和好奇。但无论是普通人民，还是国王和王后，对于第一次到那里去做客的张德彝等中国青年，都表现了殷勤和友谊。

三月十八日在马赛，“街市男女见明等系中国人，皆追随恐后，左右围观，致难动履”。四月初二日在伦敦游“水晶宫”时，“游人男女老幼以数千计，见我中国人在此，皆欣喜无极，前后追随”。五月二十六日在司铎火木（斯德哥尔摩），“窗下男女老幼，如蜂拥蚁聚，群呼‘士呢司’，即瑞言中国人也”。特别是六月十三日在柏林到画店买画时，“店前之男女拥看华人者，老幼约以千计。及入画铺，众皆先睹为快，冲入屋内几无隙地，主人强阻乃止”。这些情形，比我国某些地方刚开放时围观外国游客的情形更“热闹”。但看得出，态度都是友好的。

在瑞典时，中国客人乘小船游湖，彦慧忽然腹痛，舟子立刻上岸去讨药酒。“主人见华人，便慨然允诺，乞诸其邻而与之”。游罢归来，舟子不要中国客人的钱，说：“贵国从无人至此，今大人幸临敝邑，愿效微劳。”“不收渡资，荡舟而去”。六月初六日在圣比德思北阁（圣彼得堡），有一群俄国女郎，见到张德彝等留着辫发，把他们错认作女子，高喊“赛邦不的徐奴阿司”（中国姑娘），追上来想和他们“携手交谈”，弄得他们很不好意思。

特别是在文化学术界人士中，对于中国古老文化表示钦佩和爱好者大有人在。还在出国的船中，就有一位日耳曼乘客请张德彝题中国字，他“磨墨草诗二章赠之，其人大喜，如获拱璧”。在法国，有位叫茹良的“法国翰林”，“读华书三十馀年”，虽然不懂得发音，但是已经“识字之义”，并且翻译了许多中国书，如《四书》《礼记》《三字经》《千字文》和小说《玉娇梨》《平山冷燕》等。他们还看到有的人家，满屋陈列着中国的字画文物，悬挂着北京城正阳门大街、东四牌楼、桂芳斋糕点铺等处的照片，“大皆盈尺”。在俄国，有一位家境清苦的老学者，“能翻写满汉文字，极其精通”，又“善华言”，也请中国客人到他家喝茶、吃饼。

但是，尽管各国人民互相友好，当时西方国家的帝国主义政策，却不可能不在彼此交往中投下阴影。张德彝等在旅游中，也遇到过几次不愉快甚至是挑衅性的事情。应该说，这几位不满二十岁的青年学生，表现出了中国人特有的谨慎和自制，并没有他们出国时有人所担心的那样“少不更事，贻笑外邦”。

有一次，一个英国人特地请他们到博物馆去看英法联军攻入北京时从圆明园抢去的“战利品”，其中有太后、皇帝的御用之物。他们“不胜恨恨”，立即“辞出”表示抗议。那个英国人还不识相，又把记载着“诸物价值”的簿子拿给他们看。他们忍耐不住，就给那个英国人一场没趣。

还有一次在芬兰首都游园，中国学生分别和一些外国朋友交谈。有个美国游客听到张德彝讲英语，就走近来轻佻地说：

“你的同伴都在和漂亮姑娘谈话，你为什么要找两个老太婆呢？真是太不幸了。”张德彝正色回答他道：“我是一个中国人，我们中国人是尊敬年高有德的老年人的，你懂得这一点吗?”使得那个本来想使中国学生难堪的美国人自己很难堪地走开了。

在柏林“敖尔佛木园”中，中国学生碰到了一群妓女。有几个妓女特意来挑逗他们，还有一个男人也来劝他们“及时行乐”，说“请把你们看中的姑娘告诉我，我一定能使你们成其好事”。张德彝等不受勾引，“怒斥之”。那个男人只好尴尬地说：“予以一言相戏耳，君何悻悻如此。”连忙溜开了。

张德彝等当时还是青年学生，他们的国际知识和对西方文化的了解都很肤浅。但是，他们毕竟是有爱国心和传统道德观念的中国青年，对于不友好的表现，对于侮辱国格和人格的事情，都能够坚决抵制，不淫不屈。正因为如此，他们到处都受到了人们的敬重。各国国王、王后都予以接见。瑞典国王亲自敬香烟给他们，他们辞谢说不会抽，国王更为高兴，一直送他们到宫外。

当然，看到监狱管理文明，说是“饶有唐虞三代之风”；见了小儿骑的自行车，谓系“武乡侯木牛流马之法，贻传西土”：这类幼稚之言，书中也比比皆是。还有什么“西俗好兵喜功，贵武未免贱文”；“洋女读书，针黹女红一切略而不讲”：这些片面的批评，则恰恰反映了他们自己的准士大夫思想。至于把美国的国体称为“传贤不传子”，把结婚自由看作“男女各私数人，并无彼此争竞者”，就更加与事实不符了。

再述奇：随蒲安臣使团出洋

（1981.8）

同治七年[①]（一八六八）二月，蒲安臣使团从上海出发，“前往合众国及欧罗巴各国办理中外交涉事务”[②]，“英馆八品官”张德彝随同前往。是为中国首次遣使欧美，也是张德彝的再次出洋，有《再述奇》六卷，近十五万字。

蒲安臣（Anson Burlingame，原美国驻华公使）和使团的两位协理柏卓安（John Mc Leavn Brown，原英国使馆翻译）、德善（Emile de Champs，法国人，原九江副税务司），都是聘任的客卿。另外两位钦差大臣志刚（原四品知府）、孙家谷（原五品郎中），均不谙外交不通外语，临时才赏给花翎二品衔。

使团经由日本赴美，从横滨到旧金山（曾停留）到巴拿马（过地峡）再到纽约，三次乘船共航行四十五天；八月由美至英，十一月由英至法；八年八月至瑞典，九月至丹麦、荷兰，十月至普鲁士；九年正月至俄。蒲安臣在俄病故后，使团续至

① 文中夏历纪年除起首后均略去“同治”年号。

② 引文除特加说明者外均引自《再述奇》。

比利时、意大利、西班牙完成使命，七月返华。

张德彝八年九月因意外跌伤提前回国。但《再述奇》仍详细记述了在美五个多月，在英五个多月，在法八个多月和旅途的经历见闻，尤其是能注意到“风土人情之迥殊，衣服饮食之异宜”，比较志刚不到七万字的《初使泰西记》，孙家谷不到二千字的《使西书略》，内容丰富得多，也有趣得多。

美英法国的见闻

在《再述奇》中，张德彝津津有味地叙述了他“绕地一匝，计里十馀万，历国十有三”而主要是在美、英、法三国的见闻。他是一个懂得英语而又热心写作的年轻人，他同外国社会上各方面人的接触，他对国外各种各样事物的报道，其广泛性都远远超过了其他早期出国的官员。

初到纽约时，在一处游人会上，他就和二十多位曾经旅行东方的美国人作了交谈。在华盛顿，他又到过旅馆邻居麦汉家，以及三德兰、魏廉、陶达等美国朋友家做客，和美国青年们讨论过地球寒暑四季形成的原因，和旅行家阿丹讨论过旅行记的写作，并访问了男子学校和女子学校。到伦敦后，他接触过七十多岁的贵族、著名的诗人、大主教夫人、开业医生、饭店男女仆役，并应邀参加过教堂集会和人家婚礼。有一次“忽遇二哑人，指手延入其室”，他因“曾习西洋手谈哑文，以指代字，遂与交谈甚得”。

在伦敦，他还曾在“海大囿”（海德公园）北边柏灵坦街一家私人学馆进修了一段时期英文。这位英国教师除了张德彝外，还收了六个英国学生。张德彝在那里，“一切起居饮食，与他生徒等”。为了帮助张德彝熟习英国生活，掌握英国语文，英国教师常带他参加社交活动，参观博物馆和公园，听音乐会，听说书，听故事会。如同治七年九月二十九日在卫溪班堂内听书，“所说者皆名人诗词小说，声音洪亮，字句清楚，能肖男女口音，一切喜怒歌泣，曲尽其情”。十一月初四日，至西敏德大学院中观剧，“剧文系古拉丁国语，因本院生徒学习拉丁文字，一年有成，借演剧以炫其能”。

到巴黎后，他的接触面更广，包括了教师、商人、职员及新闻记者、美国游客、英国牙医、意大利画家、奥地利妇女等各色人物。有一次他和几位侨胞在巴黎大街上，和一些不同国籍的青年人交谈，同时使用法语、英语、俄语、华语和拉丁语，“五国言语，互为翻译”。还有一次，“往蒲钦宪之友高安家少叙，座中有合众国之霍格、巴柏尔、佛福斯，英国之周安、阿立蒂格，法国之祖威、倭尔德等男女共十馀人，彼此谈饮甚欢”。他因而发表感想道：世界各国之人，“衣服虽诡异，而喜则亦喜，忧则亦忧，情无或异：风俗虽不同，而好则皆好，恶则皆恶，性实大同。……固遐迩一体，天下一家矣”。

对于他广泛接触的西方社会和文化，张德彝的观察是细致的，描写也颇为生动。但是，从同文馆出身的张德彝，在津津有味叙述引人注意的新鲜事物的同时，又念念不忘自己候补士大夫的身份，对许多事情的评价往往充满着矛盾。事物明明显示了资本主义文明对于旧式制度的优越性，他却往往从守旧的观念出发，对其吹毛求疵，加以指摘。

让我们看几个例子：

欧美人居处很讲清洁卫生，“虽浴室净房，每日必勤加洗涤”，这一点给张德彝留下了深刻的印象。但他对于西人“将新闻纸及书札等字，看毕即弃诸粪壤，且用以拭秽，未知敬惜”，却大为不满，发了一通牢骚。其实所谓“敬惜字纸”，不过是起源于原始社会巫术崇拜的迷信，是蒙昧状态下人们对符箓的敬畏心理的残馀。我们今天，不也常常将字纸“看毕即弃诸粪壤”，甚至不免“用以拭秽”吗？

在纽约“十四条胡同”（十四号街）参观男子小学，“十三条胡同”参观女子小学后，张德彝对美国学校“弦歌诵读，绝少佻达之风”，颇有好感。但当这两所学校请他演讲时，他却向学生大谈其“忠孝节义”，并且“宣讲中国圣教”。虽然据他自己说什么“诸生似有领悟”，其实美国的“幼童幼女六七岁初学者”，恐怕是难于“领悟”“忠孝节义”一类“中国圣教”的吧！

更有趣的是张德彝对避孕套的描写和议论。他在巴黎见到“外国人有恐生子女为累者，乃买一种皮套或绸套，贯于阳具之上，虽极倒凤颠鸾而一雏不卵。”这和《航海述奇》中所记的“英国衣”“法国信”，可说是中国关于西洋避孕工具最早的介绍，在科技史上自有其价值。可是接下去却有一段妙文：

孟子云：“不孝有三，无后为大。”惜此等人未之闻也。要之倡兴此法，使人斩嗣，其人也罪不容诛矣。所谓：“始作俑者，其无后乎！”

这位刚满二十岁的小青年，一面细致刻画“皮套或绸套，贯于阳具之上”“极倒凤颠鸾”的情形，一面喃喃背诵“不孝有三，无后为大”的教训，未免使人感到滑稽。其实，用东方宗法社会的伦理观念和性意识来看，他这倒是十分一本正经的呢。

张德彝的思想水平，决定了他的作品的价值。虽然他接触面相当广泛，观察也比较细致，正如他自己命名的那样，他所写的《述奇》，也只能是“述奇”而已。

话虽如此说，张德彝毕竟不同于当时专攻八股的读书人。他学会了外语，又有机会环游欧美，直接接触到一种新的生活，一个新的世界。尽管在他脑子里还盘踞着那么多“敬惜字纸”和“不孝有三，无后为大”之类的陈腐观念，新鲜事物仍然一件接着一件跳进他的眼帘。而他又是那样的喜欢写，虽说仍然是“航海述奇”,《再述奇》毕竟还是记下了更多的新事物和新印象。

新事物和新印象

翻阅《再述奇》，发现他观察的程度比《航海述奇》是加深了，报道的范围比《航海述奇》也拓宽了。现略分几个方面，举例如下：

（一）关于中西文化交流。如同治七年二月在日本，见税关二位年轻日人读《桐叶封弟辨》。又同船日本医生能作汉诗，

"殊清雅可喜"。双方语言不通，但可用古汉语笔谈。"询伊曾到中土否？伊云：'有志未逮，以阮囊羞涩故耳。'"他们将自带的橘子赠给日人而日人不识。又如七月十八日在纽约藏书阁，见有英译《康熙字典》《汉英合璧字汇》，又有《中华风土记》二册，"图画精细，注解详明，如拜佛诵经，婚嫁宴会，耕樵歌唱，以及儿童玩具，靡不完备"。八月初七在伦敦，见到一种中文报纸名《飞龙报》，内容有"国事人情、地图景致"以及广告，"镂版细致，刷印精工，而文法不甚佳，盖粗通笔墨者所撰也"。同治八年六月初二日在巴黎，见侯爵德理文家中收藏中文图书甚多，并"延川省李某为记室"，将《离骚》和《原道》译成法文。前一日在巴黎观剧名《茶花儿》，"男女装饰如粤人，屋宇器皿亦如粤式"。张德彝曾注意用比较的方法研究中英、中日文法，并系统介绍标点符号的用法，在这方面要算是最早的。此外，出于青年人对体育、游艺的特别爱好，书中还以不少篇幅介绍了西方的技巧运动、游泳和儿童游戏，这在体育史上也是颇有意义的。

（二）关于使团的活动和当时中外贸易情形。如七年四月十二日在美国国务卿徐尔德家，见到和硕恭亲王（奕䜣）和总理衙门各大臣的照像和各国国王、王后的照像悬挂在一起。七月初三日使团到达波士顿时，更是盛况空前：

> 城内外周游六十馀里，一路皆插花旗，间有竖中国黄旗者。男女开窗眺望，免冠摇巾，击掌飞花，口呼"贺来"（Hurrah）。有举中国雨伞者，有摇中土绣花绸缎者，

有铺红被列烟具磁盘于窗下者，有戴中土秋帽者。总之，凡有些须华物，无不炫之。沿途人多，竟有骑墙跨脊、攀树登梯者。

翌日“通城商贾工匠，入堂参谒中国钦差。钦宪立于正面台上，台之左右有阶，左升右降。……自巳至未，升台谒见者已有五千馀人，而台下立待者仍不减少”。五月八日在纽约一家香水厂，见到专销中国的香水，“上罩银箔。下粘局票二：一系白纸，印有五彩水花洋字；一系红纸，金书华字三行，乃：

孖黎林文烟付流梨地

上品花露水发客

奴约林文烟监制

笔画端楷，似经华人代写。所谓‘孖黎林文烟’者，局东之姓名也；‘付流梨地’者，香水名也；‘奴约’者，纽约也”。这和后来巴黎钟表厂、皮鞋厂请求中国钦差发给执照，“命为供奉中国官表局”“命为供奉中国官靴局”一样，都是中外贸易史上的珍贵资料。

（三）关于外国的社会政治状况。如六年二月初到日本时，听华侨介绍日本情况说：“刻下市镇萧条，商贾裹足，缘日本各郡土王贰于大君，因而彼此鏖兵……”即系一八六六至一八六七年日本“尊王”各藩反对幕府的战争。四月十四日在美国国务卿徐尔德家，听徐尔德谈三年前陪林肯总统观剧，目睹林肯遇刺，自己下颌受伤，在家养伤时又一次遇刺脱险的情形。七月二十日美国“分尊卑党”与“平行党”竞选总统：

“平行”者欲举二人，一名戈兰达，一名寇法斯；“分尊卑”者欲举二人，一名希墨，一名布蕾。

这恐怕是美国两党最早的中文译名。又如七年五月初二日(一八六八年七月一日)在巴黎记：

昨晚亥刻，马达兰大街有贫民二百馀名，齐声唱歌，喧哗作乱。……官兵前往弹压，被伤损者六七人，拆毁商铺、气灯若干。

初六日又记：

悍民作乱，连日被获者九百馀名……官兵于各街巷阻止行人，约以三通鼓后，如有逗留不散，无论良莠，尽皆拿获。

可见在巴黎公社革命前三年，从东方远道来巴黎的客人，已经感觉到并且记录下“山雨欲来风满楼”的气氛了。

(四)关于工业技术文明的报道。如七年六月十三日起，在纽约参观各种生产事业：印刷厂“列火机四架，每架中一大轮，外绕六小轮，形似菊花。大轮敷墨，小轮置板，自刷自印自行叠折而送出。在上者一人送纸，在下者一人接纸而已。一时可印二万馀张，每日得十万，得洋银五千圆”。毛织厂“自洗绒至烙毡，皆用火机”，“纺线以一手可纺六十馀条，极轻快”。农田机器，“有割谷器如车”，“车随行，则所割者自然成束而遗于地”；“打麦器形若巨箱，内含齿轮皮带”，“皮带随齿轮而转，自然粒出于左，而流入于仓矣。梃净壳飞，各有所在，精巧之至”。此外如看显微幻灯，“蚊虫睛大如轮，六角形，花纹甚匀”；看化学试验，“以水气与生气和……以火燃之，则轰声如爆竹”；看产科手术，“刀割其腹，以钳出其衣包……以钢针银线缝之”。所有这些，都使同治初年的中国人大开了眼界。

总括起来看，张德彝思想认识上的矛盾，确实妨碍了他接受新思想的洗礼，但是却没有妨碍他对新事物进行观察和作出记录。《述奇》的价值，不仅在于它记述了中外交往上许多有趣的事实，而且也在于它生动地反映了像张德彝这样的一个人，即使是在不自觉的情况下被历史潮流卷上了走向世界的道路，也就不可能不承认新的、多样化的世界确实是客观存在的事实。这就从更深刻的意义上说明：由闭关自守到实行开放，是不可抗拒的历史的必然，是不以任何个人意志为转移的。

关于《再述奇》的介绍暂止于此。下面再说说清朝对待西国来使的历史情况，以及派出蒲安臣使团的背景和经过；这都是读《再述奇》者不应该不知道的。

跪拜礼之争

蒲安臣使团请外国人主事，这当然不太正常，并非常态。

世界各国之间，人员往来，通商买卖，本属正常之事；出现问题，发生摩擦，也得学会外交，努力争取正常。古代帝王的世界观，却是“内中国而外夷狄”，对于“非我族类”的外国，态度总不正常：强时命对方来进贡，弱时送公主去和亲。

清朝到乾隆时称极盛，外贸亦渐繁。五十四年到广东的外国商船有八十六艘，英国占绝大多数达六十一艘。英王乔治三世遂于五十八年(一七九三)遣马戛尔尼赍国书及大型钟表等礼物来华，请求改善通商并允使臣长驻北京。乾隆则视如前来朝贡的藩属，要求他对自己行三跪九叩之礼，七月己酉谕云：

> 各处藩封到天朝进贡觐光者，不特陪臣俱行三跪九叩首之礼，即国王亲自来朝，亦同此礼。

马戛尔尼则说，只能以“见本国皇帝之礼”相见，“屈一膝持陛下之手而亲之”。乾隆大为不悦，八月乙丑谕云[①]：

> 现在英吉利使臣等前来热河，于礼节多未谙悉，朕心深为不惬。

① 上谕均据《清实录》，马戛尔尼语据刘复译《乾隆英使觐见记》。

于是八月己卯回复英王国书(称之为“表”)的敕谕中宣布：

> 尔国王表内，恳请派一尔国之人，住居天朝，照管尔国买卖一节，此则与天朝体制不合，断不可行。……天朝物产丰盈，无所不有，原不借外夷货物以通有无……夷商将货船驶至……定当立时驱逐出洋，未免尔国夷商往劳往返。勿谓言之不预也！其凛遵毋忽！

建交通商的大门从此关上，礼节问题——是否三跪九叩行跪拜礼，从此成为清廷是否接受西方使臣的关键。

二十三年后，英国复遣亚墨哈斯使华，仍以不肯跪拜被拒绝，嘉庆皇帝敕谕英王云：

> 其为无礼，莫此之甚。朕不加深责，即日遣令回国。尔使臣即未瞻觐，则尔国王表文亦不便进呈，仍由尔使臣赍回。……嗣后无庸遣使远来……但能倾心效顺，不必岁时来朝，始称向化也。

而此时已是嘉庆二十一年(一八一六)，到了十九世纪，英国已经用上蒸汽机，开始修铁路了。

生产力和新技术的发展，使英法等国成了“列强”，原本正常的通商往来，越来越带上了帝国主义的色彩。清朝则内乱日亟，国势日削，道光、咸丰、慈禧的自信越来越少，对外越来越死要面子活受罪。一个又一个不平等条约，关税、租界、内河航行、领事裁判……国家主权拱手让人，不知捍卫；而对于领事入城，公使驻京，送国书时平等行礼(不跪拜)等国际通行已成习惯的事情，却一再拒绝，推托了好多年。

同治六年(一八六七)九月，恭亲王奕䜣以修约期届[①]，由总署奏请饬下各省督抚、通商大臣各抒所见，如何应付“各国屡次饶舌”之事，其一即“请觐”。总署信件后附条说云：

> 嘉庆年间，英使来朝，未克成礼而罢。咸丰十年，与各国换约，英、法皆请呈递国书，照会数次，竟以仪节未定，事不果行。今以皇上冲龄，两宫皇太后垂帘听政，因之停罢。彼即以阻其入觐，今为不以客礼相待，时来饶舌，言多愤激。虽曾以如欲请觐，必须行跪拜礼为说，彼即坚称并非属国，不能改从中华仪节，而终不肯谓觐可不行。孔子之作《春秋》也，诸侯用夷礼则夷之，夷而进于中国则中国之。今夷并未自进于中国，而必以中国之礼绳之，其势有所不能。若权其适中者而用之，未卜彼之能否听从，而本衙门亦不敢主持独创此议，第不许入觐，我实无辞。究应如何，惟希公同商酌。

恭亲王和总署，明知要外国公使三跪九叩首“其势有所不能”，

① 咸丰十年换约后，特设总理各国事务衙门(总署)，由恭亲王奕䜣管理。条约规定以十年为限，到时可重修增改。

亦不敢表态改变礼节，传统观念之强可以想见。

咸丰十年换约，已经议定公使“觐见时不能行有碍于国体之礼”，皇帝还硬要总署“以必须行跪拜礼”为说，难怪恭亲王要请各省督抚、通商大臣来“各抒所见”。

大臣们很多是坚持传统观念的。直隶总督官文云，“觐者诸侯见天子之礼……未有觐而不行跪拜礼者……今夷既未进于中国，而中国转自变其礼，以委曲相从，奴才窃未见其可也。”前江西巡抚沈葆桢云：“以陪臣获仰天颜，宜如何荣幸？其尚敢惜跪拜之节，悍然以与我争？……夫柔远有经，接以温言，厚其赐予可也，废我典章不可也。”都反对改变跪拜礼节。

也有主张不必硬要洋人三跪九叩首的，那就是陕西总督左宗棠和两江总督曾国藩。左云：“泰西各国与中国远隔重洋，本非属国……岛人见其国主，实无拜跪之事……以见其国主之礼入觐，在彼所争者中外均敌，不甘以属国自居，非有他也，似不妨允其所请。”曾云应将英法美俄视同敌体，“与以藩属之礼待高丽者迥不相同”，“盖圣朝修德柔远，本不欲胥七万里之外洋而悉臣服之也。拟请俟皇上亲政之后，准其入觐，其仪节临时约定，即为敌国使臣，不必强以所难”。知道不能“胥七万里之外洋而悉臣服之”，知道远隔重洋的泰西各国“并非属国”，这就是非传统的世界观，接近现代人的世界观了。

一八六八年派出的蒲安臣使团，就是在原来极不正常、后来想要正常、但还是不太正常的背景下的产物。

不寻常的使团

乾隆时马戛尔尼来华，即曾向和珅提出两国互派使臣的建议。《乾隆英使觐见记》述其言云：

> 敝国皇帝拟令敝使久驻北京，就近与贵国政府直接商量所发生之问题。倘贵国皇帝愿互派使臣，尤为敝国所欢迎，所有船只一切，均可由敝国代为筹备，而礼遇自不必言矣。此种互派使臣之法，系目下欧洲各国国际通行之惯例，倘蒙贵国皇帝允许……亦为世界文明进化之公幸。

和珅的态度，却是“置若罔闻，仅言皇上也很愿你长住北京，不过你身体不好，天气又不合宜，水土又不服，所以不能强留了。余闻此言。知华人逐客之意，已确凿可据”。随后马氏又记录下了侍郎松筠对他说的话：“我们中国，对外国进贡使臣，照例只许在京城耽搁四十天。此种规矩行之已久，不能改变的。”来使留京尚不可能，派使臣去自然更谈不到。

咸丰十年，条约已议定“中英互派使节，分驻两国京城”。同治六年总署条说遣使仍谓：

> 选据各国使臣来请奉派前往。本衙门以“各国至中华通商传教，有事可办，故当遣使；我中国并无赴外国应办之事，无须遣使”驳之。

其实国门开后，交涉频仍，哪会“并无赴外国应办之事”呢？总署接下去也说：

第十馀年来，彼于我虚实，无不洞悉。我于彼之情伪，一概茫然。兵家知彼知己之谓何……且遇有该国使臣倔强任性，不合情理之处……不能向其本国一加诘责，此尤隔阂之大者。

看来也不得不遣使了，但顾虑依然很多，困难还有不少。具体的困难，总署列举了两项：

一则远涉重洋，人多畏阻。……寓馆用度，费尤不赀。且分驻既多，筹款亦属不易；一则语言文字，尚未通晓，仍倚翻译，未免为难。况为守兼优，才堪专对者，本难其选。若不得其人，贸然前往，或致狎而见侮，转足贻羞域外，误我事机。

缺乏经费，缺乏人才，总署提出的这两点是确实的，但更主要的障碍，却在卿士大夫的思想观念上。

历史上朝廷遣使出国，不是宣扬德威册封藩属，就是送女人金帛求和。晚清时国势愈弱，出使愈益被视为屈辱，甚至被视为卖国。郭嵩焘为同光时期知晓世界大势之人，同治中在北京，大学士沈桂芬即戒其“勿谈洋务”；光绪初被派出使，湖南人即耻与为伍，乡试诸生甚至揭榜于市，扬言焚毁其家。王闿运日记中有一首嘲骂他的集句联：

出乎其类，拔乎其萃，不容于尧舜之世；
未能事人，焉能事鬼，何必去父母之邦。

将出使外国看成是背离“父母之邦”去“事鬼”，有此种行为，虽是出类拔萃的名翰林，亦将“不容于尧舜之世”。这便是当时传统卿士大夫的世界观。

因此，同文馆学生游历欧洲，只能由已经退休、正在给赫德办文案的斌椿率领。蒲安臣使团必须得有“中国大臣”，也只能由四品官(知府)志刚、五品官(郎中)孙家谷充当，他们的头衔“花翎二品顶戴”，和斌椿的“三品衔总理衙门副总办官”一样，都是临时才赏给“以壮观瞻”的。二人“返国后的遭遇都不甚佳，一名被派往中国西部担任很不足道的工作，一名则被派往蒙古边境任职，似乎他们都因为这次国外之行，而受到了玷污”(《剑桥中国晚清史》下卷页一〇二)。

《再述奇》一开头便抄奏折，介绍使团的主要成员：

大清同治六年丁卯十一月初二日经总理各国事务衙门奏，派花翎、二品顶戴、前任贵州石阡府知府、记名海关道、镶蓝旗满州志刚(克庵)[①]，花翎、二品顶戴、礼部主

---

① “花翎……”为职衔，“镶蓝旗……”为籍贯，“克庵”为表字，下准此。

客清吏司郎中、安徽凤阳府寿州孙家谷(稼生)……同原任合众国正公使、改授中国办理中外交涉事务大臣蒲安臣，暨左协理、英国翻译官柏卓安，右协理、九江副税务司法人德善等，前往合众国及欧罗巴各国，办理中外交涉事务。奉旨：依议。

请一位“原任合众国（驻中国)正公使”，来担任“中国办理中外交涉事务大臣……前往合众国”，已经很不正常；请来的明明是一位主角，文书(对外的文书未见到,此只言对内的)上却将其排在既没办过外交也不懂得外语的志刚孙家谷之后，这就更显得不那么正常了。(在《剑桥中国晚清史》上，便是将志孙二人称为“蒲安臣的两名助手”的。)至少可以这样说，这是一次不寻常的出使，是一个不寻常的使团。一九四九年以后的史学工作者，有时不太愿意使用“蒲安臣使团”这名称，也就可以理解了。

毕竟是第一步

但不管怎样，蒲安臣使团毕竟是中国(清朝)依照现代外交习惯派出的第一个使团，是中国外交和国务走向现代化的第一步，其意义是不可低估的。

清廷在外交上走出这一步，当然是由于“二千年未有之变局”的形势的逼迫，是由于识时务思自强臣子的赞成，但亦不必讳言有交国人直接施加的影响。

同治四年冬（一八六五至一八六六），在北京任总税务司的赫德（R. Hart）作《局外旁观谈》，内容之一便是说明，“派委大臣驻扎外国，于中国有大益处”。英国驻华使馆参赞（在华多年的汉学家）威妥玛（W. Thoma）作《新议论略》，对于“派委代国大臣驻扎各国京城一节”，议论尤多，反复申言“此议即系全为中华取益，而中国不肯行办……各国未免心寒”。

这两篇用备忘录和建议书形式送交总署的文章，引起了恭亲王等人的重视，认为“于中外情形深有关系”，当即进呈御览，并“请饬交沿海沿江通商口岸地方各督抚大臣妥议”。

同治五年二月庚戌上谕：

> 该使臣等所论，如中国文治武备财用等事之利弊，并借用外国铸钱、造船、军火、兵法各条，亦间有谈言微中之时，总在地方大吏实力讲求……至所论外交各情，如中国遣使分驻各国，亦系应办之事。

皇太后、皇上总算开了金口，“地方大吏”中的明白人便比较敢说话了。第一个明白人当然是两江总督曾国藩，他此时奉命督办剿捻军事，极忙又病，仍于六年九月密谕（抄发奕䜣密折）催促“详细复奏”后，在《遵旨预筹与外国修约事宜密陈愚见折》中直陈：

> 臣愚以为与外国交际，最重信义，尤贵果决。我所不可行者，宜与之始终坚持，百折不回；我所可行者，宜示

以豁达大度，片言立定……

遣使一节，中外既已通好，彼此往来，亦属常事。论者或恐使臣之辱命，或惮费用之浩繁，此皆过虑之词……

清朝办理夷务(同治后才通洋务)，本来责在疆臣；太平军事后，督抚权更重，财力更充盈，发言便有了力量。主持总署的奕䜣和文祥，本倾向顺应潮流以图自强，有了“上头”的认可和“地方大吏”的支持，又有了赫德、威妥玛、蒲安臣这些洋人热心建议自告奋勇，才有一八六六年的同文馆学生游欧，接着就是一八六八的蒲安臣使团出洋了。

蒲安臣一八二〇年生于美国波士顿，哈佛大学毕业后成为律师，曾参加解放黑奴运动，是林肯的积极支持者，一八六二到北京任美国驻华大使，也是林肯总统任命的。在这之前，他曾三次当选为美国众议员，且担任过参议院外交委员会委员。在公使任内，他处事的态度颇得恭亲王和总署大臣的好感。顺便说说，他还曾将美国诗人郎费罗的名诗《人生颂》译成中文，送给总署大臣董恂，董恂称之为《长友诗》，钱锺书曾作文介绍。恭亲王在《奏请派蒲安臣权充办理中外交涉事务使臣折》中，报告了总署聘用蒲安臣这个外国人为使的理由和经过：

遣使一节，本系必应举行之事。此因一时乏人堪膺此选，且中外交际不无为难之处，是以明知必应举行，而不

① 李泰国，英国人，一八四二来华，天津立约时表现恶劣，后任清海关总税务司，因“阿思本”舰队事被免职。

> 敢竟请举行。……美国使臣蒲安臣，于咸丰十一年来京，其人处事和平，能知中外大体。从前英人李泰国[①]所为种种不合，蒲安臣曾经协助中国，悉力屏逐。……自言嗣后遇有与各国不平之事，伊必十分出力，即如中国派伊为使相同。臣等因遣使出洋正苦无人……用中国人为使，诚不免于为难；用外国人为使，则概不为难。现值修约届期，但与坚明要约，派令试办一年……伊已概然允诺。

蒲安臣本人对此的态度，也是主动和积极的。他说：

> 当世界上占人类三分之一人口的最古老国家破天荒第一次要和西方建关系，并请一个最年轻的国家(通过它的代表)在这一变革中起中间人的作用时，我认为这样的任务是义不容辞的。[①]

“试办一年”中，蒲安臣使团在美、英、法三国的约翰逊总统(《再述奇》称“统领朱温逊”)、维多利亚女王、拿破仑三世呈递了国书后，都进行了外交活动，传达了中国对今后“交涉事务”的意见。总署遂令其继续前往其他“立约国家”，不料蒲安臣在俄国得了急性肺炎，九年正月突然去世。《再述奇》因张德彝提前回国，并未记述及此。志刚《初使泰西记》记云：

① 见《美国对外关系，一八六八年》第一卷页四九四。

（蒲使）病势日加，犹日阅新闻纸，以俄国之事为忧。盖蒲使长于海面商政，而至俄国，则与中国毗连陆地将万数千里，而又各处情形办法非一。既恐办法稍差，失颜于中国；措语未当，又将贻笑于俄人。乃日夜焦急，致病势有加无已，于二十四日身故。使者目击情形，深为悼惜。

清廷并为此发了上谕：

蒲安臣前经派充出使各国大臣……远涉重洋，不辞劳瘁，办事诸臻妥协。本年正月，行抵俄国病故，殊堪悯恻。该使臣身后事宜，业由志刚等妥为照料。兼拨银两，经理丧事。着加恩赏给一品衔，并赏银一万两，由出使经费项下拨给，交该使臣家属祇领，以示优待之意。

张德彝是以“同文馆熟悉西文西语学生”的身份随同出国的，他和“法馆九品官”联芳曾分别在英法入学肄业。在使团时，他给志刚、孙家谷做翻译，和蒲安臣的接触并不多。这并不影响《再述奇》其他方面的价值，但就这一方面而言，则不无遗憾了。

三述奇：巴黎公社的旁观者

（1981.9）

同治九年[①]（一八七〇）天津发生“教案”，清廷派在津三口通商大臣崇厚赴法“妥结此事”。张德彝随同前往当差，往返历时一年又四个月，有《三述奇》（一名《随使法国记》）八卷。

崇厚一行于九年十二月初五日到达法国马赛，《三述奇》当晚便记下了兵士“乱步而行，有唱者，有泣者”的情形。十年正月廿七日（一八七一年三月十七日），张德彝奉崇厚命到巴黎寻租房屋，见“旅舍大半歇业”，到处都是“红头”和“叛勇”，第二天“万洞坊（旺多姆广场）之铜柱下，约千万人，哗言鼓噪”，巴黎公社起义便爆发了。

张德彝就这样成了这场震惊世界大革命的一名旁观者。

他刚从东方来，对法国政治社会不了解，对阶级斗争双方无爱憎，本身不持立场，自己并无成见。《三述奇》只是他凭兴趣照习惯“叙琐事不嫌累牍连篇”的日记，正因为如此，它关于巴黎公社的记述，才真正具有了客观性和真实性。

---

① 文中夏历纪年起首后均略去“同治”年号。

史学界原来的看法是：一八七一年中国对巴黎公社，仅有《中国教会新报》和王韬《普法战纪》抄译欧洲报纸“法京民变”和“巴黎乱事”几条新闻；一九二七年以前，中国几乎未见到任何巴黎公社的反应（均见一九八一年三月出版的《法国史研究·巴黎公社专辑》）。《三述奇》的发现和出版，应该可以改变一下这样的看法了吧。

战争中的法国

一八七一年一月“斯戛莽达”号轮船在法国马赛靠岸，有十来位中国官员和他们的随从人等一行下船。为首的是头戴红顶大帽、后拖双眼花翎的“太子少保、三口通商大臣、兵部左侍郎”崇厚——中国政府派往法国的专使。在崇厚身旁，跟着一位面目清秀、身材颀长的年轻人。他对于离船上岸这些事和码头上的一切，好像显得比旁人更为熟悉。这就是崇厚的英文译员、“兵部候补员外郎”张德彝。这个二十三岁的年轻人，已经是第四次进入法国了。

一八六六年，张德彝以同文馆学生的身份首游欧洲，写下了他的第一部游记《航海述奇》，讲述了他接连两次旅经法国的经过。一八六九年，他随中国第一个到西方的外交使团出国期间，再一次到法国，写了一本《再述奇》。这一回他第四次来到法国，从一月二十五日到十二月十日，待了差不多整整一年，从头到尾亲闻亲见了普法交兵、法国投降、巴黎起义、凡尔赛军队攻占巴黎，以及对革命者进行大规模镇压等等历史场面，以一个旁观者的身份，写下了八卷十八万字的《三述奇》。这是现在所知唯一的东方人所写的巴黎公社目击记，否定了“中国人没有直接观察并记述过巴黎公社”的说法。

张德彝事先并不知道会在法国碰上战争和革命。但他是一个关心外界事物、随时注意做出记录的有心人。到达法国的当天晚上，他住在旅馆，就感觉到并速记了当时法国的乱象：

> 亥初，忽闻楼外乐声一阵。出而视之，共兵百馀名，乱步而行。有唱者，有泣者，有疾驱者，有缓行者，行人皆击掌而贺。

又记述了“当时法郎西与德义志两国鏖兵数月”的由来：

> 因五十年前（西历一千八百三十年，即道光十年）夙怨未平，法君拿破仑第一将日耳曼诸国尽行征服……德国自取边界数地。法君以比利时之陆克尚蒲（卢森堡）与瑞士国之芝乃瓦（日内瓦）二地界于法疆，拟欲取为己有，以因其围，而德君不许……德义志（原名布鲁斯）乃由是合日耳曼诸国为一，以图协力攻法。

张德彝与崇厚及其他人不同，他懂得外语，又曾多次出国。因此，当他有心观察和记录外国的事情时，他就能够找得到材料和方法。

张德彝追述了普法战争的经过和法国政局的变化，写得井井有条，而且比较正确。虽然他的信息来源也可能是英法报纸，但比起《中国教会新报》和《普法战纪》那些事后转抄摘录的报道来，却要生动具体得多，例如（这一节张德彝系用西历记事）：

> （西历一八七〇年九月）初二日，法、德大战于水塘（色当）城七昼夜，互有胜负。是役也，德军六十万，用枪炮百二十万。至是俘虏法军三十五万，夺获大炮四千七百门，枪三十万杆，踞地二省。
>
> 至初六日，法君欲与德议和，德君不允。当日午刻，法君手举免战白旗，欲见德君；乃先遣一官，往送宝剑，以示相投之意。德君答云："不能与剑对语。即欲议和，可令拿破仑（三世）自来。"未初，法君亲诣德营。德帅毕驷马（俾斯麦）与其大将何楠暗约，调军三十万，乘间窃发，与法军八万复大战于水塘城。法旋败绩，拿破仑遂被俘焉，城池、官员、兵卒皆归于德。
>
> 初七日，巴里（巴黎）闻各处失守，国君被俘，众议改为民政（共和）。……外部发福尔（法夫尔），外以冈北达（甘必大）为帅，内以屠额许（特罗胥）操兵，而民主（总统）执国政焉。君后（拿破仑三世的皇后）问众："可仍居巴黎否？"众云："不可。"遂携世子逃往比利时，寻又入英吉利。

《三述奇》记普法战事，主要叙述两军交战，但也反映了法国民众参加抗战的情形，实际就是交代了巴黎公社事件的背景。如叙西历九月十八日，俾斯麦提出苛刻的休战条件，“法不能从其议，于是西南北三面愤起义兵”。二十五日，“法东乡来援巴里，遇德兵。战，德败”；巴黎城中“官兵二十万，乡勇四十万，每日出城引战，德不得入”。可以看出，这时“乡勇”即国民警卫队的人数，已经多于正规军了。旋复叙十月十八日“石头洞”村村民抗战情形，以及二十九日著名的蒲日村(今译布耳日村)之战。这个距巴黎十二里的村子抵抗住了德国大军的进攻，战况异常惨烈，“尸填沟壑，血满田畴”。

张德彝沿用国内对广东农民起义武装的称呼，把以红旗为标志的巴黎人民自卫武装称为“红头”，记载了“红头”的许多活动。虽然他原有维护正统的观念，受过“犯上作乱即为贼”的影响，但他的记载毕竟还是比较客观的，为巴黎人民革命留存了史料，如：

> (西历)十月初九日，有戴红帽之乡勇十万，名为“红头”者，齐赴外部，伪以击退德兵为名，欲藉改民政而作乱，遂调各部兵将击退之。
>
> (西历)十月三十一日，……有“红头”数万，围守提督公署，声言要改“红头民政”。廷臣集议，示以翌日宣告，须通城人民保结，再为酌定(按此指国民议会决定实行巴黎全民投票)。十一月初三日，巴里百姓保者五百五十万七千九百九十六名，不保者六万二千六百三十八名，改否未定。

因巴黎动乱，崇厚抵法后先停留波尔多，后去了法国政府迁往地凡尔赛。《三述奇》九年十二月初六日记："法邦外部大臣发福尔亲到卫洒（凡尔赛）德营，与毕驷马商议停战二十一天。毕对云：如欲停战，须依德营十五款。"而在丧权辱国的投降条约签字之前，"红头"已经"满街喧闹"，并将拦阻的"看街兵""投诸河中"。初九日记：因为"红头时时反乱"，会堂（国民议会）和外部都迁移到波尔多，"各国驻扎公使亦多因而移去焉"。此外，并记载了遰尔（梯也尔）被国民议会选举为"伯理玺天德"（总统）一事。一星期后，崇厚率张德彝等一行也以外交人员身份，从马赛到达波尔多。

张德彝在波尔多住了四十来天。从他的记载看，法国外省的官吏、军官和商人，此时生活还比较平静。这说明对德战争的失败，并没有给统治阶级带来多少痛苦，这个阶级也并没有投入"全民抗战"的浪潮。在马赛时他就有过这样一段记事：

> 前日来拜之武官名傅达义者，系奉命来此与兵购买鞋袜者。彼尚游玩看剧，不以官事为重。斯时城（巴黎）虽被困，王虽被擒，而闾阎市廛，仍是朝朝佳节，夜夜元宵，鼓乐喧天，车马震地，可谓燕雀不知大厦之倾也。

可是，普通法国人民的情况却与此不同。在波尔多，张德彝到旅馆对面人家小坐，就见到了从巴黎逃出的难民。房东的儿子原在巴黎从军，也已经四个月没有家信；房东太太讲到儿子，便忍不住伤心哭泣。这样的情景，在他平时接触的达官贵人中是见不到的。后来，在波尔多竟有巴黎难民向中国官员求乞，想起过去在北京见到乞丐向洋人讨钱的情形，张德彝这位旁观者，也不禁感慨系之了。

起义当日纪事

同治十年正月二十七日，即一八七一年三月十七日，张德彝奉崇厚之命从波尔多到巴黎觅租行馆，和他同行的是法国驻华代办罗淑亚（Rochechouart）派遣的译员、汉学家德威理亚（Devéria），拟先找侨居巴黎经商的华侨王子显（承荣）。当时巴黎已是暴风雨即将来临的前夕，张德彝虽有一些不平常的感觉，但仍在寻看房屋：

> 卯初抵巴里，与德威理亚分袂。见征客虽多，鲜有马车。遂雇小儿一名，令持手箱衣包，步至妥朗晒巷第六号王子显（承荣）铺内，相见甚喜。……旅馆大半歇业，虽开，亦恐内藏“红头”。遂于午初步至居福巷内第五号霍福家借房小住。未初，同德威理亚乘车……先至娄氏巷看房……酉初回寓……禀呈星使。

谁知第二天——一八七一年三月十八日，一场惊天动地的革命就在巴黎爆发了。

巴黎公社参加者、法国历史学家普·利沙加勒所著《一八七一年公社史》，被马克思誉为“第一部真实可信的公社史”

(《一八七六年九月二十三日给白拉克的信》)，其德译本附有《大事年表》(以下简称《年表》)，三月十八日这一天所记大事是：

维努亚企图在拂晓的时候夺取蒙马特尔的大炮，军事占领巴黎。巴黎人民起义。士兵们拒绝射击，同人民联欢。克列芒·托马和勒康特两将军被他们的士兵枪杀了。

晚上，梯也尔命令政府的一切机关撤出巴黎。

国民自卫军中央委员会掌握政权。东布罗夫斯基从里昂回到巴黎。

如果我们拿张德彝当日和次日的日记(注意日记用的仍是夏历)和《年表》做一对比，立刻可以看出张德彝日记的价值：

二十八日戊午，晴。午初，同德威理亚、费亚柏步至丹胆街，租寓已定，并告以如何安排修饰。……闻是日会堂公议，出示逐散巴里(巴黎)各乡民勇(按指巴黎人民组织的国民自卫军)；又各营派兵四万，携带火器，前往北卫、比述梦、苇莱暨纲马山下四路，拟取回大炮四百馀门，因此四处皆系乡勇看守。官兵到时，乡勇阻其前进。将军出令施放火器，众兵抗而不遵，倒戈相向。将军无法，暂令收兵，叛勇犹追逐不已，枪毙官兵数十人。武官被擒二员，一名腊公塔(勒康特)，一名雷猛多(克列芒·托马)，亦皆以枪毙之。戌正，叛勇下山，欲来巴里。一路民勇争斗，终夜喧阗。彝飞禀星使，请仍在波耳多暂驻数日，俟军务稍定，再禀移入法都。

二十九日己未，晴，凉。闻昨夜叛勇已入巴里，至王官左万洞坊(旺多姆广场)之铜柱下，约千万人，哗言鼓噪，声言将吏、兵二部大僚，并民勇将军、巴里提督、按察司皆改用其党。各官畏惧，皆避往卫洒(凡尔赛)等处，巴里遂无主矣。叛勇行令，官兵皆倒举火枪，以示无与战意。人心惶恐，畏其抢夺杀害。富者已经他徙，贫者无以自卫。王、霍二家，亦不日即逃去。彝恐大乱无可避居，即拟出巴里。苦无车马，万难步奔，遂函禀星使，拟回波耳多再为料理。正缮禀间，忽炮声大起。急投信于信局，而信局已闭门不纳，欲改送电信，而电局亦暂停止。欲往向德威理亚计较，据洋仆云：江北各巷口皆以车轮石木堆筑炮台，行人往来有暗号，不可遽往。只能函雇送往，以候回音。不意其人回云：德威理亚因故他出。及至火轮车局，始知戌刻方有车来。欲留行李局内，以待海车(高座马车)前往，而海车之有无，亦难预定。……幸有王子显送至河干，恰遇一火轮舟，急行抢渡。行十馀里登岸，步行三四里，至火轮车客厅，买票登车，与王子显作别。当时，沿途老幼男女拥挤喧哗，络绎不绝。

翌日，张德彝从动乱中的巴黎来到波尔多后，“谒见星使，面禀一切。星使甚喜，温语慰之”。

张德彝的这些记述，不仅与信史完全相符，更可贵的是提供了不少只有亲历者才能知道的细节。他对事件的发生并无思想准备，又是一个外国客人，同斗争双方并没有利害关系。尽管他沿用清廷口吻，把人民起义称为“叛乱”，但看得出他对起义者并无深仇大恨。所谓旁观者清，这些私人记载，自然相当可信。

巴黎革命后，张德彝随崇厚于二月初十日（一八七一年三月三十日）到达政府所在地凡尔赛，并且先后见到了梯也尔、法夫尔等人。在《三述奇》这一段的记事中，他只能从凡尔赛的角度来看巴黎；但他在记述官兵（凡尔赛军队）与“红头”（巴黎起义军）的战斗时，既写了官兵的得胜，也写了官兵的失利。如二月十九日记纳里（讷伊炮台）之战，说“红头”四万七千，枪炮六万馀具，颇属利害；官兵过桥时，“误触”炸炮（地雷），伤数百人，提督（将军）也阵亡了二员。三月十六日又记官军利用奸细偷袭巴黎失败，“先与党中数人定计暗中开城；不意谋泄，俟兵到时，‘红头’连施炸炮（地雷），所伤甚多”。

对于凡尔赛方面的情况，他也能够不予隐饰地直书。在到凡尔赛第一天的晚上，就记了旅馆外边“兵马云集，人语喧哗”，原因是“官兵不与叛勇战，故调水师来此”。第二天又记载凡尔赛的市容，“有卖马肉、狗肉者。甚至下等人不靧面，不整容，衣服蓝褛……女子则首如飞蓬，小儿则坐于涂炭”，活生生一幅流民图。三月十一日记凡尔赛“正殿改为官署，戏园改为会堂，大厅皆以木截成小屋，外挂一牌，云某号某司，专理何事，内设床榻火炉”。三月二十二日记述他目睹巴黎战况，“浓烟冲突，烈焰飞腾，似焚房屋数千间状，亦一浩劫也”。此时正值两军激战，胜负未定之际，这当然是凡尔赛军队炮火轰击巴黎的结果。在最后听到巴黎“克复”的消息时，他又写道，“缘德知法久战，所费不赀，恐赔款不能如期以偿，故协助而速克之”，讲出了凡尔赛政府勾结敌国镇压人民的真相。

不屈的女战士

巴黎公社《大事年表》记云：“五月二十一日，凡尔赛分子利用叛变经由圣克鲁门侵入巴黎。”

张德彝当天（夏历四月初三）就记载了这件事。三天之后，巴黎巷战仍然十分激烈。他“入夜北望，烈焰飞腾，炮声不绝。盖巴里虽克，而‘红头’仍据城外炮台数座，故火器犹不时施放也”。法文翻译庆常（霭堂）和其他国家的外交人员，由法国外交部发给“入城之据”，“往看巴里”。只见“枪炮子飞腾遍城，其急如矢，其密如星”。意大利的一位副使，当场竟被流弹打死。

《年表》：“五月二十八日，最后的街垒陷落。凡尔赛分子大批执行死刑，一直继续到六月初。”

张德彝（此时尚在凡尔赛）于第二天（中历四月十一日）写道：

> 巴里通城克复，炮台亦皆收回。自申至戌，见马、步队三四万归伍。有面目黧黑而步履彳亍者，有身体疲惫而卧于当途者。土人（指凡尔赛居民）则施水、施酒、施药、施钱、施烟卷、施面包者甚众。又见叛勇之被俘者，男女

老幼，有三四百人。

尽管凡尔赛在欢迎扑灭了公社的军队，这支军队却看不出有丝毫的欢欣鼓舞；这确是一支刚刚投降过敌国，随即又拿起武器来对付本国“男女老幼”的军队的最正常的表现。

公社战士面对屠刀视死如归的英雄本色，是《三述奇》刻画得最出色的部分。如四月初五日记：

未刻，见有兵万馀人，随行鼓乐而归，虽列队而步伐不齐，更有持面包饮红酒者。其被获叛勇二万馀人，女皆载以大车，男皆携手而行，有俯而泣者，有仰而笑者。

四月十五日记：

申初，又由楼下解叛勇一千二百馀人，中有女子二行，虽衣履残破，面带灰尘，其雄伟之气，溢于眉宇。

十六日又记：

晚，又解过“叛勇”二千五百馀人，有吸烟者，有唱曲者，盖虽被擒，以示无忧惧也。

十九日又记：

未正，由楼下解去叛勇一千八百人。妇女有百馀名，虽被赭衣，而气象轩昂，无一毫褭娜态。

同文馆出身的“兵部员外郎”，当然不可能理解巴黎公社革命战士是为何而战，为何而死；但他客观记录下来的英雄形象，却在百载而后仍然凛凛有生气，能给今天的读者以强烈的感染。至于在张德彝的主观认识上，起初不过是普通的同情心，如说：

其始无非迫胁之穷民，未必皆强暴性成而甘于作乱；今俱伏罪受刑，睹之不禁恻然。

后来分析了起义的原因，说：

夫乡勇之叛，由于德法已和；和局既成，勇必遣撤；撤而穷无所归，衣食何赖？因之铤而走险，弄兵潢池。

这时的张德彝，已经不完全认为起义穷民是受“迫胁”而“作乱”了，而在一定程度上指出了“乡勇之叛”是由于反对“和局”即法国政府向德国妥协投降的结果。

但是，不管怎样，在刚刚镇压了太平天国革命，专制朝廷号称“同光中兴”的中国，一个“兵部员外郎”能够有这样的态度，留下这样的记述，总要算是难得的了。

在张德彝的笔下，还有不少其他关于巴黎公社的史料，可与《年表》对照。以下引文宋体字为《年表》记事，用西历；圆括弧内的楷体字为《三述奇》原文，用夏历：

俾斯麦提出停战和投降条件（见九年十二月初六日及十年正月初六日记。）

巴黎被围缺粮（猪鸭鸡鱼及干鲜菜蔬皆无。…………牛、马、骡、驴、猫、犬、鸽、鹊纳官分卖，有定价。不论贫富，每人一两五钱，持牌领肉……）

官军协助德军占领巴黎（正月十六日记：德兵列队入巴里，齐唱凯歌……各衔巷口，皆有本国兵弁，持械严守，以阻民人观看。）

三月二十二日旺多姆广场上的反革命示威游行（二月初三日记：巴里良民数千，于午正至万洞坊民勇将军衙门，与其头目商议平定之事。“红头”不允，即时枪毙人民数十，众皆惊散。）

四月三日公社三个纵队向凡尔赛进军（二月十三、十四等日记：叛勇三路出巴里，拆断水道，官军迎至鸥泗地方对阵……）

四月六日公社颁布关于人质的法令（二月十九日记：“红头”在巴里捉获主教神甫百名下狱。）

四月七日东布罗夫斯基任前线司令（二月二十七日记：有法人戴色里者，本系元帅亢贝达营勇将。因德法已和，稍有觖望，竟改名邓波斯纪，投入“叛勇”营中，参谋一切……）

五月上旬凡尔赛军队以数百门大炮轰击巴黎(三月十七、十八、二十等日记:夜间枪炮齐发,震地惊天……枪炮之声,阗阗震耳……昼夜火器之声不绝。)

巴黎人构筑街垒(四月十六日记燹后巴黎云:路皆拆毁。叛勇在各巷口多筑土石墙、几案墙。又有木筐墙,系以荆柳编筐,内盛零碎什物,堆累成台;炮子虽入,含而不出。…………有叛勇所掘之河〔按:此指战壕〕,筑以石壁,将浸水之毡布裹于其上,以御枪炮。)

拆毁旺多姆圆柱(万洞坊之铭胜柱已被叛勇打坏。……是柱系其先王拿破仑第一战胜他国,将所获之铜炮改铸者也…………至得米石地方,有一石台,上建拿破仑第一石像,高二丈许,亦被叛勇打去。)

处决巴黎大主教(四月十九日记:接法外部讣云:"巴里大牧师达卜瓦,昨为叛勇所戕。现定于翌午在巴里城内那欧他达木礼拜堂内诵经出殡,恳请光临往吊……")

如果将张德彝关于公社的记述和《中国教会新报》的报道作一比较,则前者详尽具体,后者错谬甚多;特别是对公社的观点,显见有所不同。

《中国教会新报》在十年五月二十一日才开始报道法国"官军戡乱,八万人入法京,执其乱党六百人"的"新闻"。如说巴黎妇女"甘从叛逆":

法京中富丽繁华及奇珍法物半成灰烬者,多由此辈娘子军肆虐焉。兹由法司定罪，将此众女发往乌加烈顿呢亚埠（张德彝称为牛戛列丹尼岛，即新喀里多尼亚岛）充军，以肃典章，而除凶孽。

这比张德彝所记，不仅迟了很久，对公社女战士的态度，也显有不同。

其所以有区别，一则由于辗转传译不如直接观察接近真实，二则由于西方传教士和帮他们润色文字的中国文人比张德彝思想更加守旧，更不开明。张德彝虽然也是满清朝廷洋务机构培养出来的人，但毕竟年纪轻轻就学会了外语，又连年出洋，眼界和思想都比较开阔；再加上养成了每天记事述奇的习惯，主客观条件一凑合，就使他这个同治年间的中国人，居然为天隔地远的巴黎公社留下了这么些难得的史料，真是所谓“无巧不成书”了。

天津教案

崇厚此次出使法国，本来是为了“天津教案”去向法国政府“表示可惜之意”，也就是道歉。这在中国外交史上，是不光彩的一页。

天主教从明朝万历年间开始传入中国，作为一种外来的宗教，它一直没有为更多的中国人所接受。一八四〇年以后，西方国家的鸦片商人、人口贩子，在中国干了不少坏事。中国人的心目中，不可能不将西方传教士和这些坏人坏事联系起来。

于是，有许多天主教会进行活动的地方，都出现过反洋教的风潮，也就是“教案”。

应该承认，反洋教的并不全是进步分子。某些地方的落后宗法势力，害怕“洋人”取代他们的影响，损害他们的利益，也反对洋教。他们尽量利用群众的保守心理和对“天地君亲师”的迷信，竭力把水搅浑，企图把反洋教运动引向维护旧的统治、反对民主文明的歧路上去。天主教“拐骗童男童女”“剜眼取心合药”等谣言，一时传播甚广。鲁迅也听到过所谓“洋鬼子把眼珠像小鲫鱼那样一坛坛腌起来”的鬼话，并且拿来当作笑料，天津教案就是在这样的背景下发生的。

同治九年五月(一八七〇年六月)，天津抓获了一个“迷拐幼孩”的“拍花”王三，供词中牵涉到天主堂。当地群众本来对法国教士的嚣张气焰和教民“为虎作伥”“认贼作父”的行径十分不满，纷纷要求彻查，并且自发采取行动。后来又听说，天主堂内查到了人眼人心(当然并无其事)，于是群情激愤，砸掉了教堂。法国领事丰大业(H. V. Fontanier)于五月二十三日找天津的中国官员交涉。这位“洋大人”平日对满清官吏颐指气使惯了，这次又如法炮制。旁观群众忍无可忍，愤起制止。丰大业持手枪开枪威胁，以致酿成剧变，结果丰大业本人和一批法国教士、修女在混乱中被人打死。事件发生后，法国政府借题发挥，压清政府迅速做出处理。清廷派大员到天津“查办”，将“滋事犯人”二十名处死、二十五名充军；将“办理不善”的天津知府、知县革职发往黑龙江；给死者以优厚的抚恤；又派崇厚(三口通商大臣原驻天津，本系天津教案当事人)为专使，携带同治皇帝的国书，去向法国“代达衷曲，以为真心和好之据”。

崇厚一行于同治九年十月初二日出京，到达法国后，正碰上法国军事溃败，政局大变，只好在马赛、波尔多、凡尔赛等地逗留等候。以梯也尔为首的法国政府，在凡尔赛曾派热夫类与崇厚接洽；及至镇压巴黎公社、建立全国统治之后，一时还无暇接见崇厚。于是，崇厚一行于同治十年七八月间，还曾到英、美两国小游，本意想就此归国。经法国驻美公使再三相请，才重至法国。直到十月十一日，梯也尔始正式接见崇厚，接受国书，并互相致辞。这个屠杀巴黎人民的刽子手，竟在答词中指斥中国人民“愚昧”，气势汹汹地责问：“如何将大国领事官打死？洵属获咎不浅。”他公然要求中国皇帝谕告地方官“优待”传教士，“百姓也必敬重之”，充分暴露了仗势欺人(虽然法国刚刚战败投降，大大失掉了面子)的横蛮面目。

张德彝仅仅是一个年轻的翻译，他在《三述奇》的凡例中说：“虽辱承译事，而一切密勿阙而不书，亦金人缄口之意也。”故本书中于使事所叙不多。值得注意的是：这次出使法国是为了了结“教案”，张德彝却不止一次向法国人表示自己是孔子的信徒，说天主教不适合于中国。文中他还特地译录了法国限制罗马教廷教权的条约，其中包括有主教及传教人员犯法应由官署究办等规定，显示了他拒绝天主教的立场。

当然，无论是“辟教”还是“纪乱”，都没有改变也不可能改变张德彝的基本思想。写《三述奇》的张德彝，还是那个写《航海述奇》和《再述奇》的张德彝。他有开通的一面，又有保守的一面。大约正因为自己是同文馆出身，生怕别人指责自己会“变于夷”，同时又觉得自己是“八旗世仆”，必须随时表现忠于大清朝廷的缘故吧，他常常在一些芝麻绿豆大的事情上跟外国人抬杠，比如在由西贡开出的轮船上发生的一件事：

> 饭后有洋人讷武英者谈云：“今日本国学习各国文武兵法，效验极速。贵国亦宜有备，方可无虞。即以诸公所着鞋底论之，足见其蠢笨不灵矣。”彝曰：“即以鞋底观人，其真假虚实，亦可略见一斑。贵国鞋底，必先薄而后厚，虽厚亦只四分之一。日本鞋底，前后实而中空，虽实不足四分之一。皆不如我国鞋底，首尾一律，以之待人，亦必始终如一，不致易辙改弦也。”其人不对而去。

老实说，当时张德彝等所着厚底官靴，确实不如西式鞋轻便；洋人所言，不为无理，且态度也颇诚恳，不像是在“反华”。张德彝硬要把鞋底的前后一般厚，说成是“待人始终如一”的表现或者象征，反而显得牵强附会。“其人不对而去”，在张德彝笔下是弃甲曳兵，其实，很可能倒是他觉得这位高靴大帽的年少先生不足与谈，因而不辞而别。

从文化思想史的角度看，关于公社战士慷慨就义的记述是重要的，但关于鞋子式样的争论也自有其价值。

和前后的其他《述奇》一样，《三述奇》“本纪外洋风土人情”，于平时尤其是不在巴黎和凡尔赛时，仍有大量这方面的记述。九年闰十月初七之记热带果蔬花木，十年三月廿八之记各国旗帜，都写了许多页。这些也同样有资料的价值和阅读的趣味。

张德彝七部《述奇》，只有三部即《航海述奇》《四述奇》（以《随使日记》和《使还日记》为名）和《八述奇》曾于清末印行，《三述奇》不在其列。所有的《述奇》，在张氏生前，已经抄成清稿，分装成若干帙，牙轴布函，十分讲究。张德彝死后，全稿由他的次子仲英保存。北京解放之初，张仲英也年过七旬，为了不使先人手泽在社会变动中遭受损失，便叫自己的儿子将其送给了公家，几经辗转，最后入藏北京柏林寺书库。一九七九年冬，著者搜寻清人出国载记，在柏林寺内发现了这批稿本，始得将其列入《走向世界丛书》，整理出版。

《三述奇》即《随使法国记》于一九八二年初版后，出版社曾收到张德彝后人张祖铭（时在石家庄二十五中学）和巫时珍（时在天津美术学院）的来信，对这些稿本能够整理出版表示高兴。巫时珍写道：

> 记得在我们年轻的时候，只在叔祖父（张仲英）家的玻璃书柜里，看到过一本一本的《述奇》，可是却没有去翻看过内容，更不知道里面还有关于巴黎公社的记载。……事隔多年，经过这么多动乱，这些书居然得到了出版的机会，使我深深感到叔祖父当年把稿本送给公家，他是做对了。

四述奇：随使英俄二国日记

（1985. 10）

张德彝作为郭嵩焘（中国首位驻外使节）奏派随带的“三等翻译官三员”中的一员，于一八七六年十二月一日即光绪二年[①]十月十七日乘船赴英。四年底复调随崇厚往俄国议界修约。六年初他销差抵巴黎后，曾纪泽奉命赴俄谈判改约，又打算带他同行。而他却因父病未能前往，便于六月底离欧，七月十五日（一八八〇年八月二十日）回到中国了。这一次，他在国外的时间长达三年九个多月，比前三次都要长得多，所以《四述奇》的篇幅也比前三次的长得多，有一十六卷四十万字。

清廷初次遣使西洋和中俄两次谈判界约，都是近代外交史上的大事。郭嵩焘的思想见解远迈时流，崇厚也是洋务通商上颇有关系的人物。张德彝躬逢其盛，见闻可谓不凡。可是他写书遵循一贯的风格，很少涉及政治外交方面的情况，而主要是记录国外的日常生活。正如本书凡例所云：“是书本纪泰西风土人情，故所叙琐事不嫌累牍连篇。至于各国政事得失，自有

① 文中夏历纪年起首后均略去“光绪”年号。

西土译书可考。”又说：“历次出洋虽辱承译事，而一切密勿阙而不书，亦金人缄口之意也。”

从外交史料的角度看，张德彝这样谨慎小心，确实不免使人感到遗憾。但他所记关于泰西风土人情的“琐事”，却反映了十九世纪七十年代中国人对西方社会认识的进一步深入，颇富文化史的价值。同时，作为一位翻译官留下的“累牍连篇”的日记，尽管“一切密勿阙而不书”，也毕竟为研究郭嵩焘等人在国外的活动，提供了不少有用的背景材料。

参看郭嵩焘日记

如果拿《四述奇》(以下简称“本书”)同郭嵩焘的《伦敦与巴黎日记》(以下简称“郭记”)参看，便可发现，在记载中国驻英使馆的日常生活方面，前者确实比后者详细得多。例如二年十二月初八到达伦敦的头一天，关于当日入居的馆舍，郭记只有简单一句话：

> 戌刻至波克伦伯里斯(按即 Portland Place)寓宅(亦曰波儿得兰达柏来斯第四十五号)。

而本书则用了三百多字来介绍：

> 至坡兰坊第四十五号。……金登干，英人也，系总税务司赫乐彬令驻伦敦，代中国办运船炮、察觅学习税务人

员，与照料往来财簿者。星使未出都，函嘱其卜宅，故代租此房，供奉一切焉。楼四层，每层间数不等。间间整洁，器皿齐备。帘帐陈设，床榻炉灶，虽朴素，甚为壮观。东主侯爵郝士，苏格兰人也。租金每月百零五镑，合库平银三百六十七两五钱。男司事者，有内总管一名，门丁一名，照料客厅一名，照料书房一名，照料灯火什物一名。女司事者，有照料房屋器具一名，洒扫者二名，女管厨一名，女厨工一名。四轮双马车一辆，跟役、车夫各一名。接坡兰坊在伦敦新城之东南，北有敖斯佛街，南有荔臻囿，东有班芝街，西有普兰巷，道路平净，楼舍整齐，镇日车则毂击，人则肩摩，薄暮灯烛辉煌，浑如不夜，此犹伦敦之雅静处也。

这真是“叙琐事不嫌累牍连篇”，但中国第一处驻伦敦使馆馆舍及供事人员的情况，借此才得以保存下来，使我们得以知道。除此以外，恐怕再也没有第二种关于这些情形的记载了。

又如四年五月十九日举行茶会，这是郭嵩焘任内中国驻英使馆唯一的一次对外招待会，郭记也只寥寥数语：

邀请茶会，至者五百馀人，所费盖千四五百金。而凡客至皆以为欣幸……

而本书中早在四月二十八日即有一段关于茶会准备的重要记载：

申初，随星使乘车往拜阿什柏里。途次星使云：“今早同姚彦嘉议定，择于五月十九日请茶会，可即同马清臣拣选应请人数，以便给郭太太印请帖。”彝云：“按西俗，凡请茶会跳舞会，固皆女主出名，然此次中国钦差请茶会，可以稍为变通，不必拘定。”星使云：“我自作主，何必参议；且英人皆知我携眷驻此，未为不可。”彝云：“因愚见所及，不敢不谏。”曰：“试言之。”彝云：“在西国，若如夫人出名，自然体制无伤。苟此信传至中华，恐人啧有烦言，不免生议。”言毕，星使仰思良久，转嗔为喜而韪之。

“郭太太”即郭嵩焘携往伦敦的侍妾梁氏。一个茶会署名问题，既反映了中国和欧洲男女关系的差别，又反映了郭、张二人对待传统观念的态度的不同，适足以窥见当时出使诸人在中西“体制”冲突中的矛盾心理。而本书五月十九日当天的记载，则更为细致生动：

请茶会，自晨至暮。经男女工匠收拾陈设，由大门至二层楼，左右列灯烛，置鲜花，中铺红毡。楼梯阑以白纱，挂红穗，分插玫瑰、芍药及茶花。客厅、饭厅皆悬鲜花、灯彩，横设长筵，一置茶、酒、加非、冰乳、小食，一置热汤、冷荤、干鲜果品。刀叉杯盘，罗列整齐。玻璃银瓷，光华耀目。客厅对面，鲜花作壁，内藏红衣乐工一班。饭厅旁马清臣住屋两间，以木板横支槅架，以便来者脱外袭之所。楼上第一层客厅及凤夔九与彝原住二屋，皆开门去槅，联为一间。地铺红毡，壁挂灯镜，窗外支帐，列鲜花台，置五彩冰塔。第二层星使住屋五间，亦修饰华美整洁。悬花结彩，鼓乐喧天。门外支棚帐，雇巡捕六名，以便弹压一切。由亥正至寅初，男女绅富士民来者，计七百九十馀名。（按：郭记云五百馀人，可能未计入随从人。）

除了上述这类记载繁简有差，可以互相参看的地方以外，还有一些郭嵩焘日记中隐晦难明的地方，本书可以作为旁证，加以发明。如郭氏于四年七月十七日由伦敦赴巴黎，七月十九日记云："接德在初(按即张德彝)信……即日巴兰德（按巴氏为德国驻华公使）当赴伦敦……"此后一个多月未再提到张、巴二人，八月二十四日忽然又对张表示不满云："德在初来信告知，威妥玛、巴兰德并在伦敦，而嘱我在巴黎少候，约下礼拜乃能来。威妥玛踪迹诡密勿论也，在初探听事情，亦太失之疏忽矣。"看到这里，总不免有些费解。"当赴伦敦"与"并在伦敦"，并无不合卯榫之处，何以要怪他"疏忽"呢？但只要一看本书，疑问立刻可以得到解答。七月十七日记云：

辰初，星使率马清臣往巴里(按即巴黎)。未初，代星使持刺赴外部，见潘侍郎，问《烟台条约》迄今未完，何日可定？据云：……本国须与他国商议。德国巴公使刻抵法京，不日必来伦敦会商。……回寓后，具禀所闻，寄赴巴里。

原来郭氏七月十九日“接德在初信”，信中所告巴兰德“当赴伦敦”一语之上，还有“刻抵法京”四字。郭氏急于和巴兰德见面（郭记八月二十六、二十七等天详载了同巴兰德极其重要的谈话），自己既已来到巴黎，听说巴兰德也马上会来，当然希望能和巴氏在巴黎相会。结果在巴黎一个多月，并不见巴兰德来。八月二十四日再接德在初来信，方知巴兰德“约下礼拜乃能来”，这就难怪他要埋怨了。

其实本书七月二十二、二十六、八月初十、二十三等日，均有奉郭星使命探访巴公使行踪的记载，结果都是“不知确讯”“云未回”“未接确耗”……又都“具禀所闻，寄赴巴里”了。可见郭之询问和张之报告，都已至再至三。郭记中完全略去了这些情节，读者自然不甚了了，只有从本书中方能索解。

有些郭嵩焘交给张德彝办的公务，更是郭记略而本书详。如中国派往德国留学军事的武弁王得胜、卞长胜、朱耀彩等人申诉一事，郭记光绪三年正月十六日云：“当遣德在初一往查问。”二月初一日记：“德在初自德国回……所事幸已为料理。”都未多叙事实。而本书光绪三年正月十八至二月初一十四天的记事，几乎全部都是由英赴德处理此事的经过。据卞长胜报告，系德人李迈协“管辖多随私意，时而令着官服，时而令扮洋装”，“偶有不听，因而有隙”，于是入营学习数月后，竟被遣送工厂做工。张德彝随即到留营学习的其他中国武弁中调查，始悉“卞为人自大，不受西人约束；王虽精明，为卞所惑；朱则年幼无知，不能自主”。德国方面本谓卞、朱二人

“皆强暴不逊，莫若使之回国”；经张德彝再三请求，始允其改习水师。张德彝在柏林为三人办好水师入营手续后，又当面“再三劝勉，告以诸君离家万里，当思跋涉不易……朝廷以水陆兵法为要务，学成回华，不惟效力国家，亦可光耀宗祖。……至其所教，择其善者而从之，原无所苦”。三人均表示接受，事情就算得到了解决。像这样在近世留学史、军事教育史上很有意义的史事，能因张德彝的记载而流传下来，确实为本书生色不少。

但也必须指出：本书所叙琐事虽比郭记详细，但由于张德彝的学识水平和思想境界都远逊于郭嵩焘，全书在摅取西学、记寻新知方面，则远不如郭记之既能见其大，又能探其微。往往同一题材，郭氏显示了披沙拣金之能，而本书却不免买椟还珠之诮。关于严复的记载，就是这方面一个显明的例子。光绪三年四月初一日严复(宗光、又陵)等出国留学到达伦敦时，郭记只笼统挂上一笔，本书则详细开列了三十二名留学生的姓名别号，显得用心得多。但到光绪四年四月二十九日，郭、张诸人一同到格林威治海军学校去看望严复等学生，郭记详述“严又陵语西洋学术之精深，而苦学穷年莫能殚其业”，从“意大里人洛布尔为对数之学”谈到牛顿，云：

> 英人纽登偶坐苹果树下，见苹果坠。初离树，坠稍迟；已而渐疾……因悟地之吸力。

郭氏“极赏其言，属其以所见闻日记之”。三日后，复详细摘录严复等学生呈交的日记近八千言，结论是：“足征出洋就学之为益多也。”而本书于此等处毫无体会，把“在格林泥芝水师学堂中学习之中国武生严又陵等请星使往游”当作一次寻常游历，记述也毫无新意。

然而，尽管有这样一种缺陷，本书仍可作为郭记的重要补充。不仅此也，对于刘锡鸿、崇厚、曾纪泽的活动，书中亦颇有记叙，足资佐证。如光绪三年二月二十七日记井上馨来谈其留英回日本后“献策更政令以效西洋”，六月一日记英人阿士贝“创造凉油(按，应即是润滑油)，使车行久而轮不热，遂获厚利”，八月二十日记英国制造耕田机器人郎茀娄“呈器图一纸与看……极省人力，可谓巧夺天工”，等等记事，都可与刘锡鸿《英轺私记》参看。尤其是关于崇厚的俄国之行，本书所记，更有资料价值。这些准备放在最后一节去加以评介，这里就不再多说了。

泰西风土人情

至于张德彝所记“泰西风土人情”，这确实占了本书绝大部分的篇幅。虽因作者见解不高、文字平常，读来确有琐屑之感，当旅游文学作品看只能算下乘，但如作为历史资料，则这种缺点亦未尝不是一种优点。如光绪四年十月十四日记英人“约人晚酌”礼俗近四千字，十六日续记英人“平时晚餐”情形一千六百字，十七日又续记英国“跳舞会之夜馔”八百字。兹节录其十七日所记一小段如下：

> 设馔屋之正面，横大桌一张，长与屋齐，或一丈，或二丈。外圆桌四五张，置于窗下或屋隅。长桌上铺白布垂地。桌之四面，每二尺之间，置七寸花盘一，内盛白布巾一块，裹小面包一个。盘左置三大叉，一大汤匙，右置长刀二把。盘前偏左，置玻璃三鞭、舍利盅各一。桌之中行置银烛台、鲜花篮、干鲜果品，以及糖果小食。小圆桌上，按式列食具。……入座，首上热汤一二种，或用小深盘，或用带把汤碗。汤后食热荤者少，所备冷荤，系白煮鱼带油汁、菜拌蛤蜊、菜拌熟鸡卵、酱羊肉、酱火鸡加土伏、酱煮猪头、牛舌、白煮鸡等。以上大而须割者，仆人伺候。已成小块者，以盘置于桌面，听客自取。

娓娓说来，不独可以广人见闻，亦足以见其涉猎异国社会生活时从容不迫的情状。

本书中所记观剧情形，在清人出国载记也特为详尽。如光绪五年九月二十七日，在俄京麻林斯吉戏园观剧，记云：

> 所演系俄三百年前事，俄被波兰征服，有一小王子出奔。当波人追觅时，遇一老农，名苏萨年。伊生子女各一，子年未及冠，女字而未嫁，婿名索巴呢音，一门素称忠孝。波兵以伊知王子所在，乃入其家，勒令导往。苏初不允，继而慨然诺之，暗令其子急驰告警。苏将行，伊女牵衣而泣，众兵举刀吓之。苏引众兵步行一昼夜，入旷野

深林，距王子已数百里。兵既力疲，又值天冷，大雪烈风。众兵举刀追问，苏谅王子必闻信而逃，乃大声急呼曰："王子所居，我亦不知。今领汝等至此，不过少延，以令之逸耳。"而众兵怒杀之。当苏之去也，其女昼夜哭泣。邻人询知其事，再三劝慰，亦料其必无生理。伊婿闻之，聚众乡人执械往救。后王子得志，追封苏为义士，赏其子女及婿以地亩官爵，名传至今。

真要谢谢张德彝如此详尽地介绍剧情、人物，才使我们得以知道，他所看的原是格林卡的著名歌剧《伊凡·苏萨宁》，这恐怕要算中国人对这一俄罗斯名剧最早的介绍了。

早期国人往游欧洲，偶述土风，多限于直接所见所闻一地一时之某人某事。张德彝四次出洋，素谙英语，略通西学。本书所记，有时横能通览社会，进行宏观的考察；纵能上溯历史，作一种文化的搜求。如光绪三年正月十七日记英国姓氏、族徽(纹章)云：

英人于二千年前，皆群聚密林……游猎于野。至汉宣帝甘露年间，英南界始为罗马所有。继而日耳曼、法郎西、和兰人，渐多流居其地。……旋振兴自立，始为一国。当时人民姓氏，固有罗、日、法三国之遗种，而土人尚无者多。乃有因地名为姓者，如林、河、城镇；有以颜色、器皿为姓者，如青、红、黑、白、蜡烛、碗盘；有以物件、禽兽为姓者，如营、铃、鱼、狐；更有以本人所作

> 之工为姓者，如铁匠、裁缝、庖丁、木匠等；……凡有功于国，多因其事为姓。闻其古时，兵将皆作铁盔铁甲，缠身不露面，书画其名姓于铁牌面上。……如数百年前，国王出猎，遭野猪之危。正畏惧间，一勇士急以衣带裹左肘，迎猪使啮，右手以剑刺死，王得免。乃赐其姓为野猪，遂画猪首于牌面。后世子孙追远，皆欲画一猪首于门首、车旁，印于信纸，刻于指环，以及烧于瓷与玻璃器皿之上，以铭其宗祖之功，夸以为荣，至今尤甚。因而国家收税，每年送纸单于各户，问其前代曾否有功于国？将铭诸物否？其有而不愿书者，隐而不对；愿则照单注明，铭诸何物，每年按件官收一、二、三镑，竟有共纳税数十镑者。有私刻画于物上者，被官查出，罚金加倍。

类似这样的记载，本书之中，所在多有。如光绪四年十月十八日记“英人渔猎，官皆限有定时”，列举了雉鸡、鹿、沙鸡、铁雀等十八种野生动物禁猎的期限。鱼之“限禁垂钓，率以五个月半为期”；“在准网钓期内，每一礼拜另行禁止多者二十四时，少者二十一时，由礼拜五夜子正禁至下礼拜一日午正止；禁止之时，凡鱼叉、灯笼、网竿等，均不准出售”。这是中国最早关于外国保护野生动物资源的介绍。光绪六年三月下旬多记英国邮政，三十日云：“英国官造一种小柬，长二寸，宽三寸，后面空白，前面右上角印就半佩呢红色信票。其信语无多者，用之不过费半佩呢，而纸价信资皆有矣。前面书所寄人姓名住址，后面书信语及本人姓名住址。不准折卷剪割，稍有更改损伤，官府罚一佩呢。”这是中国最早关于明信片的介绍。……凡此种种，不仅富有阅读兴味，而且对研究近代中西交流和各门专史，也很有意义。

张德彝在本书自序中，不无得意地自称：

> 计自设馆(案指同文馆)以来，出洋四次，彝皆躬逢其始，噫！亦奇矣。……因奇志奇，凡前三次所未见闻之奇，此次复逐日记之。愿海内士君子共闻此奇，得知天下时务之屡变，风景之日新，不诚愈出而愈奇哉！

这说明他在记叙泰西风土人情琐事的时候，多少也有一些想反映“时务之屡变”和“风景之日新”的指导思想。

本书字里行间，间亦透露了个中消息。如光绪五年六月二十四日记与能英语之波斯人姜喜庆相识，姜氏自述波斯“王孙公子、大员子弟，多以势利压人……打伤人命，并不抵偿；抢夺妇女，终不释放。如此良民受害，无理不公，弊病日深，一言难罄”。张德彝写道：“言之令人怀惭，闻之令人叹息。”二十八日两人又在公园晤谈，谈及欧洲国家“彼此通商，互保子民而固友谊”，而“敝国则否，见他国富强，漠不加察，甘居贫弱，然未尝人不多而地不广也。土人见外人，皆切齿怒而不言，退即妄言无忌，官府尤甚，究不知所怒者何”。七月初六日又与能英法语之土耳其人谭喜什武交谈，云泰西“夫妇同心，料理内外，亦有足取”，批评了东方的买妾、蓄婢等弊端。可见张德彝之于“时务”也不是一点也不关心的。

张德彝四次出洋，对西洋的认识一次比一次深入，这只要将本书和前三种“述奇”做一比较，便可了然。他自己在本书中，也有好几次总括地谈到了自己对西洋的认识的进步和提高。如三年九月十八日记云：

前三次在伦敦不及半年，一切多未详考。此次随使八九月以来，细察英国风土：人颇诚实，不尚虚文；有职役则终其事而不惰，有约令则守其法而不渝；是非论之甚确，利害辨之甚明；辞受取与，亦径情直行，不伪为殷勤，不故为谦让。有约届时必赴，一切以诚实为本，而以妄言负约等于隳节败名，可谓严以处己矣。

四年十月初八日云：

自同治乙丑，迄今四次往来英国，随时考其心意，十数年来，亦有变更者。按今观之，通国官绅，以行善为念，而意在息兵安民者，十居六七焉。其俗以理之是非为事之行止，非专恃强仗势者。苟理无不足，则明白畅快，与之反复辩驳，使知事理之所归。故公事不能以数人之见遽定……畅所欲言，无所畏惧；罔有滥竽充数，唯唯诺诺，听高位一人之言者。

十一月初七日又云：

彝四次往来西国，细察其人之性，喜爽直，恶含混；爱敏捷，厌迟延。每辨交涉事件，讲论虽可挥洒自如，惟客气之话不宜有。……苟摘其谬，虽明斥之无妨。不必吐茹伸缩，亦不可阴执一意，而阳为他论以抵之。盖西人谓辨驳道理本非争斗，无论何人，理足自能听从。若说理不出，即是无理耳。

从这几段话即可看出，“出洋四次”的张德彝，已经不再是见了“奔走疾于奔马”的火轮车就目瞪口呆的“吴下阿蒙”了。

俄人无所不贪

四年十一月十五日，张德彝在伦敦使馆，奉到“出使俄国钦差全权大臣”崇厚的札文，文中抄示“奏请调张德彝差遣”一片云：

兵部员外郎张德彝，练达勤能，留心洋务。迭次奏带出洋，于外国情形，最为熟悉。臣于同治九、十年间，派令随赴法国当差，悉臻妥协。嗣经出使大臣郭嵩焘派充翻译官，随赴英法。臣现与新任出使英法大臣曾纪泽商明，该员归臣差遣，此次臣前赴俄国，道经法国，届时即拟调令随行，以资熟手。

第二天（十六日），郭嵩焘又札饬其“迅即束装启程，迎赴马赛，听候崇大臣差遣，毋稍迟延”。二十一日他即离英赴法，随至马赛迎接到崇厚一行同至巴黎，十二月初三日动身赴俄，初八日抵达俄京彼得堡。

从本书记载看，张德彝对俄国的印象一开头就不怎么好。初八日记云：

> 一路在德界，田地肥腴，楼宇整洁。入俄，则遍地沙漠，雪厚尺馀。居民多结草为庐，累碎甓为短垣，雪地冰天，鸡鹜并集。将近都城，见有木建重楼，而门堂固有整洁者，然亦仅矣。……至米奚娄苐斯戛亚街，入多洛布大店。楼四层，房千间，虽系铁梁石垒，营造不精。

初十日记云：

> 俄都楼高五、六、七层不等，式如西贡、新加坡之洋房，较英、法不能相埒。土人除官绅、大商外，多蠢笨愚鲁。

十一日又记：

> 按英法马车行动皆有定规，俄则不然，价可增减。如行十数里，索七八十考贝或一卢布，给以二三十考贝即允。近因国帑不足，一切改用纸钞，由一卢布至一千卢布。然名实不符，每二纸卢布方抵一银卢布。

中国人始至欧西诸国，讶其初见，诧其新奇，记述中每多赞美。而张德彝从英、法来到俄国，马上便有相形见绌之感。所谓“不怕不识货，只怕货比货”。尽管俄国人也是深目高鼻、卷发虬须，沙皇治下的经济文化社会状况，和英、法等国的差距毕竟还是十分明显，让中国客人一眼便可看透。

关于崇厚和俄人的谈判情形，张德彝遵守“一切密勿，阙而不书”的信条，没有做什么记载。但从本书中也可以看到，崇厚到彼得堡十九天后，即向俄皇阿来三德(亚历山大)呈递了国书，一直等到闰三月初五日，才和俄国前任驻华公使布策开始谈判，是日“由未正谈至酉初一刻”。以后双方每次会谈，书中都记上一笔。到七月二十九日，“星使第三十一次会布策，因条章定妥，拟于八月初八日赴立瓦的亚(今译里瓦几亚)庄，见俄皇画押盖印”，谈判算是结束了。八月初八日，崇厚乘火车前往“南省临黑海之立瓦的亚庄”。十三日“接电信，知星使安抵雅拉塔(今译雅尔达)入寓，寓因地名，盖立瓦的亚大城名，雅拉塔小镇名也，即俄皇行宫处也”。十七日“夜子正一刻，接星使由雅拉塔寄来电信云：‘八月十七日画押。’即时彝起着衣，敬书电报，寄往上洋”。二十二日，崇厚回到俄京，二十六日就动身回国了；而张德彝却和署使邵友濂(小村)继续留在俄国，直到翌年正月初六日才离俄赴法，向曾纪泽报到。

崇厚在俄国签订的“里瓦几亚条约”，是一个丧权辱国的不平等条约。胡绳《从鸦片战争到五四运动》一书的第十二章

《帝国主义对中国边疆的侵略和半殖民地外交》中说：

> 按照这个条约，伊犁地区的九城虽然还给了中国，但是在这地区西境霍尔果斯河以西地区和南境特克斯河一带地区仍属于俄国。……中国方面还要给俄国五百万卢布的“偿金”。条约又把同治三年的议定书中规定的塔城附近和喀什噶尔附近的边界作有利于俄国的修改，还给了俄国以在蒙古和新疆全境进行贸易的权利。

它完全是沙皇俄国贪婪的掠夺野心和横暴狡猾的外交手段的结果，不仅引起了爱国士大夫们激烈反对，就连力求妥协的满清朝廷，也不得不表示“震怒”，降旨切责崇厚，将其拘禁，定为“斩监候”之罪。

本来就对俄国没有好感的张德彝，在留俄的一年多时间内，对俄国的暴虐贪婪是深有感触的。在他离开俄国的当月三十日，他写道：

> 按泰西有总论美、英、义、法、俄五国一节，略云：美人无话不言，英人无物不食，义人无曲不歌，法人无式不跳，俄人无所不贪。不知出自何人之手，历历详查，名实似符，故录之。

“俄人无所不贪”，这一句话，概括了张德彝对当时俄国的一个总的评价，也可以说是中国人挨打以后的一点觉悟，一点认识上的进步吧。

本书关于俄国的记述，虽然也是多谈琐事，杂记见闻，但沙皇俄国的黑暗腐朽和统治不稳，在作者的笔下仍然时有表现。如五年闰三月初五日记：

> 十数年前，通国俄民约八千馀万，其三分之二为奴，属各世爵富户，按世爵数共十万九千三百四十。至俄历一千八百六十三年(即同治二年)三月初三日，俄皇阿来三德虑其分势，乃下诏改奴为民……各地仍令耕作，视为佣佃。按年核其收入，给以十分之四而偿之。……如是则俄国所有可耕之田，官得五分之三，世爵富户得五分之一，佃户得五分之一。自释奴后，各世爵富户多致贫苦，因而觖望。……〔俄皇〕昨日临行，立向廷僚宣传一切，并云："刻下京城不靖，各怀私心，皆由地方官管辖不严。自我去后，须设法清理保护。"当日巡捕营提督谕令通城各家雇人看守门户，昼夜坐卧，出入皆须问明，日日报官。遇事鸣号聚众，以助巡捕。

这种对人民如临大敌的情形，有时真到了可笑的地步。闰三月初二日记："凡由他国寄新报到俄，皆经官寓目，查其是否关碍公务，然后按家分送，间有以墨涂抹而后送者。早见德国四月十二新报，被俄抹去一段，不知所言何事。"

这样严厉压制的结果又如何呢？三月初四日记："迩来俄人新立一党，意欲改易国政。"十一月十三日日记："墨斯哥通城墙壁，贴有造反二字，不知何人所粘。”而作为最高统治者的沙皇，却仍然过着骄奢淫逸的生活，十一月二十二日记：“闻本街第四十八号，有王爵杜尔戛鲁吉者，生三女。其长女、次女，曾经俄皇所幸，已字与人。其三女仍为俄皇所宠。伊家有二门，其一门扃钥，有巡捕一名把守，惟俄皇来启之。”这样的“民之父母”，自然不能不激起人民的反感。本书中关于当时革命党人的几次行刺俄皇，都有比较详细的记载。五年三月二十三日记：

巳正，忽闻放炮三声。询知俄皇于巳初步游宫右御园，派有巡捕二名，暗侍左右。途次突遇一人，着官衣，年近三旬者，趋而进，免冠鞠躬。俄皇以右手扶帽答之，见其神色可疑，俟其过，回顾。时伊已取出手枪，未及呼，已连施三枪，幸而脱。时左鄙民房门丁闻声往捕，伊以枪中其左颏而仆。后经二巡捕将伊缚之。同时，前面又一人向俄皇放枪，又被他二乘马巡捕所获，遂将二人下狱。前一人被获时，自吞毒药两丸，即刻晕迷。

四月二十一日记：

闻前日放枪行刺之人，是日官定绞罪。……据供因国法太严，民受荼毒，总由君上不明，廷僚贪墨之故。

十月十九日记：

闻昨夜亥正，俄皇由库尔斯克城回至南京墨斯哥。将进城，改乘马车，顺道入伊荞斯吉天主堂礼拜。其侍卫武弁，以原乘火车载行李，穿城走铁路。至中途，忽地雷轰震，翻车三辆，铁辙崩裂，幸未伤人。即时觅得掘地之所，人皆逃去。见沟宽二十五六尺，深六七尺，长四十馀尺，盖以俄皇必穿城而过也。

十二月十九日记：

闻是日巡捕在某街，捉得三男二女。当时女放手枪拒捕，幸未伤人，搜得造作地雷之物。巡捕奖以宝星，协尉各有升赏。即时谕令通城，大索数日，禁止携带手枪。

这就是一八七九年俄国沙皇统治危机的几幅小型的剪影。

到了在俄国居留的后期，张德彝对俄国社会的观察愈益深入，于俄国（比较西欧）之落后亦愈有体会，而凡此种种，亦均于缕记琐事中见之。如光绪五年八月初三日记：

西人每事订时，无论何等人，毫不爽约。至俄京则不然，如赴宴会及他约，皆晚到一小时不为迟，工役尤甚。苟订明日某时，必逾一日或二日。问则对以某日礼拜六，某日礼拜一，或例应休息，或因醉未醒，诸多推诿。虽大僚订期会晤，亦有如是者。

十二月二十八日又记云：

> 西国住房，厨灶固有青蝇，而不如俄国之多。虽值隆冬，亦来群集。迩因天气稍暖，厨中杯盘残沥，砧几馀腥，而营营之声大作，麾之不去，殊堪憎恶。

寥寥数十字，大概也可以表现一点张德彝对当时俄国的感情吧。

五述奇：在柏林使馆的三年（2016. 8）

张德彝的五次“述奇”，述的是他光绪十三至十六年[1]（一八八七至一八九〇）作为洪钧的随员，在“大清”驻柏林使馆三年的见闻。

“状元公使”洪钧也是位名人，同治戊辰科进士第一官至内阁学士兼礼部侍郎，《元史译文证补》三十卷的作者。但是，洪钧后来在社会上的名声，却远不如其带到柏林去过三年的一名小妾——赛金花。

张德彝在《五述奇》中称洪钧为星使，称赛金花为如夫人。“统计当时同船前往者，上下共三十六人”，这三十馀人，包括张德彝在内，和洪钧、赛金花，在柏林万德海街的使馆内，一同度过了三年。

和前四部《述奇》一样，“叙琐事不嫌累牍连篇”的《五述奇》，逐日记载了张氏之所见所闻，当然也包括了星使和如夫人的活动，但事实上并不限于风土人情的范围。比如说，爱迪

① 文中夏历纪年起首后均略去“光绪”年号。

生新发明的留声机来德展览，“叛党”平产党十一人选入了国会……这些想必也都是能引起读者阅读兴趣的。

此次洪钧出使，奏调了参赞一名，随员七名，医官一名，翻译官一名，供事二名，学习翻译一名，武弁二名。使臣月薪一千四百两至八百两，参赞六百两至二百两，随员、医官二百两，供事、武弁百以内。张德彝至此始充随员，算是脱离了翻译身份，当上了正式外交官了。

古米、德利风……

如今人人熟悉的橡胶，张德彝到了德国，讶为初见(其时橡胶制品在欧洲广泛使用亦不过十来年)。《五述奇》(十四年正月初三日)述云：

> 德言“古米”者，英名“印甸洛柏尔”，法名“羔池乌”，乃印度所产之一种树汁也。其色初白，既而黄，黄而后黑。熬成后不畏水，见热即软。其稀者，干则柔软如筋；稍粗者，如象皮；至粗者，则如木如漆。西国以之造物极多……

此时中文还没有“橡胶”这个名词，故只能用洋文对音，“洛柏尔”即 rubber，即橡胶(“印甸”指产地印度)。

有趣的是，张德彝对“古米”的注意，却是从德国禁止随处小便而引起的。《五述奇》同日又述云：

> 其道路洁净，行人不准随便出恭。故男女之乘火车与行路者，间有不能明言之苦。今见“古米”货铺中不惟出售桌垫、雨衣、水鞋、篦子、木梳、气褥、气枕，以及小儿玩物如小人、圆球、鸡、犬、猴、猫之类，更有男女二种小便兜。其色黑，其形作双口瓶，长约一尺。男子者，上口圆，周盈尺，四角钉白带，瓶口套阳具，白带结腰间；下口小，内含螺丝，兜中水满，得便一转螺丝，水即泄出。妇女者，上口作三角形，周亦尺馀，三角钉白带，将口扣合阴户，白带亦结腰间，下口亦小，与男子者同。行走之际，即可小便，螺丝一转，水自流出。更有下口细长，直通裤腿袜旁者，是放水尤为简便也。

这种“小便兜”，上世纪中叶也传入到中国，却属于医疗器械，只供给病人使用。

接着二月初九日还介绍了用“古米”制作的避孕套（此物由来已久，原以动物肠膜或绸制成，古时中国也有，但只用于性事，并不能避孕），云：

> 前在泰西，知有一种免胎之物，英曰“法国信”，法名“英国帽”。……昨在“古米”铺中，其人取出与看，见造以“古米”，自内向外，卷而成饼，周约四寸，长逾半尺。据云，用之较他料造者，尤为便当。此固男用以防女者，不意更有女用以防男者。其物亦造以“古米”，周

约四寸，深不盈寸，形如银碗。……盖“古米”之为物，经暖则软，长短亦可随意耳。

《五述奇》记述“古米”之时还是十九世纪，时在公元一八八八年；十二年后，狂喊灭洋的义和团大闹北京；又过十一年，大清国便闹完了。而在西洋，现代化却正在发展，新事物也层出不穷。书中（十四年正月初十日）还述及了“德利风”：

前丁丑年，当余在英时，见西人创一种传声筒，曰德利风。用者无非于楼之上下，房之内外，彼此传声交谈，即如觌面，已觉便当。且无论识字与否，有是器具，即可传音矣。今见德国不惟都城四鄙，虽各乡各村数千百里外，亦可传声，如同面谈。现在官设总局，各处有分局，较“电线”为尤快，且更便当，盖无须信局照抄分送也。其用法：买此器置壁上，外线通入分局，各局有总簿，由通城至各省；或某宅，或某铺，住址第若干号，所用德利风为第若干号，而各铺各家门首窗外，亦须书明德利风第若干号。其欲交谈者，先向筒口吹气，即将筒口置耳边，以待风局答吹。答吹到，则告以欲向何处某号交谈，该局即将此筒接结彼筒，即可向所欲言者，畅所欲言而言之。往来问答，多寡任便。至其价，每年付局一百五十马克，官局器具不计费。

德利风为telephone之对音，语源出自希腊字根tele（远）和phone

（声音）。早在一八七六年贝尔发明电话前数十年，欧人已经“创一种传声筒，曰德利风”，互相通话，即张德彝丁丑年（一八七七）所见。此时则贝尔的发明经过改进，已定型为电话（仍称telephone），构成话音的空气振动可转变为电脉冲进行传输，“数千百里外亦可传声”，这就比先前发明的电报（张德彝称之为“电线”）更加便于使用了。《不列颠百科全书》称电话为“世界专利史上最有价值的一项”，其成为张德彝心目中值得介绍的新事物自非偶然。

书中（十五年十月廿四日）还述及了“佛诺格拉甫”即留声机：

> 近有美国纽约人艾的森者，新创一种留音器，洋名佛诺格拉甫。机势不大，如手转之铁裁缝，横五寸，长尺馀，高四寸。中横一圆筒紫色，似古米造者，粗约四寸，长亦四寸馀。此筒弦动，则当时屋中之声，或语言，或歌唱，或音乐，皆即收入。音既入筒，百年不遗，欲闻其声，则上弦筒动，自一一述之，与原音不差。欲改音则换筒，似与八音盒同，因一筒便留一音也。器旁通有古米管作 人 字形者二三，听者须将管之两岔分塞左右耳内。在厂间欲多人齐听，乃在器旁通一大马骨铁敞口喇叭，则声自内响而外放，极属宏畅。其人兹将造成者分送各国，令人赏视传扬，以便出售。

佛诺格拉甫为 phonograph 之对音，后来都译作留声机。“美国纽约人艾的森"即发明家爱迪生，他"新创"的留音器，跟"手转之铁裁缝"即手摇缝纫机一般大小，这时还是既录音（使因声音振动的针头在转动圆筒表面上留下纹路）又放音（使另一针头与此纹路接触再转动圆筒使之振动发声），"欲改音则换筒……因一筒便留一音也"。这和后来只用圆盘形唱片放音的留声机尚有区别，但已经用上"大马骨铁敞口喇叭"，"声自内响而外放，极属宏畅"，则亦相去不远了。

如今，工程塑料已经广泛取代橡胶，日新又新的手机数量已多于固定电话，电子录音和光盘更早将留声机淘汰了；但《五述奇》关于"古米""德利风""佛诺格拉甫"的记述，却仍然具有鲜活的文化价值。因为它们能告诉我们：现代文明并非一蹴而就，科学技术有其发展过程；人们今天即使已经能够攀登高峰，也无妨回顾一下先前在泥泞小路上留下的脚印。

平 产 党

上一节引文中附带谈到"不准随便出恭"和"有一种免胎之物"，还可算是述风土人情；但书中好几次述及欲"使人无贫富之分"的平产党，便明显超出了"风土人情"的范围。此虽出于作者"叙琐事不嫌累牍连篇"的兴趣和习惯，却可视为欧洲社会主义——共产主义运动史的珍贵资料。

书中第一次写到平产党的时间，在十四年四月十六日，即一八八八年五月二十六日，于介绍德国议院时述云：

> 德国议院四百馀人，分为九党，内现有守旧顺民党三十六人，更新党九十七人，平产党(使人无贫富之分)又名叛党十一人，新地人(即由法新得之地)十五，老德率旧党七十七人，官场党三十八人，波兰人十三，天主合中党百零三人，不入党者(乃不属各党之人)十人。

“平产党”和“守旧顺民党”“更新党”……这些党名，当然都是张德彝望文生义，照着原文意译的。平产党名下注明它要“使人无贫富之分”，这是《共产党宣言》一八四八年提出的口号；还说它“又名叛党”，认定它要“叛”。那么，这平产党指的究竟是哪个党呢？

马克思一八四七至一八四八年，在伦敦两次组织过“共产主义者同盟”，它激烈主张革命，但为时并不久，在德国国内的影响有限；后来德国共产党成立，则是一九一七年俄国十月革命之后的事情了。倍倍尔一九六九年创建的“社会民主工党”，也说要“使人无贫富之分”，而且积极领导工人争福利，争民主，在选举中取得了越来越大的胜利，却未自称“共产”。当时大力发展产业资本、厉行军国主义的俾斯麦政府，为了对付工人运动，专门立法，即称“反社会党人法”；倍倍尔因为“犯法”，几次以“叛国罪”入狱，一共坐了差不多五年的牢，称之为“叛”，也好像还不是那么样不合乎事实。

总而言之，不管《五述奇》所述之平产党，指的是当时德国的哪一个党，笔者以为，在中文还没有出现“共产党”这个名词之前，张德彝一八八八年就记述了欧洲要“使人无贫富之分”的“平产党”，毕竟是十分难得，值得注意的。

五日后的四月廿一日，张德彝又在《五述奇》中述云，德国已视平产党为“弊”，正在设法“除”之。这个“法”当然就是当时俾斯麦政府在大力推行的“反社会党人法”：

> 欧洲现有一种人曰平产党(见前)，系欲均分产业，以使天下无富无贫。德国现定新章，欲除此弊，系由议院允准，暂行两年，期满再议。其办法有二，一明禁，一暗化。其明禁者，不许党人立会，不许聚众商议，不许出书籍登新报，不许向他人告帮。其暗化者，在各教堂学校，令师长示以此系愚人痴见，万不能行，亦不可行，不得妄听愚言，蹈此覆辙。又凡作工之人，国家由其工钱内抽一小数，并酌抽业主利息若干，以备将来养病、养伤、养老等用。如是，则将来贫民不至有异心而生乱矣。

“明禁”和“暗化”，也就是硬和软两种办法。过去国民党在中国用的是硬办法，失败了；看来还是像德国这样，一面“明禁”，一面给工人“养病、养伤、养老”为好。

五月初八日，张德彝重述此事，云：

> 国家为工人一项，设立公会，以保护之。有病者为之养病，有伤者为之养伤，意在暗防平产党人愤激生事，因此辈大抵工匠居多也。

此次不说“暗化”了，说“暗防”；这要“化”的是工人，要“防”的是平产党。当时德国政府认为只要“国家为工人……有病者为之养病，有伤者为之养伤”，便可以防止“平产党人愤激生事”了。看来铁血宰相俾斯麦这两手，确实比蒋介石的一手高明。

张德彝不了解现代政治，他对工人运动和社会主义其实并不热心，只不过在“不嫌累牍连篇”地记述自己的见闻罢了。

五月十一日，他又述及了“暗防平产党”：

> 各矿工人，立一公会，抽其工资，代为存储，以备养伤、养病、养老，以及死后抚恤遗孤之用。此即前所谓明养暗防平产党人之意耳。

五月廿一日，张德彝还对“国家为工人”所办的两件事，即(一)推广劳动合同，(二)实行劳动保险，做了一番介绍：

> 泰西各国工匠，从前频有聚众哄闹，索加工资等事，因而国家立法严禁。现在此禁已弛，乃另设一条，凡工人须与业主先立合同，言定一切，自然可弭许多衅端。如工人与主人有龃龉之处，或由公所调停，或经本地公正绅耆理处；若无人公断，当由本乡判断，倘仍不服，须于十天限内上控按察司。凡作徒弟学艺，亦必立有合同，倘限期未满而逃归者，可由巡捕查捉送回。凡幼童之不满十二岁者，以其体弱无知，不准在厂内作工；其由十二岁至十六

岁者，虽准作工，仍有限定时刻，不许多作，以免童体有伤。又工人不满二十一岁者，必自立一作工簿，请主人将其初到月日及停工月日填明，送交巡捕。凡工人要保其病险，乃每日酌扣工资若干，存储公局，作为养病之需。此局或在本厂，或在本乡，随地不同，照例必设。又，各厂所用工人，除扣其本人工资外，厂主须另于生息项内抽取赢馀，一并存局，作为公费。大抵照众匠工银总数，再提三分之一。凡在有危险之处作工者，如挖矿、造房，或有锅炉之厂，或轮船、火车等，则须各由业主预立公局，存储公款，以备工人养伤，及死后抚恤家属之用。更有一款，专备养赡工人之在厂年久、年迈体衰者之用。以上各章，皆为保护工人起见。德国创此善法，闻他国亦将仿行焉。

俾斯麦政府这样做，既是"为工人"，也是为了"暗防"工人"聚众哄闹，索加工资"，为了打击平产党，推行"反社会党人法"，加速德国的工业现代化和军国主义化。张德彝在文章中也写到了这一点。

俾斯麦的政策起初确实起到了作用。软的一手奏效之后，硬的一手便可略为放松，于是"德国议院四百馀人"中，也有了"叛党"十一人的席位。

三十五天中，《五述奇》五次写到了平产党和德国政府的劳工政策。后来又于十六年闰二月廿一日述及了一八九〇年德国发起各国议定了保护女工童工的六条：

一、凡在地下挖矿，皆不得雇用妇女。其幼童佣工，亦必在十四岁以上。凡机器与人之气力有损者，皆不得用幼年之人。人工染病、贫苦、力弱、年迈以及身故者，各厂皆须设法保护其人，或赡养其家。

一、人工年幼者，除在官工急务之外，皆须于每礼拜日歇工一天。然在官工紧要之处，仍必隔一礼拜歇工一次。

一、凡费心用力之工，皆不得使用年未及十四岁之男女操作。

一、男女年方十五六岁者，虽作粗工，于每礼拜日皆当歇息，而夜工亦不须作，每日作工亦不得逾三个时辰；稍多，亦仅加添二刻。总之，凡人作工，皆不得逾五个时辰，虽添亦只一点半钟。

一、凡幼女年不及十六岁者，每礼拜日皆不准作工；每日作工不得逾三个半时辰，亦不准作夜工。凡工之有危险及与人气力无益者，妇女皆不得作。妇人生产者，必于二十八天后方准回厂作工。

一、以上各节，官须派员专理，按年所报，各国皆须互换考查，而彼此皆须办理无异，更须互相随时斟酌裁减、加增，以便实获其益。

这些条文看来都很不错，但七日之后（闰二月廿九日）又述云：

自去年至今，英、奥、和、法、比、义等国之工匠，因争增工价，东主不允，齐自停工者屡屡。且因而滋事，伤损人命，焚毁房屋者亦多。其中煤矿人多势众，不安本分者居其大半。西四月三十日，为耶稣死后之悔罪节，届期铺户关闭，人工休息，与礼拜日同。不意近日新报传谓泰西各国人工约定，于悔罪节后当添歇一日，东主不允，则皆自行停工。如有不从者，当共攻击之。云云。

则工人们“聚众哄闹，索加工资”的风潮，好像也不是那么容易“暗化”，这可能就是平产党努力的成绩了。

赛金花

张德彝是作为“出使俄德奥荷国大臣”洪钧的随员，于十三年九月十三日（一八八七年十月廿九日）从上海乘船赴德的，《五述奇》述当日情形云：

早起收理行装，诸友送别。午正，发行李。未正，驾小船行里许，登德国公司“萨轻”轮船。察点行李，下舱。……申初，诸同事皆来。陶榘林偕其夫人、令子涵宇亦上船。酉正，星使官眷到，彼此分住各舱。戌初，晚餐。

此次星使携有如夫人一、女仆二、男仆二、庖人二、缝人一、剃发匠一。统计当时同船前往者，上下共三十六人，内住头等舱者三人，住二等舱者一十五人，住三等舱者一十八名口。

“星使”即洪钧，所携“如夫人”即后来小说、剧本、电影、电视中多次出现的赛金花。

洪钧出使四国，任期三年，常驻柏林，馆舍在万德海街，为一栋租用的三层楼屋，十四年四月初一日记云：

> 本公馆西傍房东，东南北三面皆有敞院，院虽不广大，而花木甚繁，布置可观，正东一面为尤甚。头层楼前敞厅一大间，厅前横一白石桥，左右各石阶十九级，桥洞内通楼下小间存煤处；桥对面一水法，系园池中立一抱鸭石孩，水自鸭口出，高五六尺。四面花木，有木笔、迎春、茶花、牡丹、红黄玫瑰……南面除花木外，在西南角有台，可以眺望。盖南临小河，河之两岸，碧树两行，整齐可观。对岸大道，多是高楼，河中舟艇亦多。北临万德海街，左右二铁栅栏门，其中花木无多，地以石墁，他处皆铺以小石子，盖正面为出入之大门也。

在德国的三年中，洪钧和赛金花便住在此屋的三层楼上；三楼另一头，住着带有家眷的陶谢二位随员；张德彝和其他未带眷属的官员，则住在二楼。

“叙琐事不嫌累牍连篇”的张德彝，对于赛金花，也一样地有所见闻必录。到柏林后第六天(十三年十月廿四日)，使馆旧人“迎新”，请全体新来的人看戏：

> 星使及余与众同事，乘马车行十二三里，在喀尔街兰滋园看马戏。园颇宏敞，其式与他国同。共演一十七出，分二节，先十二出，后五出。其跑马、拉胡笳、踏软绳各技，男女所演，与他处无异。……又马十二匹一色，能两腿立行，尚不为奇；最奇者，能穿火圈，闯火门耳。……亥正回寓。又，当晚陶、谢二夫人陪洪如夫人另坐一间。

进戏园看戏，赛金花由二夫人陪着“另坐一间”，不与洪钧同一包厢；《五述奇》后来所记三十八次看戏，包括洪钧请看戏，亦未见她再进戏园。这说明，洪钧并未给她和自己相匹配的身份，而且很注意“严男女之大防”；赛金花的活动空间，其实是很小的；但作为“钦差太太”，同人仍不能不以礼相待。

两个多月后的十四年元旦，洪钧在使馆设晚宴招待同人，《五述奇》记云：

> 戌刻，星使招饮，同席二十人，除诸同事外，有程鞠存、李体乾、联文泉、金楷理。楼上有女客六，为金楷理之妻、女，银行主人蒲拉坨之妻、女，及陶、谢二夫人。

“同席二十人”，除了主人洪钧，还有十九位，其中金楷理(Carl T. Kreyer)为使馆聘用的洋人；这十九位都是男人，都坐楼下。“楼上有女客六”，包括金楷理之妻、女(均美国人)，主人当然是赛金花。楼上楼下，界限分明，来做客的洋人一家子尚男女不同席，“星使如夫人”自然更不会应酬男客。

使馆同人之间的关系，则可于十四年十月初一、初二两天赛金花过生日之记述见之：

> 十月初一日己卯，晴。因明日为星使如夫人之寿辰，经支应通知参赞，除支应外，代同人具知单，谓：明日为钦差太太生辰，拟具礼物恭贺，云云。各人书一“知”字，礼归恩仲华办，所具何物未闻。
>
> 初二日庚辰，大晴，冷。先是支应亲赴武弁卧房，令其登楼通报，言明众人祝贺。既于午正约众下楼食面，六碟四碗，金楷理亦在座焉。

同人具礼物恭贺寿辰，主人设寿面六碟四碗，礼文都十分周到。可是双方互不见面，只由“支应”（庶务）“武弁”（副官）从中传话。同处一栋楼中，男女隔绝如此，现代人真难以想象。

洪钧不善外交，极少交际，张德彝到德国后不久，即对此不以为然(十三年十二月廿六日)：

> 窃思奉使驻扎外国，原为考查情形，办理事件，茍孤身独处，自然无所见闻。况语言不通，即知一二，亦归无用。尝见北京各国使馆混如一家。前随郭星使驻英，不时尚有他国公使、随员以及本地官绅往拜。至此将及两个

> 月，面晤者既无，而投刺者亦少。

后来又一再表示不满（十五年十二月卅日）：

> 余自到德以来，已逾二载，自本地官绅以至各国驻扎之公使，除新年往来换送名片不计外，其他与星使往来者，各国公馆无一人。至本地，本来官有兼商，商亦充官，其来者皆小官，关乎交涉财物者，如招在中国充当文武教习者，办矿务者，造船者，铸炮者，制铁道者，卖机器者，诸如此类。至德人之间或往来者，亦只税务司夏德、银商普拉坨而已。不知德人不喜与人往来耶，因有交涉财务始行往来耶，何与前在英、法、俄三国之迥异如是。

因为洪钧的应酬交际少，十六七岁的赛金花，除了雇来的“洋丫环”和金楷理的妻女外，她所能接触的，便只有“税务司夏德、银商普拉坨”这几位跟洪钧往来的洋人家的“洋妇”了。遍阅《五述奇》，此类接触亦仅三次。一次为十五年十二月十三日：

> 酉初，星使之如夫人披粉红银鼠讷勒库，乘双马大车，携洋仆，赴税务司夏德家吃茶。

此应是赴夏德太太之请。又一次为十六年四月十一日：

> 酉正，星使之如夫人约普拉坨之妻、日本参赞井上胜之助之妻、瑞乃尔之妻、李宝之妻及杜蒂母女并陶夫人晚酌，酒菜与昨同（锺按：昨系洪钧请男客）。惟届时井上之妻因在巴里，瑞妻因明早即赴汉柏尔，皆辞谢未到。

又一次则为十六年五月二十日：

> 巳初，星使偕其如夫人及三洋妇，乘车赴五道门内照相馆中，由窗内看枪会人经过。

租临街窗口看游行，亦当是“三洋妇”的作为。很可能是洪钧想要去看，才带上了赛金花。

至于使臣必须参加的一些礼仪性的活动，夫人们按常规是应该要一同前往的。但赛金花本非洪钧之夫人，洪钧从未给她名分，所以一次也没有同去过。兹引《五述奇》两次记述为例，第一次是刚到德国不久后十四年十二月十四日的王宫朝会：

> 四日前，由外部送帖九张，请星使、汪芝房、金楷理、姚子樑、陶榘林、恩仲华、洪禹山、赓韶甫与余前往。其帖横六寸，竖四寸，纸厚色白，四围金边，上印王章，下印请某人于某年月日赴某宫朝会。

到期前往，进入皇宫内厅，只见：

> 正面德皇左右，先坐各国头等公使夫人，再则本国各大臣之夫人及各国二等公使、参赞、随员之夫人，至各国公使及本国文武各员，亦如此按次而立于妇女座后。

大清国的公使并未带夫人，陶谢二随员的夫人自亦未便同去，洪钧张德彝等人便只能“立于左鄙玻璃门前”了。

第二次则是十五年五月廿五日一位德国亲王的婚礼：

> 帖请各国公使夫妇、随员等在广泽园看戏。至晚，星使率参赞一，翻译二，随员二，支应、供事各一，着蟒袍前往。亥正回寓。

五月廿六日，记云：

> 申初一刻，与诸同人着蟒袍，随星使乘车进五道门，走恩得林敦街、过桥转南入菊泥苐仪尔汗宫西门，下车登楼，步梯盘旋入礼拜堂，即前去过两次者。各国头等公使及其妻女等，或坐或立于池边正面，二三等公使及随员、领事，皆立于讲经台左。

“帖请各国公使夫妇”，“各国头等公使及其妻女等”都去了；大清国使馆头天晚上去看戏和当天进宫去观礼的，则并无一位女性也。

洪钧和张德彝于十六年回国。三年后五十四岁的洪钧死去。第二年二十一岁的赛金花重入风尘，庚子年八国联军入京，她一时大出风头。文人们无中生有，将她在德国的经历和同德国人的关系，越说越离谱。《五述奇》被收入《走向世界丛书》出版，总算为赛金花在柏林三年的情形，提供了一份可信的原始记录，一切臆想编造之词，应该会不攻自破了吧。

关于赛金花，《五述奇》还叙述过她怀孕生女、“喜洋婢而厌华妪”和对二庖人（厨工）一弃一取等事实，原书具在，本文就不详及了。

六述奇：晚清的英国采风录

（2016. 9）

光绪二十三年[①]，当上了总署正翻译官和皇帝英文侍读的张德彝，又随罗丰禄前往伦敦，到驻英使馆任参赞，一任又是三年(一八九七至一九〇〇)。这是他的第六次出国，参赞的地位高于随员(随员月俸二百两，参赞则分三段，月俸二百两至六百两)，但他年届五十，这时已是一个半百老人了。

这三年中，张氏跟前五次出国时一样每天详写日记，写成了这部《六述奇》。他自称“仍前五记之例”，“叙琐事不嫌累牍连篇”，尤以述“日用起居之间，里巷琐屑之事”为务；但接着又说，“以一身欲括海外之政教风俗，烛其微，翔其实”；还说，日用琐屑之类，“其于政教也，譬诸江河之有尾闾也……政教将于是乎觇通塞焉”。

因此，《六述奇》虽然和“前五记”一样，所写的多是日用琐屑之类小事，但作者已经意识到，此类小事若能“烛其微，翔其实”，便会联系到“政教风俗”——国家的政治制度和社

① 文中夏历纪年起首后均略去“光绪”年号。

会文化上来，他的观察就比较广泛和全面了。

当然，张氏自己也说过，“烛其微，翔其实，非旦夕之功也”，《六述奇》终于还只是一部“述奇”；但比起“前五记”来，它搜集的材料更多更系统，叙述也更生动具体了。在介绍英国风土人情和人文历史这方面，它可与后来储安平的书相比，文笔或有不如，资料性则“比得还有多”，称之为“晚清的英国采风录”看来是可以的。

普通日常生活

不嫌累牍连篇记述里巷起居，即不厌其详地记录平民的普通日常生活，本是张德彝写作的一种特色。在本书中，他还引经据典云，“《礼》始饮食，《诗》咏干糇……莫要于此者”，故介绍食事甚为详细。廿四年五月十八日记各种肉丸之做法云：

> 有以地名者，有按肉名者。一、如柏洛那肉丸，乃用腌猪肉牛肉肥瘦各若干，再加小牛肉与猪肉瘦者又若干，齐行剁碎，调以椒末与盐，杂以甜菜薄荷各少许，盛入洗净肠内，以针刺孔煮之，一小时后提出，晾于草席上干之，用者或凉吃或再煮或熏之皆可。二、敖斯佛肉丸，乃用猪肉小牛肉瘦者各一斤，肥者各半斤，剁碎后加碎面包一斤，芹菜薄荷各一两，又葱蒜各少许，概经切碎，杂以椒末豆蔻与盐，斟酌分量，合每重一斤用一鸡卵，清黄分搅，搅毕齐倒面包瓤中润之，继而肉面混于一处，做法食

法皆与前同。三、乌赛斯特尔肉丸，一切做用法与敖斯佛者同，惟多加肉桂少许。四、羊肉丸，多用羊腿，加羊油一半，蛎子、鲨鱼各少许，齐行剁碎，做团以油烹之。五、小牛肉丸，做法亦与敖斯佛者同，惟除去芹菜薄荷，加以火腿油耳。

语虽繁琐，却实在具体，可见当时英国肉丸的用料和做法，不仅与当时中国不同，与今时英国亦有异，关心者是会感兴趣的。又如廿四年八月十八日之记英国家常食物“牛头饼”：

乃煮牛头一点半钟，用作晚餐，食毕，将所馀之肉割下成片，再以原汤煮骨三点钟，然后提出，使汤凝结。待至次日，括去面上浮油后，煮二鸡蛋五分钟，晾凉以刀切片，铺于盘底，再上层层铺以肉片凝汁，加以椒末、柠檬汁等，盖以瓷碟，置火旁烙之一点钟之久，上下自然凝结一处，次日倒出，割而食之，味亦颇佳。〔以下删去介绍牛尾后胯糕、鸡蛋火腿饼、烧鸭、烧鹅、面包糕的文字三十三行〕以上数品，余皆得食之，爰考其法，笔之于书，以见英人食品之不同，而吾人之愿尝异味者，亦借以效其烹炙云尔。

吾人即使不想尝异味，若是愿意了解一点异代异域人饮食起居的情形，知道一点社会文化史，这些记述亦自有其价值。

张德彝所述者，当然不止于饮食。他对戏园的介绍也相当多，云伦敦有大小戏园乐馆六十馀处，大者如廿五年十二月初八日记之南堪兴坦之阿拉柏堂：

其地基作椭圆形，内正面立大风琴，琴前一月牙形乐台，容坐乐工二百；台前一卵形平地，曰阿来那，义乃场也，中分走路作卄形，于十二空中容人七百九十四；此外左右与前三面，除七条上下道外，分座十层，层层稍高，共坐一千三百四十人；再上包厢三圈，其头层三十六间，第二层四十四间，第三层四十八间，三层愈上稍小，共计一百二十八间，容人约五百馀；再上则散座八圈，共容人一千七百八十六。统计此堂上下坐人及乐工共四千六百二十馀人。

无论大小戏园，入内看戏者，都必须讲究规矩。廿五年十二月十三日记：

凡观剧者之坐包厢、司妥喇〔二等〕、巴勒阔呢〔三等〕、得蕾斯色尔克〔亦三等〕，男子皆须礼服，戴高帽着燕翅衣戴白手套，妇女敞胸露肩不准戴帽；虽坐庇特〔六等〕者，男亦须高帽，妇女虽不袒露胸肩，亦不准戴帽；因近上等客也。

而当时清朝的戏园子里，却越是上等客越可以不讲规矩；差别更大的，还有票价、工价和剧目。廿五年四月廿八日记：

西国戏园座价昂贵，较中国北京者每座加四十馀倍，其故不仅因楼房璀璨灯烛辉煌也，盖园中执事各人之工价按礼拜所得，较中国戏园中人按月所得者，恐加由数十倍至一二百倍耳。……虽立门外代人唤车之幼童，每礼拜尚得由七八先令至一镑，合纹银由三四两至七八两，其处处奢费也可知矣。

廿五年九月廿六日记：

西俗演一新戏，在一城中朝夕演之，必待观者人少，而后移改他城。查此戏未闻始自某年月日，而自去冬十二月至今已十阅月矣，依然朝夕观者如蚁，足供本班本园之所赚，演者不烦而听者不厌，岂中国之剧所可同年而语也。

其实，在作者心目中，“岂中国之剧所可同年而语”者，亦并不限于戏园。即如人们“日用起居”必需之厕所，他因为三十年前即曾来过英国，以后又数次行经，所以看得出伦敦在这方面的进步。廿三年四月初十日记：

伦敦街市，旧有非字形铁壁，为男子溲溺处。近见各大街中央，添设男女中厕，乃建在地下。地面先立石阶，高约半尺，宽丈馀，长四丈，两首作椭圆形。阶上左右，各立一∩字形铁栏，高各四尺，左右各长丈馀，后宽七八尺。两栏左右，皆挂白质蓝字铁瓷牌，分注男女字样。其女中厕未便往观，男中厕则由前步下石阶八级，内分两途以便出入。地亦石墁，中立一非字形铁壁为溲溺处。左右各先一小间，左间为看守中厕人住，右间为行人净手处，内横设木桌，列四瓷盆，旁置胰皂面巾，用者出费二本士。此后左右各分五槅，每槅宽逾二尺，深三尺，如船上之中厕，惟后墙不设木箱，乃临墙距地二尺设一白瓷盆，半在墙内，半在墙外，形似胡芦如瓢，凡出遗者坐其上，尿屎自顺水流入地下，盆左挂白方纸成刀。墙既砌以瓷砖，地亦墁以缸砖，门窗一律，各处无不整洁。又此地洞高约七尺，地面有厚玻璃作棚，故天光透入，内中毫不黑暗。

而不久之后，五月廿八日他又记述道，在大清国驻英使馆的厕所中，竟还贴有这样的告示：

奉宪谕，查四五层厕所污臭异常，皆因各人大小解不照章程之故。兹特令洋仆洗刷干净，并着其按礼拜洗刷一次。如再有人蹲着出恭，立着小解，并大小解之后不将尿盆倒净，随手将机器水管拔去污秽者，罚两先令以为洗刷之费。其各懔遵勿违。

告示的对象竟然就是包括张德彝在内的使馆人员。

而在“大清国”内，当时路边巷内“大小解不照章程”的人就更多；至于“挂白方纸成刀”“各处无不整洁”的公厕，则要到改革开放时才普遍“添设”，时间却已经过去一个多世纪了。

交往和见识

九年前在柏林，张德彝曾因洪钧“不喜与(西)人交往”而郁闷。此番重来英伦，罗丰禄作风有所不同，张氏本人又不乏旧识新知，他的非职务的社会交往便多起来了。《六述奇》所述如：

廿三年五月十三日，率儿子往巴玛诺医生家参加茶会(儿子荣骅此次亦来英留学)。

八月廿三日，英友寇克思约往其姊家观园林并午餐。

十二月初二日，圣诞节率儿子赴房东夫妇所办火鸡大餐，又至邻居罗柏滋夫妇家晚餐。

十二月十九日，领儿子至旧房东家参加儿童游戏，翌日又至邻家观看儿童歌舞。

廿四年元月十八日，赴武官余尔威所请乡村别墅晚宴。

五月廿七日，赴狄本森夫妇家宴，“二十年前旧相识也，登楼见其夫妇与女”。

六月初七日，至“三十馀年前在上海等处贸易之英商喀什呢”家餐叙，“知其人现在上海有房地买卖，每月仅房租收七千元”。

廿五年三月三十日，偕四同事赴英人斯蒯尔家茶会。

四月十六日，赴赫德(Robert Hart)夫人设跳舞会。

四月廿九日，赴伦敦地理会在博物院中请茶会。翌日又赴文艺学堂请茶会，“接见者为总管蒲理思并其女蒲丽姒”。

五月十一日，“二十年前相识之英人韩阔夫妇约午酌”，赴其家。十七日后，其人又在会馆请午酌，共桌二十二人。五日后又往其家赴茶会。

五月十四日，“伦敦城东七十馀洋里卫尔庄住之英人卜克森夫妇，帖请在家茶会”。

六月十五日，“英商立德夫妻久住重庆，其妻善华言，著作甚富。去岁回英，今日请茶会。乘车至彼，见其夫妇，据云定于十七日起程回中国”。

廿五年十二月初四日，应请参加金登干(J. D. Campbell)女儿婚礼。

十九日，“同文馆总教习欧理斐（C. H. Oliver)告假一年回国，来信邀余与荣骅午酌，同席皆同文馆中人也”。

廿一日，“博物院管理东方书籍兼华文教习德格乐约在其家午酌，入内见其夫人，余先赠送折扇一柄，平金荷包一对，褡裢一个”。

廿九日，“戌初马清臣(即马格理，Macartney)夫妇约饭，酒食餍饫，亥正谢归”。

在这些交往中，张德彝接触到不少女性。有些事情，如夫妇一同出面请客，请客往姊妹家中宴饮，年节请客和家人聚餐，请客人入内室见妻女，女主人接受男客礼物，丈夫不在时女人邀约聚会……在当时的中国，都会被认为不合规矩，遵从礼教之家都不会允许。即如廿三年十二月十九日记年节中在房东家的儿童游戏：

> （游戏）名曰真讷拉剖斯特，华言报信也。乃先一男孩出立门外敲门，一人立于门内问何事。男孩则立意喜悦某女孩，即对曰，有信请传知某小姐。其人再问应付若干脚力，男孩答曰若干。其人即请该女孩出，男孩遂搂女孩按所应付脚力之数与之亲吻。亲毕，男孩入，女孩在外照式敲门送信，请男孩倡予和汝，倦而后已。

又记在邻居家所见之儿童游戏：

> 先乃鼓琴歌舞，后则男女携手环立。当中先跪一女孩，四围者向之随舞随歌。其词曰："觅男郎，选男郎，选得拽入立中央。一啜毕，再啜毕，三啜毕，啜毕仍回圈里来。"当时即择其所喜之男孩，拽出与之三啜毕，而后入圈。继而男孩又跪选女孩，更唱迭和，倦而后已。

此种男孩女孩拥抱接吻的游戏，在当时"男女七岁不同席"的中国家庭中亦断难见到。而此时之张德彝，却渐渐地开始能够以平常心来看待这一切了。

从现代前的清朝，来到现代化中的西方，在"风土人情"即社会生活方面，人们最"看不惯"的，往往就是"西人男女无别，悖于中国礼教”这一点，甚至骂其为“蛮貊之性，禽兽之行”。张德彝本只是个平凡之人，只因早习英文，稍识洋情，虽不至于随口乱骂，原亦只能人云亦云。但习俗移人，形势发展，作《六述奇》时已至光绪戊戌(一八九八)前后，他的记述和评说便开始有了新意。兹举其廿四年六月十二日评述西国绘画一节为例：

> 西国油画水画之精，其写生传神处，往往惟妙惟肖。每见所绘男女聚集等画，必多调情接吻者；不仅画轴，即宫室及饭馆之墙壁亦然。然于街市往来，不见有男女嬉笑，放言狎亵，令人观之不雅者。推原其故，乃知西人之于男女，以爱悦为宗，而以苟且为耻，其俗使之然也。

图画中虽多“调情接吻”，公开场合却不见男女狎亵，张氏所知事实，即是如此。

“乃知”以下几句，便是他的新的认识了。他说，西方人的两性关系“以爱悦为宗”，调情接吻乃男女互相爱悦时的正常表现，作为绘画题材自无不可；实际的男女之事则属于个人隐私，文明社会“以苟且为耻”，当然不会随便乱来。能够有这样的认识，那就不太可能再作“蛮貊之性，禽兽之行”之类低级谩骂了。

我们还可以再举出其廿五年九月十九日关于跳舞的述评，来说明张德彝的认识确有提高：

与同人谈及西人之跳舞，谓男女搂腰抚肩，双双驰骋，似不雅观。然细思之，当跳舞时，步武疾徐，踊跃先后，或如鸳鸯蛱蝶，或如流水回风，变幻离奇，各合乐之节奏，即比以中国古礼缀兆进退之仪文，亦奚以异。且其于未跳之先及已跳之后，男女咸有送迎交接之礼，当跳时仪容整肃、不事轻佻，由此观之，是皆借以行乐也。当时既赏心而悦目，更活络以舒筋，心无异想，意在畅情，不至神疲力倦，似觉有益无损也。夫英国禁止妓寮，而于人家、会场，食则男女共桌，舞则男女同场，坐则男女并肩，游则男女同行，处处不露媟亵狂荡之态而咸以礼貌行之。岂若华人之行乐，每于金粉队中趋之若鹜，遂至陷入迷楼，沉于欲海，呼朋引类，耗费不赀，连宵达旦疲倦不堪，心不舒而血气耗，身体弱而精且竭，迷途不返，苦境难离，是乐在一时而害在毕世，其乐安在哉。反不如西人之取乐，择其有益而无损者行之也。

英国禁止卖淫，男女间却可以正常交往；清朝“严男女之大防”，要行乐则往“金粉队中”去。张氏所见事实，即是如此。

故英之“人家、会场，食则男女共桌，舞则男女同场”，“跳(舞)时仪容整肃、不事轻佻……咸以礼貌行之”；清朝的士大夫们“男女七岁不同席”，却可以公开往“金粉队”即妓院中去，“沉于欲海，呼朋引类，耗费不赀，连宵达旦”。两相比较，究竟哪里更文明，哪里可以更少挨一些骂呢？——像这样的议论，在张德彝的“前五记”中，的确比较少见。

广度和深度

此时张德彝年已五十，做外事工作逾三十年，英国来过好几回，阅历渐多。因此，《六述奇》所述英国的有关情况，比起“前五记”来，广度和深度都有所增加。

廿五年四月廿二日记述英国报刊，特别说明报刊是在“频论国政”（争取民主）的历史背景中产生的。言论不自由时，“主笔者往往被诛”；言论自由（“文学蒸蒸日上”）时，“乃大兴”，出现了《泰晤士时报》“每日售六万张”的盛况。兹将此一节全录如下：

伦敦新闻纸创于西历一千六百二十二年（明熹宗天启二年），其人名博特尔，每礼拜一次，名曰《礼拜新报》，因报中频论国政，主笔者往往被诛，故数年后停止。至一千七百二年（即康熙四十一年）后，当君主安尼之世，新报乃大兴，主笔者名士极多，因文学蒸蒸日上，遂名其时曰“金世”，英言勾勒顿埃支。其《泰晤士时报》自是创始，至今几二百年，报中议论公允，叙事确凿，因之万国传观。现在每日出报，一分钟印一百六十张，每日售六万张。

廿三年七月五日则叙述更详，只能节录：

泰西报章之设，自近代始繁，所以流通公论，详著近

> 闻，其效至宏，其例至赜，入国观政，略具于斯。……其为烦衍，当不下于古百家之言，虽辞旨不同，亦得失之林也。……伦敦现售各报，大小共计一千九百九十九种。种各不同，有论官事、杂事、学问、商务之别，及带画、带图、单篇、双页、四篇、一册之殊。时亦不同，有每日一次，早晨一次，晚间一次，及每礼拜自一次至三次者；更有半月一次，每月一次，两月一次，每季一次，半年一次，全年一次者。且各报之名亦异，或指事以名之，计时以名之，或即报馆主人及地名以名之，更有取他义为名者；然其名有可译者，有仅能还音者。

接着便将一千九百九十九种报刊“按名按时详录于篇”，占了整整二十页。

廿五年十月廿五日，还介绍了专门为人剪报之处，称之为“择剪新报局”：

> 西人处处搜求，设法获利。外国以新报为大宗，种式极多，观者极众，各人喜看一种，或国事，或商务，或学问，或教务，于是设有一种择剪新报局。局中各处各种新报皆有。欲看何种告之该局，则按日于各报中凡有论及其事者，皆一一剪下封送。此种剪下之报名曰克丁，译言割下者也，价则由百页至千页至万页，多合一铜钱一页，极属便当，虽云费而实省，盖一人不能一日买遍千万张也。

这种以剪报提供信息和资料的服务方式，直到上世纪八十年代电脑技术普及之前，仍然存在于各地，张德彝却在《六述奇》中就述及了。

像“详录”报刊名称一样，《六述奇》还“详录”下了四百五十五家银行、一百三十馀所医院、一百三十馀处会馆、一百五十馀所火车栈房、三十六处著名饭馆的名称，有的并附有简况说明，如廿六年正月初七日之记“柯里太廉楼”：

> 柯里太廉楼在庇喀的里交道口，其西厅中顿饭，早餐二先令半，晚餐五先令；大厅晚餐三先令半；女客饭厅灶前饭堂、男客加非房及美洲烟房皆点菜。觉多乃楼在贤翟木斯街来得尔巷，晚餐五先令，或点菜。柯里太廉东楼亦在庇喀的里交道口，早餐四先令，晚餐十先令半，夜饭五先令，饮食之间奏乐，晚餐夜饭皆须着礼服。

如果只是“详录”单位名称，读者或者会嫌累赘；但我们今天若能得到一份光绪时北京饭馆的名录，仍会觉得它有用。何况书中对更多其他方面的叙述，都不再抄录名称，而是各有内容，并且具体生动。

其述礼俗，即曾一连六天详细地介绍婚礼。廿四年六月廿四日又将“拜客赴会”的规矩概括为十九条：

> 一、凡至契必午前往拜，衣服不必太奢。二、预拜请晚酌茶会跳舞会者，须在午后，又须距会期不远。三、因

故前往安慰劝解者，衣服自当朴素。四、平日循理拜会须在午后，坐间有别客至须即告辞，或与来人相识或主人强留则不去亦可。五、拜谢茶会等须在一个月内。六、如本人远出，以信封寄名片亦可。七、如住距会主不远则亲身往拜，或令仆役前往递片皆可，惟须将片折一角。八、拜客入门须在垫上擦鞋底，以免在客厅中露于鞋底有泥为不恭。九、新客来拜，男客则女主坐而向之点头问候，女客则女主始立。十、拜客入座须免冠手执之，主人请置一边，方可置于身旁座下。十一、拜客后到者，须坐女主左之空座。十二、女主接男客，既不必立，亦不必陪送至屋门。十三、客将去则拽铃唤仆开门，至可否伴至屋门或街门，皆关乎客之尊贵情之厚薄与否。十四、铃响客至即唤仆以听门。十五、引见此客与他客，须清唱其名，更须以可听之言言之，如此乃我旧识之契友也，此乃我之旧学伴也，此乃我家之世交也。十六、入客厅切莫举目乱视，以免他人疑之。十七、当拜会时莫脱手套。十八、小心待客，凡言语间有不妥可疑之处，皆设法避去。十九、妇女名片不带住址。

尽管如今英人“拜客赴会”未必全依昔时规矩，今昔对照亦可观世变，可察民情，也就是社会文化的研究了。

其述教会，则断断续续在十三日之内，分别介绍了“英国国教另分十数门”的情形，如廿五年八月十六日之述“浸礼会”：

教中第八门，曰巴普提斯他，义乃真洗也。耶稣教之圣洗礼，仅经教士以水点顶而已，此门乃改凡人不拘年纪，必诚心奉教时，方赤身浸水以成礼，又凡教经以外各举皆不奉行，其他一切礼仪咸与第七门同。至西历一千八百九十七年（光绪二十三年），通国共有教堂二千九百四十七处，教士二千一百零六人，入门者三十六万四千七百七十九人。

又如九月初三日之述“救世军”：

教中第十三门，曰萨勒瓦慎阿尔弥，义乃拯救之兵也。数年前有将军兼充教士名卜四者创立此教，专劝贫民工匠充当义兵，并以烟酒为戒，教长等次以副、参、游、都、守之名分之，一切经费俸薪皆由募捐，是不惟劝人守教自新，而更讲武以保国。现在本国共有义兵一千三百三十一队，将官三千一百十二员，外有武官七百员遍国劝化流氓工作，又二百六十二员劝化娼妓从良，更有九千零七十八员在四十五属地劝化训导，通国贫民现有化成乐兵者一万零四百三十五名，其总教堂在伦敦西北角之林斯代特街，名曰康格蕾斯蒿勒，译言聚会堂也，建于西历一千八百八十二年（光绪八年），为通国堂之至大者，可坐四千五百人，每日午后开门，竟日宣讲，意在劝化，朝朝听者甚众，其馀堂数未闻。

引文中的第八门“巴普提斯他”即Baptist，中国称“浸礼会”。第十三门“萨勒瓦慎阿尔弥”即Salvation Army，中国称“救世军”，创立此门之“卜四”，即William Booth（一八二九至一九一二），今译作“布斯”。除了译名今昔差异有些稍难索解外，所述者大都符合实际；张德彝自己不尽知晓者，便老实说是“未闻”，态度相当正确。

其述博物院，也先后用了差不多二十页的篇幅。二十五年三月初六日记：

> 午后乘车至格洛卫路入大博物院一观。此院自西历一千八百六十二年（同治元年）经下议院议定择地另建一处，题名乃秋尔拉奚斯托立，译华言聚集天地间所生之物，俾人增长见识也。

对此处陈列的动植物标本，便记述了好几页，开头一节为：

> 由正门内至石桥前，列玻璃方罩八，分两行，各高八尺，宽四尺见方，每中置有假石青草花木，以列药料熏制之家鸡、野鸡、野鸽、竹鸡、乌鸦、碧玉鸟、雪鸥鹗以及兔、鼠、鳄鱼并其胎卵，因所产南北度数不同，气候亦异，故其种类大小颜色不一。中有日本雄鸡一，尾长九尺。堂左右临壁，各小敞屋十间，各第一间中皆有玻璃罩之长匣立柜，内置全体人骨，大猴、木狗、河豚、蝙蝠与

马骨，以辨各骨长短之殊，行动用力之别；又有各种兽牙，以别其咀嚼草肉鱼虫之不同。各第二间内，列各种鸟兽角爪，以别凫水飞腾掌爪之异；穿山甲指如人指，其他各兽之足蹄爪掌，有大小软硬之分，其毛亦粗细短长不同；兽角如牛羊羚羊者空，犀角则内有筋细如毛，鹿角则又按年生枝。各第三间内列各种禽鸟，有身大翅小不飞者，有翎毛软如绵者，有翅小而用作分水者，有身小翅大亦不飞者；又各鸟之骨色既异，而其卵之大小皮色亦不同，一年所生之多寡地方亦不一，有在地面者，土内者，水中者。各第四、五间内，咸列江河中各种鱼类。各第六间内，列蝅尾昆虫螯蟹多种，盖之方圆软硬，有毛无毛，大小厚薄，颜色黑绿灰黄不同。第七间内，列壳虫千种。第八间内，列花草之虽花而不实，不花而生，不种而长生寄生，有叶无色，无叶而青，独梃无花，花生叶上，即如青苔、石耳、海带、蘑菇、木耳、仙人掌、霸王棰等；此间正中横立巨木一片，据云原树产于英兰中界之弗来斯诺地方，其高二百七十六尺，粗九十尺，数年前树倒，锯留此片，横经十五尺，周亦九十馀尺，自中心至皮共一千三百三十五围圈，则知此树之古亦千馀年矣。各第九间内，列花木之有子不实而赖根生者，如棕莲之类。各第十间内，列草木之有刺生丝或毛者。以上十间列物万种，每上皆有纸签，志其何名，产于何处，或生自何地，考证精详，笔难备述。

所谓“乃秋尔拉奚斯托立”即 Natural History 之译音，陆谷孙《英汉大词典》释为①博物学，②博物学论著，③有机体的自然发展过程；但在这里，似乎更应该直译为“自然史”，因为“大英博物馆”(不列颠博物馆)的名称，本是张德彝亲耳听到的 Natural History Museum，汉译一直叫“自然史博物馆”。该馆收藏有世界各地动植物标本近七千万件，包括了库克、达尔文所采集的，难怪张氏要感叹其“考证精详，笔难备述”了。

胜地与名人

除了上述这些值得注意的内容之外，《六述奇》还在若干日记中，描述了英国的胜地名人、逸闻史事，有一些很可能是中国人对此最早的详实报道。兹摘录数节于下，供有兴趣的读者浏览。

廿三年四月廿三日述杜莎夫人蜡像馆(引文中“玛大木杜泗鸥”即杜莎夫人)。

> 蜡人造法，始自百二十馀年前，有瑞士国柏安城人柯尔特斯者，精于格致各学，为创此艺之鼻祖，后为其甥女郭莱淑氏所绍其成。先是柯尔特斯率甥女由瑞士移居法京，传习数年，至西历一千七百九十四年(即乾隆五十九年)，柯尔特斯故，郭莱淑嫁杜泗鸥者为夫，故以后凡此蜡人馆皆名曰玛大木杜泗鸥，译法言杜太太也。法君拿波

伦第一赏其能，同时各官宦富室亦多追随仰慕之。杜因不胜其扰，徙居伦敦，先列其蜡人于斯特兰及布拉西斯二街任人观赏，至一千八百三十六年(道光十六年)移至贝格尔街，大启尔宇，列男女老幼古今名人之像，规模大备，各肖其真，于是观者争先恐后。数十年来，由母而子，而孙，而曾孙杜卓安，世传其艺，获利无算。卓安年十四，即能塑米兰王等像，尤属精巧绝伦。至一千八百九十二年（光绪十八年)始移至此，广建大厦，恢宏其业，增列蜡人数至三百七十四焉。

九月廿六日述纳尔逊纪念柱(文中“乃乐森”即纳尔逊，“日斯巴尼亚”即西班牙，“支布洛塔”即直布罗陀)。

今日为西十月二十一日，前于一千八百五年(嘉庆十年)英王卓志第三之世，英与法、日二国交兵战于日斯巴尼亚国正南稍西支布洛塔海峡迤北之特拉发勒戛尔地方，世爵乃乐森于是日受伤阵亡。息兵后国家欲铭其功，乃在伦敦城内柴苓十字街中央立一铁柱，顶立其像，高与人同，衣冠较今稍异。脚下四面栏杆，柱圆式，周约二丈。柱下石阶四层，由地面至乃乐森头顶，计高十二丈。石阶四角，立四石长台，每上卧一铁狮，大于生者，台高一丈，长丈馀，宽五尺。英国海军因而立一盟会，名曰水师盟，义在效其忠勇报国也。乃每于乃乐森阵亡之日，公具花练花圈，献于铁柱之上，以示祭奠。记曰：“以死勤事则祀之，以劳定国则祀之。”英人此举，允合昭忠之旨矣。午后余偕袁仁圃前往一观，见树叶长练四条，各由铁狮旁上系柱身至顶，盘绕如龙；又四大花叶圈，周各八尺许，套于铁狮项上。柱下男女往来如蚁，并有土人沿途喊售乃乐森传，及伦敦泰晤士新报之摹本。

廿四年七月廿四日述伦敦塔(文中“伦敦台”即伦敦塔，“太木斯江”即泰晤士河，“尠良第一”即威廉一世)。

伦敦台又名白塔，在伦敦城中偏东，南傍太木斯江，前英王尠良第一所建也，系在西历一千零六十六年，当宋英宗治平三年。占地一十三英亩，台高九十二尺，四面围墙宽一丈六尺，皆以石筑，系古作官监，内中古之名人王族被害者颇多。墙上设有兵房，墙下围有濠沟，宽约二丈，入门有吊桥，随时可以灌水，以防逃窜。墙下另有闸门，罪犯或生或死，有时自此冲出。现在围墙仍用住兵，其内则安置整洁，备人游览……乘车往游，入内登楼，先观宝物房。房内正中置一三角形大玻璃罩，顶尖座方，满列君主金冕金杵，嵌以珠宝金钢石，并金盘金斝等。……再入一楼，石梯狭窄黑暗，上仅石屋一间，即古之囹圄也。四面石壁，多有罪犯以刀刻其名于上者，据云古之国王王后及王子等，于此被困受害者不一。其他层楼所储，第一为英国古时人马之钢铁盔甲，再则英国及印度各种今古大小刀枪器械，各皆排列整齐……闻古时国王亦有自上越下而死者。院中罗列古炮多门，并有古时王后受刑斩决之处，中置铁具，四围栏以铁练。各处皆有兵丁抱枪，往来梭巡。至各守门人，皆宫中侍卫之年老有功者，充此散职，以终馀年。

又同年正月初七日述伦敦塔之卫兵交接班仪式(文中“埃达倭第三”即爱德华三世，“君主维克都里亚”即维多利亚女王)：

英国古礼，有至今奉行者。如前于西历一千三百三十年(元文帝至顺元年)，当英王埃达倭第三之世，于每晚十点三刻十分关锁伦敦台时，乃先经着红衣黑绒帽之夜巡首领手捧钥匙步至守兵房前。兵佯不知而问曰：“谁?”伊乃高声答曰：“要护送钥匙者。”守兵遂喊曰：“护兵出!”于是高帽护卫四名，内二名举枪，一名提一古式牛角灯笼，一名协同关锁内外各门。五人经过各处，凡立有守兵者，皆向钥匙举枪为礼，以昭恭敬，锁毕回时亦然。逮至守兵房外，各守兵复问曰：“何人之钥匙?”其人答曰：“我国王者。”各兵闻之，亦皆举枪致敬，继而捧钥匙之夜巡高声唱曰：“上帝保佑国王埃达倭第三”(现改曰“君主维克都里亚”)，后众守兵亦齐声和之。朝朝如此，类乎演戏登场。

七月十一日述一八三七年之摩天轮（文中作“支干梯辉勒”）：

（伦敦西南隅，前于西历一千八百三十七年设赛奇会）此地中央立一大铁轮，名曰支干梯辉勒，义乃至大之轮也，周二百八十四尺，重约九百吨。地立八柱架铁轴，轴粗一丈，每边作形，轴两首各小屋一间。轮共四圈，左右各一大一小，扶条铁棍四十馀，外出如菊花，小圈之间横连以铁棍，而小圈与大圈亦连以铁棍。二大圈之间，周围横系小木房四十，长各二丈三尺，宽丈馀，四面玻璃窗，内有桌椅，分头二等，每中容人三十，重各四吨半。二小圈上挂有二铁练，由地下通入铁架后屋中机器。机器两架，每架五十马力，机器动铁练行则大轮转，大轮转则小房随之上下。人之欲坐小房随轮眺望一周者，头等二先令，二等一先令。右面登台，买票入房，左边出房下台。头等者桌凳华美，各间出赁千里眼，皆有一人伺候。转至极上，高三百尺，四望东南见水晶宫，西南见色蕾山，西见文愍行宫，北见哈娄文卜来二塔，正东见伦敦各官署。入夜轮中满燃电灯。此小房租用一日者半吉呢，茶酒点心饭馆可送。

九月廿八日述社会党人和无政府主义者（文中“均财党”指社会党人，“无君党”指无政府主义者，“阿来三德”即亚力山大港）：

欧美自民主兴立以来，因而人心变易，多以贵贱平等为言。以致民权尊而民气伸，立有均财党，欲令国家将贫富进款大概摊分。其党著书立说，以惑时听，无君党又因之而起。前月奥后游历瑞士，即被无君党人所刺。顷德皇韪良第二偕其后游埃及土耳其，无君党侦知其行至阿来三德，乃密遣人埋炸药，幸为驻埃义国领事所发觉，盖无君党行刺者率多义国人也。按此党始自俄国，乃谓国家政教概宜改变，与之更始，故俄皇数世皆死于其党。

廿五年六月廿三日述英国国旗之变迁（文中“里察第一”即理查一世，“贤卓志”即圣乔治，“翟木斯”即詹姆士，“贤安得路”即圣安德鲁，“卓志第三”即乔治三世，“贤帕特里克”即圣伯多克）：

英国国旗之色，前者未详。闻至西一千一百九十年（南宋光宗绍熙元年），英王里察第一，因会众攻取耶路撒冷（耶稣陵寝处），始定白质红十字，名曰贤卓志十字。至一千六百六年（明神宗万历三十四年）国王翟木斯，于四月十二日因苏格兰会盟一国，乃谕将苏之贤安得路十字加于旗上，苏旗系蓝质白斜十字，于是英旗改蓝质，中一红十字上覆一白斜十字，共作八出菊花形。式如下 。继于一千八百一年正月初一日（嘉庆六年）国王卓志第三，因爱尔兰亦与英合一国，按爱旗系白质红斜十字，名曰贤帕特里克十字，遂将爱旗附诸英旗，乃统作蓝质中一红十字，上覆红白斜十字各一，仍作八出菊花形，式如下 ，是即现用之英旗，名曰攸年扎克，释言水手协和也，因英国三岛四面临海，以使船为首务也。此为国旗，凡本地及各属地之英人皆属此旗，且可随地随时负之竖之。

廿六年正月十九日述英国金银器的特点(引文中“卜静宫”即白金汉宫，“安呢”即安妮)：

英国古无瓷器，自君王以至富室，皆用金银盘，各盘皆有记号，可以知其今古。故现在王宫府第及各衙署会馆，如卜静宫极乐堂、曼琛蒿斯、金匠会馆等，每于设会宴饮，皆壁上悬列金银大盘，灿烂辉煌，皆数百年前之古器也。伦敦金银器行，自古至今以錾豹头为记，惟国君御用者錾一狮子为记；年岁记以二十五字母，乃中除一J字，用由第一字至第五字及由第六字至第二十六字，每年改用两字，如第一年用AG，次年则用BH，如此类推，字之形式，如中国之真草隶篆各体，又每二十年一改。造器局主人之记号，用其名姓之起首二字。纳税记号，錾以君王之头。以上记号之可考者，始自西一千七百零二年(康熙四十一年)，时为君主安呢之世，年岁字为𝔊𝔖二字，此种字英名馈音特阔尔丹得，义乃怪体也。至一千八百九十九年(即上年)，乃用***ac***二罗马字。

次日又述西国瓷器之历史：

西国瓷器始兴于一千七百九年(康熙四十八年)，经德国萨克森邦梅森城之讲烧炼人卜特格者创作(当时虽名曰瓷，然其体质粗轻不实，类乎瓦器上釉)，后其工人携秘法逃去他处，于是德之各邦及和、法等国皆摹仿之。至一千七百三十年（雍正八年)，英人亦得其法，初在巴欧城，不久在柴勒溪、达尔贝、浦莱茂斯等十数处亦皆造之。自古至今，一切瓷器，各处皆自有记号，或刻或画，形式新奇，如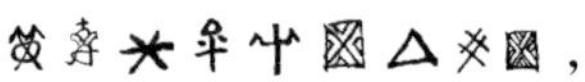，其他可识者，或字或王帽，以及鸟马楼房刀锚等，然皆不知其何所取义耳。

七述奇：辍而不述日本之行 （2016. 10）

张德彝八次出国，写成了七部日记体裁的《述奇》，都有文化历史和文化地理的价值，而且或多或少也都有阅读的趣味，读起来不会觉得太枯燥。

只有他第七次出国的日记未成书，用他自己的话来说“辍而不述”了。

张德彝的第七次出国，是作为赴日专使那桐的参赞官（共有四位）前往日本赔礼道歉。为什么要去道歉呢？因为庚子（一九〇〇）年间义和团闹事，乱杀了日本使馆的人。

《六述奇》记述的时间，始自光绪[1]二十三年（丁酉）正月二十八日（一八九七年三月一日），止于二十六年（庚子）四月十一日（一九〇〇年五月九日）。四月初七日，张德彝于从英国返回北京途中抵达天津，初八日记云：

闻现在北京有人立会曰义和团，奉洪钧老祖为神。入

① 以下夏历纪年均略去“光绪”年号。

会若干日，练习拳勇诵咒，即能有神附身(该会称曰上体)，能挡锋刃，能避枪炮。会分两党，曰乾字，曰坎字。乾字者以黄布扎巾，黄布缠腰裹腿。坎字者戴红巾，以红布缠腰裹腿。其所谓上体诸神，为托塔李天王、孙膑、吕布、马谡、王平、孙悟空、猪八戒、宋江、吴用、济颠、许仙、济小塘、曒承光之属，均非典祀明禋，半属荒唐附会。设有斯人，而千百年前既不知何为枪炮，胡以能避枪炮；当时既不解避枪炮，而今附诸凡人之体，反能避枪炮，斯亦奇矣。此皆年幼无知，而为《封神榜》《西游记》《水浒》《济公传》《升仙传》各无稽之小说所误。今纵有神附体，亦无非蛇狼狐狸刺猬之邪气。夫邪道惑惑例干法禁，且红巾黄巾之害已为前车之鉴后车之师，唐赛儿、白莲教等皆历历在目。想秉国诸公有尝胆卧薪之虑，具惩羹吹齑之思者，必不令其滋蔓难图，流毒无穷也。且在辇毂之下，现仅初立，不过作俑于一二无知之辈，附和之人不多，即早驱逐，庶不至酿巨祸于将来也。

庚子春回国，义和团闹事，他正好“赶上了”。

张德彝是一个“走向世界”的人，尽管他的“走”出于派遣，但六次出洋，亲历亲闻，已经见识了世界。义和团却是诵咒画符，想请托塔李天王、孙悟空下凡“灭洋”，是最反对“走向世界”的。所以，张一听说义和团，便斥之为荒唐邪道，认为必须“即早驱逐，庶不至酿巨祸于将来”。谁知“秉国诸公”并不如张氏清醒，“巨祸”还是被酿成。五月间，日本驻北京使馆书记生杉山彬被杀，接着德国公使克林德也被杀，七月间八国联军进京，十一月议和，赔了命，赔了款，还要去赔礼。

《七述奇》并没有成书，但张德彝的日记还是写了的。现存日记的开头一段，正好和《六述奇》上面一节连续起来看：

> 二十六年五月十五日，日本驻华使馆之书记生杉山彬，奉差赴马家堡，乘车行至永定门外，因与董军相撞被戕。又自刚毅、赵舒翘、桂春、何乃莹将义和团迎入后，遂于十七日先将京中大小礼拜堂焚毁，杀戮教民。继有荣禄所辖之武卫军，协同攻打各国使馆及西什库天主教堂并各处烧拆抢劫，戕害男女老幼。直到七月二十日东西各国联军进城，义和团及武卫军始皆逃散。因而中国既自表明悔过认责，于是各国公定惩前毖后定而不移之要款十二，内第三款云："因日本使馆书记官杉山彬被害，中国国家必须用极荣之典以复日本国政府。"自闰八月至本年四月，九个月之久，其十二款始得先后办有头绪。乃于五月初一日奉电旨：
>
> "户部右侍郎那桐着赏给头品顶戴，派充专使大臣，前往日本，敬谨将命，钦此。"

所谓"敬谨将命"，实为赔礼道歉。因为据"辛丑条约"第三款，那桐是作为专使，"赴大日本国大皇帝前，代表大清国大皇帝及国家惋惜之意"的。张德彝则是那桐奏调的四位参赞官之一，他们于光绪二十七年七月赴日，九月便完成任务回国了，这是他的第七次出国。

代表自己国家去向外国“表惋惜之意”也就是道歉，当然不是什么光荣的任务。按照惯例，张氏每次出国，都会详记日记，编作“述奇”书稿，分卷清抄，以备刊行。此次他却只留下二十页手书日记，扉页有题记云：

> 此次出使日本，因当战后，所负使命深觉有辱国体，故辍而不述。

虽有意“辍而不述”，但上有《六述奇》，下有《八述奇》，书名都没有改，还是给《七述奇》留有位置。

本来，张德彝一生八次出国，第一次以学生身份写了《航海述奇》，第八次以出使大臣身份写了《八述奇》，这一头一尾，还有中间二、三、四、五、六次的“述奇”，都成了书，都收入了《走向世界丛书》，如果单单缺了《七述奇》，也真有点说不过去。何况他留下的这二十页日记，开头叙述此行缘起，详记人员名单，与其他七种《述奇》并无两样；不过来去匆匆，时间短了，材料少些，本也难得成书罢了。所以我们在编《走向世界丛书》（续编）时，仍将此二十页日记编为《七述奇未成稿》，附于《六述奇》之后印行，使张氏的外事生涯留下一部完整的记录，给关心近代中外关系的读者提供一份完整的资料。

这部“未成稿”的原件，写于距今一百一十多年前，文笔未经改定，字迹亦未誊清（别种“述奇”均有清抄稿本，抄者留有姓名），若只印成简体横排本，读者恐怕会不大放心。故将其按原页面影印，大家开卷阅览时，左首为影印原文，右首则是其释文，二者完全相对应；释文只加了标点，并做必要的注释，就不顾及版面的完整了。

“未成稿”全文约七千字，只记了“前往日本，敬谨将命”（也就是那桐向天皇呈递国书时致词所云“面达歉衷，并亲往杉山彬坟墓致祭”）这一件事，经过情形详见书中八月初一和初二两天的日记，此处毋庸赘述。但在其他零星记载中，也还可以看出一些有意思的现象和问题。

（一）日本官方和银行商社，对那桐此行都特别关心。五月初九日张德彝才被那桐奏调前往日本，十八日日本使馆武官佐本、军吏贞永便请张在庆丰堂赴宴，二十七日日本公使又在使馆“约馔”请他。七月初四日那桐、张德彝一行乘火车离京时，日本公使到车站送行，应属外交礼节，但参赞、医官、书记都到，亦不太平常；当日到了塘沽改乘轮船赴上海，“同行有日本正金银行泽村繁太郎”，就更不平常了。

到上海后住天后宫，又有日人井手三郎来拜。张德彝也往日本领事馆和正金银行“拜”了领事、行长和那位“同行”来上海的泽村繁太郎。第二天正金银行“总办长锋郎及泽村繁太郎约于戌初晚酌”，那桐、张德彝等都去了，“酒食皆好”。隔了两天，十三日日本领事小田切万寿之助又“约饭”，“酒食极好”。十四日三井洋行总办小室三吉、邮船公司总办林民雄又“同请晚酌”。十八日“至日本码头，登神户丸轮船”，日本领事、三井正金两行总办等人均来送别，并派人“同行陪送至长崎”。启行前一天，还有“日本游士吉田正秀来拜，云宜看农务省商品陈列所”。

二十日到了日本长崎，三井行派行夥来迎，并请午酌，“酒食颇佳，名妓八跪进茶酒”。二十一日抵马关，仍“经三井洋行以小轮舟接行四五里登岸，步入春帆楼(即不久前李鸿章在《马关条约》上签字之处)，木楼二层，开敞幽雅，妓女六七。先进茶点，后进果酒、蜜桃甚佳”。均可见日方在接待上的用心，主要由商行出面，也值得注意。

（二）日本西化的进度很快，此时西化的程度已经很高。那桐一行七月二十二日至神户，入中华会馆，内中仍“供有关圣帝君、天后娘娘”。二十三日抵东京，入住帝国饭店，那里却是“西式，极宏敞，一切饮食规模，亦皆西法”。二十八日记云：日本女子原来嫁后要剃掉眉毛，染黑牙齿，现在城中和乡下不同，已经很少见到此种情形；日本男子，原来衣裳大领阔袖，头结小发，现在则街市之男已不结发，入署办公皆着西服，天皇和皇后也“终日西装”，只在“大典吉期仍着古装，以示不忘旧”，“宫中作乐，亦日西间之”了。三十日又记云：“日本现效西规，其夫妇年老者，尚有子媳伺候同居；其中年者，有子娶妇，皆另树门墙矣。”这种大家庭小家庭化的现象，中国却要到五十年之后，才相当普遍。

八月初一日，张德彝等随那桐入宫向天皇呈递国书，“面达歉衷”，所见宫室皆“外日式，内西式”，“其正殿宝座，式与英国者同，上列双椅，帐顶亦出二白毛刷”。初二日往青山(地名)杉山彬坟前致祭后，初四日那桐一行又“入宫见皇后”。

皇后由三位命妇陪侍接见，“中有前于光绪二年在英京所见之上野景范夫人”。即此可见，日本皇室和女界之“西化”，比起光绪辛丑年间的清宫后妃和大臣夫人来，程度确实是大大不同了。

（三）晚清的官场习气和“应酬风”的确十分严重，有些甚至使今人不可理解。张德彝此次出洋办差，七月去九月回（据《光禄大夫建威将军张公集》），为时甚短，而且“所负使命深觉有辱国体”，但临行时仍不断有同僚和戚友为他饯行，所送“路菜路点”如：

希贤、立贤送熏鸡、酱肘、荷叶饼、苹果四色。

熙鑫饽饽二匣、酱二篓、茶叶一蒲包，波罗蜜、鲜荔枝各一罐。

杨耀宗七叔二两。

杨海源亲家饽饽二匣。

舒春舫四匣。

肃王饽饽四匣、茶叶二铁罐、酱二篓。

李德茂（宝源木厂）茶叶四小罐。

衡（璋）芝圃送茶叶二匣、点心二匣。

松子龄送砖茶四块、红茶一匣、《华岳志》一套、墨一卷。

程用菜送火腿一支、金丝枣一匣、茶叶四匣、粤饽饽一匣、松花一包。

原稿写了差不多四页。真不知这么多匣饽饽他如何吃得完，“酱二篓”“火腿一支”又怎能够带去在路上吃？更奇怪的是回来后还要请和送：

德大——席一桌。　　奎五——果一桌。

庆大——席一桌。　　长大——席一桌。

老虎——果、席各一桌。　　海六——饽饽一包。

崇宅四盒。

（十五日午，李仲平——福全馆。）

（十八日巳，保保——福全馆。）

十一日巳刻福全馆邹紫东、恒子久、王丹揆（清穆）、曾霁生（述棨）。（未刻，潘经士。）

十二日巳刻，聚宝江自榕（庆瑞）、奎禄丰（佑）、章甓盦（士荃）、雷谱桐、陈亮伯（浏），辞。

申刻，福寿堂联治。福全馆松健乔，辞。

十三日午刻，福全馆陈梦陶、关咏琴、徐悦陶、陈征宇（懋鼎）、杨凤河（保彝）。

衡芝圃送四盒。

多□□（桂）送果席一桌。

诚兰洲送果席一桌。

推想其他各次出国和归国时，情形当无不如此，大约是“述奇”成书时删去了。

八述奇：出使大臣的闻见记（2016.11）

张德彝五十六岁至六十岁时，任清廷出使英国大臣，仍然一如既往地日记见闻，从光绪[①]廿八年二月至卅二年三月（一九〇二年三月至一九〇六年四月），写成了二十卷五十万字的《八述奇》。

翻译学生做到了出使大臣，已登上职业外交官生涯的顶点。但《八述奇》的自序和凡例，仍一如既往，声明自己“公馀采掇……不辞琐屑，汇成是编，犹前七记之志也”，即写作只是为了“逐日登记，借驱睡魔”，故“叙琐事不嫌累牍连篇”，内容则只限于“外国风土人情”，“至于各国政事得失”和“出洋一切密勿”，则都“阙而不书，金人缄口”了。

于是，这部出使大臣的见闻录，便名副其实地仍然只是一部“述奇”，只是一部和“前七记”没有太多不同的“述奇”了。

看《八述奇》，确实少见郭嵩焘、曾纪泽等人出使日记中，那些纵论政教、折冲樽俎的记述。这既是由于张德彝自身的局

① 以下夏历纪年均略去“光绪”年号。

限，也是晚清日薄西山，弱国无外交的状态越来越严重的结果。张氏于不可能有所作为的处境中，仍能坚持写作，所“述”之“奇”，仍有比较丰富的资料性和可读性，毕竟是相当难得的。

外交事务少

张德彝在《八述奇》中，详尽记述了自己每天的工作，这几乎都是一些礼仪活动和交际应酬，四年中所记下的算得上是外交事务的，好像只有五件，真所谓“弱国无外交”。这五件事是：

一、赴英途中往西班牙祝贺国王加冕。

二、抵英后向维多利亚女王呈递国书，并参加新国王爱德华七世的加冕典礼。

三、二十九年五月至七月，奉外务部指示，派员与英、美、墨西哥各国代表议定金银汇率及“中国须用通国流行之银钱”等事项。

四、三十年正月至三月，“奉旨与英廷会议招工条款”。

五、同年五月，奉敕在“红十字会原约”和“保和公会”文件上“画押”。

事件虽然不多，记述却仍十分详尽。第一件事便记了十多页。第二件事，加冕之前便有二十多天述及，二十八年七月初六日加冕当天所述更多达十一页，真比得上现场报道的记者了。如述埃达倭（爱德华）宣誓时与大主教问答情形云：

> 经诵毕，大主教立起，步至皇前问曰："我王愿立誓否？"曰："愿。"于是王手执书一本，大主教复问曰："我王愿否诚心发誓，按照议院法律及他规例，以治英、爱及各属地之民？"王曰："我诚心立誓，概行遵照。"大主教三问曰："愿否自秉主权，按例以慈心惩治一切？"曰："愿。"大主教四问曰："愿否遵上帝之法，执守王权，信经内之真言，敬守耶稣圣教？愿否谨守英兰教堂之规及英兰按律所定之理法教法以及治法？愿否保存各主教教士等照例定给之权利？"曰："以上各节，誓皆照行。"言毕，立起至讲经台旁，跪于阶上，手按圣经，誓曰："今日在此所誓各节，自当照作，永远存守，惟望上帝佑我。"言毕主教捧来笔墨，英皇口亲圣经，受笔画押。后皇与后皆跪听大主教诵圣诗，诵毕又祝云："自来上帝以油傅作明君圣僧贤人，以教化治理愚民。今上帝派治此地之埃达倭，谨傅以此油，保护圣明，使为此地之主。更愿其体健神聪，敬畏上帝，享寿无穷。"言间教主手抚油盘，祝毕，作乐唱诗一次，唱有"上帝佑王""王得长生""永寿无终"各辞。

这段描写，比三十五年后储安平《英国采风录》记乔治五世宣誓，要详细得多，也生动得多。

第三件才是与本国攸关的外交事务，二十九年七月十六日记云：

近年各处金价日涨，银价日落，各国之专用银钱者，殊受其害。即如美墨两国皆用银元，产银极多，且出售他国，苟按金价发卖，几亏矿本。金银行价如此悬隔，与商务无益。再美墨两国银元与他国之金钱，尚有兑换之成价，惟中国虽有新铸之银元，而他国未认(在本国各省所造，名虽一律，价仍不同)，惟知按两用银，每值汇兑，一两库平仅得他国小银元二三枚，共重三钱零，是中国受亏为尤重。因而美墨两国商定，各派四人之深悉此情者同来欧洲，向商务重大之各国叙明其情，以便设法维持云云……英廷共派六员与之会商，乃印度部一员为马凯，外部一员为汇丰行总办甘美纶，其他为户、藩二部各二员。余于发电请示外务部后，即派参赞马格理、翻译陈贻范随同听议，遇有窒碍中国之处，亦须随时宣说。自初十日起，连会五次，至二十二日始议定五节，二十三日由各员签押，作为蒇事。

美墨两国派来的皆“深悉此情者”，英国所派“外部一员为汇丰(银)行总办”。但张德彝“于发电请示外务部后”，却只能在使馆派出聘用的洋员马格理(Macartney，苏格兰人，原来学医，曾在华办兵工厂，后长期应聘任驻英使馆参赞)和一名翻译去参加会议，可见当时清廷外交工作的无奈和金融经济人才的缺乏。

书中不仅录存了“议定五节”的全文，还记下了“美员原呈之九条”和“经中美英墨各员会议维持银价之详细五条”。这些读来未必有趣，但对于了解晚清的通商币制和国际关系，应该还是不无用处的。

张德彝原本不熟悉财经，办过这件事后，他即曾奏请皇太后、皇上：“各行省所铸银元，平色模式必须划一”，“五年后通国禁用银块专用银元”，并与各国商定汇价；因为“纹银为外国所不认”，今纹银八两兑一英镑，而一英镑只银三两，“与外洋交易，亏折良多……亟宜设法挽回”(奏折全文见《张氏宝藏集》)。

可见即使是弱国，即使缺乏专门人才，自己也缺乏专门知识，真有事要办，张德彝还是能尽心尽力的。

第四件事，缘起于“英商南非洲开金矿，欲招华工”。三十年三月二十八日述云：

> 英廷行文中国。两月前余奉旨与英廷会议招工条款，屡次率参赞赴英外部商酌，始底于成。今日酉正，率马清臣、陈安生乘车至外部，与蓝侯书押换约。

这回张德彝亲自出马，带着去的仍是 Macartney 即马清臣。书中录存了“书押换约”的条约十四款，还全抄“载运华工船只须遵行之章程”等共达十二页。章程中有这样一条：

> 船上各华工每日所须之伙食开列如下：
>
> 面及做面包之物料不得少于一英磅半。

咸鱼或鲜鱼鲜肉或宿肉不得少于半英磅。

米不得少于一英磅又三分之一。

盐不得少于一英两。

糖不得少于一英两半。

中国茶叶不得少于一英两之三分之一。

中国味料以足用为率。

饮食两项所须之水不得少于一戛伦。

以上所开各物，俱可以他物相代。惟其代用之物，务须由船上医生视之，足以相抵。

这样的伙食标准，和嘉庆道光年间“猪仔船”上的情形相比，自然大有改善。此固是文明进步人权发展的世界潮流不可抗拒有以致之，张氏之“屡次率参赞赴英外部商酌”，应该也起到了一定的作用。

第三和第四这两件事，便是张德彝可以称道的外交业绩了。

第五件事则很简单，三十年五月十八日他“奉到敕谕，敬谨译成法文，并各件备妥，于今午亲捧面交瑞士驻英公使，请其转交瑞廷”，便办完了。敕谕也很简短：

皇帝敕谕记名副都统出使英国大臣张德彝：朕惟大瑞士国红十字总会为环球善举，实深嘉许。各国公议保和会内红十字会推广水战条约，已派前驻俄使臣杨儒画押，其陆战条约，亦应一体允认。兹特命尔为全权大臣办理入会事宜，会商大瑞士国驻英使臣，知照总会，补行画押。尔其敬谨将事，毋负委任。特谕。

连同抄存的这些原文在内，全部叙录不过十二行，可算是他所办最简单的一件“外务”了。

交际应酬多

对日常的交际应酬，《八述奇》“不嫌累牍连篇”的叙述，看起来却不乏趣味。

十六年前在柏林使馆时，张德彝作为出使大臣洪钧的随员，很不满意洪钧的“不喜与人往来”。六年前在伦敦使馆时，他已经升任参赞，仍不能带家属，对出使大臣罗丰禄在生活和交游上搞“特殊化”，亦常有微词。如今他自己当上了出使大臣，带着来上任的，不仅有自己的金氏夫人，还有十五岁的幼子荣骥和八岁的孙女佑英。

二十八年四月到达英国后，五月十三日张德彝即“偕内人”至地理会馆中赴茶会。又至日本使署“入见林董夫妇，遂领见其彰仁亲王”。

十四日，“偕内人”至生理博物院赴属地会之茶会。

十八日，“偕内人携孙女乘车入利贞囿”，赴美尔（市长）夫妇之午后茶会。

二十六日，“外部大臣蓝侯夫人柬请余与内人金氏及荣骥，于今晚亥正二刻在本宅茶会……届时乘车前往”。

二十九日，“酉初偕内人及荣骥乘车赴户部尚书席斯庇夫人家茶会”。

六月初一日，“偕内人携孙女”乘车赴伦敦城西三十里一伯爵夫人别墅之茶会。

初七日，“偕内人率荣骥与孙女”往观抛球，并赴茶会。

初十日，“偕内人乘车赴狄本逊夫人家茶会，亦二十五年前之旧相识也”。

十二日，“偕内人小儿与孙女”赴葛蕾太太家茶会，“带赛中国哈吧狗”。

十三日，“偕内人率荣骥与孙女”入海德公园，赴赫德夫人在园中举行的茶会。

从五月十三日至六月十三日一个月中，张“偕内人”出外应酬了十次，平均三日一次，有五次还带了小孩，之后一直如此。此类活动，不仅过去带如夫人出国的郭嵩焘洪钧不曾有过，同样带的是正室夫人的曾纪泽亦不曾有。此当然不是因为张德彝思想解放，更不是因为八旗妇女能出众，而是因为时代不同了，已经进入二十世纪了。

且看十二月初十日张氏夫妇带孙女参加化装舞会的记述：

余同内人率孙女乘车入老城……入门登楼，转入大厅前直行，美尔夫妇率他阿得曼等立左鄙金椅前，对面有人执棍唱名引导，一切多与前在极乐堂同。来者过美尔夫妇前，男孩向之鞠躬握手，女孩与之请安，与见君主礼同。各孩见过，皆顺步入大厅。余等与日本公使林董率其孙女，皆立于美尔夫妇之右。见所来幼童雏女共一千三百馀，装束不一。有欧洲各国今古官民兵丁、乡农工役，有德国开色（见《五述奇》）、瑞国卖牛乳人、本国宫廷侍卫，及律师、乳娘、庖丁、堂倌，美洲西印度人、斐洲黑人、埃及人、印度女、日本女，中国男女五，有戴顶貂尾而身着女裙红氅者……

见毕齐入大堂，美尔夫妇坐于正面矮台金椅上，余等坐其右，其他世爵妇女坐其左。楼上奏乐……小孩绕圈跳舞，形式不一，亦多新奇处。至亥正，计共跳一十六场，台上各人立起，美尔相金氏，林董相美尔夫人，余相特立伯爵夫人。美尔夫妇先行，其他依次对对随入左门，登楼入正饭厅。美尔夫妇正坐，右则金氏与余及孙女，美尔夫人左则林公使并伊孙女……

文中“美尔相金氏”，即市长挽着张德彝夫人。再看一年多以后三十年二月廿八日又一次伦敦市长夫妇请客：

伦敦美尔夫妇因伊斯特尔节，定于西四月十三日礼拜三在公署约戚友晚酌，上月初夫妇具柬来。今日戌初二刻，余偕金氏着公服乘车至，登楼见毕，少立。俟客齐，埃及堂正门开，有人执金棰、宝剑前引，美尔扶金氏、余扶美尔夫人前行，后则男女客两两步入。其桌列作形，主客男女二百八十，美尔夫妇正面中坐，坐余美尔夫人之左坐，坐金氏美尔之右，再则希腊、比利时、暹罗三国公使之眷属等。入座后楼上阵阵作乐，先齐立祝谢上天赐食，继而坐食煮熟凉睢鸠卵粘细盐，再则甲鱼汤、白煮鱼、炸小鱼、鸡肉、羊肉、冷煮鹌鹑、凉糕、热糕、酒食、加非、鲜果、生菜等，丰美可食。食毕，美尔先领众立起，举杯恭祝英皇，或再祝皇后太子与妃之福，乐于是随奏《天保国王》一阙。后此美尔及他文武多员，各立演说一段……子初始毕。

“美尔扶金氏、余扶美尔夫人前行，后则男女客两两步入”，这时的张氏夫妇，似乎是完全融入英国社交生活了。

但是，同年十一月十四日他在论及国内提倡社会改革的舆论时，却又写道：

若婚姻自由之风一开，则凡关乎婚姻礼节制度均须更改。甚恐变本加厉，远不如欧；而我国之九烈三贞，三从四德，守节清贞，孝顺贤明等字皆可涂去矣，噫嘻！

身体虽然到了二十世纪初的伦敦，意识却还停留在爱新觉罗家族统治下的清朝，这便是张德彝和《八述奇》本身存在的不可克服的矛盾。

在使英期间，张德彝和金氏一同出席过白金汉宫的朝会，一同参观过海军舰队的操练，一同进入过著名的圣保罗大教堂，一同旁听过国王到上议院宣读谕旨，一同访问过为中国造兵舰的船厂。男女平等夫妻相偕，很是合乎西方社会交际应酬的习惯。后来在归国途中，夫妇俩在塞得港一同下船“乘马车一游，稍闻土气”，并“入新建之回回礼拜寺一观”；到了科伦坡，又“率荣骥与孙女并各参赞随员驾小艇上岸，坐马车往游古庙、肉桂园、博物楼”，在大饭店聚餐后才回船。出使大臣夫妇和属官下僚同游同席，在清代官场亦系绝无仅有之事。也许是金氏夫人早做了祖母，不必太拘礼节；但恐怕还是出洋后耳濡目染，才会如此的吧。

回抵上海后应酬更多，比如卅二年一月连续这两天的日记：

> 二十日戊子，阴。早招商局督办杨杏城(士琦)、随办沪宁铁路钟紫垣观察(文耀)来拜。午后乘车往拜英、法、瑞、德、俄、美、丹、奥、义、比、和、日本、葡萄牙、日斯巴尼亚十四国领事，中有见者，有未遇者。
>
> 二十一日己丑，阴，冷。午后萨鼎铭军门(镇冰)、德总领事硕尔资来拜。酉刻李一琴、徐紫生同约在大庆馆晚酌，同席有张叔和，彼此欢饮，畅叙已往。亥初回寓。

在上海停留五十多天才回京，回京第三天(卅二年三月十八日)便面圣交差：

> 右朝房敬俟，叫起单下，德彝第四起。辰初军机下，召见德彝于勤政殿东间。启帘入，跪请皇太后、皇上圣安后，皇上问在途行若干日，皇太后问英国地势人情、水陆

兵马船只等，幸皆奏对称旨。良久，奉旨“你下去罢”，遂立起启帘退出，时辰正二刻。

便这样结束了他出国办差的生涯，写作《述奇》的生涯也就此结束了。

斗牛、选教皇……

《八述奇》记述了张德彝的工作和应酬，但正如《凡例》所言，其主要内容还是“纪外国风土人情”，用相当多篇幅介绍了各地的历史人文，报道了当时社会动态，这些大都生动可读。

廿八年四月十四月述西班牙斗牛云：

在城边宽处，设一大场，外方内圆。外看石楼层层，内则一圆圈如马戏园，当中沙土铺地。……此外木墙一圈，高约四尺。圈外周立石阶十层，层层坐人。……通场坐者统计男女不下二万人。

…………

以刺长一尺者刺入牛肩，迨其痛极放出，遇人急以角触。斗牛人乃互以双手提红毡招之，总以招牛来撞，躲闪伶便，不使撞着者为能。六七人往来闪红布招牛，中一人竟被触倒，幸未受伤。招牛人凡躲避不及者，即跳过木墙以避之，而牛亦有随行跃过者，险甚。又牛追人不着，见石洞门前排立护卫，乃举头往触，护卫横矛相迎，矛竟被触折者二。牛痛急，撞人不着，致以蹄掘地。后则一人双手执花刺招牛往撞，正值牛来时，能两手齐插二刺于牛肩者为能。如是三人连插六刺作⚹形，则牛血已满半身矣。再后一人乘马手执长枪，马首蒙以红布，自洞门出，招牛撞马肚。趁其撞时，能以枪刺入牛肩者为能。牛角插入马腹，马有五脏坠出者，有血满马尾者，竟有一牛撞死三马者，亦惨矣。末则一人左手执红布，右手掌剑，招牛来撞。当其垂头前撞时，其人将剑由肩刺入，直插牛心，牛心裂，晃行一二步即倒而毙。亦有剑刺稍斜，牛鼻出血，乃缓行许久始倒者。牛倒，即有人引三马出，以绳捆牛头，曳入石洞。……国人男女皆鼓掌称赞。余及他国专使男女，多掩目不忍观。

但随后在应对国王时，“王问喜观斗牛戏否？余答以甚喜看其人之勇敢。王言不以其为残虐耶？余云由此使国人发奋，毅然保国”。外交辞令用得还好。

廿九年六月十四日述罗马教皇之继位云：

教皇之下，其品高位尊而称喀的那者七十二(华称红衣主教，因披红氅也)为之辅，间派驻他国为公使。按其规，凡教皇病笃，自视难愈，遂于此七十二人中择其一，派为代理，衔称曰喀麻栏勾；其他在外者亦皆调回，备教皇逝公举而继其位。教皇故后，所派代理之人偕众以小银棰轻击尸额者三，问曰“李尤第十三尚在乎?”再击三次，改呼其本名，问曰“亚本贝七尚在乎?”于是齐声宣众曰：“教皇无语，教皇逝矣。”

逮葬后，七十二人者聚议，互举其一以作教皇。……择一楼，仅留一门，官把守之，以便送进饮食；其他门窗咸用砖泥填塞，用防内外传递交言。此七十二人(此次因有患病者，仅七十人)每日互示所欲荐举之人名帖两次，一巳正，一申正。届时各由己住之楼间入中堂，各出欲举六十九人中一人之名，又必经六十九中三分之二书举，方为合例。第一日巳刻，被举名数无合例者，均掷炉中焚之；申正再会，若仍无合例数，则改于次日巳正，必待合例而后已，间有迟至十馀日者。

自封宫门后，宫之前贤皮特娄坊一带，男女朝夕拥观，欲先知教皇者谁充。立而仰望楼之烟筒，每当午初及酉初，烟筒中纸灰飞出，知其议未成；若无烟，乃齐呼曰定矣，盖合例则不焚，用以示众。……此次只三日而举定，乃喀的那萨尔投，现年六十有八。初次举其人者仅六，至第六次增至五十，其数已逾三分之二。前日即位，号曰皮欧第十。

按李尤第十三即 Pope Leo XIII，皮欧第十即 Pope Saint Pius X，分别为第二百五十六和第二百五十七任教皇。

文后作者另有说明云：“此一节非英事，原不必记，然其在欧而远雅(亚)，彼地及教之规俗，吾人亦须知之。且其事亦与英有干涉，盖各喀的那(红衣主教)非皆罗马人也，凡英、法、奥、美、比、瑞等国之同教者皆有之，故各国多愿本国人之充喀的那者被选云。”

卅一年七月廿二日述英国最著名的古迹巨石阵(Stonehenge)云，初民“以拜橡树及奉日月为教”，“英兰西南韦勒晒府之司敦混芝村（今称为威尔特郡索尔兹伯里地方），尚存日庙(祭祀太阳神的庙)之古迹”：

> 按：其庙无房室，只有石柱环立如阵，其或千年以前本有棚窗，未可知也。地之四围古冢极多，石圈围平地，长径三百六十尺，作椭圆形，短径九十七尺七寸。内外两圈，外圈柱皆红沙石，每柱高十三尺，周约围半，共十七柱。上横连石块六，各长十尺，宽三尺半，厚二尺八寸。各柱相隔四尺，其式大致如形。距大圈内九尺另一小圈，柱皆青石。再内九尺，别一圈作马掌形，缺处面向东北。有二巨石作框，高各二十二尺五寸，上横一石成门，共作二十六尺五寸。左右各立四柱相向，今仅四柱尚存。此内仍一小圈，柱高六至八尺，彼此相距五六尺不等。正面有石台、石龛及璇玑之属。此石柱圈始于何年，何人所建，历来无书可考，惟六百年前胡廷敦所著书中略叙及。

这些描述，和《不列颠百科全书》(中文版第十六卷二百三十二页)的介绍大致吻合，可视为国人对巨石阵最早的报道。

书中还多次述及伦敦贫民之苦和游行请愿等情形，用的却多是官府和富人的口气，如廿九年正月初九日记：

现因天寒，通城贫民之无工作者，各区皆有，或数百，或千馀，统计逾一万。经善士所设拯救队及工人会等竭力周济，不使饥饿滋事。近日频见苦人列队街行，或数百，或千馀，随有马步巡捕数十，四面弹压。前行者奏乐，声调凄惨。此后或举红旗，或举黑旗，其义未详。随行左右，有执马口铁扑满者向人乞钱。于是有沿途施舍者，有自楼上掷下者，多寡不拘，闻一日竟得数十镑，足供每人一饱云。

三月十三日记：

临太木斯江北岸，而老城之北及稍西一带，贫苦居多。第一在霍克斯屯街等处，为穿窬盗窝。霍勒贲街稍北，为明火窝或强盗窝。在代文路与赖木蒿街之间，地极污秽，鼠子尤多，再北数里至康贝路，皆为顽梗不化之愚民窝，秽街陋巷，一切不洁之水及物，举由窗倾抛，直比臭沟暗渠。老城以东数里，近西印度坞一带，先为无耻匪类窝，再则为船澳贼窝。老城正西，将出新城，在堪兴坦坊一带，亦为顽梗愚民窝。在太木斯江之南，正东傍岸，南近五里治区，地名得斯投，为流氓窝，街道肮脏，男女杂居，饮食如兽，得斯投者，译言低贱穴也。

三十年十二月十二日记：

伦敦现因冬季工作无多，万千流氓有收入专工处者，有收入善会者，有三五成群在街市吹箫歌曲觅钱者。昨闻老堪得路有三人歌曲乞钱……(歌者)官定收监十四天，馀二名七天。所歌之曲文鄙俚，乃：

英国千万人饥饿，看来皆非己之过。

于今各各皆须知，因贫故受此坎坷。

橱柜空空无得作，穷汉群群街市坐。

终月礼拜无雇工，家中子女嗷嗷卧。

贫民之无工作者列队游行，“或举红旗，或举黑旗”，肯定不全是“饥饿滋事”；贫民窟也肯定不该称为“强盗窝”“流氓窝”；唱歌乞钱被拘留两周者所唱的“英国千万人饥饿”，亦未必如何“鄙俚”；但是，尽管如此，张德彝仍然写出了当时英国社会的另一面。

述贫民、述巨石阵之类内容，读者们自然会“不嫌累牍连篇”，可惜并非全都如此。如其述某店出租布帐(帐篷)价目，廿九年十一月十四日首记云：

长二十二尺、宽十四尺、宴客十八人、听乐三十六人者，赁一天三十五先。挂布里装饰旗帜之属加二十先，铺地毡加四十先，燃烛加二十五先，燃油灯加十五先。

接下去又一一记下：长三十尺宽十六尺、长四十尺宽二十尺、长五十尺宽三十尺、长七十五尺宽三十尺、长九十五尺宽三十尺、长六十尺宽四十尺、长八十三尺宽四十尺……各式帐篷，直至：

> 长百零五尺、宽四十尺、宴客四百人、跳舞可四百二十人、听乐杂事容八百人，一日二百先，挂里修饰加百四十先，铺地毡加三百九十先，燃烛加百九十先。……乡间无别墅之区，用之极便。

这样“累牍连篇”抄来的价目表，除了当时想去“乡间无别墅之区”办宴会、舞会、音乐会的人，恐怕就没有谁还会很想要看的了。

电力代蒸汽

在“纪外国风土人情”时，《八述奇》也注意到了西方科学技术的进步，以及有关的国情和时局。当时正值二十世纪之初，现代化进程大大加快，张德彝虽难说有多少现代知识和世界眼光，但因为写得多，写得细，还是记下了不少这些方面的内容。

廿八年十月有两日的记事，说的全是以电力代蒸汽之事。第一日云：

> 英国现在英兰约克晒府之西来丁一带，拟以电力代蒸

汽。如得法，可免蒸汽如云烟之迷漫，除高大烟筒之丛立。其地人丁约二百七十万之谱，大小制造厂二万五千，煤窑三百，各处汽机之力共计得百万马力。其法系设电气总局，由总局分运电力至各厂窑，总局须用地一千七百方亩，用款先须二百万镑，地之上下一切线杆等在内。各处所用之电力多少任意，虽缝纫之机器及铁道公车均可分用。此举本意拟将电气批分各处公司，再由各公司分通各用所，然由总局径购亦可，惟价稍昂耳。……煤窑每不喜以蒸汽系物，此则只将矿口埋一地线，再接一线达矿内，将来所用壮马千匹，皆可放归草野矣。

第二日云：

昨闻英国将有改用电力之议，兹又闻有以电力振兴水利之举，谓在各运河亦可用电力拖船。其法有二：一河岸设绞辘机器，通电气于船上之螺蛳；一法岸上设小火车一辆，每次可拖数船。将在西来丁之通埠造马车铁路百英里，尚有展造三十英里之议，总局电力足可驱此公车。其价之省，制造厂中每点钟一马力之电，一本士一法丁，铁路公车每点钟尚无须一本士也。现多创办电，果能大获厚利，将来各工厂皆将渐次变通矣。

此节文字稍觉夹缠，“船上之螺蛳”之类说法亦有生造之嫌。但“以电力代蒸汽”的优越性却说得明白：一是“其价之省”；

二是方便，“虽缝纫之机器及铁道公车均可分用”，而且“多少任意”；三是“可免蒸汽如云烟之迷漫，除高大烟筒之丛立”；四是“接一线达矿内，将来所用壮马千匹，皆可放归草野矣”。

二十世纪初的新发明，如图画和摄影之传真、马可尼等人之无线电通讯、光谱分析法用于天体之研究、地下铁道之创建等，书中均有介绍，而对于正在开始普及的汽车记述最多，如廿八年十月初十日记：

> 法陆军创用教投某弼自行车后，英即派自行车(又名汽车)会中副董梅脩往彼考察，旋将一切用法章程，详陈兵部，请设自行车队，其法乃招集有车者投效。既愿投效，须备一辆或数辆听候调遣，迨大阅时，或自行管驾，或派人代管，均可。是车益处颇多，而用以巡警侦探，为战时所必需，且尤有益于先锋营。兵部如所请，分饬各营一体照办，是征锐意维新，力整戎政。现投效者已有百馀车主，此项兵队号衣，拟仿用陆师将弁之戎装，惟扣带须改，示区别也。兵部新章，投效各车，用一日酬三十先；就中应用之石油，亦由官给。

说的是汽车(自行车)已用于军事，车和人却都由民间“投效”，按日付钱供油。

又如廿八年十二月廿二日记：

> 四年前初创电汽自行车，名曰"谋土尔喀"。今春初到此，已见售此车专铺，而街市乘坐者约十之一二。近在庇喀的里敖斯佛等街，又创用电汽公车，容八人者，容二十者，敞棚者，带车厢者，惟车顶不坐人，防险也。是车较铁道公车稍小，较电线公车又甚速，惟不数见尔。闻车行现定造容二十人者二百辆，工竣后可通城畅行矣。

说的是公共汽车(电汽自行车、谋土尔喀即摩托车、汽车)与火车(铁道公车)和电车(电线公车)的区别，载客或八人，或二十人，"定造容二十人者二百辆"，渐成规模了。

伦敦当时的公共交通，主要还是靠马车。但张德彝已经看出，马车终归会被汽车取代。廿九年正月初三日记：

> 汽车或电车价极贵，每辆由五百至六百五十吉呢(合六百八十二镑半)，按时价合不下五千五百两。据云价虽如此，而较马车尚甚廉也。马车每辆由一百五十镑至三百镑，马两匹由二百至五百镑，鞍缰两分由五十至百镑，厩中昼夜背负之毡套等共由十镑至二十镑，统计每辆应由四百至一千镑；此外又加地租、房车马税及车夫工价一年须三百镑，再加饮麸料等一年又须三百六七十镑，是马车倍贵于汽车。且汽车仅用一人，外加电气火油之类费无几，将来通城汽车必盛于马车。

此外如廿九年五月初五日记"汽车日多，亦须按辆挂号保险”；六月初五日记首开“汽车赛会”；七月廿九日记设学堂“专教用车之法”，卅一年四月初四日记巡捕限制行车速度，违者“带入官厅，禀官受罚”，也都是研究城市交通史时可资参考的材料。

所记英国国情，有的颇能见微知著，并能与本国进行比较，如卅年正月十六日记：

> 昨闻英兰某处，有地纵横九千四百六十尺，有旧房一所，昔有戛尔赛以三千一百镑买之，今复出售索五千六百镑，经人公断以五千一百镑，佥云若依亩估值竟为二万三千五百镑一亩，合华之库平银一十八万八千两。亩于英为四千八百四十方码，当中国六亩半有奇。中之一亩，彼之七百三十三方码半耳。上海每亩涨至四千两，六亩有奇数仅二万六千馀金，较英尚贱六七倍。洋人至中国，赚钱易，购地贱；中国人在外，挣钱既难，又安得贵地购之。

现在中国大城市的地价，据说已经逼近甚至超过欧美，今昔对照，可看出百年来世界经济发展的不平衡和此消彼长，原始资料的研究价值更显而易见。又如卅年十月初八日记：

> 初三日英通国称曰“美尔日”，是为伦敦美尔及伦敦三十一区之美尔(见前)英兰三百二十三美尔瓜代期。伦敦三十一区，所选人分三党，曰“一律更新”洋名“普娄格蕾希伍”(乃竭力向前，处处更新者)，曰“择选更新”洋

> 名“莫得蕾特”（乃不突然，必择其实可改者改之），曰“自主更新”洋名“音的喷旦特”（乃不归何党而自行斟酌者）。各府三百二十三美尔分五党，内守旧党洋名“宽色尔瓦的伍”者一百四十九，会合更新党洋名“里柏拉勒攸牛呢斯自”者一十七，真更新党洋名“里柏拉勒”者一百四十八，自主更新（见前）者二，工匠党洋名“蕾柏尔”者一（因该处工役人多，故择由工匠致富而品行端方者管理）。

普娄格蕾希伍（Progressive）应即指进步党，莫得蕾特（Moderate）即温和党，音的喷旦特（independent）即无党派人士，宽色尔瓦的伍（Conservative）即保守党，里柏拉勒攸牛呢斯自（Liberal Unionist）即自由统一党，里柏拉勒（Liberal）即自由党，蕾柏尔（Labour）即工党。于述英国市长选举时，张氏一一介绍了当时英国的政党及其政治主张，虽一己之见，亦甚有价值，因当时国人谈及外国政党者甚少也。

所记国际政治事件，则以涉及“无君党”者为多，大约有七八次，如廿八年十月十八日记：

> 昨日礼拜，比利时国王柳埔于巳刻登车入贤古杜教堂，为已故王太后与王后诵经祝祷，午正礼毕，升车回宫。当日观者男女云集，御车经过比京银号时，突一人放手枪轰中第三车，车旁玻璃粉碎。车中为御前巡捕官乌得莽伯及将军某甲，乌伯微伤其面。左右共怒，捉得，欲扯其皮啖其肉。巡捕驰至，强由众手夺出。于是众乃齐声高

呼曰："我王长生不死！"讯刺客于客厅，身带枪弹若许，兜中并有比王小影，赁居布晒街第二十一号。遂搜出枪弹四十四枚，无君党日记一本。此党洋名"安那尔赤斯特"（义系叛逆），自供为义大里国人名卢碧努，入无君党，其所识者为某甲某乙，原拟回义弑其国王埃麻纽。闻比王本日进堂，欲先刺杀之。"想拔枪击第一车，不意一犬咬衣襟，俄延一秒，遂击中第三车，是亦命也，惜是功将成于他人也。"

看得出记者的同情本倾向于高呼"我王长生不死"的这一方，却仍将"无君党"直供不讳，自称"惜是功将成于他人"的气势，如实地照写出来了。文中所谓安那尔赤斯特（anarchist）即是无政府主义者，其组织曾译称"虚无党"，十九世纪二十世纪之际也是一股潮流。清末吴樾刺五大臣，彭家珍刺良弼，汪精卫刺摄政王，多多少少都受过这股思潮的影响。

一切能够存在下来的文字，不论著作者的立场观点如何，都不可能不带上当时当地的色彩，《八述奇》亦是如此。

年谱·遗折

张德彝的《航海述奇》《再述奇》《三述奇》《四述奇》《五述奇》《六述奇》（附《七述奇未成稿》）和这部《八述奇》，在收入《走向世界丛书》时，我们都写了叙论，分别做了介绍，但只是就书谈书，没有脱离书来专门介绍张德彝这位作者。为了弥补，特将张氏死后张家印行的《光禄大夫建威将军张公集》中的一份张氏年谱刊布，只在原列干支（如“癸丑”）之前加上年份（如“咸丰三年”），并将并未纪事的空洞年份删去，以利阅读。

下面便是年谱的原文：

清道光二十七年丁未十一月十一日卯时生。

咸丰三年癸丑七岁[1]，入义塾读书。

同治元年壬戌十六岁，考入总理各国事务衙门同文馆肄业。

同治二年癸亥十七岁。妣董太夫人卒。

同治四年乙丑十九岁。总署大考奏保八品官，又奏派赴欧洲各国游历。

同治五年丙寅二十岁。赴英、法、俄、布、和、丹、瑞、比各国游历，旋回国，经总理衙门奏保，以六部主事用。冬十一月，夫人金氏来归。

同治六年丁卯二十一岁。总署奏派赴合众国及欧洲各国办理中外交涉事务。

同治八年己巳二十三岁。秋九月由欧美回国。

同治九年庚午二十四岁。侍郎崇厚保奏随往法国递国书。

同治十一年壬申二十六岁。由法归国，总署奏保员外

① 事实上张德彝要到咸丰三年癸丑十一月才满六岁。年谱系按传统算法，道光廿八年戊申正月才三个月大的他便称为两岁了。

郎，签分兵部。

光绪元年乙亥二十九岁。长子荣骧生。

光绪二年丙子三十岁。郭侍郎嵩焘奏派随带驻扎英法翻译官。

光绪四年戊寅三十二岁。得奖花翎。

光绪六年庚辰三十四岁。秋七月由英法回国。

光绪七年辛巳三十五岁。次子荣骅生。

光绪八年壬午三十六岁。考益之公卒。

光绪十年甲申三十八岁。充同文馆英文副教习。

光绪十一年乙酉三十九岁。兄永修公卒。

光绪十二年丙戌四十岁。三子荣骥生。

光绪十三年丁亥四十一岁。总署奏保即选知府，洪侍郎钧奏调充出使俄、德、奥、和大臣随员。

光绪十六年庚寅四十四岁。冬十月回国，充总署英文正翻译官。

光绪十七年辛卯四十五岁。洪侍郎奏保即选道员。冬十月侍德宗读英文，赐免跪拜。

光绪十八年壬辰四十六岁。授长子荣骧室。

光绪二十年甲午四十八岁。襄办孝钦显皇后万寿点景差。孙女祖娰生。

光绪二十二年丙申五十岁。长孙祖良生。罗京卿丰禄奏调充出使英、义、比国大臣参赞官。

光绪二十四年戊戌五十二岁。次孙祖汉生。

光绪二十六年庚子五十四岁。春二月十六日祖良殇，越九日长子荣骧卒。夏四月回国。五月孙女祖媖生。

光绪二十七年辛丑五十五岁。侍郎那桐奏调充专使日本国大臣参赞官，秋九月回国，得佩日本国宝星。冬十月任出使英义比国大臣，记名副都统。授荣骅室。

光绪二十八年壬寅五十六岁。兼专使日斯巴尼亚国贺加冕大臣。

光绪二十九年癸卯五十七岁。得佩日斯巴尼亚国宝星。

光绪三十年甲辰五十八岁。会议招工条约。任补画瑞士红十字会全权大臣。

光绪三十一年乙巳五十九岁。得佩英国宝星。

光绪三十二年丙午六十岁。春三月回国，任正白旗汉军副都统。

光绪三十三年丁未六十一岁。任镶蓝旗蒙古都统。授荣骥室。

光绪三十四年戊申六十二岁。派充廷试阅卷大臣。

宣统元年己酉六十三岁。赏头品荫生。派充考试游学毕业生阅卷大臣。

宣统三年辛亥六十五岁。派充考试北洋大学、山西西学生阅卷大臣。

民国纪元夏历甲寅六十八岁。授次孙祖汉室。

民国纪元夏历乙卯六十九岁。曾孙其翼生。

民国纪元夏历丙辰七十岁。祖娍归于直隶昌黎闫慧田。

民国纪元夏历丁巳七十一岁。曾孙女彩翼生。荣骥妻何氏卒。

民国纪元夏历戊午七十二岁。荣骥续室。十二月七日巳时寿终。

年谱中八次出洋的同治丙寅(一八六六)、丁卯(一八六七)、庚午(一八七〇)、光绪丙子(一八七六)、丁亥(一八八七)、丙申(一八九六)、辛丑（一九〇一)、壬寅(一九〇二),便是八部《述奇》开始写作的年份。

年谱有一点值得注意，便是宣统三年清亡以后，它便不再纪年，只纪干支，加上封面郑重地写出“国朝”给他的最高官衔“光禄大夫、建威将军”(光禄大夫是正一品文官、建威将军是正一品武官诰授的荣誉性的官衔)，鲜明地表示了张德彝死为清朝人、不食民国粟的政治态度。

《张公集》还印出了张德彝民国七年冬垂死时，向废帝溥仪上的一道“遗折”，亦刊布如下(未按原有书写格式)：

奏为微臣病势垂危，情殷恋阙，谨具遗折，仰祈圣鉴事：窃臣八旗世仆，一介庸愚。同治元年考入同文馆肄业，迭次随使游历英、法、俄、德、美、日、义、比、和、丹、瑞、日本等国，由部曹洊擢道员。光绪十八年恭侍御前，进讲英文。二十七年十月奉旨派充出使英国大臣，兼充庆贺日斯巴尼亚国王加冕专使大臣。三十三年六月补授镶蓝旗蒙古都统。凡兹异数之迭加，深愧鸿恩之莫报。

近七年间，临餐忘食，终夜失眠；病体缠绵，医药无效。现复日加危笃，自知不起。伏惟皇上冲龄睿智，典学方新。重道亲师，庄敬乃日强之本；遵时养晦，殷忧实启圣之基。此则臣耿耿愚衷，不能自已者也。

涓埃未报，溘露已零。瞻望阙庭，不胜依望屏营之至。谨口授遗折，遣臣二子前度支部员外郎荣骅、候选通判荣骥缮写呈递，伏乞皇上圣鉴。谨奏。

宣统十年十二月□日。

死忠于清朝，不承认民国，即是张德彝的最后立场。他感激清廷给予的“异数”和“鸿恩”，使他从“八旗世仆”成为了出使大臣和旗营都统。推翻清廷建立民国后的“近七年间”，他“临餐忘食，终夜失眠”，以至病笃垂死，死前仍眷恋着冲龄的皇上(溥仪时年十二岁)，要向皇上表白“不能自已”的“耿耿愚衷”。

一个十六岁学英文十九岁游欧洲的人，一个亲见过巴黎公社革命和德国“平产党”活动的人，一个入法国议会和英国“巴力门”旁听过的人，怎么会在中国稍有知识者都已经赞同“驱除鞑虏，建立民国”的六七年后，还会做这样的表态呢?

真使人不太好理解。

但事实就是事实。张德彝其人和他的《述奇》都是实际的存在，也都是事实。

张德彝到死还自称“八旗世仆”是事实，他曾经多次走向世界努力介绍西方也是事实。就让我们接受这些事实，从《述奇》中取其精华弃其糟粕吧!

走向世界以后

方尖碑故事

（1981.8）

不久前得读清末外交官钱恂的夫人单士厘所著《癸卯旅行记》和《归潜记》，这两本中国女人最早的出国旅行记，不只有启蒙的思想价值，文词亦隽永有味，如其记方尖碑故事。

一八九九年，单士厘带着儿子到日本东京和丈夫同住。单士厘有较好的中国文化根底，到日本后，很快就会了日本语文，得以和日本知识妇女交朋友，观察日本的文化和社会。

《癸卯旅行记》叙述作者一九〇三年（光绪癸卯）从日本到俄国的见闻。卷上多记日本事，如参观大阪“第五回内国博览会”教育馆，见到“馆中陈列文部及各公立私立学校之种种教育用品，与各种新学术需用器械，于医学一门尤夥。更列种种比较品，俾览者得考见其卅年来进步程度”，“始信国所由立在人，人所由立在教育”，“日本之所以立于今日世界，由免亡而跻于列强者，惟有教育故”。联想到当时中国国民教育尤其是女子教育的落后，单士厘道：“中国前途，晨鸡未唱。观彼教育馆，不胜感慨。”

但单士厘看到外国的长处以后，不是一味慨叹中国“晨鸡未唱”，而是不甘落后，力追先进。她在准备赴俄短期回国期间，向妇女宣传卫生知识，“谆戒缠足，群以为然”。又打破“妇女非至戚不相见”的“乡曲旧见”，接见故乡青年，“谈日本女学事”。她说：“中国女学虽已灭绝，而女德尚流传于人人性质中。苟善于教育，开诱其智，以完全其德，当为地球无二之女教国。由女教以衍及子孙，即为地球无二之强国可也。”

《癸卯旅行记》卷中记由海参崴经“中东铁道”横过中国东北再入俄境，卷下则记在西伯利亚和俄国本部的见闻。单士厘对沙皇俄国的侵略罪行和专制统治深为愤慨，在旅行记中有不少沉痛的叙述，表现了她爱祖国、爱自由的思想感情。

《归潜记》篇幅较《癸卯旅行记》略多，共收文十二篇，多是单士厘在意大利考察古希腊罗马艺文和东西文化交流史事的收获。《章华庭四室》一篇，较早介绍了劳贡（拉奥孔）、阿博隆（阿波罗）、眉沟（墨耳库里）、俾尔塞（柏修斯）等希腊的神与英雄。《育斯》（宙斯）一篇更从希腊诸神世系，谈到希腊神话传入罗马后的演变，旁及印度、埃及，远溯至华曼尔（荷马）的史诗，为近代中国介绍世界神话和神话学之嚆矢。

《彼得寺》一篇长达二万馀言，详细介绍了教廷的历史和罗马古典建筑艺术，文字也古朴有致。如记彼得寺（圣彼得大教堂）前石尖柱（方尖碑）竖立时之情形：

> （教皇）命柱升时不得有人语，语者死。迨柱缓缓而升，升至中途，忽然不动。众正屏息间，忽闻大声曰：“润其绳！”工人先未受此指示，闻言又不敢问，惟亟润

绳。绳润上引，柱动而植。当时实一工人，见引绳几断，亟而狂呼耳，按命令应处死。无如柱赖以立，督工者大发仁慈，不忍加刑，乃谓此声发自上帝耶和华，众工亦默喻无言。

单士厘平平实实地叙说了这个小故事，上帝耶和华忽发大声的真相却由此而暴露。这样的文章，比现今之“小女人散文”不知如何。我则以为，读者看了，至少能知道罗马的圣彼得大教堂前的方尖碑，在树立起来时曾发生过这么一桩小小的意外，能知道那时罗马教皇既为伟大导师又当伟大领袖的绝对权威也是可以打破的——当然只能够使用大家都“默喻无言”的方式。

阿啰咪呢

（1990.11）

铝是地壳中含量最多的金属，因为不能以火法冶炼，所以开发利用得迟，西方到一八八六年才开始用电解法制铝。清朝到欧洲去的人中，王之春比较早注意并记述了这种新金属材料。一八九五年一月三十日，他在赴俄“吊贺”的轮船上第一次见到铝，所作《使俄草》卷三中记云：

> 俄提督出示镖链一串，质轻类纸，而坚勒（按：勒字疑为韧字之误）逾铜铁，名阿啰咪呢，云用白矾质而以磺镪水化之，便流汞得此物。

“阿啰咪呢”即 Aluminum，也就是铝。“用白矾质”云云则是电解法发明以前，用钾汞齐还原氯化铝的实验室方法，所得到的铝，成本据说比银子还要高。而在更早的古代，世上是没有金属铝的，中国当然也不例外。铝字古文同鑢，《说文》云：“错铜铁也。”可是王之春很想表现自己的爱国，于是大发议论道：“此固由西人精于格致，讲求化学之功效，或遂诧为畸异，不知中土已先有言及之者。《淮南子》曰：‘黄埃、青曾、赤丹、白矾……’中国之言化学详矣。……彼西人所诩为绝学者，皆不能出吾书。”

查《淮南子》的原文：

> 黄埃五百岁生黄澒，黄澒五百岁生黄金，黄金千岁生黄龙，黄龙入藏生黄泉……而合于黄海。

青曾则合于青海，赤丹则合于赤海……这种阴阳五行的假说，也许反映了古人对物质变化的朴素认识，但和金属铝的发现利用却是风马牛不相及，怎么能把一千几百年后西人讲求格致的成就，归功于一千几百年前的“吾书”呢？

然而王之春历经英法德国，“涉猎各邦水陆营垒及炮厂”以后，认识便有了不同。三月后的四月十九日，《使俄草》卷七记法国鱼雷快艇：

> 配用新出之五金材料……故较为轻灵坚结，船壳薄而分两亦减也。至船中杂件，拿尔芒掺配以铝(原注：此字见上海制造局《化学材料中西名目表》，按铝之一物，洁白如银，轻而耐久远，钟之壳每用之)。缘铝与钢较计，每一立方生的之铝只重二格拉姆九十二，而每一立方生的之钢重至七格拉姆八也。

制造船中杂件的铝，当然是用电解法生产出来的。《使俄草》此时开始承认西方工艺技术值得效法，认为：

> （中国造船）果能配合各国钢、铝及他项材料，实得至轻之质，极大之力，以驯至于经久耐用，更深求水之阻力，机之进力，油汁代煤汽锅，布置之妙，其所造又安有穷期乎？

王之春终于表态，该引进的还是要引进，不再硬说一切创造发明都“不能出吾书”，都是吾华古已有之的了。

《使俄草》八卷，光绪二十一年乙未孟秋上海石印。因为王之春能诗，旅途作诗不少，所以取了个诗集的名字。其实官做得大不等于诗做得好，这位头品顶戴布政使的诗亦未必佳，只有《接电报已换台湾割让之约，慨然书此》一首云：

> 独自骑牛远过关，台澎已在有无间。事机一失成流水，生面重开待转圜。毕竟让谁当柱石，剧怜如此好河山。须臾稍缓能坚定，纵使臣庸主未孱。

第三联感慨颇深，及今读之，犹不禁怃然。但是这和“阿啰咪呢”已经没有多大关系，我的这一则小抄也不能不赶快刹车了。

玉山和玉笋

（1990. 12）

清朝末年，做八股文章出身的士大夫初到西方，觉得那里的风俗跟中国大不相同，差别最显明的便是女人。

一八八三年即光绪九年，钱塘（今杭州）袁祖志随招商局负责人唐景星到欧洲考察观光，历时十个月，回国后翌年在上海同文书局出版了《谈瀛录》一书，共分“瀛海采问”“涉洋管见”“西俗杂志”“出洋须知”“海外吟”“海上吟”六卷，卷卷都谈到了女人。

袁祖志是风流才子袁子才的“文孙”，对女人感兴趣可算得家学渊源，其来有自。第一卷在简介法国民俗时，对巴黎女子“出户者多，在家者少”表示诧异，又把“男不得有二妇，妇女不妨一再适人”当成“殊方异俗”记了下来。第二卷第二节《中西俗尚相反说》，有一段概括性的说明，今将其译成现代汉文如下：

> 中国男尊女卑，西洋则尊重妇女。中国男人可以三妻四妾，西洋则连国王也只有一妻。中国结婚须奉父母之命

媒妁之言，西洋则男女婚姻完全自主。中国女人要服侍男人，尽妾妇之道；西洋女人则主持家政，男人反要奉命惟谨。中国以妇女不出闺门为美德，西洋则街道和车船上随处可见到女人。中国的男女授受不亲，西洋则男女握手为礼。

袁祖志的“比较研究”，今日看来未免可笑，却完全符合当时的正统思想亦即长期存在的社会观念。人类本来是一种奇怪的动物，他自己制造出观念来束缚自己，将其奉为天经地义，殊不知日光之下别处还有别样的生活；及至时过境迁，几年几十年之后(一八八三年到“五四”不过三十六年)，从孽镜台中看到自己原来那副诚惶诚恐的尊容，又不禁自怨自责，怨责之后还要自觉好笑，这也就是我读《谈瀛录》时的心情。

当然《谈瀛录》有趣的地方远不止此。《西俗杂志》一条一条记载西洋生活习惯，多数还是纪实，可说起到了一点普及知识的作用，在当时也是一种启蒙，如说(原文都已今译)：

夫妻外出，可以挽手同行，旁人不会笑话；丈夫为妻子服务做事，旁人也不会耻笑。

同餐共饮，应让妇女先入座；散席之时，应让妇女先起身。

有妇女在座，男人不得吸烟，餐后吸烟可以去吸烟间；女主人也往往能够体恤男宾，先行告退。

还有些记载，客观上为社会进步带来的女权进步做了宣传，虽然作者主观上未必作如此想，如说：

西洋妇女没有不读书识字的，虽女仆也不例外，因为男女儿童一样进学堂。

男女成年以后，父母便不再管，都须自力谋生，所以西洋女子亦少游手坐食。

妇女人身自由丈夫不得侵犯，有禁锢妻子的，妻子提出控告则依法判刑。

但也有不少记载，明显是出于成见，以致夸大失真。如把绘画模特说成是专门“描摹下体”的“传秘戏图”，“习用此艺者男女并重而女尤精于男”。又如把法律保护非婚生子说成“奸生之子女最夥，设有专养之处”。甚至因看到商店出售妇女用卫生巾(“妇女所骑之布带，店铺竟有制就待沽者”)，就认为普西洋的妇女“天癸(月经)之期亦随意用面巾揩拭”，“男子衣巾女子秽布相杂不以为嫌”，则是想当然到了荒唐的程度。

袁祖志跟随的是买办出身的唐景星，不是一本正经的曾纪泽、薛福成，所以他多次谈到巴黎的妓院，伦敦的暗娼，而且颇为津津乐道：“有一室上下四方六面皆以巨镜为之，人行镜中，灯影逾明；机器铁床一具……自能鼓动。”并说这些设备使得隋炀帝的迷楼和逍遥车“瞠乎后矣”，在这一点上来承认古老中国较摩登西洋“落后”，真叫人哭笑不得。

《海外吟》中有一首《西人妇》，讥西人“男女杂坐无嫌疑，叔嫂未妨相授受”，“男欢女爱大无遮，石烂海枯难涤垢”，但又有“玉山高耸乳如酥”等句，不知道是鄙薄还是艳羡。还有《喜此艳遇漫成一律》，什么“中土偶来名士少，西方果觉美人多”，就完全露出旧时文士轻薄的本相来了。

《海上吟》一卷则是出国前后在上海洋场之作，什么《销金窟歌》《四校书词》，看了题目就知道内容了。最肉麻的是赞赏妓女小脚的“怜渠更有撩人处，瘦煞裙边玉笋芽”，真难相信这是周游欧美曾经沧海的人写得出的。可见没有现代化意识即自己思想上并不追求现代化的人，即使搭上了大官商(唐景星既是洋行买办，又是官办招商局的总办)的大轮船，到伦敦巴黎走上一大圈，心里装的也不过“玉山”和“玉笋”，于Modernization总是不相干的也。

莱茵河上的感慨

（1991.1）

德国总算又一次统一了，这是好是坏，我们且不去管它。德国人喜的喜忧的忧，却可从大小报纸上看到一点。合久必分，分久必合，其实乃是人间正道，德意志的历史尤其如此。康有为一九〇七年写过《补德国游记》，颇为赞颂德国一八七一年的统一，序言说德国：

> 三四十年前，小国杂乱，百政不修，犹不齿也；及破法一统后，百度修明，于是大跃为万国冠。……进化之骤且神，未有若德国者也！

但是，康有为毕竟不是普通的旅人，他有史家的眼光和哲人的头脑。透过墨颠卜（马格德堡）、般（波恩）、佉论（科隆）各处的壮丽繁华，他看到了欧洲百战纷争的惨伤代价，也想起了中华千年一统的文明根基。康氏批评国人游欧者：

> 徒观其大都会，睹文物之殷赈阗溢，宫室之奇丽闳

敞，则震而敬之曰：文明哉！文明哉！然此其最新之迹耳。

于是他特地“循来因河边数百里”，去凭吊历史上的战争遗迹，写了篇《来因观垒记》，可称全书翘楚。

一九〇七年一月十四日，康有为从“嘻顺公国京”(黑森公国的首府威斯巴登)渡莱茵河，到达冰靳邑(宾根市)，“自此夹河皆山，依山皆垒，数百里相望不尽”。冰靳临江有座十二世纪古垒(堡)，江中石上有“梅牛谈垒塔”，山头上又有座“申暄垒”，据说古时申暄公爵曾把不忠的妻子囚禁在铁室中活活饿死。前行数里是规模巨大的“噫伦科路士垒”，“建于第五层最高处，崇阶数百级”。接着又记述了沿途许多堡垒，有“垒名士打卢益，言铁角，喻其坚也”。又有“二垒距数十丈，昔者兄弟二人不和，终日操戈，各筑一垒以相拒”。还有“沙立曼(查理大帝)之连士古城，环长百馀丈，垣堞如中国城……”

康有为写道：

> 垒也者，故侯之宫，而争战之场，欧人之白骨所筑，赤血所奠而成之者也。……欧土之侯，日夕披数十斤之金甲……醉则卧地，劫抱民女；醒则出猎，入民家而夺所有；或攻邻国而掠其商民；大举则大剑长枪，以攻其垒……其垒制奇诡，凭山颠而俯绝壁，峻耸入云，处处断而续以桥，面面壁而隔以城，高下方圆，可通可绝，可降可升，不知几经战争，乃得此式也。……吾人幸生中国，不知一统之治安者，其缓游诸国大都，而先循来因河畔，必将愀

然于欧民之不幸，而自庆生存于中国之治安也。然祸福无门，得失相召，欧人以竞争致今日之治，乃反有以过我者。然后反复其致治之由，乃游各大都，鉴而采之，其庶几真有得于欧游而不入于迷途者乎？

…………

自嘻顺之冰靳至可布录士（科布伦茨），凡七十启罗迈当，当中国百八十二里，连山夹河，垒凡百数……附垒之村人，即当日依侯之隶民也，日日惨杀，月蒙劫掠……

《观垒记》中有七古一首，诗长不能尽录，摘抄如下：

来因河流滔滔徂，群山环走石气粗。
…………
来因河流德人命，据险东争终取胜。
…………
德法千年铁血多，孰成霸者来因波。
路易十四俾士麦，后来之英奈尔何？
…………
云影浪流共婆娑，江山凭吊夕阳过。

铁算盘及其他 （1991.2）

现代生活中使用的各种器物，恐怕大都不是古已有之，而是现代科技的产物。十九世纪后期清朝人初旅西洋，等于从古代跨入现代，对于我们今天习见习用的事物，他们当时的“第一印象”如何呢？

一八八八年（光绪十四年）洪勋游历瑞典，初见到手摇计算机，把它叫作“铁算盘”，随后又改叫“铁板数”。他在《游历闻见录》卷八中记道：

> 铁算盘，亦长方形，面为铁板，有隙宽三分，横列数行，隙中露数目字，间以空白。旁有小柄，以指拨之令转，下嵌一条，可左右推移，加减乘除皆有位置。欲用何法，当先推条于何位，乃拨出待算之数列于上行，则应得之数已在下一行，略拨动即转出，无少差忒，可免误笔遗珠之患。

这种东西，我五十年代中还在单位财务室见过，但“铁算盘”

和“铁板数”两个译名都没有能够流传下来。

在一八八八前十二年发明的电话，此时在瑞典首都已经相当普及，在洪勋眼里却还是新鲜事。他记道：

以小木匣悬壁间，内贮一钟，外筒二，筒大盈握……两人自相问答，音在筒内，一听一言，彼此百十里与面谈无异。

电话英文为telephone，洪勋按对音称为“德律风”，这个译法因与其他早期接触电话的人不约而同，所以流传比较久远。在我的记忆中，直到抗战时期，“德律风”有时还和“麦克风”并用。

洪勋在斯朵阁姥(斯德哥尔摩)曾被诺贝尔的叔父“邀至其家”，得以了解黄色炸药自发明以来的重大改进。诺贝尔将自己发明的炸药名为dynamite(希腊文“威力”的意思)，中文版《简明不列颠百科全书》译作“达纳炸药”，洪勋则全用对音记作“地柰米脱”。书中叙述诺贝尔最新改进成功的安全炸药“已经国家试验准行”，“药力之猛，胜于向来地柰米脱炸药，而价较廉，亦极稳妥”。他还到郊外试验场，亲眼看到用作试验的安全炸药“糖形而米色”，用纸包裹，每条粗如拇指，长约四寸。这种炸药久浸水中不坏，置于火中不燃，以引药(雷管)引爆后，一小条能使六十斤重的铁球飞起三丈高，落在十丈以外。

瑞典的钢铁工业和制造工业素称发达，洪勋在瑞典参观过矿山、铁厂、钢厂、枪炮厂、造船厂和“铁器博物院”，记载均详。他对炼铁高炉和炼钢转炉的介绍，在中国也算很早的：

> 熔化之炉，以巨砖砌成圆形，围二丈许，高三丈。下旁有窦，以砖泥封固，矿质煤炭自上口倾入。厂内地上铺黑沙泥甚松。划泥为槽，十数行，长六七尺。既熔凿窦，令流入槽内，以次递满，即成生铁。

我在湖南曾长期参加工厂劳动，知道像这样的炼铁炉湖南一九四九年以前还不曾有过，“大跃进”前后始建成数座，工艺亦未超过洪勋所见的水平。改革开放以来，形势一日千里，可惜我已放下工具改拿文具，想必总已大大地今胜昔了吧。

瑞典远处北欧，和中国交通却并不很晚。洪勋在斯德哥尔摩时，有位女郎不识中文，却手摹中文楹联数副，前来请教文义，说是其祖上康熙年间到中国带回瑞典的。参观“铁器博物院”时，洪勋又在题名录上看到有乾隆五十四年(一七八九)华人参观的题词。后来到克利斯底盎斯城，又有二十岁左右的华裔青年来访，其人已不识中文，不通华语，服装更已完全西化。但瑞典人亦乏通中国语文者，彼此只能用法语交谈(洪勋带有法语译员)，曾登报招聘通中国瑞典语文的人，“久之无应者”。

瑞典官方和社会各界对中国客人非常友好，但因互相了解究竟不多，有时不免闹出笑话。书中记载，瑞典主人每次见到洪勋，必定用恭维口气说“相信您一定又写了不少好诗”和“也许您此刻正准备写诗”之类的话，原来他从不知什么书中见到，中国士大夫是镇日饮酒赋诗的。还有一次，某位富商设家宴款待洪勋，事先听说中国宴请贵宾必定要用燕窝为主菜，而他以为燕窝便是普通燕子的窝巢，“遣人往乡野林间求之不可得”，于是在宴会上一再表示对不起，“极道其抱歉之意”。后一事仿佛记得曾在闲书上见到过，以为是造作出来的笑话，不料洪勋亲身竟有此经历。

清政府光绪十三年从六部和翰林院考选出“长于记载”的官员十二名出洋游历，洪勋时任户部主事，为十二人之一。他于十三年仲冬出洋，十五年夏天回国，除瑞典外，还曾游挪威及南欧意、葡、西等国，有《游历闻见录》十二卷。他的思想比较开通，所以见解平实，态度明达，为袁祖志诸人所不及。如《婚嫁》《跳舞》诸篇，完全没有“玉山”“玉笋”一类轻薄荒唐的内容。《画院》篇介绍西画讲求实物写真变形比例关系，和中国文人遣兴之作不同，亦不津津乐道模特儿裸体画。《西医治疾》和《医院》，述说自己牙痛甚剧，在马德里求医，云：

> 用机轮转小礎，去齿中之黑者至根际……痛顿止，谓永不复作……中国以医为杂技，与占课言命风鉴堪舆者流……虽间有专门名家，而庸手杀人正复不少。西人则郑重其事，书院中必设医学为一科……人之称之也与国之进士及各业教习同，谓之“铎克瑞”(doctor，博士)，诸国相似，译即深于学问人也，其重民命如此。

这段言词比鲁迅在《父亲的病》里所说的较为温和，但在尊崇祖传丸散秘制膏丹的时代总还是稍嫌过激了一点吧。

邹代钧的观察

（1991.3）

邹代钧在《西征纪程》中写道(已今译)：

（新加坡)路旁多槟榔树和椰子树。槟榔树高五六丈，直干无枝；叶片都生长在树干上，其大如扇；鸡蛋般的果实结成一房，好几百颗紧簇着中心；剥开每颗的果壳，里面是满满的白肉，本地人嚼槟榔时吐出的口沫却是鲜红的。椰子树非常之高，没有枝条；树梢上摇曳着稀疏的叶子，好像在长杆的上端束一把菖蒲；瓠瓜般的大果实挂在树头上，坚硬的外壳里边是一层白质的东西，有半寸来厚，嚼起来味道有点像胡桃肉；果实中间包着一腔果汁，每个大约有一升左右，清冽如水，甘美如荸荠，是解渴的妙品；取汁去肤后的空壳，正好充当容器。《吴都赋》所云，“槟榔无柯，椰叶无阴”，看来确实不错。

又写道：

船过（马尔代夫群岛北部的）弥尼科伊岛，岛长约三十三四里，宽不过五里，地势低平，一望都是芦苇。……这一带的岛屿都是珊瑚形成的。珊瑚是海水中的虫，活时本是软体，固着在礁石上，从海水摄取食物，繁衍很快。新虫生，旧虫死，死去的虫的骨骼逐渐成为树状，新生的虫继续在上面做窠。如此生死不息，珊瑚树愈来愈大，变成石质，加上泥沙填塞，最后露出水面形成岛礁。这种岛出水不高，因为珊瑚虫离开海水便死了；但低于海面一百七八十尺，珊瑚虫也不能生存，所以珊瑚岛礁只能出现在浅海。澳洲东北太平洋中的珊瑚岛礁连绵三千多里，是世界上最大的，其次要数这里的马尔代夫诸岛了。

——以上两段是《西征纪程》的摘抄，由我译成现代汉文；译文虽拙劣，仍不能尽掩原文观察细密、叙说合乎科学的优点。

中国古时读书人大都缺乏科学精神，他们主要是从先圣昔贤留下的经书，而不是从大自然本身来认识周围的世界。他们宁愿相信“腐草为萤”，却不肯抓起一把腐草，捉来几个萤虫，认真观察研究。在这方面，邹代钧是一个难得的例外。这是因为，他出生于一个相当有科学素养的家庭——湖南新化邹氏，有名的地学世家。他的外高祖吴建轩著有《地理今释》，曾祖母吴夫人独传父学熟知郡县沿革，祖父邹汉勋著述更多，叔父邹世贻曾主编《大清一统舆图》，他本人后来曾任京师大学堂地理总教习，他的侄子邹永煊创办亚新地学社，侄孙邹兴钜编著地图多种风行全国，曾侄孙邹新垓清华大学地理系毕业后继父业从事地图编纂出版，中华人民共和国成立后任地图出版社副总编辑。八代人都是地理学者，而邹代钧本人实为承先启后的关键人物。

中国传统的舆地之学不出文献考据的范围，但从十七世纪徐宏祖、顾炎武、顾祖禹诸人以后，渐倡引古证今、经世致用之风，逐步成为一门“实学”，邹氏舆地之学正是代表。邹代钧幼承家学，二十岁即刊行祖父遗著，尽读历代舆地之书。及至门户开放，西学东渐，魏源《海国图志》、徐继畬《瀛寰志略》先后成书，邹代钧读后，觉得欲深明外国地理，不能不亲往外国调查研究。一八八六年（光绪十二年）刘瑞芬以驻英使臣往伦敦赴任，邹代钧便托曾国荃介绍充随员同行，《西征纪程》即为他历时四十一昼夜旅行三万馀里的实录。

《西征纪程》除对地貌、生物有真实生动的描写而外，还对沿途各地的历史地理作了考证，订正了魏、徐著作和古书中的不少错误。例如徐书说埃塞俄比亚即《元史》中的马八尔，努比亚即《元史》中的俱兰；魏书则谓马八尔即今埃及，俱兰即今埃塞俄比亚。邹代钧过红海埃塞俄比亚海岸时，指出徐、魏都弄错了。因为《元史》记杨廷璧从泉州出海，船行三月抵锡兰，阻风乏粮，船人劝杨到马八尔，说可从陆路往俱兰；而从锡兰到埃塞俄比亚远过万里，差不多等于从泉州到锡兰，岂能在阻风乏粮的情况下匆匆赶到？可见马八尔决非埃塞俄比亚，更不会是埃及。邹代钧进一步指出，印度马德拉斯邦有地名马拉巴尔，与锡兰只隔一道海峡，《元史》中的马八尔应即此地，俱兰亦应相去不远，可能即《宋史》的注辇、《明史》的小葛兰，这几个地名都是“一声之转”，言之成理。

船到马赛，上岸后邹代钧往游动物园，第一次见到长颈鹿。《西征纪程》记云：

> 有兽马首鹿身牛尾，长颈，前足高于后三分之一，有二短角，西人名为吉拉夫。

吉拉夫即英文 giraffe 的对音，亦即是长颈鹿。

邹代钧引《汉书》孟康云：“桃拔，一名符拔，似鹿，长尾。”《后汉书》：“符拔，形似麟而无角。”《明史》永乐十九年，“周姓者往阿丹国，市得麒麟、狮子以归，麒麟前足高九尺，后六尺，颈长丈六尺，有二短角，牛尾鹿身。”又弘治三年“撒马儿罕贡狮子及哈剌虎”。邹代钧对古书中这些记载做了研究，认为哈剌虎即吉拉夫，符拔是也，但孟康所说长尾应该是长颈，《后汉书》说无角是因为角太短藏在毛内不易看出。他说《明史》记叙正确，称之为麒麟却是错的；吉拉夫就是吉拉夫，和传说的麒麟不是一回事，“谓之为麟，不亦诬乎？”

本来嘛，科学就是要认真，要使名实相符，凡事要寻根究底弄一个明白。皇帝老子敕修的史书也未见得无错，错了就是错了。长颈鹿本来不是鹿（正跟熊猫本来不是猫一样），当然更不是子虚乌有的什么麒麟。邹代钧宁肯老老实实照本音叫吉拉夫，不肯跟着别人喊麒麟，这点书呆气总是可取的，虽然在以西狩获麟为祥瑞的人看来未免有点煞风景。

宋育仁的逻辑

（1991.4）

甲午以后，熟读“吾闻用夏变夷者，未闻变于夷者也”的士大夫，有的也开始相信“要救国，只有维新，要维新，只有学外国”了。一八九三年到驻英使馆任参赞的宋育仁，写了一本《泰西各国采风记》。他在宣传这个观点时，采用了一种离奇的逻辑。

从“未闻变于夷”到“只有学外国”，是一百八十度转弯。不知是为了求得自己心理上的平衡，还是为了不出别人规定的限度，宋育仁在评介一切事物时，运用了如下的三段论法：

一、外国美善之政，是值得学习的；

二、外国美善之政，是中国古已有之的；

三、所以，学外国即是行古道，复古也就是维新了。

宋育仁的逻辑，今天看来确实离奇，当时却亦言之成理，而且“效果”很好。至少在庚子年间，他没有像郭嵩焘、丁日昌那样被骂成汉奸，更没有像许景澄、袁昶那样被斩首示众。

《泰西各国采风记》介绍西洋学校（原文已今译，下同）：

平民子弟，从五岁到十七岁都要入学，否则家长违法。……小学即教天文地理，有天体运行仪器向学生直观演示，有世界各国地图让学生依线临摹。普通老百姓，都懂得日食月食四季寒暑的成因，都能知五洲三洋水陆形势的大要，比中国百姓们强多了。中国古时讲“地形如卵黄”，承认了地圆；道书云“地形如肺，滂沱下垂”，和西洋地图所绘大陆形状亦同。……可惜后人不事研求，只知背诵圣贤的片言只语，一味空对空讲道理，读书人连天文地理都不明白，以致国家积弱，学术文化也不如西洋了。当务之急是要改革学制，增设课程，这与其说是崇尚西学，还不如说是复兴古学啊！

书中介绍西洋议会：

此院为欧洲近二百年富强之根本，因为实行代议制，政事必经议院，议员必由民选，国君就不能专制独裁，官吏也不得贪权固位。……我在英国议院旁听，见一位议员对财政部用人质询，财部大臣说事属本部职掌，议院无须过问，全场大哗，群起反对，大臣仍然有问必答。又见议员沙侯与外部大臣辩论，双方口讲指画，声色俱厉，最后交付表决，全体退场后，两派议员再分别由两张门入场，门口分别记下人数，以多少决定胜负。《周礼》“询群臣，询群吏，询万民”，和这也差不多，询万民则比代议制更加直接。……值万国竞相进化之时，中国正该大行古道，速开议院以顺民情，不可再闭塞人民的耳目，束缚人民的心志了。如果故步自封，相形见绌，外国的做法如教猱升木，我们的做法则为渊驱鱼，自不免相形见绌。

《采风记》附《时务论》一卷，为全书三段论法的总结。宋育仁认为：守旧派说“中国自有法度，夷人虽富强，或圣人所不取”，维新派说“外国之富强为圣人所未见，古今变局径庭，不能以圣人之言致治”，是“臧与穀皆亡羊，其谬相等”。他从十三个方面举例说明，外国富强中国贫弱已为不争的事实，而外国富强之道本是中国圣人之道，“其术具在六经”，是国粹而非舶来。问题在于“外国未读中国圣人之书而能师其意，中国书生虽读圣人之书乃反忘其意”，传统文化到外国开花结果去了。故救时之策应该是，一面“取证于外国富强之实效”，一面“正告天下以复古之美名”，这样则“名正言顺，事成而天下悦从，而四海无不服矣”。

宋育仁为清王朝设想，可谓竭智殚精，但实际上并没有起到什么作用。他自己对此似乎也有预感，《采风记》卷首有《自题感事四首》，其一颈联云：“伏阙书何用，忧时泪苦多。”历史潮流比一切论理逻辑更强，看来我们只能作如是观。

信口开河的特权

（1991.5）

钱锺书先生说，清末有些出洋的人，所写旅行记往往无稽失实，行使了英国老话所谓旅行者所享有的凭空编造的特权（the traveller's leave to lie），例如王芝的《海客日谈》。

《海客日谈》似乎只有一种光绪丙子年间的刻本，李一氓曾将他使缅时所得一部示我，其中信口开河之谈确实不少，现选译二则如下：

> 一八七二年二月十八日近午时，我在从英国开往瑞典的船上，向北望去，忽见一个遍体金鳞的人，骑着一匹金色马，在海面上空飞行；下面海水中则游着一条长着人头的鱼，全身红鳞，满头长发，手足具备。刹时狂风大起，暴雷巨浪，轮船几乎要被浪打翻了。船上人说，这些怪物叫“鸦利时兜”，随飓风而来，较小的船，遇见它必沉无疑。飓风过去以后，当晚又见一个小矮人，突然从海中飞跳上船，随即又跳回海里，站在浪尖上向船人合掌致意，发出一阵鹰叫一样的笑声，就转身奔向波涛深处消失不见

了。毕旦(英语译员)告诉我，这种小矮人生活在海中，常攀着船舷，或跳上船头，此时万万不可惊扰它，否则船难保平安。可惜当晚月色朦胧，船身摇动，我没能看清楚。

*

缅甸深山之中有一种怪物，名叫“绿瓢子”，毛深尺许，尾长于身，爪牙锋利，凶猛无比，能捕食虎豹。我在奉西地方亲眼见到过，知道它乃由人变化而成。缅甸野人山中的黑白倮人，普通能活一百几十岁，若过了两百岁，子孙便不敢留养在家，要将其送入人迹不到的深山，给准备几年的食物。老倮人从此与世隔绝，渐渐遍体生毛，尾脊骨端长成尾巴，牙齿和指甲变尖利，头发变红，眼睛也变成金色了。待到食物吃完，已能在悬崖峭壁上往来如飞，便追捉野兽，活剥生吞，成了可怕的“绿瓢子”，据说连大象和野人见了它都害怕。

“鸦利时兜”和小矮人当然是“天方夜谭”。“绿瓢子”在康熙时人钮琇在笔记小说中也写到过，显系荒唐之言。王芝却言之凿凿，一有时间，二有地点，三有旁证，真是活灵活现，凭空编造的本领够大的了。

此种信口开河的特权，历史上的大旅行家柏朗嘉宾、马可·波罗，有时也难免用上一用。但古代世界知识本极贫乏，他们所造的往往是他们所信的，与有意编造究有不同，传闻得知的东西他们也并未硬说成亲目所见。王芝却是鸦片战争三十年后坐轮船出洋的，又有译员同行，曾在欧洲观“火轮厂”

（当时机器均以蒸汽机为动力），游“玻璃阁”（即伦敦于一八五一年建成的著名的Crystal Palace，通译作水晶宫），何以不多纪实而要凿空，实在有些令人费解。

费琅（G·Foand）说：“东方人有一种特殊的倾向，喜欢把极简单的东西化为神奇，东方的海员和旅行家又比他们安居乡里的同胞们更富于幻想。”此亦未必对。因为钱先生所引老话本是西洋的国粹，并非出自东方；而东方的海员和旅行家如口述《海录》的谢清高和自撰《使西纪程》的邹代钧，他们却完全没有行使过这种“信口开河的特权”。

王芝的信口开河有他的特点。他是个早慧少年，十八岁就从四川到滇缅边防上办理文案，第二年（一八七一）奉派偕缅人由漾贡（仰光）出发赴英，五个月后归来，急于写书自见，于是不得不仰仗自己那点早慧的文才和想象力。他的“敢想敢说”，显示出少年人的幼稚和盆地居民的固陋。在巴黎见到玻璃制品精良，他就说“巴黎”的音义就是玻璃，巴黎这个地名应该写成“玻璃”才对。在船上见到海水深黝，他又自为问答：

> 海胡为而黑也？浊之极也。又胡为时清也？中国有圣人在上也。盈海皆鬼蜮奈何？中国澄清久，虽鬼蜮无如何也。

幼稚的盲目的自信既坚定，信口开河地编造起无稽之谈来也就不会脸红了。

当然，信口开河的无稽之谈如果没有人听信，编造者的积极性也难以维持。看来，我们的王芝是幸运的。出资刊刻《海客日谈》的王含，自称“谈瀛有癖”，得知王芝瀛海归来著有书稿，即“殷勤乞归，督诸书胥即就烛下分抄之，抄成焚香展读”。读后，王含对比自己年轻三十多岁的作者的见多识广，佩服得五体投地，在书序中写道：

先生时年十九，今计二十四岁。含开岁已五十四矣，恐不得入蜀中执弟子礼于先生左右，遂先犬马填沟壑。于是以所钞付梨枣，将遍疗海内之有同癖者焉。

是的，“海内之有同癖者”正多着呢。大家都喜见乐闻“鸦利时兜”和“绿瓢子”的故事，也不敢不听“中国澄清久”“有圣人在上”之类的大言。正因为如此，所以这位十九岁的青年作家，才会如此理直气壮地行使他那旅行者信口开河的特权。

推事官看监狱

(1991.6)

清朝灭亡已经近百年了。那时监狱里的情形,《杨乃武与小白菜》影视里看到一点。鲁迅名篇《药》写夏瑜(全集注释谓隐喻秋瑾)被管牢阿义打嘴巴,砍头洒的热血还被拿去做药,“趁热吃下去”。可是,在秋瑾被问斩之后三年的一九一〇年,清政府为了表示决心“改良司法”,却派出大理院推事金绍城[①]等人为代表到美国参加“万国监狱协会”会议。金绍城往返途中游历各国,写了部《十八国游记》,有清末太原监狱石印本。

这部游记记载了参观各国监狱及司法审判的情形,在美国调查鲍脱木尔监狱、费城监狱和奥本女监,均有笔记。参观费城某教养院,记该院收教违法顽童八百五十名,“院中工作,若铺地、绘壁、制造桌椅等,皆所收教之幼童为之。其所制革履及各项器具皆不出售,盖以教养之性质不可使与营业相混也”。

游英国时,金绍城在伦敦法院连续旁听了“女子争选举权

① 金绍城(1877—1926),又名城,字巩北,号北楼,浙江吴兴人,清末留学英国,兼习美术,回国后曾任大理院推事,为清末民初知名美术家,以山水、花鸟画著称。

肇衅”一案。警厅拘押了“投石击下议院并聚众殴辱巡警”的妇女一百五十人，法院“以人数太多，凡阻隔行路者一概释放”，仅对十馀人进行了审理。有一人击巡警落帽，“检察官谓击帽罪甚小，此女年幼，可谕令自行改悔，裁判官遂申饬而释之”。有二人掷石击碎下院玻璃窗，“其一声称，下议院将我辈所递之禀掷出，我等求保全女子之权利，而政府深闭固拒，故不得不出蛮力以争之”。结果将承认毁窗之一人判处监禁两月，另一人释放。“盖因争选举权乃政治上之犯罪，且多系女子之有学问者，故特别从宽发落云”。

在巴黎，金绍城参观“康巢海监狱”，“一千七百九十一年七月十号之‘九日大杀’，即在此狱之院中，有一日死者八百八十四人，流血成河焉”。路易十六皇后曾囚于狱中暗室，七十六日乃被杀，杀皇后的人两个月后也囚于此室，仅仅十三小时就被杀了，“亦可云天网恢恢，疏而不漏矣”！

金绍城在君士坦丁堡碰上土耳其革命，国王被废黜。当地“万国监狱协会”会员萨丁培告诉他：原来国王的意志就是法律，国王“以背驼故讳驼字，鼻大故讳鼻字，年老故讳老字；其他自由平等字样，皆于字典中削去之”。全国有侦探五万人，侦探告密便秘密捕人处死，儿子密告父亲便处死父亲奖赏儿子，“民间至父子不敢相亲，朋友不敢相信”。此次革命，人民普遍赞同，“盖民之积怨含愤，固已久矣”。

金绍城留学英国，是“司法改革”起用的人才。他做了清朝的官，不能不替清朝说话。在会议发言和答记者问时，他和其他中国代表都曾努力宣传：

我国自庚子以来，事事逐渐改良，今已遽然大觉。狱中罪犯呼吁之声，既已闻之矣。……行将出其救援之手，拔之水火而登诸衽席矣。……如置巨石于高山之巅不动则已，亦既转之，则悬崖陡削无中止之理，其势不直达于平地不止。愿诸君子少安无躁，拭目以观其后何如？

在康巢海监狱参观时，金绍城说过，“刑法之残酷，为酿成革命一大原因”。和萨丁培谈话后，他又说过“专制之祸，可为殷鉴”。可是，殷鉴虽然不远，救亡却已来不及。他于一九一一年五月回国，五个月后，辛亥革命便爆发了。

高山之巅的巨石一经推动，“其势不直达于平地不止”，金绍城的预言是应验了的。不过不是应验在他替清朝宣传的“改良”上，谁都明白，杀秋瑾、夏瑜……的政权绝不可能拔人民于水火而登诸衽席，而是应验在武昌起义的枪炮声中，这大概是请外国人“少安无躁，拭目以观其后”的推事官所不及料的吧。

光绪年间的“平产党”

（1991. 7）

中国人何时开始接触和介绍共产主义和共产党，最早可以追溯到何时呢?

清朝人张德彝(一八四七至一九一九)一生八次出国，每次都写了一部“述奇”，实为内容丰富、资料翔实的见闻录。其《三述奇》记述了一八七一年巴黎公社革命的情形，编入《走向世界丛书》出版后，引起了史学界的注意，巴黎“人文出版社”很快出了法译本。《五述奇》则最早介绍了一八八八至一八九〇期间欧洲(德国)的工人运动和工人政党，以及“铁血宰相”俾斯麦用软硬两手对付工人的种种情形。

光绪十四年四月十六日即一八八八年五月二十六日，(以下悉改用公历)记云：“德国议院四百馀人，分为九党”，内有“平产党(使人无贫富之分)又名叛党十一人”。同月三十一日又记云：“欧洲现有一种人曰平产党，系欲均分产业，以使天下无富无贫。”这里所说的平产党，应该就是共产党最早的汉文译名，亦即是拉萨尔在马克思理论指导下组织起来的德国社会民主工党。这个党的纲领是“均分产业，以使天下无富无贫”，所以自称共产党（平产党），在统治者嘴里便称为“叛党”了。

《五述奇》接着介绍了俾斯麦政府对待平产党“办法有二，一明禁，一暗化”，也就是一手硬一手软：

> 其明禁者，不许党人立会，不许聚众商议，不许出书籍登新报，不许向他人告帮。其暗化者，在各教堂学校，令师长示以此系愚人痴见，万不能行，亦不可行，不得妄听愚言，蹈此覆辙。又凡作工之人，国家由其工钱内抽一小数，并酌抽业主利息若干，以备将来养病、养伤、养老等用。如是，则将来贫民不至有异心而生乱矣。

从平产党人进入议院占有十一席的事实看，当时德国恐已不再“明禁”，而着重在“暗化”了。

同年六月十七日记德国政府对待工人的政策：“设立公会，以保护之。有病者为之养病，有伤者为之养伤，意在暗防平产党人愤激生事，因此辈大抵工匠居多也。”这里介绍了“平产党”的党员以“工匠居多”的事实。二十日又记：

> 各矿工人，立一公会，抽其工资，代为存储，以备养伤、养病、养老，以及死后抚恤遗孤之用。此即前所谓明养暗防平产党人之意耳。

这是俾斯麦实行“反社会党人法”打了大棒以后又喂胡萝卜的

做法，也是拉萨尔派工人政党跟工会和政府合作追求“福利社会”的滥觞，都是近代社会政治史上的大事。

张德彝于政治理论毫无所知，但他以一个旁观者的立场对这些进行观察并作出记录，却是东方社会政治思想史上极有价值的资料。

《五述奇》一八八八年六月三十日有一大段记述，都是关于德国政府实行“明养暗防”措施的。一八九〇年四月十日，更将《德皇立意恭请他国会商保护男女工人之新章》一致议定之六条全文照录，内容包括“十小时工作制”（“凡人作工，皆不得逾五个时辰”）以及童工限制（“不得使用年未及十四岁之男女”）、女工保护（“凡工之有危险及与人气力无益者，妇女皆不得作。妇人生产者，必于二十八天后方准回厂作工”）等等。可是七天后的四月十八日又记：

> 英、奥、和、法、比、义等国之工匠，因争增工价，东主不允，齐自停工者屡屡。且因而滋事，伤损人命，焚毁房屋者亦多。……不意近日新报传谓泰西各国人工约定，于悔罪节后当添歇一日，东主不允，则皆自行停工。如有不从者，当共攻击之。云云。

可见俾斯麦政府的软硬两手，毕竟还是消弭不了社会矛盾和工潮斗争。

铁血宰相俾斯麦一八九〇年的下台，主要原因当然是俾斯麦和威廉二世的权力之争，但与“反社会党人法”所不能解决的尖锐社会矛盾也不无关系。《五述奇》一八九〇年四月二十四日记：

> 前德相王爵毕驷马及其子外部大臣公爵毕泗莽，皆决计辞退……毕相德国重臣，身仕三朝，勋崇各国，其一身之去就，关乎泰西之全局、德国之国势者，诚非浅鲜。此次辞位之故，或谓刻下各国工人纷纷罢市、停工，德国亦遭此患，德皇曾召日耳曼各邦王侯会于柏林，议设善法以厚工人，不致重蹈覆辙。而毕相不以为然，曾将一切情形，详细奏闻。而德皇以民瘼关怀，锐意向前，竭力阻挠，不用毕相之言，由是辞退，亦未可知。

从张德彝的记述看，似乎德皇比宰相更“关怀民瘼”，其实未必如此。评论威廉二世、俾斯麦这样的历史人物和历史上的德国社会政策不是这篇小文的任务，我在这里只想说，光绪年间大清帝国的臣民中也有人注意到了欧洲的社会主义运动和社会主义工人党，这件事实至少是值得治晚清史的学者重视的。就是研究社会主义和工人运动的人，似乎也应该了解一点像张德彝出国见闻录这样的历史文献，不宜老是“空对空”“空到空”地“天天读”，因为那样效果实在太差了。

清朝人看外国戏

（1991.8）

十九世纪的中国人到外国看戏留下的记载，也是一种文化交流史料。可惜出国的人大都只注意光怪陆离的布景灯光和金发碧眼的半裸洋女，很少介绍戏剧故事情节，以致后人无从知道他看的是什么戏，史料价值也就小了。

只有张德彝是难得的例外，《四述奇》记一八七九年十一月十日在圣彼得堡麻林斯吉戏园：

> 所演系俄三百年前事，俄被波兰征服，有一小王子出奔。当波人追觅时，遇一老农，名苏萨年。……勒令导往。苏初不允，继而慨然诺之，暗令其子急驰告警。苏引众兵步行一昼夜，入旷野深林……又值天冷，大雪烈风。众兵举刀追问，苏谅王子必闻信而逃，乃大声急呼曰："王子所居，我亦不知，今领汝等至此，不过少延，以令之逸耳。"而众兵怒杀之。

——这是著名的俄罗斯歌剧《伊凡·苏萨宁》。

尚未刊行的《五述奇》稿本所记在伦敦观剧，详叙故事情节者尤多，一八八七年十二月二十日在维多利亚戏园：

所演系英国六七富绅，一日闲谈，谓：不知至少若干日，可得周游四大洲？有谓须百日者，有谓须三个月者，惟某甲谓只八十日足矣。于是互相约定，果能往返八十日，则赢金镑十万，甲遂于某日率一仆，偕一自备资斧之美国人某乙，于辰初起程。

接着历演在印度救出火焚殉葬的王妃，在美洲遭"面涂五彩，顶竖鸟翎"野人的袭击，在立文浦(利物浦)海口外锅炉爆裂船沉获救等艰险，某甲终于在第八十日卯时返抵伦敦。

斯时某丙在家谓众曰："甲、乙一去，至今八十日矣，论时尚少一点钟，恐未必能来也。"正言间，钟鸣七下，当鸣至第三下时，甲忽突入。丙曰："汝来何时如是之洽耶？"甲曰："吾早到矣！因见手套不新，另买一副，故迟延一点钟耳。"于是丙输十万金镑，而甲成巨富焉。

——这是根据凡尔纳的著名作品《八十日环游地球》编成的剧本。

一八九〇年一月二十四日公请星使(洪钧)及金楷理(C. T. Kreyer)在柏林戏园观剧：

国王被弟毒死，弟乃报后称王，当时后子哈米蕾年幼，未知伊父身故之由也。及其长成，一夜出游，遇鬼于途，即其父之魂灵，向伊诉其当日如何遇害。哈闻之大怒，急思代父报仇，究不知其事确否，乃在王前献戏，令优伶照伊父所言者演试，暨演至王弟毒兄时，王与后皆战栗惊走。

之后王子误杀礼官，礼官之女成疯，礼官子遂与王子决斗，王乃设下毒剑毒酒，必欲置王子于死。结果：

二人比剑，先礼官之子被刺，王即举毒酒一杯，贺哈之能，哈辞未饮。既而再比，哈亦被刺……彼此夺剑，哈得毒剑，礼官之子亦被刺且重，即时跌倒。又王后因渴，误饮毒酒，坠地而毙，七孔流血。因此哈明其情，乃推其叔仰卧，勒饮毒酒，饮毕即崩，哈亦跌死。

——这是大名垂宇宙的《哈姆雷特》，此节文字恐怕也是近代中国人看莎士比亚名剧后最早所作的介绍。

同年二月三日金楷理请星使及张德彝等人在朔斯皮拉戏园观剧：

所演系瑞士国将改民主之前，有某省总督，为人暴虐，民多不服，多结党欲叛。有某甲善射，百步之外，星点能中。一日甲将持弓箭入党，告其妻以打猎，甲之子年十三岁，亦随往。其省城中某处立有高杆，上置总督帽，下有兵卒看守，凡人过者，皆须脱帽，以示恭敬，否则执以治罪，甲因过未免冠，被执……总督谓："知尔善射，今赐汝一橘，令尔子立于百步外，置其头上，射之中则赦尔自主自由，否当杀之。"……甲乃跪天祷告，既而箭发中橘，官民见之，齐声称贺。搜其身，另得一箭。问："尔此箭何用?"甲云："若伤吾子，备此以射汝者。"

——这是伟大作家席勒的剧作《威廉·退尔》。

张德彝并没有多少思想和文采，他的唯一长处只是记得多，记得细。因此他八次出国所留下的八部《述奇》，比许多有思想、有文才的人所作的游记更有价值。这一点，随着时间的推移，可能将会被越来越多的人发现和承认。

赛金花在柏林

（1991.9）

赛金花一八八七至一八九一年在柏林住过三年。关于她这一段生活的情形，世人知之甚少。最近翻阅张德彝《五述奇》未刊稿，却略有收获。

本书记随洪钧（即纳赛金花为妾挈其出洋的“状元星使”）出使德国，有十二卷三十万字，极富文史价值，一直没有出版。本文即全引稿本原文，只把日期折成公历。

> （一八八七年十月廿九日自上海）驾小船行里许，登德国公司“萨轻”轮船。……酉正，星使官眷到，彼此分住各舱。……星使携有如夫人一（即赛金花）、女仆二、男仆二、庖人二、缝人一、剃发匠一。统计当时同船前往者，上下共三十六人。

十一月二十九日船抵热那亚，洪钧一行换乘火车，十二月三日到柏林。当时中国使馆在柏林万德海街，为租用的一所花园住宅，租金每季三千八百五十马克。

> 东南北三面皆有敞院，院虽不广大，而花木甚繁，布置可观，正东一面为尤甚。头层楼前敞厅一大间，厅前横一白石桥，左右各石阶十九级……桥对面一水法(喷泉)，系园池中立一抱鸭石孩，水自鸭口出，高五六尺。……在西南角有台，可以眺望。盖南临小河，河之两岸，碧树两行，整齐可观。对岸大道，多是高楼，河中舟艇亦多。

这就是赛金花这三年的居住环境。

万德海街的房子共三层，餐厅、厨房和仆役住房在底层，张德彝等十多位未带眷属的官员住二层，洪钧、赛金花与带夫人的陶榘林和谢芷泉住顶层。陶、谢两夫人也就是赛金花在使馆内的女伴。赛金花到柏林后，第一次看戏是十二月八日“在喀尔街兰滋园看马戏”，即由“陶、谢二夫人陪洪如夫人另坐一间(包厢)”。

赛金花生日是农历十月初二。十月初一(一八八八年十一月四日)，“支应(庶务员)通知参赞，除支应外，代同人具知单，谓：明日为钦差太太生辰，拟具礼物恭贺，云云”。翌日“支应亲赴武弁卧房，令其登楼通报，言明众人祝贺。既于午正约众下楼食面，六碟四碗”。可见赛金花与使馆里的男性，虽同处一屋，界限却颇分明。

《五述奇》书中逐日记事，琐屑不遗，连馆中几处厕所分配使用的情形，照明灯盏的布置和管理，甚至陶夫人所雇洋女仆“肮脏不堪，遗滴月经于楼板”都做了记载，对洪钧的某些毛病也不为隐讳，而所记赛金花的社交活动，却只有寥寥几次：

一八八八年二月十二日，农历新年团拜，洪钧宴客，赛金花在楼上招待女宾，“有女客六，为金楷理(使馆外籍官员)之妻女，银行主人普拉坨之妻女，及陶谢二夫人”。

一八八九年一月十七日，“金楷理生辰，星使及诸同人皆有馈赠。星使送‘万寿无疆’瓷盏一个，宜兴茶壶一把，孔雀石镇纸一个，茶叶二瓶。姨太太送金银刀叉一分。”

一八九〇年五月二十九日，“星使之如夫人约普拉坨之妻、日本参赞井上胜之助之妻、瑞乃尔之妻、李宝之妻及杜蒂母女并陶夫人晚酌”，庆祝洪钧升授侍郎。

洪钧和赛金花一同外出的记载仅见一则，即一八九〇年七月六日“星使偕其如夫人及三洋妇，乘车赴五道门内照相馆中，由窗内看枪会人经过……自巳正过至未初始毕”。

关于赛金花单独外出的记载也只有一则，一八九〇年一月三日“酉初，星使之如夫人披粉红银鼠讷勒库(披风)，乘双马大车，携洋仆，赴税务司夏德家吃茶”。顺带说一句，中国使馆没有备车，这双马大车系从车行雇来的。洋仆亦使馆所雇，洪钧、张德彝等人出门时携之同行。

关于赛金花与仆役的关系，一八八九年二月十九日记：“星使原带二女仆，一老一少，其少者早经遣回，老者赵姓，迩因星使之如夫人喜洋婢厌华妪，遂亦遣随芷泉夫人回国。”洋婢先后有马丽、李娜、莫莉、黎那等人，“所畜之黑黄灰白等色猫大小廿馀，楼上楼下昼夜呼号”，当然是赛金花允许的。

又一八九〇六月十六日记：

> 星使所带二庖人皆丁姓，盖叔侄也。侄系由叔荐故至此，叔掌灶而侄佐之。自本月初间，忽星使之如夫人谓自来所造菜味不佳，宜改用其侄烹炒。星使传谕如此，因而叔侄口角争斗。经武弁及他跟役与之调处，其叔终觉气愤，至是禀假回国，星使允准。

看来，洪钧对赛金花是宠爱的，但赛金花始终没有公使夫人的名分和地位。在使馆内她只是位如夫人，对外她也从未参加正式礼仪活动。一八八八年一月二十六日晚皇宫举行盛大舞会，四日前即送来请帖九张，舞厅中“置金椅一圈，自正面德皇左右，先坐各国头等公使夫人，再则本国各大臣之夫人及各国二等公使、参赞、随员之夫人”，唯独中国使馆无女宾出席。同年七月三日晚皇室为王子结婚“帖请各国公使夫妇、随员等在广泽园看戏”，次日又请“各国公使及其妻女等”入宫观礼，洪钧都没有带上赛金花。

赛金花在柏林使馆“两次怀孕”，第一次是小产，第二次于一八八九年五月二十二日丑初生一女。她奶水不多，而且很快就止回了，故只能“买好牛奶哺女，每日一里特，早卯晚酉各送一半”，还专门雇了位德国保姆。女儿满月时，金楷理送了银器数件，陶椝林送小洋车一辆和花被小褥，庆蔼堂送了“八仙庆寿”铃铛等礼品。其他人送的多是银钱，洪钧“收后改作赈捐”了。

张德彝于一八九〇年九月二十三日离柏林回国。洪钧和赛金花比他迟了半年多，那时小德官已经两岁，洪钧五十二岁，赛金花还只有十九岁。

黄遵宪联语

（1991.10）

香港梁通先生到新加坡，在那里琼州会馆大厦天后宫的楹柱上，发现了“总领事黄遵宪敬题”的一副漆板金书的对联：

入耳尽方言，听海客瀛谈，越人乡语；
缠腰数豪富，有大秦金缕，拂菻珠尘。

菻，音凛。新加坡报纸上印成蒜字，当系误植。

一八五七年，在新加坡经商的琼州府（辖海南岛全境）人韩亚二、王志德等，集资向英国东印度公司购买了小坡马拉呇街上三间店屋，作为同乡聚会和寄宿之所，这便是当地最初的琼州会馆。一八八〇年会馆迁到美芝路，以后历经多次翻修改建，现在已成为七层楼的现代化大厦。黄遵宪于一八九四至九七年间任清政府驻新加坡总领事，对联当作于此时。虽经百年香火熏燎，木板上的髹漆书金已经显得古色斑斓，但至今依然笔画清晰，毫无破损。由此可见社会安定经济繁荣，对于文化的传习和文物的保存具有何等重要的意义。

黄氏此联从未见诸著录，可算一则颇有文史价值的佚文。它用典恰当，措词得体，字句雅丽，充分表现了诗人、学者、外交家三位一体的黄遵宪文化修养的赡博和文字技巧的高明。尤其是“海客瀛谈，越人乡语；大秦金缕，拂菻珠尘”四句十六字，璧合珠联，最为精当。

李白诗：海客谈瀛洲。海客一词，唐代海外交通发达以后才出现，本义即是航海者。瀛洲一词则起源甚早，《列子》说渤海东几亿万里有五山，其一叫瀛洲；《史记》徐市上书言海中有三神山，其一也叫瀛洲。这代表古代人对远方新世界的想象和追求，说明中国人也有走向世界的传统。

越人古时泛指南方各族，包括岭南、海南以至南洋各地的居民。《说苑》记录了一首《越人歌》的汉文译文和汉语译音，译文很好懂：

> 今夕何夕兮，搴舟中流，
> 今日何日兮，得与王子同舟……

译音则现在的人谁也不懂：

> 滥兮抃草滥予昌核泽予昌州州湛……

显然不是汉语汉音。中国人来到新加坡，黄遵宪进入琼州会馆，入耳的当然尽是“海客瀛谈，越人乡语”了。

大秦和拂菻是古代中国对远西罗马帝国的称呼。金缕是夹织入丝毛织物中的金线。珠尘是细小而轻的珍珠。《后汉书》说大秦多金银奇宝，“刺金缕绣，织成金绻罽”，《旧唐书》也说拂菻多金银奇宝，“以瑟瑟为柱，黄金为地……捣白石为末，罗之涂屋上”，“冠及璎珞，皆缀以珠宝”。这不正是“大秦金缕，拂菻珠尘”吗？在华洋交会、财货充积的新加坡，这副对联赠给“缠腰数豪富”的侨商，真是再恰当也没有。

夏衍参观“纪念黄遵宪书画展览”后，题词希望我们今天的外交官，也能有黄遵宪那样的学识和文采，能写出像《日本杂事诗》那样的诗篇和《日本国志》那样的专著，以弘扬中华文化于域外。夏公的希望，美则美矣，要求却未免过高。今人之才未必遽跻古人，今人之忙又必远过古人，恐怕难得有太多时间读书写作，那么，就是能勉强留下副把这样的对联也好吧。

图书在版编目(CIP)数据

从东方到西方/锺叔河著. —长沙:岳麓书社,2021.4

ISBN 978-7-5538-1404-9

Ⅰ.①从… Ⅱ.①锺… Ⅲ.①外交史—史料—中国—近代
Ⅳ.①D829

中国版本图书馆 CIP 数据核字(2020)第 190963 号

CONG DONGFANG DAO XIFANG

从东方到西方

作　　者:锺叔河

责任编辑:李缅燕

特约编辑:王　平

责任校对:舒　舍

封面设计:格局创界文化传播

封面摄影:李　锋

插图制作:唐　巍

图文排版:刘晓霞

岳麓书社出版发行

地址:湖南省长沙市爱民路 47 号

直销电话:0731-88804152　0731-88885616

邮编:410006

版次:2021 年 4 月第 1 版

印次:2021 年 4 月第 1 次印刷

开本:889mm×1194mm　1/32

印张:16.75

字数:350 千字

印数:1—3 000

ISBN 978-7-5538-1404-9

定价:128.00 元

承印:雅昌文化(集团)有限公司

如有印装质量问题,请与本社印务部联系

电话:0731-88884129